COUP D'OEIL

SUR

L'HISTOIRE DU CALVINISME

EN FRANCE.

IMPRIMERIE DE E.-J. BAILLY,
PLACE SORBONNE, 2.

COUP D'ŒIL

SUR

L'HISTOIRE DU CALVINISME

EN FRANCE,

ET

SUR L'ESPRIT POLITIQUE DE CETTE SECTE;

CONTENANT

Une dissertation sur la journée de la Saint-Barthélemy,
sur la conjuration d'Amboise, sur le massacre de Vassy
et sur le sauf-conduit accordé à Jean Hus ;
un précis de l'Histoire du Wicléfisme en Angleterre et du Hussisme en Bohême ;
une exposition des causes
qui ont donné naissance au Luthéranisme en Saxe
et au Calvinisme en France ; une notice sur les principaux massacres
commis par les calvinistes de Nîmes en 1567, 1569 et 1790 ;
l'examen et la solution de cette question :
La prétendue Réforme est-elle une œuvre de la divine Providence ?
enfin l'édit de Nantes,
rendu par Henri IV en faveur des calvinistes en 1598,
et le règlement de l'Assemblée de La Rochelle, en 1621, pour
l'établissement d'une république en France.

PAR

M. ROISSELET DE SAUCLIÈRES.

PARIS.

PAUL MELLIER, LIBRAIRE-ÉDITEUR,
Place Saint-André-des-Arts, 11.

1844

COUP D'OEIL

SUR

L'HISTOIRE DU CALVINISME

EN FRANCE.

> Le génie révolutionnaire du Calvinisme est un feu qui couve toujours sous la cendre, et qui est toujours prêt à se rallumer.

LE quinzième siècle venait d'expirer au milieu du torrent des idées nouvelles, lorsque l'hérésiarque Luther parut. A cette époque si mémorable dans les fastes de l'Église, l'imprimerie, introduite dans la plupart des pays d'Europe, y faisait circuler avec une égale rapidité la vérité comme l'erreur; les livres que les moines avaient arrachés à la dévastation d'un siècle barbare et ignorant, et qu'ils nous conservaient précieusement dans leurs cloîtres comme un dépôt sacré, ces livres avaient reparu;

les beaux-arts et les belles-lettres étaient cultivés ; les sciences, filles du temps, fleurissaient de nouveau ; et, comme si Dieu eût voulu mettre des armes entre les mains des fidèles, afin qu'ils pussent défendre l'Église contre les hérésies qui devaient bientôt l'attaquer, le goût et l'amour de l'étude des Pères grecs et latins se réveillèrent vers ce même temps. Ainsi, et sans l'avertir, Dieu disposait son Église à des combats longs et difficiles.

Mais pendant que l'esprit de vérité préparait au Christianisme ce qui devait faire son triomphe et sa gloire, le génie des ténèbres, qui depuis longtemps avait jeté un ferment de discorde au milieu de la société, et qui venait de prouver, par les prédications et par les écrits de Wiclef (I) et de Jean Hus (II), tout le mal qu'il était capable de faire à l'Église ; le génie des ténèbres pervertissait l'esprit des savants par des idées nouvelles de raisonnement et de liberté ; il excitait les peuples à la haine contre le clergé sous le prétexte du relâchement de la discipline ecclésiastique ; il affaiblissait le pouvoir des papes au profit de l'autorité monarchique ; il leur faisait perdre, par la translation du siége pontifical à Avignon et par le funeste schisme d'Occident, la force d'opinion que les idées de puissance lui donnaient dans l'imagination des peuples au seul nom de Rome, et disposait perfidement les seigneurs, par l'amour des richesses et par le désir de l'indépendance absolue, à favoriser une nouvelle révolte contre l'Église du Seigneur; car il est rare qu'une révolution éclate sans qu'elle ait été préparée par la marche des idées.

Telle était la disposition des esprits, que rendaient encore plus fâcheuses les plaintes soulevées en France par le concordat de 1515, lorsque l'hérésiarque Luther parut (III). A sa voix, l'Église romaine devint, par je ne sais quel prestige, l'objet de la haine de tous les esprits indociles et orgueilleux; et ce fut alors que le monde, rempli d'aigreur, enfanta le Protestantisme.

Peu d'hommes comprirent alors jusqu'où allait cette pensée de renouvellement et de liberté, qui se contentait d'abord d'être une protestation contre toute autorité. Mais ce début d'affranchissement, quelque incompréhensible qu'il fût, eut quelque chose de trop violent pour ne pas faire pressentir tout ce qu'il y avait de crimes et de folie dans cette immense révolution.

Un peu de temps après l'apparition de Luther en Allemagne, un homme superbe et ambitieux, plein d'artifices, de malignité et d'orgueil, et doué des malheureux talents qui font les hérésiarques; un homme que le désir de la vengeance poussait à la révolte (IV); cet homme se prit à dogmatiser en France contre l'Église de Dieu, et, dans sa colère, enfanta la secte la plus impie, la plus révolutionnaire et la plus protestante qui ait jamais paru : Calvinisme est son nom (V).

Sous les règnes de François Ier et de Henri II, cette secte turbulente, qui prétendait imposer à la France son système religieux et politique, se soumit, quoique avec beaucoup de peine, à se laisser punir : c'est qu'elle était alors sans forces, sans vues, sans chefs. Mais, dès le règne de François II, elle prit sa revanche, se choisit des chefs parmi les ennemis du souverain, donna le signal des troubles et des divisions qui, durant un siècle et demi, ensanglantèrent la France, et dirigea les projets criminels de quelques personnages ambitieux, jaloux de la gloire et de l'élévation des Guise. Faible, le Calvinisme n'avait songé qu'à propager impunément sa doctrine sous la protection des lois; mais dès qu'il se vit fort et puissant sous un souverain sans moyens, sans volonté, sans énergie et dans un âge où l'on sait à peine se gouverner soi-même, il aspira alors à devenir l'arbitre du gouvernement et tenta le coup le plus hardi que jamais secte ait osé tenté dès sa naissance (VI).

Ainsi, après trente ans, les calvinistes se lassèrent de tirer gloire de leurs souffrances; leur patience ne put aller plus loin; et le feu de la révolte, qu'ils comprimaient depuis longtemps, éclata, en 1560, dans la fameuse conjuration d'Amboise. Pour la première fois, les sectaires de Calvin faisaient preuve de leurs principes insurrectionnels, les uns sous le masque de la religion, les autres sous le faux prétexte d'usurpation et de tyrannie.

Ce fut sous le règne de François II que commença ce demi-siècle de sang et de larmes, où tous les partis, où toutes les factions combattirent sans scrupule leur légitime souverain; où les vrais fanatiques furent les instruments ou les victimes et les dupes de l'ambition de leurs chefs qui jouèrent le fanatisme et qui, têtes froides, employèrent les esprits ardents à leurs vues personnelles.

Que l'on n'accuse point la religion catholique des forfaits inouïs et des longues infortunes dont la France a été depuis lors le théâtre toujours sanglant! Le fanatisme, cette affreuse maladie de l'esprit humain; le fanatisme, qui ne voit qu'un seul objet, crut alors, comme il croit encore de nos jours, que le but légitime les moyens, et que l'on peut tout se permettre pour le succès de la cause que l'on défend. Mais il ignore que du moment où les hommes se persuadent qu'il y a quelque chose de plus impérieux, de plus nécessaire et de plus sacré que la loi de Dieu, l'espèce humaine doit trembler, menacée qu'elle est alors des plus grandes calamités.

Et si l'ambition et la jalousie, si l'orgueil et l'amour des richesses furent les principales causes qui donnèrent naissance aux guerres civiles du seizième siècle; si la puissance des Guise, sous François II, leur servit de prétexte; si la religion ne fut d'abord pour tous les partis qu'une occasion d'abattre ou de dominer leurs adversaires (car toutes les révolutions ont eu leurs causes, leurs occasions, leurs prétextes ou leurs motifs), elle fut bien autrement puissante, cette opiniâtreté fanatique avec laquelle le Calvinisme se mit à répandre ses doctrines en France, à profiter de tous les moyens, à saisir toutes les occasions qui s'offraient à lui. Poussée par un fanatisme factieux, la Secte calcula froidement ses projets de vengeance et de destruction, sans avoir horreur du sang qu'elle allait répandre; elle s'associa tous les mécontents de la cour, et leur mit les armes à la main pour contraindre le monarque à éloigner du trône ses plus fidèles sujets, qui refusaient à l'hérésie et la protection des lois et la liberté. Prétentions humbles en apparence, mais qui coûtèrent depuis tant de sang à la nation!

Sous le règne de Charles IX, la Secte déploya toute sa politique, et le malheureux événement de Vassy (VII), survenu fortuitement en 1562, lui servit de prétexte pour lever des armées, s'emparer des villes et des deniers du roi, dévaster les églises et les monastères, en piller les richesses, y faire pénétrer avec elle les plus impudiques séductions de la débauche et commencer cette sanglante guerre d'extermination durant laquelle périrent un si grand nombre de prêtres et de catholiques. Ennemie acharnée du Catholicisme, tout ce qui venait du Catholicisme, tout ce qui rappelait le Catholicisme, irritait sa fureur, tourmentait son orgueil. La croix du Sauveur même la blessait, comme quelque chose d'opposé à la nature de sa doctrine; et partout où la Secte faisait irruption, la croix était abattue. Ainsi, les réformateurs de l'Église catholique faisaient rejaillir sur le monarque et sur d'innocentes victimes le tumulte de Vassy; ainsi, ces hommes, qui auraient dû se montrer meilleurs que ceux qu'ils prétendaient réformer, rendaient les richesses du clergé et la croix du Sauveur responsables de la mort de quelques-uns de leurs co-religionnaires.

Charles IX essaya plusieurs fois, par des édits de pacification et d'amnistie, d'arrêter les fureurs d'un parti toujours menaçant; il alla même jusqu'à lui accorder la liberté publique de conscience et des places de sûreté : mais toutes ces concessions ne firent qu'enhardir les factieux. Le souverain, dont la politique était trop faible pour des temps semblables, pensant alors qu'on doit tout craindre d'un ennemi qui peut tout entreprendre, résolut de faire périr en un seul jour tous les chefs du parti huguenot (VIII) : horrible massacre, qui porte dans l'histoire le nom à jamais réprouvé de Saint-Barthélemy; journée de sang, dont Coligny fut le héros, quoique le plus médiocre des caractères; exécution affreuse, qu'il s'était lui-même préparée par ses révoltes secrètes et continuelles, et vers laquelle il entraîna ses co-religionnaires, après les avoir compromis.

L'apparition de ce nouveau système de gouvernement jeta l'épouvante dans tous les esprits. On avait cru que la nation échapperait ainsi à l'anarchie et à la ruine; mais comme le Calvinisme ne fut point entièrement exterminé, les restes sanglants de cette faction en devinrent si furieux que l'Église catholique, en France, semblait toucher à sa perte; et il n'y avait qu'un miracle qui pût la sauver.

« Mais l'Église ne succombe pas! s'écriait naguè-
« res un orateur chrétien (le P. Lacordaire). La
« France résista, et cette fois non plus par ses rois,
« mais par l'élan national, par cette sainte et glo-
« rieuse Ligue, dont on peut dire beaucoup de mal,
« mais dont on comprendra la grandeur chaque
« jour davantage : quand on conserve à un peuple
« sa foi, quand on sauve sa nationalité, toutes les
« fautes se perdent dans la gloire. »

Deux partis puissants surgirent alors et divisèrent la France : la faction calviniste avec sa rage de vengeance, et la Ligue avec sa puissance et son ambition. Dans ces deux partis, il se commit des crimes, mais des crimes qui ne tenaient qu'à des systèmes politiques de destruction. Et ce qu'il est important de remarquer dans ces combats de partis, du Calvinisme et de la Ligue, c'est la différence des forfaits. Des deux côtés, même fanatisme ; mais dans le Calvinisme, la scélératesse est un système; dans la Ligue c'est un transport : et cette différence des forfaits s'explique facilement, lorsqu'on sait que la Ligue ne fut que la réaction naturelle opposée au mouvement destructeur de la prétendue réforme.

Tant de luttes sanglantes furent enfin couronnées par un régicide : Henri III périt à Saint-Cloud, en 1589, sous le poignard d'un homme que l'on dit s'appeler Jacques Clément (1), et qui fut lui-même aussitôt immolé par les seigneurs huguenots accourus aux cris du roi de France mourant.

Ainsi finit la vie de ce monarque voluptueux, le principal instigateur de la Saint-Barthélemy, et, d'après ses aveux et sa confession, l'auteur du meurtre des deux Guise (1588).

Après la mort du dernier des Valois, Henri de Bourbon, roi de Navarre, embrasse la religion catholique, monte sur le trône des rois très-chétiens et soumet la Ligue dont les jours étaient accomplis. Après trente années d'une guerre civile des plus meurtrières et des plus sanglantes, la France aurait enfin joui des bienfaits de la paix, si la faction cal-

(1) Les RR. PP. Frédéric Steill et Matthieu Dolmans, dominicains, ont publié des dissertations fort judicieuses pour prouver que l'assassin de Henri III n'était point Jacques Clément, mais un huguenot qui s'était revêtu de ses habits après l'avoir tué.

viniste, toujours inquiète, toujours turbulente, n'avait, par ses synodes, entretenu dans les provinces cet esprit de rébellion qui la fera toujours distinguer de toutes les hérésies. Henri IV avait trop longtemps vécu au milieu de ses anciens co-religionnaires pour ignorer tout ce qu'ils pouvaient entreprendre et tout ce qu'il avait à en redouter ; aussi leur accorda-t-il l'édit de Nantes, en 1598 (IX), dans l'espoir de se faire pardonner par eux d'avoir abjuré leurs erreurs. Mais cette liberté de conscience que le Calvinisme avait sollicitée comme une grande faveur, sous le règne de François II, il ne la voulait plus partager avec le Catholicisme ; il ne la demandait que pour lui seul, et encore aurait-il voulu pour la protéger un souverain calviniste, ou une portion du pouvoir.

Sous le règne de Louis XIII, les exigences de la Secte se manifestèrent de nouveau par des révoltes. Les huguenots divisèrent ce vaste royaume en huit cercles républicains, auxquels ils assignèrent pour gouverneurs des seigneurs calvinistes sous les ordres d'un prince étranger (X); et pour fonder l'établissement de leur république, ils rallumèrent le feu de la guerre civile. C'en était fait alors du Catholicisme en France et de la monarchie, si le génie de l'immortel Richelieu ne les avait soutenus dans leur lutte contre la Faction. Ce ministre tout-puissant, dont les gentilshommes de la France catholique étaient devenus, pour ainsi dire, les gardes-du-corps, parvint, par sa politique, à soumettre pour un temps la secte de Calvin.

Mais sous le grand et magnifique règne de Louis XIV, le Calvinisme, irrité de l'unité du pouvoir, qui ne reposait qu'entre les mains du monarque, voulut essayer de nouveau le combat. Mais que pouvait-il contre un si grand génie? se briser; c'est ce qu'il fit. Heureuse défaite! car si la faction avait remporté la victoire, l'anarchie aurait régné en France, après quoi la féodalité, dont la puissance de Louis-le-Grand subjugua les restes, aurait été la maîtresse de la royauté française.

On a beaucoup reproché à ce monarque ses actes implacables contre le Calvinisme; et aujourd'hui que ces luttes grandes et terribles sont terminées, nous ne concevons rien à des mesures d'autorité pour forcer les huguenots de renoncer à leur hérésie. Mais, il faut le dire, c'est qu'il s'agissait d'une doctrine nouvelle qui depuis un siècle et demi menaçait d'emporter tous les pouvoirs de la terre. Aussi, la nation tout entière demandait cet acte de rigueur qu'on appelle la révocation de l'édit de Nantes.

Louis XIV ne fit donc que défendre sa puissance attaquée; il la défendit par le glaive; il la défendit par les lois. Ce n'était pas à la doctrine religieuse de Calvin qu'il en voulait, c'était surtout au système politique du Calvinisme; et la preuve que les attaques de Louis XIV contre la Secte ne furent déterminées que par des pensées politiques, c'est que la liberté de conscience resta tout entière, tant qu'elle ne ressembla pas à une révolte : les dragonnades se faisaient dans les Cévennes, tandis que de paisibles calvinistes jouissaient de leurs charges et de leurs droits.

Un génie puissant parut alors seconder les vues politiques du grand roi. Pendant que la politique de Louis exterminait les calvinistes, Bossuet terrassait leur doctrine.

Et c'en était fait du Calvinisme, si Louis XV avait soutenu l'œuvre immortelle du monarque son aïeul. Mais le luxe nouveau, l'élégance des habitudes et la nouveauté des mœurs corrompirent la société, livrèrent le jeune roi aux délices d'une cour dépravée et servirent de transition à ce cynisme effronté que la philosophie matérialiste et moqueuse du dix-huitième siècle inventa. Ce qu'il est important de remarquer, c'est qu'à cette époque, comme au seizième siècle, l'impiété dogmatique suit le dévergondage de mœurs.

Dès l'avènement au trône de Louis XV, un homme sans pudeur et couvert d'infamie fut déclaré régent du royaume, et la nation française se vit réduite à être gouvernée par des misérables dont les vices et les turpitudes donnèrent naissance à cette école sceptique et athée qu'on nomme philosophie. Placée sur un trône de ruines, cette impudique et criminelle pédagogue entreprit de régenter l'univers. Un torrent d'écrits, sortis de son sein, inonda le royaume, et l'on n'y opposa point de digues. Mille mains s'armèrent contre la foi; et personne ne se couvrit de son bouclier pour la défendre; on laissa ce soin à trois ou quatre écrivains à peine avoués : faibles lumières qu'on aurait mises sous le boisseau, si on l'avait osé. Aussi, les progrès de la philosophie furent très-rapides.

On attaqua sans distinction toutes les puissances de la terre : les prêtres et la religion, les rois et leur autorité, les ministres et leur gouvernement, les magistrats et la loi, les riches et la propriété, les vivants et les morts. On abaissa ce qui était grand; on éleva, au contraire, ce qui était petit; on essaya de rompre tous les liens de la société, tous les rapports des hommes entre eux : et les affections de l'humanité, et les devoirs mutuels des époux, et ceux des enfants envers leurs pères et mères, et l'attachement des citoyens à leur patrie, et la fidélité des sujets au souverain, tout fut travesti, tout fut avili. Et ce rire infernal des philosophes gagna, s'étendit sur toutes les classes; il monta jusque sur les marches du trône; il descendit jusqu'au réduit du pauvre; et il y avait des prêtres qui riaient aussi; et le père et la mère enseignaient ce rire aux enfants! et ils riaient, tous!... ils riaient du Christ!... mon Dieu!... Désespérés de la stérilité de leur imagination, ces misérables philosophes, ne pouvant détrôner l'Eternel, auquel leur clémence permit, plus tard, d'exister légalement sous le nom d'*être suprême*, entreprirent, le cœur dévoré de rage, d'anéantir l'INFAME et ses adorateurs dans le sang des prêtres, des rois et des nobles : projet infernal qui ne pouvait être conçu que par des esprits aveuglés par l'envie, la haine et la présomption.

Ainsi s'annonçait l'orgueilleuse philosophie du dix-huitième siècle; cette philosophie, la protectrice des convulsionnaires et l'associée du Jansénisme; cette philosophie athée, qui nous a prouvé la faiblesse de l'homme appuyé sur la seule raison; cette philosophie de démolition et de ruines, qui a faussé toute intelligence et pétri le cerveau des hommes de ténèbres, d'idées incohérentes, de sophismes et de préjugés absurdes; cette philosophie cynique qui a prêché l'irréligion et l'apostasie religieuse et politique, dénaturé tous les sentiments, flétri et desséché les âmes : ainsi s'annonçait la fille et l'associée du Calvinisme.

Mais, pendant que des courtisanes impudiques gouvernaient la France, et que les grands seigneurs donnaient l'exemple de la corruption; pendant cette licence de pensées, de paroles et d'actions qu'on n'avait point vue depuis le temps d'Héliogabale; pendant que ce siècle léger se prenait à rire d'un rire fou sur tous les sujets : sur la religion, sur la royauté, sur la morale, sur l'homme, sur ses devoirs, sur Dieu même; pendant qu'on décorait du beau nom de philosophie le misérable secret de se moquer du vrai et du faux, du juste et de l'injuste, du bon et du mauvais, et que la noblesse française donnait elle-même le scandale d'une folie si dégradante, que faisait le Calvinisme ?

Le Calvinisme, qui avait pris de bonne heure son vrai caractère, un caractère de dogmatisme politique, continuait à suivre jusqu'au bout les conséquences de son vaste principe de souveraineté populaire, qui, depuis Louis-le-Grand surtout, s'était développé avec une effrayante rapidité. C'est avec ce principe que la Secte prétendait renverser tous les pouvoirs de la terre en leur demandant raison et justice de leur existence. Et la philosophie, légère, moqueuse, incapable de réflexion qu'elle était, finit par dire au Calvinisme que sa doctrine était véritable, et qu'en effet il ne pouvait y avoir d'autorité que par la volonté du peuple. Triste et fatal enseignement qui prépara la révolution française.

Louis XV étant mort, les factions trouvent la même faiblesse sous le nouveau roi, jeune prince rempli de probité, mais sans décision et sans énergie. Dès l'aurore de ce nouveau règne, la secte calviniste s'agite dans son repaire, intrigue dans les cours et travaille avec ardeur à la conquête des droits civils qu'elle n'a plus. Sur ses instances, le confiant Louis les lui accorde; mais cette faction ingrate ne borne point là son ambition : elle veut régner en despote sur le Catholicisme et sur la monarchie française; et c'est dans ce but qu'elle s'associe avec le Philosophisme et le Jansénisme unis. L'on vit alors les plus grands seigneurs de la cour se presser aux loges de la Franc-maçonnerie, comme pour s'initier à la destruction de tous les pouvoirs; et la France s'en allait à l'anarchie la plus déplorable comme à une brillante fête. Et quand les conjurés philosophes se crurent les plus forts, ils jetèrent la plume pour saisir le poignard et appelèrent la guillotine au secours de l'Encyclopédie.

Un peu de temps après cette union monstrueuse de tous les ennemis du Christianisme, le génie de la destruction, indigné de n'être qu'un agent subalterne dans l'univers qu'il méditait, depuis des siècles, de gouverner ou de détruire, sonne l'heure fatale de la révolte : soudain, les passions s'enflamment, le fanatisme de la liberté se réveille, les factions secrètement organisées paraissent; le bruit des armes se fait entendre; la populace, soulevée sous le nom de nation, revendique ses droits au mépris de tous ses devoirs; le sang ruisselle par torrents dans l'humble demeure du prêtre, aussi bien que dans le palais des rois : c'était alors le règne de la liberté, de l'égalité ; les souverains sanguinaires de cette époque avaient tous un échafaud pour trône et pour ministre un bourreau. Et le dix-huitième siècle, tombé au pouvoir des prostituées et des bourreaux, expire dans l'ordure et le sang.

Mais bientôt l'ange exterminateur se dévore lui-même pour que l'expiation soit complète, et livre, en mourant, la France à un homme extraordinaire qui s'empare de toute cette révolution de crimes.

Le premier acte de Napoléon fut d'étouffer la liberté dans les bras du despotisme, de peur que la liberté ne le tuât lui-même. La faction calviniste, affaiblie par ses luttes sanglantes durant la révolution, subit sans murmurer le joug de ce nouveau tyran, car elle ne sait haïr que la postérité des rois très-chrétiens ; mais Napoléon avait une tache originelle que le Calvinisme ne pardonne jamais dans un souverain : il était catholique. Et lorsqu'après quinze ans de triomphe et de gloire, le vainqueur de l'Europe descendit du trône où sa hardiesse et ses victoires l'avaient fait monter, le Calvinisme se réjouit de sa chute, comme de celle d'un tyran dont la France entière était lasse.

Mais comme la Secte ne voulait pas d'un Bourbon pour roi, elle ne tarda pas à se signaler parmi les ennemis du roi très-chrétien. Nous la vîmes au 20 mars, traître et parjure, abandonner lâchement

2

le monarque légitime et oublier, pour la centième fois, que lorsque le crime attaque le trône, il faut mourir et ne trahir jamais. Ce ne fut point par amour pour Napoléon que la Secte se joignit aux rebelles pour protéger son retour : elle espérait qu'à la faveur des troubles et des révolutions qui allaient agiter la France, elle pourrait se choisir un prince protestant pour roi! C'est ce qu'elle osa tenter dès la seconde restauration, et il n'a pas tenu à elle qu'un Anglais ne fût couronné roi de France et de Navarre. Un Anglais!... Mais la Providence en avait disposé autrement.

La Secte vit avec une extrême répugnance le retour du roi sur le trône de ses aïeux; aussi, dès les premiers jours de la seconde restauration, elle fit cause commune avec ces hommes qui, sous le nom de Libéralisme, conspirèrent en France contre l'autel et le trône; elle applaudit à l'assassinat du duc de Berry (1); elle manifesta publiquement sa haine contre les Bourbons par des épigrammes (2), des pamphlets et des caricatures, et salua la révolution de 1830 avec des transports de joie.

(1) Dans une réunion de francs-maçons calvinistes, à Nîmes, un nommé C......, calviniste, porta la santé de Louvel, qui fut accueillie par des *bravos* enthousiastes.

(2) Les calvinistes de Nîmes aimaient beaucoup à répéter ce jeu de mots qu'ils apprenaient à leurs enfants : Après Louis XVIII, *Charles X paraîtra*. (Charles disparaîtra.)

Avec le principe de la monarchie française, la salutaire influence du Catholicisme ayant disparu, partout où l'esprit révolutionnaire de la Secte put dominer, les prêtres et les catholiques furent persécutés, le culte de la religion interdit, les lieux saints profanés, les croix proscrites comme des *signes de rébellion;* et partout le gouvernement révolutionnaire issu de juillet favorisa ces criminelles entreprises de la Secte, qui, satisfaite de pouvoir se livrer impunément à tous les excès de sa haine contre le Catholicisme, se prit pour la première fois peut-être à aimer un souverain catholique.

L'élu du 7 août devint son protégé; mais cette affection extraordinaire, que la Secte portait au roi des barricades, s'évanouit dès le moment où le système eut entrepris de mettre le clergé catholique au service de la révolution; car ce qu'elle a toujours ambitionné, ce n'est pas seulement la liberté de conscience, c'est surtout la domination exclusive de sa doctrine.

Ah! si la doctrine religieuse, si le système politique du Calvinisme n'étaient qu'une utopie, qu'une vue abstraite des destinées de la religion et de l'humanité, nous les respecterions; mais peut-on ne pas prendre l'épouvante dans l'intérêt de la religion méconnue, dans l'intérêt de la patrie si gravement et si souvent compromise, dans l'intérêt de la liberté même profanée, lorsqu'on voit, depuis trois siècles, des entreprises criminelles et sacriléges faire cortége à l'utopie; lorsqu'on voit une tourbe aveugle la traduire en émeutes, en iniquités, en attentats qui révoltent les nations civilisées; lorsqu'on est instruit des intentions de la Secte qui veut faire sortir un gouvernement de ses théories dévorantes; lorsque la multitude est son instrument, la révolte son moyen, et la destruction du Catholicisme et des monarchies, son but; lorsque trois siècles d'existence nous ont fait connaître que le caractère du Calvinisme c'est la tyrannie : tyrannie dans le fond, tyrannie dans la forme; lorsque avec un système légal de révolution, nous en sommes venus au point de ne pouvoir exprimer aujourd'hui nos douleurs, sans être accusé de fanatisme et d'intolérance par les sectaires du despotisme religieux et politique.

Nous allons maintenant examiner s'il est vrai que de tous les partis politiques, que de toutes les factions religieuses, le Calvinisme soit le plus inquiet, le plus séditieux, celui qui a le plus hautement prêché la révolte et la souveraineté du peuple.

COUP D'OEIL

SUR

L'ESPRIT POLITIQUE

DU CALVINISME.

———◦———

Lorsque la prétendue réforme ouvrit en Europe l'ère sanglante du rationalisme et de l'impiété, une nouvelle race d'hommes parut dans le monde. Nés pour la destruction de l'Église, ces apôtres de l'erreur furent emportés comme la colère, implacables comme la haine, libertins et impudiques comme la luxure, superbes comme l'orgueil. Et tels que ces hordes de Barbares qui se précipitèrent sur l'empire romain au temps des derniers Césars, on ne sait d'où ils viennent, qui ils sont; ils ne ressemblent à rien de connu. On les entend se proclamer envoyés de Dieu pour réformer son Église (1), et en même temps ils s'avouent inspirés du diable (2)! Isolés de toutes les sectes passées, ennemis du Christianisme, étrangers dans l'Église de Jésus-Christ qu'ils agitent et qu'ils dévastent, ils n'ont d'autre autorité que leur raison particulière, d'autre religion qu'un système bâtard, inconséquent, étroit, qui, sous une apparence trompeuse de liberté, se résout pour les nations dans le droit brutal de la force, et pour les individus dans l'égoïsme. On dirait que l'enfer ait à son tour fécondé le néant et parodié l'intelligence humaine.

Ces sinistres enfants de l'abîme envahissent les nations, prêchent la révolte, ameutent les peuples contre leurs souverains, et causent en tous lieux des désordres et des combats; car le Protestantisme, cette révolution religieuse dans son principe et par son objet, n'a été par le fait qu'une révolution politique, dont l'influence a bouleversé tout le système général de l'Europe, et détruit les rapports de tous les États entre eux.

Il a existé dans tous les temps, il est vrai, une secrète confédération des pauvres contre les riches,

---

(1) Luther, *ad. falsò nominat. ord. episcoporum.* Opera, t. II, f° 305.

(2) Luther, *de Missâ privatâ.* — Zwingle se prétendait inspiré par un fantôme blanc ou noir.

des petits contre les grands, des sujets contre les rois ; mais lorsque l'école calviniste, couverte du manteau de la religion, eut érigé en dogmes sacrés la liberté et l'égalité, elle n'en voulait qu'aux abus de l'Église romaine ; lorsque des hommes séditieux et avides de puissance et de richesses se furent déclarés en faveur de l'hérésie calvinienne, et que, devenus calvinistes par système plus que par conviction, ils eurent entraîné après eux une multitude ignorante, cette confédération fut terrible alors.

Des révolutions, des désastres affreux, des secousses violentes s'opèrent et ébranlent l'Europe entière. Pour la première fois, on parle au peuple des droits de l'homme et de sa prétendue souveraineté ; on réveille, on excite dans son cœur cette haine sourde et invétérée qui dérive de l'inégalité des conditions, comme si les degrés de bonheur sont déterminés par le rang qu'on occupe dans l'ordre social ; on lui enseigne de fausses maximes touchant l'établissement de la société et du pouvoir dans les nations ; et le peuple prend les armes pour le *salut public;* mot funeste, inventé par des fanatiques, et deux siècles et demi plus tard renouvelé par des scélérats pour mieux cacher leur atroce tyrannie. Et ce malheureux peuple, croyant dès lors que la révolte est légitime, court en aveugle à la conquête de sa prétendue souveraineté que des tyrans lui auraient ravie.

Voilà comment, sous un prétexte de réformation religieuse, le Calvinisme, cette faction audacieuse, mutine et turbulente, alimente la fureur des rebelles, perpétue le désordre et commence cette terrible guerre d'extermination qu'elle déclara à toutes les puissances du ciel et de la terre. « Tant il est « vrai, dit Bossuet, que tout se tourne en révoltes « et en pensées séditieuses, quand l'autorité de la « religion est anéantie. »

ESPRIT D'INTOLÉRANCE

DU CALVINISME,

PROUVÉ PAR LE CARACTÈRE DE SON FONDATEUR.

De tous les hérésiarques modernes, Calvin est le seul qui ait prêché avec le plus d'ardeur la tolérance religieuse, et qui ait en même temps pratiqué l'intolérance la plus insupportable.

Doué d'un caractère extrêmement opiniâtre, violent, colérique et vindicatif, et d'un penchant extraordinaire à la haine et à la jalousie, il sut dissimuler tous ses vices sous une grande modestie; mais il manifesta de bonne heure une humeur aigre, sombre et chagrine, qui le rendit insupportable à ses amis et redoutable à ses ennemis.

Bucer accusait Calvin, son protégé, de ne juger que selon les mouvements de son amitié ou de sa haine, et d'être un chien enragé. *Judicas*, lui écrivait-il, *prout amas vel odisti, amas autem, vel odisti, prout lubet* (1).

Érasme, à qui Bucer présenta Calvin à Bâle, dans sa première jeunesse, disait que l'Église avait élevé, en la personne de ce jeune homme, une peste qui lui serait fatale : *Video magnam pestem oriri in Ecclesiâ contra Ecclesiam.*

Melchior Wolmar, qui avait instruit Calvin à Bourges, et qui, avec son grec et son hébreu, l'avait rempli des doctrines de Luther, disait de son élève : « Calvin, je le sais, est violent; il est pervers; tant « mieux : voilà l'homme qu'il nous faut pour avan- « cer nos affaires. »

Baudouin, tout en désapprouvant les opinions de Bucer et de Mélanchton, disait qu'il aimait leur modestie, mais qu'il ne pouvait souffrir Calvin, à cause de sa trop grande soif pour la vengeance et le sang : *Propter nimiam vindictæ et sanguinis sitim.*

Dans un écrit qui parut à Londres, en 1588, contre la secte des puritains, Calvin y est dépeint comme un homme intolérant et orgueilleux, qui, par révolte ouverte contre son prince légitime, avait fondé son Église, et prétendait dominer toutes les

---

(1) Vossius, 478e lettre, p. 402, col. 2.

autres avec une tyrannie plus odieuse que celle si souvent reprochée par lui aux souverains-pontifes.

« Heureuse, mille fois heureuse notre île, s'écrient
« les évêques anglicans, si nul Anglais, nul Écossais
« n'avait mis pied à Genève, s'il n'avait jamais connu
« un seul de ces docteurs genevois (1)! »

« Calvin, dit Varillas (2), étoit toujours sérieux,
« et cachoit sous un corps maigre, atténué et noirci
« par les continuelles vapeurs de la mélancolie hy-
« pocondriaque, un de ces esprits les plus vifs de
« son siècle, et la bile la plus aigre et la plus facile à
« échauffer... Il étoit insupportable dans la conver-
« sation... personne n'avoit les réparties si promptes
« ny plus aiguës... Il avoit un penchant étrange à la
« colère, à la haine, à la jalousie, à l'envie et à la
« vengeance. Il paroissoit beaucoup de fierté dans sa
« contenance, quoyqu'il eust le visage décharné et
« la mine triste... Sa plus grande avidité étoit pour
« les louanges, et ses disciples n'écrivoient jamais
« mieux à son goust, que lorsqu'ils le traitoient
« dans leurs livres de saint Paul, d'Élie, de Soleil du
« monde, de Bouche du Seigneur, et d'Homme sans
« reproche. Il n'avoit ny grâce ny action en parlant
« en public; mais il suppléoit à ces défauts par les
« emportemens et par les invectives. »

(1) *A Survey of the pretended holy discipline*, p. 44, by bishop Bancroft's, archbishop of Canterbury.

(2) *Hist. de l'Hérésie*, t. IV, p. 371.

« Calvin a fait bien du mal, disait Patin (1); son
« ambition a pensé tout renverser; il était méchant,
« vindicatif, furieux et enragé. »

Papyre Masson, écrivant la vie de Calvin, n'a pu s'empêcher de dire : *Hæc de vitâ Calvini scribimus neque amici neque inimici, quem si labem et perniciem Galliæ dixero, nihil mentior, atque utinam aut nunquàm natus esset aut in pueritiâ mortuus! Tantum enim malorum intulit in patriam, ut cunabula ejus meritò detestari atque odisse debeas* (2).

« Calvin, dit J.-J. Rousseau dans sa *deuxième*
« *Lettre écrite de la Montagne*, avait tout l'orgueil du
« génie qui sent sa supériorité, et qui s'indigne
« qu'on la lui dispute. Quel homme fut jamais plus
« tranchant, plus impérieux, plus décisif, plus di-
« vinement infaillible à son gré? La moindre objec-
« tion qu'on osait lui faire était toujours une œuvre
« de Satan, un crime digne du feu. Ce n'est pas au
« seul Servet qu'il en a coûté la vie pour avoir osé
« penser autrement que lui. »

Orgueilleux et ambitieux à l'excès, dit Voltaire (3), on vit Calvin brûler de l'ardeur de se signaler et d'obtenir cette domination sur les esprits, qui flatte tant l'amour-propre, et qui d'un théologien

---

(1) *Patiniana*, p. 73.
(2) *Elogia*, p. 455.
(3) *Essai sur les Mœurs*, chap. 133.

fait une espèce de conquérant. Cependant Calvin n'eut qu'un orgueil froid.

Le traducteur de l'*Histoire ecclésiastique* de Mosheim convient que Calvin poussa plus loin que les autres réformateurs l'opiniâtreté, la rudesse et l'esprit turbulent (1).

Mézerai dit que Calvin était d'une humeur aigre et chagrine, et qu'il couvrait une violente ambition et une extrême opiniâtreté d'une grande modestie.

« Calvin, dit Moréri (2), était ambitieux... et
« quoiqu'il affectât de faire paraître un grand mé-
« pris des honneurs du monde, il était néanmoins
« très-superbe dans l'âme, voulant exercer un em-
« pire absolu sur les autres ministres, ses collègues,
« qu'il regardait comme ses disciples, ou même
« comme ses esclaves. Cet esprit de vanité le rendait
« furieusement opiniâtre dans ses sentiments : il
« voulait qu'on souscrivît aveuglément à ce qu'il
« avançait, et il répondait avec aigreur et avec em-
« portement à ceux qui osaient le contredire.

« Ce caractère paraît assez dans ses écrits, et on
« y voit régner partout cet esprit piquant et cha-
« grin qui pare adroitement les coups qu'on lui
« porte, mais qui s'échappe en injures atroces, qui
« mord sans raison, et qui manque enfin de cette

---

(1) Tome IV, note 51e.
(2) *Dict. hist.*, au mot CALVIN.

« honnêteté qui caractérise le chrétien et l'honnête
« homme. Cette humeur chagrine et sévère le
« rendait même cruel, et surtout sur la fin de ses
« jours. »

L'historien Daniel (1) nous apprend aussi que
« Calvin était colère, jaloux en matière de réputa-
« tion, porté aux conseils violents; mais il avait
« soin de colorer tout cela du spécieux prétexte de
« zèle pour la pureté de l'Evangile. Il se fit grand
« honneur d'avoir fait brûler, à Genève, Michel
« Servet, qui dogmatisait contre les mystères de la
« Trinité. Il était aigre, mordant dans ses écrits,
« aheurté à ses sentiments, chagrin principalement
« sur la fin de sa vie, et c'est ce qui donna cours à
« une espèce de proverbe : *Qu'il valait mieux être en
« enfer avec Bèze qu'en paradis avec Calvin.* »

« Calvin, dit un écrivain protestant du dix-neu-
« vième siècle (2), était désintéressé, parce qu'il ne
« connaissait d'autre besoin que celui du pouvoir.
« Son caractère était despotique, ennemi de toute
« autorité et jaloux de la sienne. Son esprit domi-
« nateur et impatient de toute espèce de contradic-
« tion le rendit infidèle, comme la plupart des
« réformateurs, à ses propres principes. Il récla-
« mait pour lui-même l'indépendance des opinions

---

(1) *Hist. de France*, t. x, p. 26.
(2) Ancillon, *Tableau des Révolutions*, etc., t. II, p. 175.

« et voulait asservir les autres à la sienne. On le vit
« faire condamner et brûler Michel Servet, lui qui
« s'était élevé avec tant de force contre les persécu-
« tions que François Ier faisait essuyer à ses dis-
« ciples. »

Rien n'est plus propre à faire connaître le caractère intolérant et sanguinaire de Calvin que la funeste aventure de Servet.

Après avoir employé tout ce que la plus astucieuse scélératesse put lui suggérer de moyens pour attirer Michel Servet à Genève et le faire condamner au supplice du feu, Calvin eut la barbarie de se prendre à rire quand il vit passer cette infortunée victime de sa haine que l'on conduisait au bûcher. « Quel rôle pour un *apôtre!* » s'écrie Voltaire (1).

Pour justifier Calvin de son fanatisme et de la part qu'il eut à la mort de Servet, on a dit que ses maux continuels, les traverses qu'il avait essuyées, ses disputes fréquentes, le nombre de ses ennemis, l'avaient rendu sombre et dur.

« Mais un homme, dit un écrivain non suspect
« à la Secte (2), qui poursuit un malheureux
« échappé à un supplice barbare; qui attend, pour
« ainsi dire, le fugitif au passage pour le faire pé-

---

(1) *Essai sur les Mœurs*, etc., ch. 134.
(2) Bérenger, *Hist. de Genève*, t. I, p. 319.

« rir; qui se sert des lettres qu'il lui avait écrites pour
« le perdre; qui multiplie les questions qu'on lui
« fait pour arracher de lui des aveux ou des contra-
« dictions; qui, selon toutes les apparences, presse
« et sollicite sa mort; qui écrit à un ami : « *Surtout,*
« *ne faites faute de défaire le pays de ces zélés faquins*
« (les catholiques) *qui excitent le peuple* à se bander
« contre nous; pareils monstres doivent être étouf-
« fés comme j'ai fait de Michel Servet (1) : » un tel
« homme, dis-je, me paraît être quelque chose de
« plus qu'un homme dur, sombre, atrabilaire,
« même dans un siècle de fanatisme. »

(1) Bérenger fait allusion aux deux lettres de Calvin au marquis de Poët, grand chambellan du roi de Navarre : l'une est du 8 mai 1557; l'autre, du 14 septembre 1561. C'est par erreur que Voltaire fixe la date de cette dernière lettre au 30 septembre. Ces lettres existaient encore, vers la fin du dernier siècle, au château de la Bastide-Roland, près de Montélimart. Voltaire, qui les a connues, les cite dans son *Essai sur les Mœurs*, ch. 134. On prétend même qu'il en reçut, en 1772, une copie authentique, et qu'après l'avoir lue, il écrivit, en marge, des vers contre Calvin. L'abbé d'Artigny en parle dans ses *Mémoires*, t. III, art. 59; et beaucoup d'autres écrivains en ont rapporté des extraits. On ignore si, pendant nos dernières discussions politiques, les huguenots, maîtres de ces contrées, ne les ont point livrées aux flammes.

ESPRIT

D'INTOLÉRANCE ET DE RÉVOLTE

DU CALVINISME,

PROUVÉ PAR LA CONDUITE DE SES MINISTRES, PAR LES ÉCRITS DE SES SECTATEURS ET PAR LES DÉLIBÉRATIONS DE SES SYNODES.

Si le Calvinisme n'avait lui-même pris soin de nous révéler son ardeur à exciter des troubles, son zèle à fomenter des guerres civiles et son funeste esprit d'intolérance qui l'a rendu insupportable et odieux partout où il a pénétré, nous ne pourrions croire à tout ce que les écrivains les plus impartiaux rapportent de cette Secte, et nous traiterions l'histoire de calomnie. Mais ouvrons les annales du Calvinisme, écrites par le Calvinisme lui-même;

consultons la conduite de ses ministres, les écrits de ses sectateurs, les délibérations de ses synodes, et nous verrons se manifester partout cet esprit d'intolérance et de révolte qui a fait du Calvinisme une faction turbulente et séditieuse, et de sa doctrine un brandon de discorde.

Dès l'origine de cette Secte, ses ministres étaient animés d'un tel esprit de révolte et d'intolérance que le consistoire de Nîmes, qui avait sans doute autant d'horreur du son des cloches que les habitants d'Abydos de celui des trompettes, fit un jour dire à l'évêque de cette ville « qu'il ne provoquât « pas le peuple par la grande sonnerie de ses clo- « ches et par la multitude des messes, et qu'il s'en « abstînt (1). »

Bèze, l'adorateur de Calvin et le compagnon de ses travaux, se vanta, devant toute la Chrétienté, d'avoir conseillé la guerre et d'en avoir été, par ses sermons, le plus ardent instigateur (2). Il alla jusqu'à faire l'éloge de la conjuration d'Amboise, qu'il appelle « une juste entreprise, qui ne succéda, dit- « il, comme on le désirait, que par la déloyauté de « quelques hommes. » Il osa même dire qu'elle fut approuvée par tous les ministres calvinistes (3). Et

---

(1) Ménard, *Hist. de Nîmes*, t. IV, p. 516.
(2) Bèze, *Hist. ecclésiastique*, liv. VI, p. 298.
(3) Id., *Id.*, liv. III, p. 251, 513.

faisant parade de ses discours séditieux, il avoua qu'il avait un jour menacé le prince de Condé « du « courroux du ciel, s'il remettait l'épée dans le « fourreau. » Ce sectaire enthousiaste et intolérant apostrophait les catholiques de la manière suivante : « Quant à vous, sophistes, monstres détestables et « à perdition (1). »

Hugues Sureau du Rosier ou des Rosières, ministre de Tirrache, osa soutenir « qu'il est loisible « de tuer un roi ou une reine lorsqu'ils s'opposent à « la réformation de l'Église (2). » Maxime détestable et révolutionnaire qui trouva beaucoup de partisans dans la Secte, et qui a fait dire à J.-J. Rousseau : « Les doctrines abominables sont celles qui mè- « nent au crime, au meurtre et qui font des fana- « tiques (3). »

D'Aubigné avoue qu'au commencement des guerres civiles, les Rochellois, résolus de demeurer

---

(1) Bèze, *Vie de Calvin*, p. 1.

(2) Ce libellé fut imprimé à Lyon, en 1563, sans nom d'auteur ni d'imprimeur. Il a pour titre : *Défense militaire des innocents et de l'Église du Christ.* Voir Lacroix du Maine, *Biblioth. française*, au mot : Hugues ; — Bèze, *Hist. ecclés.*, t. III, p. 244 ; — Jean le Frère de Laval, *Hist. française*; — Belleforest, *Grandes annales de France*, t. II, folios 1653, 1689. — Cet écrit fut, dans le temps, attribué à Charles Dumoulin ; mais il se justifia d'une accusation si odieuse. — Cette maxime apparaît encore à toutes les pages et sous toutes les formes, dans un livre intitulé : *Apologia protestantium*.

(3) Lettre à M. de Beaumont, archevêque de Paris.

dans l'obéissance, furent contraints de chasser de la ville le ministre Ambroise Faget, dont les prêches séditieux les animaient à prendre les armes (1).

Les ministres de la Secte mettaient tant d'ardeur à s'immiscer dans les affaires les plus secrètes de leur parti, qu'après le siége d'Orléans, le prince de Condé ayant résolu de se soumettre au roi, les ministres s'opposèrent si fortement à cette décision, qu'il se vit contraint de les exclure de toutes les délibérations (2).

Peu de temps après la journée de la Saint-Barthélemy, le calviniste de La Noue s'étant présenté devant une assemblée de la Secte à La Rochelle, pour l'engager de se soumettre au roi, sous la promesse solennelle d'obtenir toutes sortes de garanties, le ministre Laplace l'accusa de trahison, et après l'avoir publiquement accablé d'injures, il lui donna un soufflet.

Pendant la tenue du synode d'Alais, en 1620, Mermet, ministre du duc de Rohan, ne fit pas difficulté d'avancer que « la paix était la ruine de l'É-
« glise, et qu'en quelque façon que ce fût, il fallait
« susciter la guerre (3). » L'histoire rend, en effet,

---

(1) *Hist. univ.*, liv. III, ch. 6.
(2) Bèze, *Hist. ecclés.*, liv. VI, p. 280, 282, 325.
(3) *Histoire de la rébellion*, t. I, p. 31.

témoignage que les ministres furent toujours les premiers à demander la guerre.

En 1622, le duc de Rohan, résolu de faire la paix avec son roi, trouva une si forte opposition parmi les ministres de Nîmes, qu'il leur dit, en pleine assemblée : « Vous êtes tous des républicains force-
« nés, et vos peuples des séditieux ; j'aimerais mieux
« avoir à ramener un troupeau de loups qu'une as-
« semblée de ministres (1). »

André Rivet, ministre de Thouars, disait au sujet de la guerre d'extermination que Duplessis-Mornay voulait faire au pape : « Saint Jean ayant pro-
« phétisé que les mêmes qui avaient donné nais-
« sance à la bête seraient ceux qui la mangeraient,
« il ne faut pas trouver étrange si les protestants les
« excitent à faire accomplir cet oracle, et s'ils lui
« crient, après la voix du ciel : Rendez-lui au dou-
» ble, ainsi qu'elle nous a fait, et payez-lui au
« double selon ses œuvres (2). »

Jurieu, ministre de Rotterdam, aussi connu par ses plaisantes prophéties que par ses libelles séditieux, prêchait, le 24 janvier 1694 : « Il ne faut
« pas seulement haïr les erreurs et les mauvaises
« qualités des catholiques, mais encore haïr et dé-

---

(1) Ménard, *Hist. de Nîmes*, t. v, p. 466.

(2) Suivant les calvinistes, la bête de l'Apocalypse, c'est le pape.

« tester leurs personnes, haïr le roi et lui souhaiter
« du mal (1). » Quel esprit de charité!

Ce fougueux sectaire de Calvin, furieux de voir son parti vaincu par les armes du grand roi, s'écriait : « Souvenez-vous de ce que dit le poëte : *Furor*
« *arma ministra* (la fureur fait trouver des armes);
« que si l'on n'a pas de villes, on en prend; si l'on
« n'a pas d'argent, on en pille (2). »

Ce furent des ministres qui firent assassiner à Montpellier le président Du Cros, envoyé par Lesdiguières avec des propositions de paix (3). Et ce fut encore un ministre qui, sous le règne de Louis XV, présida à l'assassinat de plusieurs curés et d'une femme, lorsque Lenain, intendant du Languedoc, eut fait punir quelques prédicants séditieux.

Voilà, s'il faut en croire les écrivains de la Secte, voilà les *timides colombes*, voilà les *brebis* qui n'ont eu en partage que d'humbles gémissements et une patience excessive. Voilà les hommes qui demandaient pour eux et pour leurs sectateurs la tolérance religieuse et civile, et qui donnaient en même temps l'exemple de l'intolérance la plus despotique.

Consultons maintenant les écrits des plus ardents

---

(1) Caveyrac, *Apologie du siècle de Louis XIV*, p. 551.

(2) *Les derniers efforts de l'innocence affligée*, p. 32.

(3) D'Aigrefeuilles, *Hist. de Montpellier.*

sectateurs de Calvin, et nous y retrouverons le même esprit d'intolérance et de révolte.

Bertault fit un livre pour justifier la prise d'armes des huguenots, l'effusion du sang et l'obligation pour les ministres de le verser (1).

D'autres jurisconsultes de la Secte déclarèrent que la prise d'armes était juste et légitime; et personne n'ignore que la conjuration d'Amboise fut entreprise par une délibération expresse de théologiens calvinistes (2).

Un écrivain calviniste disait, en parlant de Charles IX : « C'est nous qui sommes les rois; nous don-
« nerons des verges et un métier à celui-là qui ose
« se dire notre roi, pour lui apprendre à gagner sa
« vie comme les autres (3). »

Et tel était l'esprit d'insubordination qui régnait dans ce parti, que Montbrun, ce fier huguenot, répondit un jour à une lettre de Henri III, où ce prince parlait avec le ton d'autorité convenable à un souverain : « Quoi! le roi m'escrit comme roi, et comme si
« je devois le reconnoistre! Je veux bien qu'il sache
« que cela seroit bon en temps de paix, et lorsque je
« le reconnoistrois pour tel; mais en temps de guerre,

---

(1) *Hist. de l'édit de Nantes*, t. II, p. 548.
(2) De Thou, *Hist. univ.*, liv. xxv, p. 670.
(3) Montluc, *Commentaires*, année 1562.

« et quand on a le bras armé et le cul sur la selle,
« tout le monde est compagnon (1). »

Henri de La Tour d'Auvergne, père du fameux maréchal de Turenne, dévoile à son fils toutes les injustices de son parti, et lui enseigne que « les « guerres civiles se faisaient légitimement par la « maintenue de la liberté de conscience (2). »

Duplessis-Mornay, cette puissante colonne du parti, cet homme aux vertus austères suivant les huguenots et les philosophes ; Duplessis-Mornay dédia à Jacques Ier une épître (3) qui peut passer pour l'écrit le plus extravagant et le plus furieux qui ait jamais été imprimé. Cet ardent sectateur de Calvin sollicitait du roi d'Angleterre une flotte pour aller faire la guerre au pape. Et cette épître révolutionnaire trouva de nombreux partisans parmi ceux de la Secte.

D'Aubigné donne les plus grands éloges à l'auteur calviniste d'un livre séditieux, intitulé : *Vindiciæ contra tyrannos*; « et qui fut écrit, dit-il, pour en-
« courager les réformés à la conjuration d'Am-
« boise (4). » Duplessis-Mornay, le *pape* des hugue-

---

(1) Brantôme, *Hommes illustres*; — Le Laboureur, *Additions aux Mémoires de Castelnau*, t. II, p. 643.

(2) *Mémoires*.

(3) *Mystère d'iniquité*.

(4) *Hist. univ.*, t. I, liv. II, ch. 17.

nots, s'en avoua l'auteur, dit le même historien (1).

Et maintenant faut-il s'étonner que des hommes pénétrés d'un tel esprit d'intolérance et de révolte aient tenté de s'emparer de la personne de leurs rois; qu'ils aient soustrait un grand nombre de villes à l'obéissance royale, soutenu des siéges contre leur souverain, livré des batailles contre ses armées, allumé le feu de la guerre civile dans toutes les provinces, appelé de toutes parts les étrangers au sein de la France comme à un pays de conquête, ouvert nos ports aux Anglais, et mis ce florissant royaume, l'honneur de la chrétienté, sur le bord de sa ruine?

Les assemblées et les synodes calvinistes, dépositaires de la doctrine enseignée par la Secte, poussèrent aussi loin l'esprit d'intolérance et de révolte; ils autorisèrent ouvertement la rébellion et prêchèrent la désobéissance (2). Et l'on ne sera point étonné de leur ardeur à demander la guerre, quand on saura que les membres de ces assemblées choisissaient toujours pour présidents ou *modérateurs*, les plus turbulents ou les plus factieux du parti. C'est, en effet, ce que décida une assemblée de la Secte, tenue à Sainte-Foy-la-Grande, au mois d'octobre 1601 : après avoir fait avertir les églises de se préparer pour la réunion prochaine d'un synode national,

---

(1) *Hist. univ.*, t. 1, liv. 11, ch. 15.
(2) *Assemblée politique*, année 1605.

elle les engagea « d'y envoyer, outre les pasteurs et
« les anciens, ceux qu'elles jugeraient *les plus entiers*
« *et les plus capables d'affaires.* »

Les principaux calvinistes, assemblés à Paris, en
1562, résolurent de prendre les armes, lorsque la
nécessité amènerait les églises à ce point. C'est Bèze
qui nous fait cet aveu (1).

« Au commencement de la guerre civile, dit Cas-
« telnau, les huguenots firent assembler le synode
« général en la ville d'Orléans, où il fut délibéré des
« moyens de faire une armée, d'amasser de l'argent,
« lever des gens de tous costés, et enrooler tous ceux
« qui pourroient porter les armes. Puis, ils firent
« publier jeusnes et prières solemnelles par toutes
« leurs églises, pour éviter les dangers et persécu-
« tions qui se présentoient contre eux (2). »

Et par une révoltante iniquité, un synode tenu à
Saint-Jean-d'Angély, en 1562, déclara qu'il était
permis, « *par la parole de Dieu*, de prendre les armes
« *pour la liberté chrétienne*, et pour *délivrer le roi et*
« *la reine*, contre ceux qui *violaient les édits*, et contre *les perturbateurs du repos public* (3). »

Pendant la tenue du synode d'Orléans, les calvinistes assemblés firent le serment de n'obéir qu'au

---

(1) *Hist. ecclés.*, liv. VI, p. 6.
(2) *Mémoires*, liv. III, ch. 10, § 6.
(3) De Thou, *Hist. univ.*, t. II, liv. XXX, p. 101.

prince de Condé. En conséquence, ils lui déférèrent le titre de lieutenant-général du royaume; et, statuant en législateurs sur la majorité des rois de France, ils déclarèrent que la minorité de Charles IX ne finirait qu'à sa vingt-deuxième année.

Après la tenue de ce synode, les calvinistes firent frapper une médaille, portant d'un côté l'effigie de Louis, prince de Condé, et de l'autre l'écusson de France avec ces mots : *Ludovicus decimus tertius*, DEI GRATIA, *Francorum rex primus christianus* (1).

La Popelinière rapporte que dans une assemblée tenue à Saintes, en 1562, sous la présidence de La Rochefoucauld, soixante ministres déclarèrent unanimement, « *par la parole de Dieu*, que la guerre « n'étoit pas seulement permise et *légitime*, mais « encore absolument nécessaire; ce qui fut ainsi « décidé, toutes objections et doutes bien débattus « par tout droit divin et humain (2). »

Le même historien rapporte encore que le synode de Lyon, tenu en 1563, réprimanda sévèrement un ministre pour avoir osé désapprouver la révolte des calvinistes, comme s'il était nécessaire de rugir comme des lions et comme des tigres pour appeler les hommes à la vérité. L'article 38 de ce synode porte :

---

(1) Brantôme, *Hommes illustres*, discours sur le prince de Condé; — Leblanc, *Traité historique des monnaies de France*, p. 535.

(2) *Hist. de France*, liv. VIII, folio 332; — De Thou, *Hist. univ.*, t. II, liv. XXX, p. 101.

« Un ministre de Limosin, qui autrement *s'étoit bien
« porté*, a écrit à la reine-mère qu'il n'avoit jamais
« consenti au port-d'armes, jaçoit qu'il ait consenti et
« contribué; item, qu'il promettoit de ne plus prê-
« cher, jusqu'à ce que le roi le lui permettroit. De-
« puis, *connoissant sa faute*, il en a fait confession
« publique devant tout le peuple, et un jour de cène,
« en la présence de tous les ministres du pays et de
« tous les fidèles : on demande s'il peut rentrer dans
« sa charge. On est d'avis que cela suffit : toutefois
« il écrira à celui qui l'a fait tenter pour lui faire
« connoistre sa pénitence; et le priera-t-on qu'on le
« fasse entendre à la reine, et là où il adviendroit
« que le scandale en arrivast à son église; et sera en
« la prudence du synode de Limosin de le changer
« de lieu. »

L'article 48 de ce même synode porte : « Un abbé
« *venu à la connoissance de l'Evangile* a brûlé ses titres
« et n'a pas permis depuis six ans qu'on ait chanté
« la messe en l'abbaye; ainsi s'est toujours porté fidè-
« lement et a *porté les armes pour maintenir l'Evan-
« gile* : il doit estre reçu à la cène. »

Dans le synode de Châlons, en 1563, les principaux calvinistes proposèrent d'abolir la puissance
despotique, la papauté et la chicane, qu'ils nom-
maient les trois pestes du genre humain (1).

---

(1). Mézerai, *Abrégé chronologique de l'hist. de France*, t. x,
p. 449, édit. de 1740.

Durant le règne de Charles IX, surgit la faction des mécontents, surnommés les *politiques*, qui firent cause commune avec les huguenots. Dans une assemblée de rebelles, tenue à Nîmes, le 10 février 1575, pour célébrer la révolte du nouveau parti, les calvinistes se concertèrent ensemble pour changer la forme du gouvernement. L'historien de Thou rapporte que le traité qui fut signé par les conjurés dans cette conférence, établissait une espèce de république séparée du reste de l'Etat. Elle devait avoir des lois sur la religion, sur le gouvernement civil, la justice, la discipline militaire, la liberté de conscience, la liberté des impôts et l'administration des finances (1).

Les calvinistes de cette ville, dit l'historien Ménard, firent un règlement par lequel ils convenaient de ne point obéir au *tyran* Charles IX, et de former un état séparé du reste de la nation, jusqu'à ce qu'il plût à Dieu de susciter un de ses serviteurs pour l'exterminer (2).

En 1594, l'assemblée de Sainte-Foy déclara que « la religion catholique serait anéantie dans le « royaume, » et que pour arriver à ce but, il fallait employer toutes sortes de moyens. La même assemblée délibéra qu'il serait établi un conseil politique

---

(1) *Hist. univ.*, liv. LX.
(2) *Hist. de Nîmes*, t. V, p. 88 des preuves, titre 17.

en chaque province, et que ces conseils pourraient faire arrêter et saisir les deniers du roi pour les employer au paiement des garnisons calvinistes (1).

Les députés de la Secte, assemblés à Châtellerault, en 1597, résolurent de mettre tout en œuvre pour faire rompre la paix, qui, par l'entremise du pape, allait enfin se conclure entre Henri IV et le roi d'Espagne. A cet effet, ils députèrent le sieur de Saint-Germain auprès d'Elisabeth, reine d'Angleterre, pour l'engager de mettre des obstacles à cette paix, qui *serait nuisible aux églises réformées*, et pour lui demander des instructions pour leur conservation, « s'assurant que ses conseils tiendroient envers « eux lieu de commandement. » En même temps, ils donnèrent pouvoir à Saint-Germain de traiter avec le prince Maurice et les Etats de Hollande (2). Cette assemblée eut même l'audace d'adresser des remontrances au roi de ce qu'il traitait de la paix *sans la participation des calvinistes.*

Mais bientôt leur impertinence renchérit sur leur audace : ils demandèrent au roi de l'argent pour l'entretien de cette assemblée; et parce qu'ils avaient déjà reçu trois mille écus à Vendôme et six mille à

---

(1) *Assemblées politiques.*

(2) *Les actes du synode universel de la sainte réformation*, tenu à Montpellier, le 15 mai 1598 ; édit. in-12, imprimée en 1599, p. 110. Ce livre aussi curieux que rare, renferme des documents précieux touchant la tenue de ce synode.

Saumur, ils osèrent dire au comte de Schomberg, alors auprès de Henri IV, que « si le roi ne leur faisait « compter de l'argent, l'assemblée ferait expédier « d'autres ordonnances pour en prendre. » Et l'on sait que ces fidèles sujets ne se faisaient pas faute de piller les monastères, les églises et les domaines particuliers des catholiques, et d'enlever les deniers du roi.

Sur ces entrefaites, les Espagnols s'étant emparés d'Amiens, le roi engagea les députés calvinistes assemblés à Châtellerault, de lui envoyer des troupes, afin de repousser l'ennemi qui menaçait d'envahir tout le nord de la France; mais l'assemblée lui refusa toute espèce de secours. C'est que la Secte, ennemie de ce prince depuis son abjuration, voulait le forcer d'accorder aux calvinistes de France les mêmes prérogatives dont les catholiques jouissaient depuis environ douze cents ans. Et si, pour une couronne, Henri IV avait abjuré l'hérésie calviniste, les huguenots, sous prétexte d'aller en paix à la cène, abjurèrent leur patrie.

Autant les calvinistes s'étaient montrés soumis à Henri, leur chef, autant ils se montrèrent rebelles au même Henri, leur roi. Et lorsqu'en 1597, ce prince eut fait notifier à de Nesle, gouverneur de Chauvigny, dans le diocèse de Poitiers, d'évacuer cette place, l'assemblée de Saumur, voyant cet officier prêt à en sortir avec sa garnison, lui fit défense d'obéir, et lui ordonna « de répondre à ceux qui lui feroient de

« pareilles réquisitions, qu'il ne pouvoit sortir sans
« le consentement de l'assemblée générale de Sau-
« mur (1). »

Après la publication de l'édit de Nantes, en 1598, les calvinistes se montrèrent aussi peu dociles aux ordres du roi qu'ils l'étaient auparavant. L'édit leur avait accordé des places de sûreté pour un délai de huit ans; mais à l'expiration de ce terme, ils ne voulurent point les remettre sous l'obéissance du souverain; ils ordonnèrent même à leurs gouverneurs de ne les rendre « à qui que ce fust, et pour quelque
« cause que ce pust estre, sans l'autorité et le con-
« sentement général de toutes les églises. » Aussi Louis XIII fut forcé de les leur enlever par la voie des armes.

En 1620, l'assemblée de Milhaud, en Rouergue, délibéra que « toutes les villes de la province seroient
« excitées à se mettre en estat de garde, réparation
« et munitions nécessaires pour *une juste et légitime*
« *défense*, et que les députés seroient chargés de
« mettre cet ordre à exécution (2). »

Le 16 du mois de novembre de la même année, les huguenots des Cévennes et du Bas-Languedoc assemblèrent leurs députés à Anduze, dans le but de se préparer à un soulèvement. En vertu d'une

---

(1) *Assemblées politiques*, procès-verbal de l'assemblée de Saumur.
(2) Art. 4 de cette assemblée, en date du 11 novembre.

délibération prise dans cette assemblée, un gentilhomme de la maison de Gouvernet fut envoyé au duc de Lesdiguières pour le débaucher du service du roi et l'engager, par de belles promesses, dans cette guerre qui allait mettre en combustion tout le royaume de France (1). Et toutes ces menées n'avaient lieu que parce que Louis XIII venait de rétablir le culte catholique à Paris, où les fidèles en avaient été privés pendant près d'un demi-siècle, et que le gouverneur de Navarreins, indigné d'être plus longtemps l'instrument des huguenots, s'était fait catholique.

A la même époque (1620), le synode national d'Alais remercia Châtillon de travailler avec ardeur *à l'avancement du règne du Christ* (2). Les conjonctures des temps, dit à ce sujet Bossuet (3), et les affaires d'Alais expliquent l'intention de ce seigneur, et l'on sait ce qu'entendaient par *le règne du Christ* l'amiral de Coligny et d'Andelot.

En 1621, Louis XIII ayant assiégé les calvinistes dans La Rochelle, et les rebelles se voyant sur le point d'être forcés de céder cette place au roi, dépêchèrent un de leurs coreligionnaires auprès de Jacques Ier, roi d'Angleterre, pour l'informer « que

---

(1) Videl, *Hist. de la vie du connétable de Lesdiguières.*

(2) *Hist. de la rébellion*, t. 1, p. 31.

(3) *Hist. des variations*, liv. x, n° 38.

« La Rochelle était bloquée par le duc d'Épernon ;
« que les troupes du roi s'approchaient de Montau-
« ban; que la ruine entière des églises avait été ré-
« solue, » et le supplier de vouloir bien les secourir
« d'un secours royal, prompt et proportionné à leurs
« nécessités (1). » Mais Jacques, prince sage et paci-
fique, se contenta de demander au roi de France la
grâce des rebelles (2).

Dans le traité que les calvinistes conclurent avec
le roi d'Espagne le 3 mai 1629, pour soutenir la
guerre que Rohan faisait alors à son roi, il était dit,
article 4 : « Le sieur de Rohan offre à Sa Majesté
« catholique de tenir et favoriser tous les desseins
« de Sa Majesté catholique, en quelque temps que
« ce soit et de tout son pouvoir. » Et, par l'art. 2,
les rebelles s'étaient engagés à ne faire la paix avec
le roi de France que du consentement du roi d'Espagne. Mais comme l'Espagne avait prévu qu'elle
pourrait être forcée par les événements de donner
son consentement à la paix, il était dit, art. 12 du
traité : « Et cas avenant que ledit sieur de Rohan
« vinst à traiter paix du sçu et consentement de Sa
« Majesté catholique, sera obligé de la rompre
« quand il plaira à Sa Majesté catholique et de con-
« server la guerre, moyennant les mêmes faveurs

---

(1) Procès-verbal de l'assemblée de La Rochelle.
(2) *Mercure de France*, en 1621, t. VII.

« et aides de six cent mille écus d'or annuels, qu'il
« plaira à Sa Majesté catholique. » Le roi d'Espagne, comme par un reste de pudeur, demandait, entre autres choses, que la religion catholique fût maintenue dans toutes les villes qui tomberaient au pouvoir des huguenots: c'est ce que portait l'art. 7 :
« Et cas avenant que ledit sieur de Rohan et ceux de
« son parti puissent se rendre si forts, qu'ils puis-
« sent se cantonner et faire un estat à part; audit
« cas, les huguenots promettent pareillement la li-
« berté de conscience et le libre exercice aux catho-
« liques (1). »

En 1655, les calvinistes de France envoyèrent des émissaires à Cromwel, pour se concerter avec lui sur les moyens d'établir une république en France (2).

Les *pasteurs* et les *anciens* des églises calvinistes de la Basse-Guyenne, assemblés en synode à Montpazier, le 1er juillet 1659, pour trouver les moyens de s'opposer au mariage de Louis XIV avec l'infante Marie-Thérèse, remercièrent un nommé Durel de ce qu'il avait obtenu des calvinistes d'Angleterre d'intercéder auprès du gouvernement anglais pour leurs frères de France, et « en cas de refus, de por-
« ter leurs armes dans la province de Guyenne,

---

(1) *Mercure français*, t. xv.
(2) Bayle, *OEuvres*, t. II.

« après leur avoir permis et donné l'assurance de
« leur remettre toutes les villes et lieux dont on
« pourrait disposer (1). »

En 1683, les provinces du Poitou, de la Saintonge, de la Guyenne, du Haut et Bas-Languedoc, des Cévennes, du Dauphiné et du Vivarais, résolurent de s'assembler pour la prière, les armes à la main, dans tous les lieux où le prêche était interdit, et de se défendre si le roi voulait les en empêcher (2).

Un dernier trait caractérisera l'esprit d'insubordination qui régnait alors parmi les sectateurs de Calvin. Lorsqu'ils élisaient un *modérateur* pour présider leurs synodes, ils prononçaient la formule suivante : *Nous qué valen autan qué vous, et qué pouden maï qué vous, vous élégissen nostré modératou, en talé condition, qué nous pouden maï qué vous* (3). « Nous qui valons autant que vous et qui pouvons plus que vous, nous vous nommons notre modérateur, mais à cette condition que nous pouvons plus que vous. »

(1) Soulier, *Hist. du calvinisme*, p. 553.
(2) *Esprit de M. Arnaud*, t. II, p. 338.
(3) *Les actes du synode universel de la sainte réformation*, tenu à Montpellier, le 15 mai 1598, p. 45. — Il fallait que cette formule fût prononcée selon le langage du pays où le synode était assemblé : c'est là le patois des habitants de Montpellier.

ESPRIT
D'INTOLÉRANCE ET DE RÉVOLTE
DU CALVINISME,

PROUVÉ PAR LES ACCUSATIONS DES ÉCRIVAINS PROTESTANTS.

———

Le fameux jurisconsulte Charles Dumoulin accuse les calvinistes d'être des fanatiques et des séditieux, et leur reproche de n'avoir tenu des assemblées que pour chercher les moyens de soulever les peuples contre l'autorité royale. « Le Calvinisme, « que j'ai tant désiré, dit-il, s'est converti en li- « cence et en factions. » Il soutient également que les ministres de la Secte excitaient leurs coreligionnaires à la révolte; qu'ils se servaient de la discipline de Genève pour la religion comme pour les affaires civiles, à la ruine du royaume de France; qu'ils empêchaient les prêtres de faire leurs fonctions, et qu'enfin tout ce qu'ils faisaient ne tendait qu'à suborner la fidélité des sujets du roi (1).

Conrad Schlussemberg, surintendant et inspecteur-général des églises luthériennes d'Allemagne, ne nomme jamais les calvinistes de son époque (dans les trois livres qu'il publia à Francfort, en 1592, contre la théologie calvinienne) sans leur donner les épithètes « d'infidèles, d'impies, de blasphéma-
« teurs, de charlatans, d'hérétiques, d'incrédules,
« de gens sans front, sans pudeur, et frappés d'un
« esprit d'aveuglement et de vertige, de ministres
« turbulents et brouillons de Satan, etc., etc. »

Jean Schutze fait le portrait des calvinistes de la manière suivante : « Ils sont séditieux et amis du
« tumulte, perturbateurs de la paix publique et de
« la tranquillité des empires; ils n'ont qu'un pro-
« jet, celui d'exciter des factions, des soulèvements,
« des divisions, des murmures et l'effusion du
« sang (2). »

Grotius, tout républicain qu'il était, dit Gib-

---

(1) *Coutume de Paris.* — De Thou, *Hist. univ.*, liv. xxxviii, année 1566, vers la fin.

(2) *Sacramentarius diabolus*, p. 354. — Bayle, *Diction. hist.*, suppl., p. 184. — Georges Braun, *Tremonensium catholicorum defensio*, p. 165, 166.

bon (1), accuse le Calvinisme d'avoir l'esprit brouillon, et lui fait le reproche d'avoir bouleversé les gouvernements dans tous les coins de la terre où il a fait irruption : *Discipuli Calvini omnia ubicunquè invaluére, imperia turbavére: spiritum Calvini tumultuosum et inquietum* (2). Et dans un autre écrit : « La
« violence, dit-il, la sédition et la révolte est ce qui
« a donné naissance à la prétendue révolte dans les
« Provinces-Unies comme partout ailleurs, nais-
« sance bien contraire à Jésus-Christ, contraire aux
« apôtres, contraire à tous les chrétiens des premiers
« siècles. Ce qui s'est passé dans les commencements
« est très-conforme aux principes que l'on trouve
« non-seulement dans Duplessis-Mornay, Hottmann
« et Buchanan, mais encore dans Pierre Martyr,
« P. Lesman, Althusius, Lambert, Danet et une
« infinité d'autres écrivains de cette secte, qu'au-
« cun de la même école n'a contredit ni ré-
« futé (3). »

Aussi, témoin des criminels scandales de la Réforme, Érasme s'écriait un jour : « Quelle race
« évangélique est celle-ci ? jamais on ne vit rien de
« plus licencieux ni de plus séditieux tout ensem-

---

(1) *Hist. de la décadence de l'empire romain*, ch. 20, note 18.

(2) *Animadversiones in animadversiones Rivetii.* — Œuvres, édit. de Londres, 1679 ; t. IV, art. *de Hæreticorum pœnis*, p. 649.

(3) *Appendix de Antichristo*, p. 59.

« ble.... Tout est outré dans cette Réforme. On ar-
« rache ce qu'il faudrait seulement épurer, on met
« le feu à la maison pour en consumer les ordures.
« Les mœurs sont négligées; le luxe, les débauches,
« les adultères se multiplient plus que jamais; il n'y
« a plus ni règle ni discipline (1)... » Et les amis de
cet écrivain convenaient de bonne foi de tous ces
désordres. « J'aime mieux, disait-il encore, avoir
« à traiter avec ces papistes si fort décriés par
« vous (2). » Et puis : « Je les voyais (les calvinis-
« tes) sortir de leurs prêches avec un air farouche,
« des regards menaçants, comme gens qui venaient
« d'ouïr des invectives sanglantes et des discours
« séditieux (3). »

De Thou, l'historien de la Secte, traite les calvinistes de *genus hominum suspicax* (race d'hommes
suspects). C'est, du reste, le *seul* défaut qu'il ait remarqué en eux (4).

L'auteur de l'écrit intitulé : *Vindiciæ contra ty-*

---

(1) *Epistola ad Melanchthonem.*

(2) *Idem.*

(3) *Epistola ad Melanchthonem.* — Cette remarque est encore, de nos jours, si juste, que dans plusieurs contrées du midi de la France, et plus particulièrement dans le Bas-Languedoc, il est passé en proverbe de dire, en parlant d'un homme pâle comme une cerise qui mûrit, ou bien qui a l'air de méditer quelque vengeance : *Ès panlé coumo un yganaou* (Il est pâle comme un huguenot).

(4) *Hist. univ.*, liv. xxxvii, p. 749.

rannos, avoue que les calvinistes sont supérieurs en férocité aux catholiques.

Le chancelier de L'Hôpital n'avait pas une meilleure opinion de l'humeur turbulente des prétendus réformés. « L'assemblée de Fontainebleau, di« sait-il aux États d'Orléans, a jugé que pour pré« venir les discussions, qui entraînent avec elles la « guerre civile, il fallait un concile. Le pape nous « le fait espérer; mais, en attendant, il ne faut pas « permettre que chacun se fasse une religion à sa « fantaisie, et introduise de nouvelles cérémonies et « de nouveaux cultes; car, par là, non-seulement « on trouble la tranquillité publique, mais on ex« pose les âmes au danger de se perdre dans l'éter« nité... » Et puis il ajoute : « Cependant, comme il « y en a beaucoup qui se font un prétexte de reli« gion, et qu'en effet ils sont poussés par l'ambi« tion, l'avarice et l'amour des nouveautés, il sem« ble qu'il serait bon d'accabler de toutes façons ces « pestes publiques, et de ne pas leur donner le « temps de réunir leurs forces. C'est contre eux « qu'il est besoin d'employer les armes; et quand « on ne peut rien gagner sur leur esprit par la clé« mence, il faut user de la rigueur des lois et des « armes, et avoir recours à la force (1). »

Bongars, écrivant à l'historien de Thou, lui dit

---

(1) De Thou, *Hist. univ.*, liv. XXVII, année 1560,

que ceux de son parti ne pouvaient supporter la royauté, et que, par un effet de cette maladie dont ils sont entachés, ils eussent volontiers réduit la monarchie française à l'anarchie, si les rois eussent toujours tremblé à leur aspect (1).

Bodin s'exprime en ces termes sur les motifs qui le forcèrent à déserter le parti des rebelles : « Voyant
« que partout les peuples s'armaient contre les rois,
« et qu'on lançait dans le public, comme autant de
« torches ardentes, des écrits où l'on professait qu'il
« était permis de détrôner, sous prétexte de tyran-
« nie, ceux que Dieu a établis pour gouverner les
« peuples; j'ai soutenu, comme honnête homme et
« comme bon citoyen, que, sous aucun prétexte,
« on ne pouvait attaquer son souverain, fût-il
« même un tyran (2). »

Beaudius, professeur en droit dans l'université de Leyde, se plaignait un jour qu'il était devenu suspect à la Secte, parce qu'il avait enseigné dans ses discours et dans ses écrits que l'obéissance au légitime souverain est la source de la prospérité d'un gouvernement, et qu'il n'est pas permis de prendre les armes contre son roi pour cause de religion (3).

(1) *Œuvres*, édit. de La Haye, p. 651.
(2) *Epistola ad vidum fabrum;* — *De Republicâ*, lib. II, cap. 5. p. 302.
(3) *Lettre* 72e.

Le comte de Schomberg avertit un jour Henri IV que les calvinistes avaient pris la résolution de changer la monarchie française en république : « Leurs pernicieux desseins, écrivait-il à ce prince, « le 13 février 1597, tendent au partage de ce « royaume et à la subversion de cette monar- « chie (1). »

Le duc de Bouillon fit part à Sully des mesures que les huguenots avaient prises pour se soustraire à l'autorité du roi; il lui apprit « qu'ils alloient for- « tifier incessamment leurs places; se choisir un « chef hors du royaume; établir au dedans un con- « seil-général des affaires de la religion, auquel « toutes les différentes Églises n'auroient qu'à s'a- « dresser, et qui connoistroit en dernier ressort des « affaires qui lui seroient portées de dix autres con- « seils provinciaux, en quoi on partageroit toute « la France calviniste. Et afin que le pouvoir de ce « conseil souverain fust absolu et irréfragable, on « mettroit à la teste un protecteur ou prince étran- « ger, capable de la faire respecter (2). »

Sully, zélé calviniste, et sous les yeux de qui se tramait la conjuration de l'École calviniste contre la monarchie française, raconte que, dans diverses assemblées tenues à Montauban, en 1585, les prin-

---

(1) *Epistola* 99ᵉ.
(2) Sully, *Mémoires*, t. II, liv. VII, p. 400.

cipaux de la Secte proposèrent à leurs coreligionnaires de faire de la France un état républicain sous la protection de l'électeur palatin, qui tiendrait en son nom cinq ou six lieutenants dans les différentes provinces. « Mais comment ces habiles poli-
« tiques prétendoient-ils maintenir l'union et la
« concorde dans leur prétendue république, eux
« qui lui donnoient tant de têtes, et des têtes aussi
« indépendantes les unes des autres que peu sou-
« mises à un protecteur trop faible pour se faire
« obéir ?... J'insistois, ajouta-t-il, dans tous les con-
« seils, sur la nécessité de reconnoistre un chef uni-
« que, et de ne pas dissiper le pouvoir à force de
« le partager (1). »

Aussi, choqué de ses funestes résolutions, le roi de Navarre disait à Sully, au sortir d'une de ces assemblées : « M. le baron de Rosny, ce n'est pas le
« tout de bien dire, il faut mieux faire... il faut que
« tous les gens d'honneur et ceux qui ont de la
« conscience emploient la moitié de leurs biens pour
« sauver l'autre (2). »

Et la division du royaume de France en départements, districts ou cantons, si souvent projetée par la Secte, fut exécutée au commencement du dix-septième siècle par l'assemblée calviniste de La

---

(1) *Mémoires*, t. 1, liv. II, p. 189, 190, 191.
(2) *Idem*, id., id., p. 191.

Rochelle, et définitivement établie à la fin du dixhuitième siècle par une assemblée de républicains, sur la proposition du ministre Rabaut-Saint-Etienne. Les ignorants méconnurent la source où ce membre de la Constituante avait puisé cette proposition; mais les hommes d'État ne tardèrent pas à s'apercevoir que le partisan de Calvin copiait servilement les plans des synodes et agissait uniquement pour le compte de sa faction.

« Ce sera pour eux, » dit Sully en parlant de la conduite séditieuse du duc de Bouillon, de Duplessis-Mornay, de d'Aubigné, de Constant, de Saint-Germain, et surtout de Lesdiguières; « ce sera pour
« eux une honte éternelle d'avoir souscrit (1605)
« un mémoire dont l'existence n'a été que trop bien
« prouvée, dans lequel on jetoit les fondemens
« d'une république calviniste, au milieu de la
« France, libre et absolument indépendante du
« souverain. Je sais bien que ces termes ne se trou-
« vent pas dans le mémoire; on les y a évités avec
« soin qui paroist étudié; mais les termes ne font
« rien où se trouve la réalité; et je fais toutes les
« personnes elles-mêmes juges de ce qu'on peut en-
« tendre par l'établissement d'un corps dont les
« chefs sont aussi étroitement liés ensemble que sé-
« parés d'avec les autres, et de conseils provinciaux
« qui prennent la loi d'un conseil suprême impé-
« rial; ce que signifient ces appuis qu'on y cherche

« dans l'étranger, cette obligation qu'on y impose à
« tous gouvernemens et gens en place à prêter cer-
« tains sermens, enfin l'exclusion qu'on y donne à
« tout catholique romain et à tout officier particu-
« lièrement attaché au roi, des charges, des digni-
« tés et des affaires du nouveau parti (1). »

Dans une lettre à La Trémouille, Sully lui parle de l'insubordination que leurs coreligionnaires ont manifestée dans l'assemblée de Châtellerault, en 1597, et lui dit : « Au lieu que vous devriez tous
« fortifier la foiblesse du roy, secourir sa nécessité
« et soulager ses travaux, il semble qu'au comble
« d'iceux, l'on aye pris le temps d'ajouster affliction
« sur affliction, afin de l'accabler, et tout à l'apetit
« des intérêts particuliers que l'on cognoist assez
« estre les causes de tout ce mal (2). »

Villeroy, voyant que les calvinistes se prépa-raient d'envoyer leurs députés à l'assemblée de Châ-tellerault, écrivait à Sully pour se plaindre de la conduite et de l'ingratitude de Lesdiguières, et de ce qu'au préjudice de l'honneur et du bien qu'il avait reçu du roi, « il n'avoit laissé de souscrire aux
« instructions qui avoient esté données pour for-
« mer en ce royaume une république, séparée, en
« effet, de son authorité souveraine (3). »

(1) *Mémoires*.
(2) *Mémoires*, t. I, ch. 74, p. 354.
(3) Sully, *Mémoires*, t. II, p. 380, 381.

« On sait combien peu vous êtes scrupuleux de
« détrôner les rois, disait, en 1660, le ministre
« Cottiby, ayant même trouvé les moyens de les
« faire mourir par la justice. Vous vous faites vos
« jouets de ce qu'il y a de saint et de plus sacré sur
« la terre; vous disposez des sceptres et des cou-
« ronnes à votre fantaisie; vous rappelez quand il
« vous plaît les enfants à leurs droits, après avoir,
« tragiquement dépossédé les pères (1). »

Le ministre Jurieu lui-même nous révèle que le Calvinisme est moins une religion qu'une faction, et que c'est sous ce point de vue que les politiques doivent l'envisager. « Le cardinal de Richelieu,
« dit-il, ôtant aux prétendus réformés leurs places
« de sûreté, agit plutôt par une sagesse politique
« que par un zèle de religion. Il voyoit que c'étoit
« un état dans un état, et que les villes étoient des
« retraites de rebelles et de mécontens (2). »

Il avoue autre part que les huguenots « avoient la
« fureur et la rage dans le cœur, et que c'est ce qui
« fortifioit l'amour et l'attache qu'ils avoient pour
« la *vérité* (3). » Le même ministre dit encore avec une sorte d'ironie qui ne saurait être favorable au

---

(1) *Réplique à la lettre de Daillé*, p. 211.

(2) *Politique du clergé*, p. 20.

(3) *Avis à tous les chrétiens*, servant de préface au livre intitulé : *Accomplissement des prophéties*.

Calvinisme : « Qu'on souffre un prédicateur ma-
« hométan, un socinien, un papiste et un réformé
« dans une ville, sans que le magistrat intervienne
« par son autorité, ou Dieu par son esprit et ses mi-
« racles, et vous verrez bientôt la vérité succomber
« entièrement (1). » Mais s'il faut *que le magistrat
intervienne* pour maintenir l'ordre dans toutes les
villes où les calvinistes ne seront pas seuls, pourquoi
reprocher aux rois de France d'avoir puni les huguenots comme perturbateurs du repos public et
comme gens ayant toujours les armes à la main ?

Bayle, dans son *Avis aux réfugiés*, qu'aucun calviniste n'a osé entreprendre de réfuter, accuse les
huguenots d'avoir constamment enseigné que lorsqu'un souverain manque à ses promesses, ses sujets
sont déliés de leurs serments de fidélité ; il leur reproche d'avoir fondé sur ce principe toutes les
guerres civiles dont ils ont été les auteurs ; il leur
montre les conséquences funestes de la souveraineté
du peuple : « Il n'y a point de fondement de la tran-
« quillité publique, ajoute-t-il, que vous ne sapiez ;
« point de frein capable de retenir les peuples dans
« l'obéissance que vous ne brisiez (2). »

Le même écrivain dit encore que le Calvinisme
est plus ennemi de la souveraine puissance qu'au-

---

(1) *Tableau du socianisme*, p. 519.
(2) *Œuvres*, t. II, p. 579, édit. de 1727.

cune autre secte protestante, et il démontre que les païens enseignaient une doctrine plus pure que la leur touchant l'obéissance due au souverain. « Le « passé m'était un garant de l'avenir, dit-il autre « part, et les quarante années que j'ai passées dans « votre parti en âge de connaissance, m'ont assez « éclairé sur ce que vous êtes capables de faire « quand vous avez la force en main, ayant des sen-« timents aussi pernicieux que vous avez sur la sou-« mission qui est due aux princes, en quoi vous « montrez que vous vous jouez de l'Ecriture, après « avoir tant protesté que vous ne vouliez suivre « d'autre règle que la pure parole de Dieu; car il « n'y a rien qui y soit plus clairement et plus sou-« vent recommandé que la soumission aux souve-« rains, même lorsqu'ils sont méchants... Plus vous « écrirez en faveur des soulèvements, plus vous ré-« futerez vous-mêmes vos propres libelles; car, de « ce que les sujets ont droit de prendre les armes « contre leurs princes, quand ils le jugent à propos « pour l'intérêt de leur religion, ne s'ensuit-il pas « évidemment qu'à plus forte raison un roi a droit « de s'armer contre ses sujets, lorsqu'il le juge à « propos pour l'intérêt de la sienne (1). »

« La Réforme, dit Ancillon, avait déposé en

---

(1) *Réponse d'un nouveau converti*, etc., du 20 décembre 1688. — *Œuvres*, t. II, p. 572. — *Avis aux réfugiés*, id., id., p. 609.

« France des germes funestes de désunion et de trou-
« bles... Dans les commencements des troubles, la
« masse des protestants croyait qu'un souverain qui
« refuse à ses sujets la liberté des cultes est lui-même
« en révolte contre l'Etre suprême (1). »

« Les mécontents, dans leurs discours, dit en-
« core le même auteur en parlant du projet formé
« par les calvinistes d'enlever le roi à Blois, sépa-
« rant le roi de ceux à qui il accordait sa confiance,
« prétendaient pouvoir concilier avec le respect
« qu'ils doivent à leur souverain, les mesures illé-
« gales qu'ils prennent contre ses ministres. Par
« une distinction absurde, ils voudraient faire croire
« qu'ils ne conspirent pas contre leur maître, en
« conspirant contre les dépositaires du pouvoir...
« Malgré le mauvais succès de la conjuration d'Am-
« boise, le prince de Condé n'avait pas cessé de
« fomenter le mécontentement des protestants...
« Une parfaite égalité avec les catholiques n'eût
« pas même satisfait les religionnaires. Non-seule-
« ment ils ne voulaient pas être asservis ; ils vou-
« laient être les maîtres, et ne voyaient la liberté
« que dans la domination de leur culte et la ruine
« de leurs ennemis (2). »

Et de nos jours, Cobbett parle en ces termes de la

---

(1) *Tableau des révolutions*, etc., t. III, p. 49, 53.
(2) *Tableau des révolutions*, t. III, p. 70, 74, 85.

haine des calvinistes contre les catholiques : « Dès
« notre enfance, sur les genoux de nos mères, on
« nous a appris à considérer un catholique comme
« un être pervers, faux, méprisable, cruel et avide
« de sang (1). »

Les calvinistes d'Angleterre, plus connus sous le nom de *puritains*, ne sont pas traités avec plus de douceur par les écrivains protestants.

Le traducteur de l'*Histoire ecclésiastique* de Mosheim dit que Knox étudia, admira et recommanda fortement à ses compatriotes le gouvernement républicain de Calvin (2).

Robertson avoue que Knox contribua plus qu'aucun autre à l'établissement et à la propagation de la Réforme en Écosse. « Mais ses maximes, dit-il,
« étaient souvent trop sévères, et son impétuosité
« excessive... Sans égard pour le rang et la qualité
« des personnes, il faisait des remontrances avec
« une aigreur et une véhémence plus propres à ir-
« riter qu'à corriger (3). »

Le même historien avoue que ce sectaire emporté enflamma la multitude d'un zèle furieux, la porta au dernier degré de rage, et que, par ses soins et par ses discours, le peuple en fureur courut tumul-

---

(1) *Hist. de la Réforme en Angleterre*, t. I, p. 11.

(2) T. IV, note 75.

(3) *Hist. d'Écosse*, t. III, liv. VI, année 1572.

tueusement à toutes les églises de la ville, y renversa les autels, mit en pièces les statues et les images, et démolit ensuite de fond en comble les couvents et les monastères (1).

Clarendon dit, en parlant de Knox, qu'il eut la meilleure part à la suppression du Papisme, et qu'il fut le plus turbulent et le plus séditieux des ministres de toute l'Ecosse (2).

Hume parle très-souvent, dans son *Histoire d'Angleterre*, « de l'audace des puritains, de leurs prin-
« cipes de liberté civile incompatibles avec les pré-
« tentions *exorbitantes* de la prérogative royale (3). »
— « Les puritains, ajoute-t-il, ne pouvaient prendre
« un moyen plus sûr de se faire détester de la reine,
« que de prêcher qu'on pouvait résister à l'autorité
« des princes ou la restreindre (4). » — « Ils mirent
« une si furieuse rage à poursuivre les superstitions
« romaines, qu'en prêchant la doctrine de paix ils
« portaient le tumulte de la guerre dans toutes les
« parties de l'Eglise chrétienne (5). » — Aussi « la

---

(1) *Hist. d'Écosse*, t. I, liv. II, année 1559.

(2) *Hist. de la rébellion et des guerres civiles d'Angleterre*, t. I, p. 112.

(3) T. VI, p. 11, édit. de 1819.

(4) *Idem*, t. VI, p. 12.

(5) *Idem*, t. VII, p. 16.

« reine Elisabeth s'efforça, par un acte de sévérité
« constant, de réprimer cet excès de fanatisme,
« qui, dès le premier moment, lui parut menacer
« l'Eglise et l'Etat (1). » — Et en parlant du roi
Jacques, il dit : « Plus il avait connu les ministres
« puritains, moins il avait eu de penchant à les fa-
« voriser; il avait remarqué dans leurs frères écos-
« sais un goût violent pour l'état républicain, avec
« un vif attachement à la liberté civile (2). »

Voilà ce que les écrivains protestants eux-mêmes pensent de ce fameux Calvinisme qui a bouleversé l'Europe entière, de cette *belle et sainte réformation* qui a enfanté des systèmes absurdes de démocratie, qui a donné naissance à des luttes sanglantes entre la royauté et les factions, et qui, protégée par la discorde et oubliant que dans un Etat populaire il faut de la vertu, est, à son tour, devenue la plus ardente protectrice de l'anarchie.

Aussi, les hommes probes de cette Secte, qui ont voulu ramener leurs coreligionnaires à des sentiments plus modérés, n'ont réussi qu'à s'attirer la haine de tout le Parti et à se voir exclus des assemblées politiques, où leurs sages conseils pouvaient déconcerter les plans de la Faction : témoin l'inter-

---

(1) *Histoire de la rébellion et des guerres civiles d'Angleterre*, t. VII, p. 18.

(2) *Idem*, t. VII, p. 19.

diction prononcée contre le ministre Ferrier. Ce calviniste ayant osé soutenir, dans une assemblée des principaux de la Secte à Saumur, contre ceux qui prétendaient que l'on n'avait pas besoin d'une permission du roi pour s'assembler, qu'ils étaient assujétis à cette obligation, non-seulement par les lois du royaume, communes à tous les sujets, mais encore par les articles 77ᵉ et 82ᵉ de l'édit de Nantes, les calvinistes irrités l'excommunièrent, lui interdirent, pour dix ans, l'entrée des assemblées politiques; et quand ce ministre reparut à Nîmes, on ameuta contre lui les enfants et la populace, qui lui lancèrent des pierres et le forcèrent de sortir de la ville. Son enclos fut ravagé, les arbres coupés ou arrachés, et l'un des consuls s'étant présenté pour apaiser le tumulte, les calvinistes tirèrent sur lui des coups d'arquebuse (1).

Et maintenant, ne serait-il pas vrai de dire que les huguenots, méconnaissant ces sentiments de magnanimité qui animaient les premiers chrétiens, ne se laissèrent guider, le plus souvent, que par l'amour de leur doctrine, auquel ils sacrifièrent, sans hésiter, la justice et l'humanité, établissant même, pour justifier leur conduite, cette maxime funeste : que l'intérêt de l'Évangile exige parfois des dérogations aux règles ordinaires de la justice;

---

(1) Bayle, *Dict. hist.*, aux mots Ferrier et Acosta.

comme si la justice était une convention humaine, et non une émanation de Dieu, un sentiment intérieur qui nous donne la conscience du bien et du mal ?

ESPRIT
D'INTOLÉRANCE ET DE RÉVOLTE
DU CALVINISME,

PROUVÉ PAR LES TÉMOIGNAGES DE PLUSIEURS SOUVERAINS D'EUROPE, DES PHILOSOPHES ET DES PRINCIPAUX ÉCRIVAINS CATHOLIQUES.

François Ier disait que la secte de Calvin tendait plus à la destruction des royaumes, monarchies et dominations, qu'à l'édification des âmes.

« Le grand sultan en disoit de mesme, ajoute
« Brantôme; laquelle combien qu'elle renversast
« force points de la religion chrétienne et du pape,
« il ne la pouvoit aimer; d'autant, ce disoit-il, que
« les religieux d'icelle n'estoient que brouillons,

« séditieux, et ne se tenoient jamais en repos, qu'ils
« ne remuassent toujours (1). »

Elisabeth, reine d'Angleterre, regardait la secte des huguenots comme la plus dangereuse ennemie de l'autorité royale.

L'empereur Ferdinand l'accusait d'avoir corrompu la morale et jeté partout des semences de discorde. Ce prince soutenait aussi que la Secte avait entrepris la guerre par système, et qu'elle n'avait dépouillé le sacerdoce et l'empire que pour mieux établir sa domination despotique.

Jacques Ier, roi d'Angleterre, qui connaissait parfaitement l'esprit du Calvinisme, s'opposa avec force à l'établissement des presbytères ou consistoires en Angleterre, proposés dans la conférence de Hamptoncourt, en 1604, par le docteur calviniste Regnold. « Ces consistoires, répondit Jac-
« ques Ier aux évêques anglicans, s'accordent avec
« la monarchie comme Dieu avec le diable. »

« MM. les évêques, disait encore ce roi, ces gens
« (les calvinistes), pour vous ôter, veulent me per-
« suader que vous n'êtes pas bien affectionnés à
« mon service; mais si une fois vous étiez dehors, en
« eux et vos places, Dieu sait ce que deviendrait ma
« supériorité; point d'évêque, point de roi..., je n'en
« parle point à l'aventure. » Prédiction remar-

---

(1) *Dames illustres*, discours sur Marguerite, reine de Navarre.

quable, dont le funeste accomplissement fit tomber la tête de Charles Ier.

Et le roi Jacques était si persuadé que le Calvinisme était l'ennemi de la royauté, qu'instruisant un jour son fils sur la manière de gouverner l'État, il lui disait : « Gardez-vous bien, mon fils, de cette « race d'hommes ; ce sont les vraies pestes de l'Église « et de la république....... Et si vous désirez la paix « et le repos, ne souffrez point que les chefs de ces « fanatiques demeurent en Angleterre ; à moins « que, par hasard, vous ne les vouliez garder pour « exercer votre patience (1). » Sage leçon, dont l'infortuné Charles ne sut point profiter.

« Les *puritains* me haïssent, parce que je suis « roi, » disait encore Jacques Ier, au témoignage de Grotius.

Henri IV connaissait si bien l'esprit inquiet, l'humeur mutine et turbulente de cette faction, qu'il lui échappa un jour de dire que, pour régner heureusement et paisiblement dans son État, l'un de ses plus grands désirs était « de détruire la faction « huguenote, que MM. de Boüillon et de la Tré« moüille essayoient de rallumer et de rendre plus « mutine et plus turbulente que jamais ; et qu'il « souhaitoit de le pouvoir faire sans guerre et sans « ruiner ses meilleures provinces (2). »

---

(1) Saumaise : *Defensio regia*, p. 221.

(2) Sully : *Mémoires*, t. 1, ch. 74, p. 545.

Richelieu reprochait aux calvinistes d'avoir enseigné des maximes républicaines. « Des vostres ont « écrit, leur disait-il, que par droit divin et humain, il est permis de détrosner les rois impies. » Cette dangereuse doctrine est enseignée par Calvin dans son *Institution chrétienne*.

Le savant du Tillet appelait les huguenots les ministres et les trompettes de la sédition, et disait qu'on pouvait légitimement prendre les armes contre eux (1).

Les Etats d'Orléans, en 1560, dénoncèrent le Calvinisme comme le fauteur des troubles publics qu'excitaient en France les émissaires de Genève et que fomentaient des libelles diffamatoires (2).

« Je ne connus jamais, disait Montluc, aucun
« de ce parti qui ne voulust, quelque mine qu'il
« fist, la ruine de celui du royaume. — Croyez,
« disait-il un jour à Charles IX, qu'avec la douceur
« vous ne viendrez jamais à bout de ces gens-là. Le
« plus homme de bien d'entre eux voudroit vous
« avoir baisé mort..... — Si le roi veut toucher au
« bout du doigt d'un de ses sujets, les huguenots

---

(1) *De la majorité du roi.*

(2) Un historien recommandable assure avoir vu un gros recueil en 10 vol. in-folio, contenant les libelles composés par les huguenots contre les personnages les plus augustes de ces temps. Cette énorme collection renferme tout ce que la méchanceté la plus noire a jamais inventé de calomnies atroces. — Maimbourg, **Hist. du Calv.**, liv. II.

« disent qu'il ne peut. Tout est permis à ces gens-là,
« et rien à nous..... — Et si le roi touchoit un
« d'entre eux, toutes leurs églises incontinent
« estoient mandées, et dans trois ou quatre heures
« vous estiez mort, ou bien il falloit fuyr et vous
« cacher dans quelque maison de ceux-là qui
« avoient pactisé avec eux (1). »

Le même écrivain dit encore que les ministres, avec leur douce mine, ne chantaient que la guerre (2).

« Les ministres, dit Soulier, étaient surtout d'une
« insolence insupportable; et songeant à balancer
« l'autorité du prince de Condé, ils n'entraient
« dans les conseils que pour s'opposer à ses desseins.
« Ils voulaient que la paix et la guerre ne se fissent
« que par leur ordre, et tendaient visiblement à se
« faire un Etat populaire dans les principales pro-
« vinces de ce royaume (3). »

« La conjuration (du synode de Montpazier, en
« 1659), dit encore le même historien, a fait con-
« naître au roi que l'esprit du Calvinisme était tou-
« jours le même, toujours inquiet, toujours capable
« de remuer s'il en trouvait l'occasion, et que pour
« avoir paix ferme dans son Etat, il fallait absolu-

---

(1) *Commentaires*, liv. v et vii.
(2) *Idem*, liv. vi.
(3) *Hist. du Calv.*, p. 66.

« ment détruire cette faction, et ramener ceux de
« ce parti dans le giron de l'Eglise, après avoir
« donné la paix à l'Europe (1). »

« Les protestants, dit un écrivain du règne de
« Louis XIII, estoient portés du désir de remuer,
« vrais séditieux, ennemis de la paix et perturba-
« teurs du repos public (2). »

« La royauté, dit Massillon, cette puissance tuté-
« laire, ce point central de tous les intérêts, cette
« magistrature suprême qui seule peut maintenir
« l'ordre, unique source de la prospérité publique,
« la royauté n'est, aux yeux du Calvinisme, qu'une
« épouvantable tyrannie. »

« L'insubordination et la destruction de toute
« autorité légitime, dit encore ce Père de la foi,
« vertueux sans ostentation et juste sans intolérance,
« tel est le vœu du Calvinisme, tel est son système.
« Il fait consister la liberté dans une folle indépen-
« dance des lois et des magistrats, sans considérer
« qu'il n'y a de bonheur pour les peuples que dans
« l'ordre... »

Le maréchal de Berwick, envoyé dans le Languedoc, en 1705, dit qu'étant arrivé à Montpellier, il y trouva les affaires assez tranquilles en appa-

---

(1) *Hist. du Calv.*, p. 573.
(2) *État général des affaires de France*, p. 61.

rence, mais que, dans le fond, les huguenots cherchaient des occasions de recommencer la révolte (1).

Montaigne dit, en parlant des armées calvinistes, que c'était « une vraie eschole de trahison, d'inhu-
« manité et de brigandage. »

« Les calvinistes ont beau publier, disaient les
« évêques de France dans leur *Mémoire* de 1745,
« que l'esprit qui règne dans leurs assemblées est
« éloigné de la révolte et du soulèvement, et protes-
« ter de leur fidélité; l'esprit d'indépendance et l'a-
« mour d'une liberté ennemie de toute autorité ont
« toujours animé cette Secte, et ont fait connaître
« dans cette province de quels excès ils sont capa-
« bles. Leurs espérances se relèvent toutes les fois
« que les puissances protestantes sont en guerre
« avec la France : ils se flattent que le temps est
« venu d'obtenir la liberté tant désirée et le réta-
« blissement de leurs temples. Leurs prédicants ont
« grand soin de les entretenir dans leurs idées......
« La plupart de leurs discours tendent moins à in-
« spirer aux peuples les vérités et la morale chré-
« tienne qu'une haine cruelle et implacable contre
« la religion catholique. »

Le duc de Bourgogne leur reproche d'avoir été

(1) *Mémoires*, t. 1, p. 276.

les plus grands ennemis de la religion catholique et de la monarchie (1).

« Si l'on veut considérer de près les principes du « Calvinisme, disait, en 1751, M. de Chabannes, « évêque d'Agen, au contrôleur-général de Ma- « chault, on verra que non-seulement ils sont op- « posés à toutes les religions, quelles qu'elles soient, « mais de plus qu'ils sont ennemis des rois et oppo- « sés à la monarchie. C'est un caractère qui lui est « propre, et qui doit lui faire détester par-dessus « toutes les autres hérésies. Il y a eu de grandes sec- « tes dont la doctrine perverse a occupé une partie « de l'Église catholique; elles s'étaient insinuées « dans les premiers siéges; elles s'étaient répandues « dans plusieurs provinces : cependant on n'a ja- « mais ouï dire qu'aucune d'elles ait tenté de remuer « dans l'État; aucune n'a demandé des temples les « armes à la main, pour faire l'exercice de son culte; « aucune d'elles n'a voulu avoir des places de sû- « reté, n'a traité avec les ennemis de l'empire, n'a « fait la guerre à ses maîtres. Toutes les disputes se « passaient entre les théologiens et dans des écrits; « c'était là que se terminaient toutes leurs entre- « prises. Mais à peine les calvinistes se sont-ils mon- « trés dans le monde, qu'on a vu tous les royaumes

---

(1) Mémoire sur les calvinistes de France; voir l'abbé Proyart, *Vie du dauphin, père de Louis XVI*, t. II, p. 98.

« ébranlés par leurs maximes séditieuses et par leurs
« armes. La faction, en Flandre, soutenue par la va-
« leur et la politique des princes d'Orange, a soustrait
« de la monarchie espagnole les provinces puissan-
« tes qui avaient toujours été soumises à leur souve-
« rain. La république de Hollande est née de l'héré-
« sie et de la rébellion. L'Écosse s'arma contre une
« des plus illustres reines qu'il y eut jamais, et, après
« mille outrages faits à sa personne, la força de se re-
« tirer en Angleterre, où cette malheureuse princesse
« périt par la jalousie de sa rivale et de son enne-
« mie. Ce sont ces mêmes calvinistes, qui, sous le
« nom de *puritains,* animés et conduits par Crom-
« well, bouleversèrent l'Angleterre, supprimèrent
« la chambre haute, éteignirent la monarchie, fon-
« dèrent une république nouvelle, et enfin, mettant
« le sceau à tous leurs excès, ils mirent le comble à
« leurs crimes par le jugement et la mort de leur
« roi. De ces mêmes principes a été formée la révo-
« lution d'Angleterre en 1688, où les whigs, quel-
« quefois amis des rois par politique, toujours en-
« nemis de la royauté par maxime, appelèrent le
« gendre pour arracher la couronne de la tête du
« beau-père. Quelle était leur doctrine? nous le li-
« sons encore dans divers discours qui sont passés
« jusqu'à nous. Le roi, disaient-ils, n'est que le dé-
« positaire de l'autorité, dont la substance réside
« dans le peuple. C'est le peuple qui fait les rois;

« tout ce qu'ils ont de pouvoir est émané de lui;
« c'est un dépôt qu'il a mis entre les mains du
« prince; dépôt qu'il peut reprendre, lorsque, peu
« satisfait de sa conduite, il croit voir que le roi ne
« remplit pas les conditions et la fin pour laquelle
« il a été mis en place; que même le simple dégoût
« qu'il a pour la personne du prince l'autorise suf-
« fisamment à le lui enlever, puisque c'est le bien
« du peuple, et que le roi est l'homme du peuple.
« Or, disaient-ils, Jacques II favorise la religion
« proscrite dans l'État, où il lève et met des imposi-
« tions sans le concours de la chambre basse; il fait
« des alliances contre le goût et les inclinations du
« peuple anglais : en faut-il davantage pour retirer
« de ses mains une commission qu'il ne remplit
« point selon les vœux du peuple qui l'en a chargé?
« Telles étaient les maximes qui enfantèrent la fu-
« neste révolution qui priva Jacques II de son trône,
« et qui le chassa de sa patrie (1). »

« La faction des *puritains*, disent les auteurs de
« l'*Encyclopédie* voltairienne, se livra à toute la fu-
« reur et à tous les excès que le fanatisme puisse
« inspirer. Jean Knox, ce prédicateur insolent, s'é-
« leva avec une furie incroyable contre la fameuse
« reine Marie Stuart... Il cherchait à soulever les
« peuples contre le gouvernement de cette prin-

(1) Voir cette lettre dans le *Discours à lire au conseil du roi*.

« cesse... Et cet apôtre fougueux, secondé par d'au-
« tres fanatiques aussi pervers que lui, et par des
« enthousiastes qui prenaient le ton de prophètes,
« parvint à allumer le zèle féroce de ses compatrio-
« tes. Il fut cause de tous les malheurs de la reine
« d'Ecosse... En Angleterre, les *puritains* n'avaient
« pas moins de fanatisme que leurs frères d'Ecosse ;
« mais le gouvernement rigoureux de la reine Eli-
« sabeth, jaloux de ses prérogatives, ne leur permit
« point de l'exercer : cette princesse, alarmée des
« entreprises audacieuses de ces nouveaux sectaires,
« dont les opinions devenaient dangereuses pour
« son trône, crut devoir les réprimer... Ces sectai-
« res, aveuglés par leur zèle fougueux, excitèrent
« dans la Grande-Bretagne des guerres civiles qui
« l'inondèrent du sang de ses citoyens.... Ils se ren-
« dirent formidables au souverain et à la religion
« établie dans le royaume (1). »

Ceux qui se firent remarquer dans la persécution des catholiques en Angleterre, dit Lingard, furent les « sectaires protestants (2). »

« Rien ne rendait les puritains plus dangereux,
« dit l'abbé Millot, que l'esprit d'indépendance qui
« les animait et dont les emportements changés en
« système causèrent dans la suite de sanglantes

---

(1) Au mot PURITAIN.
(2) *Hist. d'Angl.*, t. VIII, p. 414.

« révolutions. Que ne peut pas entreprendre l'a-
« mour de la liberté lorsqu'il est inspiré par le fana-
« tisme (1)! »

En parlant de l'esprit inquiet des *puritains* et de leurs exigences, le P. d'Orléans rapporte une anecdote assez curieuse : « Un de leur cabale, dit-il, de-
« mandant à un autre ce qu'ils pouvaient encore
« prétendre d'un prince (Charles Ier) qui leur avait
« tant donné, celui-ci répondit avec une insolence
« inouïe, qu'ils prétendaient qu'il se dépouillât
« d'une autorité dont il usait mal et qu'il la leur
« abandonnât. Charles voyait bien, ajoute cet au-
« teur, que c'était là leur dessein... Le temps lui
« avait fait connaître que l'esprit de la nation était
« moins à craindre pour lui que celui de la secte
« presbytérienne, qui avait tant fait par ses intri-
« gues, qu'elle régnait dans le parlement. La popu-
« lace, les apprentis, et tout ce qui dans une grande
« ville rend les séditieux redoutables, étaient ga-
« gnés par les *puritains*, qui en disposaient à leur
« gré, et qui s'en servaient dans les choses qu'ils
« voulaient faire passer en loi pour extorquer les
« suffrages des membres qui n'étaient pas de leur
« sentiment, souvent même celui du roi. Par là, la
« faction *puritaine* s'était presque rendue maîtresse
« de la religion et de l'État. En effet, beaucoup de

(1) *Éléments de l'histoire d'Angl.*, t. II, p. 246.

« membres, sous divers prétextes, s'étaient déjà re-
« tirés du parlement, dans la crainte d'être massa-
« crés par la populace, et le roi se trouvait telle-
« ment gêné en tout, qu'il ne disposait plus des
« charges de sa maison, ou bien qu'il était souvent
« obligé de les donner à des ennemis (1). »

Les *presbytériens*, a dit un écrivain célèbre, four-
nirent la hache qui coupa la tête au roi, et livrèrent la victime toute liée aux *indépendants* qui l'é-
gorgèrent.

« Il passe pour constant, dit l'abbé Raynald, que
« le pouvoir était dans un équilibre parfait entre
« les deux chambres vers le milieu du règne d'Éli-
« sabeth; mais peu de temps après, une secte d'hom-
« mes audacieux, connus sous le nom de *puritains*,
« usurpa les prérogatives des nobles, insinua les
« principes d'un gouvernement républicain, et in-
« troduisit la tyrannie du peuple (2). »

Aussi, dès que les *puritains* eurent réuni les questions politiques aux questions théologiques, les esprits s'émurent; et au seul mot de liberté le fanatisme engendra des mouvements irréguliers et impétueux qui bouleversèrent toute la Grande-Bretagne. « Alors, rapporte un écrivain *philosophe*, il se

---

(1) *Révolutions d'Angleterre*, t. III, p. 279.
(2) *Hist. du parlement d'Angl.*, 7e époque; — *OEuvres*, t. II,
p. 180, 181.

« forma deux partis, celui de la cour et celui du
« parlement, qui, conduits par leur haine, leur ri-
« valité et leur ambition, se portèrent aux excès les
« plus opposés. La faction intraitable des *puritains*,
« sans oser encore avouer ouvertement sa doctrine
« sous le règne de Jacques Ier, ne tendait, en effet,
« qu'à détruire la royauté et les prérogatives de
« la pairie, pour mettre une parfaite égalité en-
« tre les familles et établir une pure démocra-
« tie (1). »

Voltaire dit que sous Charles Ier, l'Ecosse et l'Angleterre tentèrent de s'ériger en république, et que tel est l'esprit du Calvinisme, que la Secte essaya longtemps en France cette grande entreprise; qu'elle l'exécuta en Hollande; mais qu'en France et en Angleterre on ne pouvait arriver à ce but qu'à travers des flots de sang (2).

Montesquieu soutient que l'esprit du Calvinisme tend au gouvernement populaire (3).

« L'intention des religionnaires, dit Mézerai, cer-
« tes, tendait au gouvernement populaire (4).

Un savant philosophe du dix-huitième siècle

---

(1) Mably, *Observations sur l'hist. de France;* — *Œuvres*, t. II, liv. v.

(2) *Essai sur les mœurs*, ch. 180.

(3) *Esprit des lois*, liv. XXIV, ch. 5.

(4) *Abrégé chronologique de l'hist. de France*.

s'exprime en ces termes touchant l'esprit de démocratie qui règne dans le Calvinisme : « Le chrétien
« de Calvin est nécessairement démocrate... Tous
« les sectaires plus ou moins tendaient à l'indé-
« pendance. Lorsqu'ils ont été vaincus et presque
« détruits, il est resté quelque chose de leur es-
« prit dans les provinces où leur secte avait do-
« miné (1). »

« Le parti de Calvin, dit Feller, fut regardé
« par les autres protestants, comme le plus fier,
« le plus inquiet et le plus séditieux qui eût encore
« paru (2). »

« La naissance du schisme de Luther et de Cal-
« vin, source d'alarmes et de regrets pour la reli-
« gion, dit Lacretelle, devait aussi présenter de gra-
« ves sujets d'inquiétude à tous les gouvernements.
« Les auteurs emportés et dogmatiques de cette ré-
« volution, en rompant le joug du chef de l'Eglise,
« en substituant une véritable démocratie à la hié-
« rarchie ecclésiastique, pouvaient apprendre à des
« esprits inquiets le secret de transporter ce désor-
« dre, ce nivellement, cette anarchie, dans l'ordre
« politique.... La plupart des grands en France
« n'embrassèrent la Réforme que par un esprit d'op-

---

(1) Saint-Lambert, *OEuvres philosophiques.*
(2) *Biographie*, au mot Calvin.

« position contre la cour (1). » — « On peut repro-
« cher aux protestants, dit encore le même écri-
« vain, d'avoir commencé les troubles par la con-
« juration d'Amboise, attentat direct contre l'auto-
« rité royale (2). »

Le Ragois dit que « les religionnaires dont la rage
« était extraordinaire, causaient tous les désordres
« du royaume (3). »

« Il est sûr, dit Ferrand, que, pendant un siècle
« et demi, toutes les révolutions qui agitèrent tant
« d'Etats en Europe, furent amenées, faites ou sou-
« tenues par la Réforme (4). »

« Si les Guise se faisaient protestants, disait au
« seizième siècle un célèbre calviniste, il faudrait
« bien nous faire catholiques; » — « c'est que,
« dit Ferrand, parmi les protestants les plus fac-
« tieux, la nouvelle doctrine n'était qu'un moyen
« de se soutenir avec succès. Peu d'entre eux défen-
« daient réellement la cause de la royauté; ils vou-
« laient des troubles, et auraient été fâchés d'en voir
« tarir la source. Ils le prouvèrent bien pendant le
« règne de Henri IV; et il eut autant de peine à

---

(1) *Hist. de France*, ch. *Résumé historique*, t. XII, p. 447.
(2) *Idem, idem*, id., p. 452.
(3) *Instruction sur l'hist. de France*, règne de Charles IX.
(4) *Théorie des révolutions*, t. II, p. 95.

« contenir ceux avec qui il avait vaincu qu'à sur-
« veiller ceux contre qui il était obligé de com-
« battre (1). »

(1) *De l'esprit de l'histoire*, t. III, p. 328.

ESPRIT

D'INTOLÉRANCE ET DE RÉVOLTE

DU CALVINISME,

PROUVÉ PAR LA PARTICIPATION DE SES PARTISANS
A LA RÉVOLUTION DE 1789.

Quelques années avant la révolution de 1789, des voix s'élevèrent de tous les coins de la France contre les nouvelles entreprises de la Secte. Les écrivains catholiques la dénoncèrent au roi comme une hérésie funeste. « L'esprit du Calvinisme, sire, disait un « Français à Louis XVI, est essentiellement répu- « blicain, et dès lors irréconciliable avec la monar- « chie française. Sitôt que vous aurez réhabilité le « Calvinisme, votre trône sera posé sur un vol-

« can (1). » Funeste prédiction, qui ne frappa ni le roi, ni son conseil, ni même la nation, tellement les esprits étaient alors engoués d'une prétendue philosophie. Et la manie du *tolérantisme*, enfantée, non par une raison éclairée, mais par l'irréligion, était si grande, qu'elle avait infecté le sanctuaire même de la religion : il y avait des abbés *philosophes* et des prédicateurs *philosophes*, dont le cri de guerre était *raison, tolérance, humanité* (2). Témoin ce Brienne, l'ami de d'Alembert, que les *philosophes* entreprirent d'élever, après de Beaumont, à l'archevêché de Paris; homme vil et ambitieux qui, sous prétexte d'humanité, de bonté, de tolérance, devait se montrer aussi doux et patient pour le philosophisme, pour le jansénisme et pour toutes les sectes, que son prédécesseur s'était montré plein de zèle et d'ardeur pour le maintien de la religion catholique; témoin encore les de Prades et les Morellet; et les Condillac, qui s'était chargé de faire de son prince un sophiste philosophe; et les Raynald, dont le nom équivaut à celui de vingt énergumènes de la Secte; et les Mably, quelquefois si révoltant dans sa morale; et les Barthélemy, les Beaudeau, les Noël, les Sieyès, hommes impies que l'on appelait abbés, mais que le peuple

---

(1) *Discours à lire au conseil du roi*, p. 54.

(2) Rigolley de Juvigny, *Décadence des mœurs et de la littérature*; — Condorcet, *Esquisse d'un tableau hist.*, époque 9ᵉ.

sut ne pas confondre avec les véritables ministres de la religion.

Protégée par de tels personnages, la Secte devint plus fière et plus entreprenante; elle assiégea toutes les avenues du trône; et lorsqu'elle envoya des députés à Paris pour échauffer le zèle de ses partisans et solliciter d'abord une existence civile, afin d'obtenir plus tard une existence religieuse, Turgot le ministre *philosophe*, grand partisan de la *tolérance*, devint un de ses plus puissants soutiens; Lafayette la protégea; Rulhières, Condorcet, Malesherbes plaidèrent si heureusement sa cause auprès du souverain, que l'édit de 1787 vint lui rendre son existence civile, dont elle avait été privée depuis un siècle environ. Et quelle fut sa reconnaissance? celle des ingrats : la haine et la trahison. Mais laissons parler l'histoire.

« Parmi les protestants, dit un écrivain calviniste,
« on a trouvé, lors de la révolution, les plus ardents
« amis de la révolte... Les protestants étaient tous
« amis de la révolution (1). »

« Malgré nos tentatives fréquemment réitérées,
« disait Malesherbes, je n'obtins du roi, en faveur
« des protestants, que la suppression des dispositions
« pénales portées contre eux. Le cardinal Loménie
« fut plus heureux que moi : sous son ministère, les

---

(1) *Annales protestantes*, p. 63; — Aignan, de l'Académie française : *De l'état des protestants en France depuis le XVIe siècle*, p. 48.

« protestants ont recouvré la jouissance de l'état
« civil. Cette faveur méritait de leur part quelque
« reconnaissance : vous savez comme moi que le roi
« n'a point eu de plus mortels ennemis (1). »

« Dans toutes les révolutions tentées ou effectuées
« en Europe depuis le seizième siècle, dit Ferrand,
« la Réforme a eu la plus grande influence sur celles
« dont elle n'a pas été directement la cause. Elle n'a
« pas, dans toutes, obtenu ce qu'elle voulait; quel-
« quefois même elles l'ont entraînée dans le renver-
« sement qu'elles effectuaient; ce qui s'est vu surtout
« dans la révolution française. Les protestants ont
« fortement appelé et soutenu cette révolution; elle
« les a hautement avoués pour ses principaux agents;
« et quand elle a eu entièrement usé leurs services,
« quand elle a voulu attaquer ce qu'ils respectaient
« encore, ses instruments même sont devenus ses
« victimes, et leur chef le plus fameux a péri sur
« l'échafaud..... En 1789, les protestants s'étaient
« constitués pouvoir révolutionnaire; Necker, leur
« patron, leur en avait donné le conseil et l'exemple :
« ils ont, ainsi que leur patron, parcouru toutes les
« choses dans lesquelles ce terrible pouvoir est, par
« sa nature, obligé de se débattre avant de se dé-
« truire lui-même (2). »

(1) Hue, *Dernières années du règne et de la vie de Louis XVI*,
p. 506.

(2) *Théorie des révolutions*, t. II, p. 124, 125.

« Les protestants voulaient une révolution, dit
« encore le même écrivain, parce que, depuis près
« de trois siècles, la licence, le désordre de leurs
« opinions religieuses, les avaient conduits à des
« idées révolutionnaires; parce que la justice exacte
« que Louis XVI leur avait rendue avait excité leur
« ambition, au lieu de provoquer leur reconnais-
« sance; parce que leur haine contre la religion ro-
« maine les empêchait de voir que dès qu'ils em-
« prunteraient, pour la détruire, le secours des
« philosophes, ceux-ci pourraient bien avoir l'air
« de ne frapper d'abord que sur elle; mais bientôt,
« dans le délire de leur athéisme, ne manqueraient
« pas de frapper sur la religion réformée (1). »

La révolution française est la seule, en effet, qui
ait eu pour but de détruire la religion de l'État et
puis toute religion quelconque.

Après le massacre des catholiques à Nîmes, en
juin 1790 (XI), Froment disait : « Jamais les protes-
« tants n'ont perdu de vue leur projet de renver-
« ser l'autel, le trône et les lois de l'empire. Ils n'ont
« jamais cessé de manifester des sentiments sédi-
« tieux, et dans toutes les occasions, la religion ne
« leur a servi que de prétexte. Le génie de cette
« Secte ne se rebute jamais ; et depuis l'assemblée de
« La Rochelle, en 1621, jusqu'à l'assemblée natio-

---

(1) *Théorie des révolutions*, t. III, p. 290, 291.

« nale, rien ne leur a coûté pour parvenir à leurs
« fins. On les a vus, anti-royalistes pendant la der-
« nière guerre, former des vœux ardents pour les
« Anglais, parce qu'ils espéraient alors, en s'aidant
« de ces insulaires, bouleverser le royaume; ils de-
« vinrent ensuite royalistes par spéculation, quand
« ils voulurent obtenir l'édit de novembre 1787 et les
« États généraux; enfin, ils ont jeté le masque et ont
« regardé qu'ils n'avaient plus besoin de feindre
« pour établir leur république tant désirée (1). »

Un auteur non suspect dit, en parlant de l'influence des calvinistes sur la révolution française :
« Parmi les causes de la révolution, les historiens
« ont dû placer l'influence des protestants sur les
« affaires publiques. Depuis qu'ils se sont impa-
« tronisés en France, ils ont joué un rôle toujours
« actif. Les chefs de cette puissante faction em-
« ployèrent souvent leur crédit à émouvoir le sein
« de leur patrie et à la séditionner. Rabaut-Saint-
« Étienne était devenu un petit patriarche protes-
« tant dans le midi de la France; il ne croyait ni
« au baptême, ni à la cène, ni au Christ, et cepen-
« dant il fut sans cesse, dans la *constituante*, le
« premier de sa faction..... Sous la minorité de
« Louis XIV, la France n'eut pas d'autre faction

---

(1) *Mémoire historique et politique, contenant la relation des massacres des catholiques de Nîmes*, les 13, 14, 15 juin 1790, p. 35.

« contraire au repos de l'État.... Le ressentiment
« long et profond du Protestantisme, qui parais-
« sait assoupi, se réveilla tout à coup en 1788.
« Les officiers français arrivés d'Amérique, le parti
« d'Orléans qui s'agitait dans les clubs secrets du
« Palais-Royal; un voyage de Lafayette à Nîmes
« pour convenir des faits avec quelques notables
« du parti protestant; le faubourg Saint-Antoine,
« où abondent des fabricants et des ouvriers de
« cette secte; les consistoires de Nîmes, Caen,
« Montauban, réunis, non pour la cène comme
« jadis, mais pour préparer un changement dans
« la nature des choses : tels furent les premiers
« efforts du Protestantisme et ses premières vues.
« La nature des événements augmenta ses pré-
« tentions.... La Secte eut des démêlés particu-
« liers partout où elle était établie.... Les grandes
« communes du midi ont pris part, plus que toutes
« les autres, aux progrès de la révolution, parce
« que, sans parler de l'influence du climat sur le
« physique et sur le moral de l'homme, Nîmes,
« Montauban, Toulouse, Uzès, Avignon, Carpen-
« tras et autres villes, étaient composées de grand
« nombre de familles protestantes. La chute du
« clergé ne fut l'ouvrage que d'un esprit de Secte.
« Mais, hélas! pourquoi les protestans qui affichaient
« la réforme des mœurs et la simplicité des principes,
« se sont-ils permis les plus cruelles *représailles*?

« se sont-ils servis des mêmes armes? Parmi les
« massacres de septembre aux portes des prisons
« de Saint-Firmin, des Carmes et autres lieux (à
« Paris), où étaient enfermés les prêtres catholi-
« ques, se trouvèrent plusieurs assassins du midi
« et protestants; quelques-uns laissèrent échapper
« ces mots en frappant leurs victimes : Souviens-
« toi de la Saint-Barthélemy (1). » Plus loin, le
même auteur s'écrie: « Voilà le langage des hommes
« de sang qui ont régi la France, et particuliè-
« rement sous le régime révolutionnaire. Et qu'on
« ne se trompe pas, tel fut la marche d'un grand
« nombre, dans lequel on doit remarquer des
« protestants soi-disant philosophes.... Comparons,
« dit-il ensuite, les deux classes des députés pro-
« testants. La première, celle qui a ouvert la ré-
« volution, a favorisé par une lâche et cruelle
« adhésion la tyrannie de Robespierre. Tous se
« sont prosternés devant ce monstre, et n'ont pas
« craint de former la majorité qui légalisa les
« atroces mesures de l'avocat d'Arras; ils ont été
« les notables du ventre de la convention, de cette
« masse inerte qui n'eut pour caractère que la bas-
« sesse et la versatilité. » Personne n'ignore que
les calvinistes ne refusèrent point leurs voix à Ro-

(1) *Hist. générale et impartiale des erreurs, des fautes et crimes commis pendant la révolution française*, t. III, p. 25, 31, 37.

bespierre, lorsqu'il fut nommé président de la convention par scrutin secret : il ne lui manqua qu'une seule voix, et cette voix, ce fut la sienne. « Le
« ventre de la convention s'empara du pouvoir, et
« les protestants Johannot, Pelet, Boissy, etc., orga-
« nisèrent la banqueroute la plus infâme, la plus
« impudente et telle qu'aucune puissance tyran-
« nique n'aurait jamais pu l'imaginer. D'une main,
« ils conduisaient à l'échafaud les restes du des-
« potisme de Robespierre, auteur du *maximum*,
« de ce vol décrété contre les propriétaires, tan-
« dis que de l'autre ils dirigeaient la chute des assi-
« gnats, cette autre espèce de vol, au préjudice du
« peuple et des rentiers.... Il résulte de ce tableau
« et de cette division des deux classes de protes-
« tants, que l'une et l'autre furent plus ou moins
« sanguinaires, et plus ou moins coupables dans
« la formation de nos mœurs révolutionnaires.
« La Secte, depuis des siècles, couvait dans son
« sein un feu lent et caché, et la révolution fut
« pour elle un ouvrage de ressentiment plus ou
« moins énergique et plus ou moins profond que
« les individus tenaient de leurs ancêtres (1). »

Lorsque le calviniste La Source, d'après le vœu de ses coreligionnaires, eut demandé à l'assemblée

---

(1) *Hist. générale et impartiale des erreurs, des fautes et crimes commis pendant la révolution française*, t. VI, p. 515, 516, 517.

constituante que la république fût décretée, « les
« chefs du parti protestant, dit encore Prudhomme,
« se trouvèrent singulièrement interdits lorsqu'ils
« se virent hors de la voie d'obtenir un monarque
« sectateur de leur faction; car la maison de Ha-
« novre avait de grandes espérances sur le trône
« de France. Mais après avoir aboli la noblesse et
« le clergé, les protestants ne tardèrent pas à être
« embarrassés d'une république dont ils n'avaient
« point médité les bases; car ils ne croyaient pas
« l'avoir de la sorte. Ceux qui surent s'en accom-
« moder furent les protestants Cambon, Servière,
« Vouland, Julien, Bompard, Bernard-Saint-
« Afrique, Jean Bon-Saint-André et Marat. L'es-
« prit révolutionnaire des autres protestants éprou-
« vait à cette époque de la tiédeur; les Clavière,
« les La Source, les Rabaut, les Barnave, les
« Clootz, les Staël, ... enfin les protestants qui
« avaient commencé la révolution contre le clergé,
« la noblesse et l'ancienne autorité royale, s'arrê-
« tèrent quand [recommença l'attaque des pro-
« priétés; le Maratisme continua seul d'une ma-
« nière sanglante contre les traîneurs révolution-
« naires et contre la noblesse et le clergé. Les pro-
« testants continuateurs de la révolution, tels que
« Johannot et Jean Bon, attaquèrent notre liberté
« et nos fortunes, et Marat, la fortune et la vie de
« nos concitoyens indistinctement, pour établir

« une royauté populaire de sa façon. C'est Marat
« qui conçut l'exécrable projet de massacrer tout
« ce qui restait de la noblesse, du clergé et des
« royalistes après le 10 août, et qui organisa, le 2
« septembre, cette grande boucherie que continua
« Robespierre, quand Charlotte Corday eut assas-
« siné Marat. Si l'on doutait de la réalité de ce
« tableau, qu'on parcoure les motions des députés
« protestants dans le *Tachygraphe* et le *Moniteur* ;
« on sera convaincu des effets des principes poli-
« tiques et religieux de ces deux classes de pro-
« testants sur les différentes époques de la révo-
« lution française (1). »

L'abbé Papon, en parlant des massacres de Nîmes, dit que les Jacobins du pays et surtout les
calvinistes, comptaient si fort sur la protection
de l'assemblée, qu'ils se portèrent aux plus horribles
excès dans les journées des 13, 14, 15 et 16 juin
1790 (2). L'assemblée constituante ne vit, en effet,
rien à condamner dans la conduite des terroristes
nîmois. Aucun huguenot de l'assemblée ne fit
entendre sa voix pour rejeter tout l'odieux de ces
massacres sur quelques fanatiques; et pendant
longtemps même on parla de faire le procès aux
victimes.

(1) *Hist. générale et impartiale des erreurs, des fautes et crimes commis pendant la révolution française*, t. III, p. 40, 41.

(2) *Hist. de la révolution de France*, t. II, p. 125.

« Rabaut-Saint-Étienne et les calvinistes du
« Gard, soutenus secrètement par nos ennemis,
« disait Sourdat, ont donné le premier mouvement
« à la révolution (1). »

Le conventionnel Alquier traita les huguenots
nîmois de révolutionnaires (2).

Burke, dont l'autorité comme homme d'état et
comme anglican ne peut être suspectée, disait :
« Nous ne pouvons pas, quand même nous le
« voudrions, nous tromper nous-mêmes sur le
« véritable état de cette terrible guerre : c'est une
« guerre de religion. C'est par la destruction de la
« religion que nos ennemis se proposent à accom-
« plir toutes les autres vues d'intérêt personnel.
« La révolution française, impie à la fois et fa-
« natique, n'eut pas d'autre plan pour la puis-
« sance au dedans et l'empire au dehors (3). »

Le même écrivain désigne le calviniste Rabaut-
Saint-Étienne comme un des principaux auteurs
de cette guerre de religion, favorisée et encou-
ragée par le ministère anglais.

« La haine de la religion, dit aussi M. de Cha-
« teaubriand, est le caractère distinctif de ceux qui
« méditent notre ruine, et je ne crains pas d'an-

---

(1) *Les vrais auteurs de la révolution.*
(2) *Rapport à l'Assemblée constituante*, p. 55.
(3) *Réflexions sur la révolution française*, etc.

« noncer que le souhait du philosophe Diderot
« s'accomplira (1). » Ce souhait était *que le dernier des rois fût étranglé avec les boyaux du dernier des prêtres*.......

Et maintenant, que doit-on faire d'une Secte qui a tiré l'épée contre nos rois et qui a plongé la France dans un abîme de maux ? Faut-il la punir et la détruire par le fer et par le feu ? Faut-il la forcer de s'expatrier de nouveau, et de nouveau la mettre entre un précipice et une nécessité, entre la mort et l'abjuration ? Ou bien faut-il la priver encore de ses droits civils ?..... Non, il faut la tolérer et la dévoiler ; car l'histoire des révoltes et des crimes d'un parti est toujours celle de sa dégradation.

(1) *De la monarchie selon la charte*, p. 112, 113.

FIN.

NOTES.

Note (I), page 2.

> L'orgueil enfante les hérésies ; la révolte leur donne la vie et la force.

L'Angleterre était encore vierge d'hérésie, lorsque Jean Wiclef, curé de Lutterworth, d'autres disent d'Entelrod, au diocèse de Lincoln, et savant professeur de théologie en l'université d'Oxford, vint y souffler la révolte et l'erreur. Voici quel en fut le motif.

Durant les divisions entre les moines mendiants et les prêtres séculiers qui agitèrent cette université, vers l'an 1360, Wiclef prit la défense des priviléges de ces derniers ; mais forcé de céder à l'autorité du pape et

des évêques qui protégeaient les moines, il prit la résolution de s'en venger. Dans ce dessein, il avança plusieurs propositions contraires au droit qu'ont les ecclésiastiques de posséder des biens temporels, d'exercer une juridiction sur les laïques et de porter des censures. « C'est un grand crime aux ecclésiastiques, disait-
« il (1), de posséder les biens temporels, et aux princes
« de leur en avoir donné, et de ne pas employer toute
« leur autorité à les leur enlever. » Par là, Wiclef gagna l'affection des chefs du gouvernement, dont l'autorité se trouvait souvent gênée par celle du clergé, et de plus la faveur des grands, qui, usurpateurs des biens de l'Eglise, méprisaient toutes les censures ecclésiastiques portées contre eux.

Voilà donc dans un anglais le premier modèle de la réformation anglicane et de la déprédation des églises.

Sur ces entrefaites l'évêché de Winthon devint vacant, et Wiclef prétendit à ce siége, où ses talents semblaient l'appeler; mais le pape, soit que cet ecclésiastique lui fût devenu suspect, soit qu'il en favorisât un autre, profita de l'intervention qu'il avait souvent eue dans le choix des évêques, et les membres du clergé d'Angleterre, qui lui étaient entièrement dévoués, s'opposèrent, avec son légat, à l'élection de Wiclef.

Irrité de ce refus, le professeur d'Oxford ne garda plus aucune mesure. Il attaqua sans ménagement le souverain-pontife, les évêques, le clergé en général, et surtout les moines. Pour le punir de cette conduite, Simon Langham, archevêque de Cantorbéry, lui ôta,

---

(1) *Trialogue*, ch. 17, 18, 19, 24.

en 1367, la place qu'il avait dans l'Université, mais Wiclef n'en devint que plus furieux. Dès ce moment, pour tirer une vengeance éclatante de cet outrage, il se posa en réformateur de l'Eglise, en envoyé extraordinaire de Dieu, et se mit à prêcher une religion nouvelle.

Telle est l'origine du Wicléfisme que la prétendue réforme [du seizième siècle a jugé digne de tenir un rang honorable parmi les religions véritables, et dont elle a placé le chef parmi les témoins de la vérité chrétienne, malgré les impiétés de sa doctrine, et quoiqu'il ait également renversé et l'ordre du monde et celui de l'Eglise, et rempli l'un et l'autre de troubles et de séditions, en enseignant qu'on n'est plus ni roi, ni seigneur, ni magistrat, ni prêtre, ni pasteur, dès qu'on est en péché mortel. Mais quand on se donne dans tous les siècles passés des prédécesseurs tels que Vigilance, parce qu'il s'est opposé aux honneurs rendus aux saints et aux cultes des reliques; Aëtius, parce qu'il rejetait le sacrifice qu'on offrait partout ailleurs, en Orient comme en Occident, pour le soulagement des morts, et quoiqu'il ait été partisan d'Arius, et qu'il ait, avec ce fameux hérésiarque, nié la divinité du fils de Dieu; Claude de Turin, arien et disciple du nestorien Félix d'Urgel, parce qu'il a brisé les images; tous les iconoclastes, parce qu'ils ont accusé l'Eglise d'idolâtrie, et quoiqu'ils aient osé dire que la peinture et la sculpture sont des arts défendus de Dieu; Béranger, parce qu'il attaqua la présence réelle, et quoiqu'il ait laissé en leur entier tous les autres dogmes et mystères de la religion catholique; Jean Hus, parce qu'il a combattu l'Eglise romaine sur quelques points, et quoiqu'il ait dit la messe et adoré la sainte Eucharistie jusqu'à la fin de ses jours; quand on se donne dans tous les siècles passés des prédécesseurs tels que ceux que nous venons de citer, sans en excepter les manichéens, leurs continuateurs, plus connus en France sous le nom d'*Albigeois*, et les Vaudois, tous frères privilégiés des sectateurs de Calvin ; on peut bien compter un Wiclef parmi les docteurs de la véritable Eglise, parmi ceux qui ont conservé le dépôt sacré, la succession de la doctrine apostolique.

Fier du premier pas qu'il avait fait, et sûr de ne pas manquer de protecteurs, Wiclef se prit à enseigner ouvertement une doctrine inconnue jusqu'alors, et dont la plupart des dogmes furent ensuite adoptés par les hérésiarques Luther et Calvin. Entre autres articles de foi du Wicléfisme, voici ceux qui nous ont paru les plus abominables, et que les Pères du concile de Constance condamnèrent en 1415 (1). « Il n'est pas dit dans
« l'Evangile, enseigne Wiclef, que Jésus-Christ eût ré-
« glé et ordonné la messe ; — la substance du pain, de
« même que la substance du vin, demeurent dans le
« sacrement de l'autel ; — et Jésus-Christ n'est point
« dans ce sacrement identiquement et réellement dans
« sa propre substance corporelle ; — Dieu doit obéir
« au diable ; — le peuple peut, à son gré, corriger ses
« maîtres, lorsqu'ils tombent dans quelque faute; —
« celui qui donne l'aumône aux frères mendiants est
« actuellement excommunié ; — les saints qui ont insti-

(1) Voir notre *Histoire des Conciles*.

« tué les ordres religieux ont péché en les instituant;
« — toutes choses arrivent par une nécessité absolue;
« — il ne faut pas craindre l'excommunication du
« pape ni d'aucun autre prélat, parce que c'est la cen-
« sure de l'antechrist; — ceux qui font des monastères
« pèchent, et ceux qui y entrent sont des gens diaboli-
« ques; — l'Eglise de Rome est la synagogue de Satan;
« et le pape n'est point le vicaire prochain et immédiat
« de Jésus-Christ et des apôtres; — l'empereur et les
« seigneurs séculiers ont été séduits par le diable lors-
« qu'ils ont doté l'Eglise de biens temporels; — l'élec-
« tion du pape par les cardinaux a été introduite par
« le diable; il n'est pas de nécessité de salut de croire
« que l'Eglise de Rome a la souveraineté sur les autres
« Eglises; — c'est une erreur d'entendre par Eglise
« romaine l'Eglise universelle; — Augustin, Benoît et
« Bernard sont damnés, s'ils n'ont point fait pénitence
« de ce qu'ils ont eu des biens et institué des ordres re-
« ligieux dans lesquels ils sont entrés; et ainsi, depuis
« les papes jusqu'aux derniers des religieux, tous sont
« hérétiques; — toutes les religions, indifféremment,
« ont été introduites par le diable. »

La célébrité de Wiclef devint, en peu de temps, si grande, que le duc de Lancastre, fils d'Edouard III, roi d'Angleterre, et frère du fameux prince de Galles, surnommé le *prince Noir*, à cause de la couleur de ses armes, voulut l'entendre par curiosité. La doctrine de cet hérésiarque lui parut si merveilleuse et si favorable à ses projets d'ambition, qu'il en devint bientôt le plus zélé disciple et le soutien le plus puissant.

Le duc de Lancastre avait, depuis longtemps, résolu

de monter sur le trône, après la mort d'Edouard, son père, au détriment du jeune Richard, fils du prince Noir ; mais comme les exploits et les actions héroïques du prince de Galles avaient enthousiasmé les anglais, et qu'ils croyaient que le fils de ce vaillant guerrier serait aussi bon que son père, ils auraient infailliblement pris les armes, si Lancastre avait tenté d'usurper le trône d'Angleterre ; car il est une époque dans l'histoire de ce peuple, où l'usurpation était un crime de lèse-nation, un attentat digne de mort.

Dans ces conjonctures, le duc de Lancastre faisait tous ses efforts pour se concilier l'esprit du peuple, en diminuant d'un côté l'influence du clergé dans le parlement et l'attachement des anglais pour le jeune Richard ; et de l'autre, en sappant la puissance de la noblesse, composée en grande partie des membres du clergé. Et comme la doctrine de Wiclef lui parut favorable à l'exécution de ses projets, il se mit à travailler avec ardeur à la faire répandre parmi le peuple.

A l'exemple de Lancastre, les principaux seigneurs d'Angleterre, guidés, soit par leur attachement à la personne de ce duc, soit par l'espoir de ne plus payer de redevances au clergé et de s'emparer de ses immenses richesses, dont Wiclef voulait qu'il fût dépouillé, se déclarèrent en faveur de cet hérésiarque et entraînèrent même dans leur parti la fameuse Espagnole Alix Perez, maîtresse d'Édouard III.

Cette femme ambitieuse, trop véritablement la maîtresse du roi d'Angleterre, avait tellement su dominer l'esprit de ce vieux prince, et celui-ci ne voyant pas qu'elle n'aimait que son or et son pouvoir, l'idolâtrait à un si haut degré que, forte de ses charmes, elle gouvernait l'Angleterre à son gré, sous le nom et le consentement de son royal amant. Mais ce prince approchait de sa tombe, et l'intrigante Espagnole, connaissant déjà la jalousie du parlement, dont elle aurait à supporter les terribles effets, après la mort du roi, savait aussi qu'elle n'avait rien à espérer d'un enfant en tutelle.

Sans cesse tourmentée par ces craintes, Alix Perez ne trouva d'autre salut pour elle que de se jeter dans le parti de Lancastre, d'embrasser la doctrine de Wiclef et de s'en faire l'ardente apologiste auprès du roi, son amant. Elle dit à Edouard de laisser agir ce novateur comme un instrument propre à humilier le clergé d'Angleterre, dont elle savait que ce prince n'était pas content; et Edouard, séduit par les discours perfides de sa maîtresse, qu'il écoutait avec plaisir discourir sur les nouvelles doctrines, accorda sa protection à Wiclef. Trop d'exemples ont fait voir que le roi d'Angleterre fut en cela fort mauvais politique, et qu'en tout Etat les novateurs sont pour le moins autant redoutables à la monarchie qu'à l'Eglise.

Cependant la renommée de Wiclef grandissait, et sa doctrine était publiquement enseignée. Ce n'était plus seulement de violentes déclamations, des discours pleins d'invectives et d'injures contre le souverain-pontife et ses évêques, dont il se faisait une gloire de mépriser et de braver les canons et les foudres d'excommunication : c'était une religion nouvelle qu'il enseignait, des dogmes nouveaux et étrangers qu'il proposait à la croyance des peuples; c'était aussi une révolution politique qu'il formulait dans sa patrie; c'était l'usurpation des richesses du clergé dont il faisait un devoir aux seigneurs; c'était l'égalité et la communication des biens qu'il demandait, sous le spécieux prétexte que le péché mortel prive des biens civils, et que c'est un énorme péché de posséder de la fortune en propre; c'était le mépris du parlement et de l'autorité royale qu'il prêchait; c'était, en un mot, la révolte qu'il inoculait dans tous les esprits.

Informé des prédications hérétiques de Wiclef et alarmé des progrès que faisait sa doctrine, le pape Grégoire XI écrivit à Simon de Sudbury, archevêque de Cantorbéry, à l'évêque de Londres, à l'université d'Oxford et au roi Edouard, et après avoir fait des reproches à l'université et à ces prélats sur leur négligence à réprimer le novateur, il leur ordonna de faire de sages informations contre lui; « et s'il est avéré, disait-il, que Wiclef ait soutenu certaines propositions qui ont été déférées à Rome, et dont copie vous est envoyée, qu'il soit juridiquement procédé contre lui, en implorant au besoin le secours du bras séculier. »

Sur les ordres du souverain-pontife, les prélats assemblèrent un concile à Londres, où Wiclef fut sommé de comparaître pour rendre compte de sa doctrine. Ce novateur y parut avec un air de triomphe, accompagné du duc de Lancastre, d'Alix Perez et de tous les seigneurs qui tenaient son parti. Par des subtilités scolastiques, des distinctions artificieuses, des explications plus ambiguës encore que les propositions mêmes, il réussit à faire paraître sa doctrine tolérable; et les évêques, intimidés par la présence et par les menaces des seigneurs, n'osèrent pousser plus loin la procédure, ni prononcer une sentence, ni même une simple censure.

Enhardi par cette lâche impunité, Wiclef enseigna de nouvelles erreurs. Il attaqua les cérémonies du culte consacré dans l'Eglise, les ordres religieux, les vœux monastiques, le culte des saints, la liberté de l'homme, la décision des conciles, l'autorité des Pères de l'Église et jusqu'aux saints mystères de l'Eucharistie. Dix-neuf propositions ayant été condamnées par Grégoire XI, les évêques d'Angleterre tinrent un concile à Lambeth (1), auquel Wiclef se présenta, escorté et armé comme la première fois, et d'où il sortit, comme la première fois, sans qu'aucune censure eût été prononcée contre lui. Il osa même envoyer au pape Urbain VI, successeur de Grégoire XI, les propositions condamnées et offrir d'en soutenir l'orthodoxie.

Le schisme qui survint alors entre deux prétendants au souverain pontificat, suspendit pendant plusieurs années la poursuite de cette affaire, et donna le temps à Wiclef d'augmenter le nombre de ses partisans, déjà très-considérable.

Sur ces entrefaites, le roi d'Angleterre, surpris par la mort le 21 juin 1377, n'avait eu du temps que pour témoigner du geste et du regard, ayant tout à coup perdu la parole, quelques sentiments de piété à un prêtre qui l'assistait à ses derniers moments. Ce n'est pas qu'il n'y eût assez longtemps qu'il fût malade et même en danger de mort, mais la Perez l'avait tellement obsédé durant sa maladie, que personne ne put lui parler que

---

(1) Voir notre *Histoire des Conciles*.

quand il eut lui-même perdu la parole. Alors cette impudique harpie, le voyant près de mourir, lui arracha à la hâte les diamants qu'il portait aux doigts et se retira aussitôt, le laissant entre les mains d'un chapelain, qui ne put en tirer que quelques signes de pénitence, bons, quoique tardifs, lorsqu'ils sont sincères; mais rarement sincères lorsqu'ils sont si tardifs.

Richard II, son successeur, régna sous la tutelle de l'ambitieux Jean, duc de Lancastre, et sous la conduite du maréchal Henri de Percy, tous les deux protecteurs de Wiclef. Ce fut durant les premières années de cette régence que le parti du novateur s'accrut considérablement, et que les charges publiques croissant toujours à mesure que se prolongeait la guerre contre la France, et la guerre ne produisant plus de ces événements éclatants qui en adoucissent le poids, le peuple murmura hautement contre son jeune souverain et contre les ducs de Lancastre, de Glocester et de Cambridge, ses oncles, qui, pour gouverner, prenaient à tâche de décrier son gouvernement; et des murmures le peuple passa enfin à une sédition.

Jean Ball, ou Vallée, prêtre apostat du comté de Kent, et disciple de Wiclef, en fut le principal instigateur.

Depuis plus de vingt ans, cet ecclésiastique séditieux parcourait les villages de sa province, pour exciter les paysans à secouer le joug des impôts. Il se trouvait, le dimanche, à la porte des paroisses, et là, flattant les vices et le goût des peuples pour l'indépendance, il leur enseignait entre autres choses que, tous les hommes étant créés égaux, la servitude avait été introduite par la tyrannie contre la volonté de Dieu, et que c'était un crime énorme de payer aux seigneurs la dîme et les oblations. Il avait été déjà excommunié et plusieurs fois mis en prison ; mais après quelques mois de détention, l'archevêque de Cantorbéry le faisait mettre en liberté, et ce perturbateur recommençait aussitôt à souffler la discorde comme auparavant.

Une taxe d'un écu par tête ayant été publiée, le wiclefiste se mit à déclamer à ce sujet contre toutes les puissances et à exciter les peuples à la révolte. « Voici
« le temps, leur disait-il, où, si vous voulez, vous pou-
« vez secouer le joug de toute dépendance. Soyez donc
« gens de cœur, et ne perdez pas une si belle occasion.
« Défaites-vous d'abord des premiers seigneurs du
« royaume, ensuite des justiciers et des autres magis-
« trats, en un mot, de tous ceux qui peuvent nuire à
« l'ordre populaire; délivrez-en le pays, afin que vous
« puissiez vivre en paix : par là vous serez égaux en li-
« berté, en puissance et en noblesse. » Animés par ces discours séditieux, les paysans de la province d'Essex prirent les premiers les armes, et marchèrent sur Londres sous la conduite d'un couvreur nommé Tilier, pour y élire Jean Vallée, leur chef, archevêque de Cantorbéry et chancelier du royaume, et massacrer tous les seigneurs, les officiers et les magistrats, sans même en excepter les curés, les chanoines et les évêques : projet horrible, que la plupart des conjurés avouèrent ensuite aux magistrats.

Les rebelles entrèrent tumultueusement dans Londres, le jour de la Fête-Dieu de l'an 1381, au nombre de plus de deux cent mille hommes armés. Ils commirent, dans cette ville et dans les environs, des désordres incroyables. Le palais du duc de Lancastre, qui était devenu un des principaux objets de leur fureur, fut pillé et incendié; et après plusieurs autres dévastations, ils s'assemblèrent devant la tour où s'était réfugié le roi, et demandèrent à lui parler, en protestant qu'ils ne se retireraient pas, s'il ne faisait rendre compte au chancelier des sommes immenses qu'on avait levées sur le peuple.

Jean Holland, frère utérin du roi, et Waulourde, maire de Londres, étaient d'avis qu'on fît main basse sur cette troupe de rebelles; mais le conseil de plusieurs seigneurs prévalut, et l'on décida que le roi irait en personne haranguer cette populace et l'engager, en lui accordant quelques grâces, à retourner paisiblement dans leurs foyers. Richard II se rendit donc, accompagné de plusieurs seigneurs, dans la prairie de Miliande où les rebelles s'étaient retirés. L'air affable du monarque les ayant séduits, ils promirent de mettre bas les armes et de rentrer chez eux. Le roi croyait le tumulte apaisé; mais il apprit, à son retour, que Tilier et Vallée, à la tête de quatre cents hommes environ, s'étant séparés du reste de leur formidable armée, avaient surpris les gardes de la tour et y étaient entrés en exterminateurs. L'archevêque de Cantorbéry fut leur première victime. Ce prélat, qui venait de célébrer la messe, faisait son action de grâces et se préparait à la mort. « Où est-il ce traître, ce voleur ? » s'écrièrent-ils en entrant dans la chapelle. L'archevêque, s'avançant tranquillement à leur rencontre, leur dit : « Que le « Seigneur vous comble de ses bénédictions, mes en-

« fants! Je suis l'archevêque que vous cherchez ; mais
« non pas un traître ni un voleur. » Ces barbares se
ruèrent aussitôt sur ce prélat ; ils le tirèrent brutalement
de la chapelle et le traînèrent hors des portes de la tour.
Là, poussant des cris effroyables, ils le percèrent de
coups d'épée et lui arrachèrent la vie en lui faisant tomber la tête. Le grand prieur des Hospitaliers, qui remplissait les fonctions de grand trésorier du royaume, fut
tué de la même manière ; et les têtes de ces deux victimes, placées au bout de deux piques, furent portées
en triomphe par les rues de la ville. Un cordelier, ami
du duc de Lancastre, fut en même temps mis à mort.
Pendant ces barbares exécutions, les plus violents de la
troupe entrèrent dans la chambre de la princesse de
Galles, mère du roi, et en pillèrent tous les meubles ;
il y en eut même qui habillèrent un mannequin du
plus précieux des habits du duc de Lancastre, et qui le
mirent ensuite en pièces à coups de hache et d'épée.

Mais tant de scélératesse fut punie par la mort des
chefs de cette troupe factieuse. Tilier, ayant voulu
faire un discours insolent au roi, périt de la main de
Waulourde ; et le prêtre Vallée, dont la retraite fut
découverte par ceux-là mêmes qu'il avait excités à la
révolte, perdit la tête sur l'échafaud.

La mort des deux principaux chefs de toute cette
sédition fit rentrer les factieux dans le devoir. Et
Wiclef, qu'une lâche timidité avait tenu éloigné des
assemblées des rebelles, ses partisans, se mit à prêcher
de nouveau contre l'Eglise de Jésus-Christ. Le schisme,
qui divisait alors la Chrétienté, lui servit de texte à ses
déclamations et de prétexte pour répandre impuné-

ment ses erreurs. Il eut même la hardiesse de présenter au parlement d'Angleterre diverses propositions, par lesquelles il demandait que le souverain et ses sujets refusassent d'obéir au pape ; que l'on refusât aussi à la cour de Rome le paiement des annates et des contributions, par la raison que l'Ecriture-Sainte n'en parlait pas ; que le temporel des bénéfices fût confisqué ; que les prêtres fussent renvoyés de la cour, sans qu'il pût leur être permis d'y revenir sous aucun prétexte, et que le clergé d'Angleterre supportât seul les charges entières de l'Etat.

Ces propositions furent examinées par les deux chambres du parlement, et rejetées par elles, dans la crainte de déplaire au pape, Urbain VI ; et Wiclef, honteux de sa défaite, s'enfuit dans la province de Galles, qui venait de passer sous la domination des anglais. Là, profitant de la haine que le peuple avait jurée aux ecclésiastiques et surtout aux religieux de l'ordre de Saint-Benoît, cet hérésiarque lança des écrits foudroyants contre les bénédictins et les prêtres, et les menaça de les faire tuer par la populace, s'ils vivaient d'un autre salaire que de celui qu'ils gagnaient par le travail de leurs mains ; car il prétendait qu'ils commettaient une apostasie manifeste contre les règles de leur ordre et contre l'Evangile.

Témoin de l'obstination de Wiclef, le Saint-Père donna pouvoir, en 1382, à Guillaume de Courtenay, archevêque de Cantorbéry, d'assembler un troisième concile à Londres contre cet hérésiarque, et de condamner sa doctrine. Wiclef comparut devant cette assemblée, et se rétracta de tout ce qu'il avait dit et enseigné, comme étant contraire aux lois de l'Eglise et du royaume, et nuisible au bonheur des peuples (1). Le roi Richard soutint, par son autorité, les décisions du concile, et commanda à l'université d'Oxford de retrancher ce novateur de son corps, et aux évêques de faire arrêter et retenir en prison tous ceux qui enseigneraient ou soutiendraient ses erreurs. L'université obéit aux ordres du souverain; mais les wiclefistes jouirent encore de l'impunité, sous un prince faible, qui, défendant si mal sa couronne, n'était pas en état de soutenir la religion.

Au mépris de sa rétractation, Wiclef continua d'enseigner sa doctrine hérétique dans la paroisse de Lutterworth; mais le 29 décembre 1385, au moment où il déclamait avec un furieux emportement contre saint Sylvestre et contre saint Thomas de Cantorbéry, celui-là comme auteur, celui-ci comme défenseur des droits de l'Eglise, son corps fut saisi d'une paralysie universelle : la bouche lui tourna tout à coup d'une manière hideuse; un tremblement convulsif agita sa tête, lui défigura le visage et lui fit perdre l'usage de la parole. Enfin, après deux ans de langueur, il expira le 31 dé-

---

(1) Le compilateur anglais, Spelman (*Concilia*, etc., *in re ecclesiarum orbis britannici*, etc.), a supprimé les rétractations de Wiclef, qui existaient, avec les décisions du concile, dans un décret de l'université d'Oxford; il leur a substitué une profession de foi, afin de ne pas donner des armes aux catholiques pour combattre l'hérésie de Calvin, dont il faisait profession. Tel est l'avis de Winthon, auteur irréprochable et contemporain, qui marquait sur son journal les événements d'Angleterre dont il avait connaissance. Voir notre *Histoire des Conciles*.

cembre 1387, le jour même de saint Sylvestre, contre lequel il avait débité les plus violents blasphèmes. Après sa mort, sa doctrine ayant été de nouveau condamnée et ses livres brûlés, la plupart de ses disciples retournèrent à la foi catholique. L'un d'eux, Pierre Penn, s'enfuit en Bohême, où la misère le força de copier et de vendre les écrits de Wiclef qu'il avait emportés avec lui dans sa nouvelle patrie, où les pernicieuses erreurs du Wicléfisme ne tardèrent pas à exciter des séditions et à faire couler des torrents de sang : c'est ce que nous dirons dans la note suivante.

Note (II), page 2.

> L'histoire nous rend témoignage qu'une Secte ne s'est jamais établie sans causer du tumulte, des séditions, des révoltes contre les lois, des violences, et sans qu'il y eût, tôt ou tard, du sang répandu.

Wiclef avait été entraîné à dogmatiser par ressentiment; Jean Hus, en Bohême, y fut poussé par des jalousies de collége; Luther, en Saxe, par une dispute de couvent; Calvin, en France, par un esprit de vengeance, et Henri VIII, en Angleterre, par une incontinence brutale. Voici les principales causes qui opérèrent en

Bohême un bouleversement dans la religion et dans l'Etat.

L'université de Prague, fondée par l'empereur Charles IV, n'avait depuis son établissement, pour professeurs, que des docteurs allemands, au grand mécontentement des bohémiens, qui voyaient avec un vif déplaisir ces étrangers à la tête de leurs écoles. Jean Hus, jeune encore, mais enorgueilli de ses heureuses dispositions pour les sciences, s'était ouvertement déclaré contre le gouvernement de ces docteurs, et avait même cherché plusieurs fois à soulever contre eux les bohémiens; mais quelques intrigues qu'il employât, il ne put réussir à les faire chasser de Bohême. A la mort de Charles IV, le roi Wenceslas, son fils, ayant été déposé de l'empire par les allemands, les bohémiens, à la faveur du ressentiment de leur souverain, s'emparèrent de la direction des écoles, à l'exclusion des docteurs étrangers, qui, de dépit, quittèrent Prague, au nombre de plusieurs mille, professeurs ou étudiants, et vinrent fonder l'université de Leipsick, en 1402.

Durant ces conjonctures, un bohémien de l'illustre maison de Poisson-Pourri revenait de l'université d'Oxford, rapportant dans sa patrie, comme un monument d'une étude profonde, les écrits de Wiclef, dont il était devenu l'un des partisans les plus zélés. Ce jeune étudiant les communiqua aux ennemis des docteurs allemands et plus particulièrement à Jean Hus, qui en était l'un des plus déclarés. Ordonné prêtre en 1400, Hus venait d'être établi prédicateur dans une église fondée nouvellement à Prague, sous le nom de Bethléem, par un riche bourgeois de la ville. Cette institution, suivant laquelle on prêchait chaque jour en bohémien ou sclavon vulgaire, était très-favorable à ses vues. Il hasarda d'abord quelques propositions de Wiclef, avec de grands préambules, tant sur l'excellence de cette rare doctrine que sur la sainteté de l'auteur, dont il enviait, pour toute récompense, disait-il, le bonheur éternel. Voyant ensuite accourir en foule des esprits inquiets et sans principes, des gens obérés de dettes, des citoyens factieux, des clercs ignorants et notés pour crimes, quelques savants jaloux de la préférence accordée à la noblesse du pays dans la distribution des bénéfices, en un mot toute cette classe d'hommes qui ne trouvent à gagner que dans les révolutions, le prédicateur ne garda plus de mesures, et aux erreurs de Wiclef joignit celles des vaudois.

A l'exemple de leur coryphée, Jacobel ou Jacques de Misnie, curé de Saint-Michel à Prague, et Jérôme de Prague ne cessaient d'animer leur nombreux auditoire contre les prêtres et les moines. Et ils ne déclamaient pas seulement contre les clercs ignorants et vicieux, mais contre tous les ecclésiastiques, sans épargner les premiers prélats ni le Souverain-Pontife. Jean Hus se faisait gloire de suivre en cela les principes schismatiques de Wiclef, et jusqu'à ses dogmes les plus visiblement hérétiques, à la réserve toutefois de ceux qui anéantissaient les sacrements, ou du moins de celui de la sainte Eucharistie.

A cette nouvelle, l'archevêque de Prague, Sbincon d'Haseimberg, prélat d'un zèle éclairé et d'un courage à braver tous les dangers pour la défense de la foi, assembla tous les docteurs de l'université, en 1408, se fit apporter les livres qui jetaient le trouble dans son diocèse et les fit brûler au nombre de plus de deux cents, avec les étoffes précieuses, les plaques et les fermoirs d'or et d'argent dont ils étaient la plupart enrichis. Et puis, attaquant de front l'hérésiarque lui-même, il l'interdit de la prédication, sans égard à la vive sollicitation de la reine Sophie, femme de Wenceslas, dont Jean Hus était le confesseur. Mais ce perturbateur de la paix publique établit des conférences, où de simples laïques, des artisans grossiers, des femmes et jusqu'à des servantes, controversaient sur les matières religieuses comme des théologiens. Il y en eut qui composèrent des livres, mais surtout des chansons, dont quelques-unes étaient si injurieuses à l'archevêque, que Wenceslas les fit défendre sous peine de mort.

Ce fut pour arrêter ces scandales, dont le bruit se répandit bientôt au delà des monts, que le pape Alexandre V donna sa bulle du 20 novembre 1409, portant défense d'enseigner en public ou en particulier la doctrine de Wiclef, avec ordre de faire abjurer les personnes suspectes, ou de les tenir pour hérétiques, si elles refusaient d'obéir, et de les poursuivre comme telles. Jean Hus en appela de cette sentence du pape surpris au pape mieux informé; et quoiqu'il se sentît fortement appuyé par de puissants protecteurs, il se retira chez le seigneur de Hussinetz, qui était son admirateur aveugle et son déterminé fauteur.

En 1411, l'archevêque Sbincon étant mort (1), Jean

(1) Quelques historiens rapportent qu'il mourut du poison qui

Hus rentra dans Prague, où le nombre de ses partisans s'accrut en peu de temps d'une manière considérable, à la faveur de l'impunité dont il jouit sous le nouvel archevêque, Albise de Moravie : âme de boue et pétrie tout entière de la fange d'où son corps avait été tiré. Parvenu à cette dignité par la faveur ou plutôt par le caprice de Wenceslas, dont il était le médecin, Albise était d'une avarice si sordide et si extravagante, qu'il ne pouvait souffrir les chevaux, parce qu'ils mangent, disait-il souvent, la nuit comme le jour. Uniquement attentif à amasser de grandes richesses, il laissa toute liberté au novateur; et quelque temps après, il vendit son archevêché à Conrad, évêque d'Olmutz, qu'il avait nécessairement fallu donner à son incapacité, et qui remplit tout ce que présageait ce trafic impie. « Il était
« si chargé de graisse, dit Varillas (1), qu'il ne se re-
« muait le plus souvent que par une machine; et son
« âme, enfoncée dans cette masse, n'avait que rare-
« ment l'usage de ses fonctions. Il ne pensait qu'à l'a-
« varice ou à la débauche, et rien ne lui plaisait s'il n'é-
« tait proposé comme pouvant et devant servir à l'un
« ou à l'autre de ses vices. Il ne se mettait pas tant en
« peine de son diocèse que de sa cave et de son grenier,
« et il portait toujours les clefs de l'une et de l'autre
« pendues à sa ceinture. Il envoyait au marché la ve-
« naison dont on lui faisait présent. Il n'avait pour offi-
« cier de cuisine qu'une vieille édentée; et lorsqu'un

---

lui fut donné par un de ses domestiques, brûlé vif pour ce crime à Breda, ville de Bohême.

(1) *Hist. de l'hérésie*, t. ɪ, p. 114.

« de ses amis lui demanda quel son lui blessait le plus
« les oreilles, il répondit que c'était celui des dents
« quand elles brisaient les os. Il travaillait à tondre son
« troupeau par de nouvelles exactions, et non à l'en-
« graisser; et les pauvres n'avaient pas même la faculté
« d'approcher de son palais, bien loin de profiter de
« son épargne, ou, pour le moins, des restes de sa
« table. Il semblait qu'il n'eût été fait prélat que pour
« favoriser, par sa conduite, la cause des hussites, et
« sa stupidité fut si grande, qu'il ne se réveilla pas
« même lorsque les deux tiers de la Bohême entrèrent
« dans leur parti. » — « Les historiens, dit le continua-
« teur de Fleury (1), en parlent comme d'un homme
« fort ignorant, qui ne se mettait point en peine de son
« Église, et d'ailleurs de la plus sordide avarice du
« monde. Sa maison était une espèce de cabane et de
« marché, où l'on vendait vin, poisson, viande et tout
« ce qu'il y avait de meilleur, pendant que sa table était
« fort maigre pour lui et pour ses domestiques, qui
« étaient en très-petit nombre, parce que personne ne
« voulut le servir. Une si indigne conduite lui attira le
« mépris de tout le monde. Il n'avait aucune autorité
« dans l'Eglise ni dans l'Etat, également incapable de
« faire plaisir à ses amis et de se défendre contre ses
« ennemis, encore moins de soutenir le caractère d'ar-
« chevêque de Prague, qui le rendait primat du royaume,
« prince de l'empire et légat-né du Saint-Siége. »

Protégé par la criminelle insouciance de cet archevêque et par l'indifférence d'un prince crapuleux qui,

---

(1) *Hist. eccl.*, t. XXI, p. 166, 167.

le plus souvent, ne se souciait pas plus de la religion que de l'État, et soutenu par une reine qu'il avait fascinée de ses discours hérétiques, Jean Hus eut l'audace d'annoncer, par des affiches, qu'il tiendrait une conférence publique au sujet de la croisade et de l'indulgence publiée par Jean XXIII contre le roi Ladislas. Animés par les discours de cet hérésiarque, plusieurs de ses partisans résolurent d'assassiner les prédicateurs d'indulgences; et, un dimanche, qu'un de ces prédicateurs développait les trames et faisait sentir le venin des écrits de Jean Hus, un cordonnier lui donna un démenti, en pleine assemblée. Un autre artisan se mit à crier dans une autre église, au milieu du sermon, que le pape Jean était l'antechrist annoncé par les saintes Écritures. Un troisième chargea d'injures un moine qui prêchait dans son monastère.

Le sénat fit emprisonner ces trois fauteurs de désordres, mais le peuple, excité par les discours séditieux de Jean Hus, prit les armes et demanda leur liberté, avec des clameurs effrayantes. Le sénat calma l'émeute par de belles paroles, et la foule s'étant écoulée, les trois coupables furent jugés et mis à mort, comme perturbateurs du repos public. Instruits de la mort de leurs coreligionnaires par les traces du sang qui avait coulé sous la porte du palais, les hussites s'attroupèrent de nouveau, enlevèrent les trois cadavres, les enveloppèrent de draps d'or et d'argent, et, précédés des prêtres de la Secte, les portèrent en triomphe dans toutes les églises de la ville, en poussant des hurlements affreux, qui n'étaient interrompus que par les cris de : *Honneur aux martyrs de Jésus-Christ;* ils les embaumèrent ensuite, et les déposèrent, comme des reliques insignes, dans le sanctuaire de leur église de Bethléem, où ils restèrent exposés à la vénération des plus fervents hussites. Et la superstition arrêta, pour un peu de temps, les effets de la fureur et de la vengeance, qui ne furent suspendus que pour se déborder ensuite avec plus de violence et d'atrocité.

Alarmé des progrès que faisait chaque jour cette funeste hérésie, l'empereur Sigismond résolut, en 1412, d'assembler un concile général. Dans ce but, il parcourut tous les États de l'Europe, qui étaient alors en guerre, pour engager les souverains à la tenue de ce concile. A sa voix, tous les potentats firent cesser leurs différends : les factions d'Orléans et de Bourgogne, qui déchiraient alors la France, se rallièrent pour combattre l'erreur et détruire le schisme; Ladislas et le duc d'Anjou, qui se disputaient la couronne de Naples, suspendirent leurs querelles, et convinrent entre eux que le pape élu par le concile désignerait celui des deux à qui appartenait cette couronne; Jean, prieur d'Aluyde, nommé roi de Castille, au détriment de l'héritière du Portugal, conclut une trêve avec cette princesse, pour arrêter la guerre civile qui désolait le royaume; le duc de Milan imita leur exemple, et fit la paix avec la république de Florence; Henri V, lui-même, roi d'Angleterre, mit enfin un terme à son obstination, et à la prière de l'empereur, il se joignit aux autres souverains d'Europe pour faire cesser le schisme et dompter une hérésie, qui, par ses fureurs, annonçait déjà ce qu'elle serait un jour. La ville de Constance fut choisie, d'un commun accord, entre le pape

Jean XXIII et Sigismond pour cette réunion solennelle, dont l'ouverture fut indiquée au 1er novembre 1414 (1).

Jean Hus, qui avait profité de l'absence de Sigismond pour achever de révolutionner la Bohême, fut sommé de comparaître devant ce concile; et muni d'un sauf-conduit que lui avait accordé l'empereur pour traverser l'Allemagne et se rendre à Constance, il fit son entrée dans cette ville, le troisième jour de novembre, accompagné de Jean de Chlum, de Louis de Latzembroc et de Wenceslas de Duba, seigneurs bohémiens, ses amis et ses protecteurs. Jérôme de Prague, son disciple et son ami, s'y rendit avec empressement pour le défendre; mais l'hérésiarque bohémien ne fut pas plus tôt arrivé à Constance que, redoutant la décision du concile auquel il s'était volontairement soumis, il résolut de prendre la fuite (1415). Un de ses disciples les plus dévoués, Henri de Latzembroc, qui avait secrètement renoncé à ses erreurs, se chargea de favoriser sa fuite. Il le fit travestir en paysan, et l'ayant fait placer dans une voiture chargée de fourrage, le conduisit hors de la ville, où des archers s'emparèrent de sa personne.

Trahi et arrêté, le chef des hussites donna, dans cette circonstance, une grande preuve de son sang-froid. Sa dissimulation, dit Ulric de Reichental, qui était présent à l'action, fut remarquable. Il agit d'abord comme s'il eût été pris pour un autre, et il se plaignit du retard qu'on lui faisait éprouver dans son voyage; il

---

(1) Le concile ne s'ouvrit que le 5 de ce mois; voir notre *Histoire des Conciles*.

alla même jusqu'à se fâcher de ce qu'on l'avait arraché de dessous le foin, où il prétendait s'être mis pour éviter la rigueur du froid, assez violent en Souabe. Mais voyant que toutes ses ruses ne pouvaient le tirer d'embarras, il présenta, avec un air de sûreté, le sauf-conduit que lui avait accordé l'empereur. Latzembroc prenant alors la parole, lui dit qu'il avait ordre de le faire arrêter comme perturbateur du repos public.

A ces mots, Jean Hus passa promptement de l'excès de la sûreté à l'excès de la défiance; la terreur s'empara de lui, et la crainte du supplice, dont il était menacé, fit rentrer dans son imagination toutes les frayeurs qui s'étaient momentanément dissipées. Il fut enfermé dans le couvent des Dominicains, et gardé à vue avec beaucoup de précaution. Lorsqu'il se vit en prison, sa présomption naturelle, qui lui avait fait méconnaître le danger, l'abandonna entièrement. Il se crut alors entouré d'ennemis formidables; il s'imagina même que les juges voulaient mettre dans son procès plus d'exactitude et de sévérité qu'on ne l'aurait fait en Bohême, et il vit enfin qu'il ne lui était plus aussi facile de persuader les Pères et les théologiens du concile, que de haranguer d'ignorants laïques dans son église de Bethléem, à Prague.

Jérôme, à l'exemple de son maître, avait également pris la fuite et gagné les frontières de Bohême; mais il déclama avec tant de violence contre le concile, qu'il fut déféré aux magistrats, arrêté par leur ordre et reconduit à Constance.

Le procès de Jean Hus instruit, et les nombreux témoins entendus, on reconnut que cet hérésiarque était la cause des désordres qui, depuis plusieurs années, se commettaient en Bohême, et comme il y allait de sa vie, plusieurs personnes recommandables par leur talent et par leurs vertus vinrent l'exhorter à la pénitence ; mais il ne voulut jamais se soumettre à la rétractation qu'on exigeait de lui ; et quoiqu'il eût souvent offert, en pleine assemblée, dit Reichental, d'abjurer les erreurs qu'on trouverait dans ses ouvrages, il refusa obstinément de signer le formulaire de foi qui lui fut envoyé dans sa prison par le cardinal de Nevers, président du concile.

Le cardinal de Cambrai et plusieurs autres prélats vinrent souvent le visiter et le presser charitablement de se rétracter de ses erreurs, sous la promesse formelle d'obtenir sa grâce. Le savant Gerson et l'empereur lui-même joignirent plusieurs fois leurs exhortations, et jusqu'à leurs prières, aux salutaires avis des docteurs ; et toutes ces tentatives, qui semblaient d'abord inutiles, parurent un moment avoir ébranlé l'opiniâtreté de Jean Hus et celle de son disciple Jérôme. Jean Hus, dit un écrivain hussite (1), en vint jusqu'à confesser qu'il était résolu à se soumettre au jugement du concile, et à se rétracter des propositions hérétiques renfermées dans ses livres. Cette nouvelle causa tant de joie dans la ville, qu'on sonna les cloches pour faire rendre des actions de grâces à Dieu ; mais lorsqu'on somma les deux pénitents de tenir leur parole, ils répondirent qu'ils voulaient se rétracter, à la condition que le bruit de leur abjuration ne serait point

---

(1) Cochlée, *Hist. Bohem.*

répandu en Bohême. Hus soutint ensuite que les propositions condamnées par le concile n'étaient pas les siennes, et quoiqu'on le convainquît par ses propres aveux, par le témoignage irrécusable de ses livres, et par celui de nombreux témoins irréprochables, il nia tout avec une impudence révoltante. Enfin, après sept mois de patience et d'exhortations, il finit par dire que sa conscience ne lui permettait pas de se rétracter, parce que ce serait abjurer la pure doctrine de l'Évangile.

Toutes les tentatives de conversion ayant été reconnues inutiles, les Pères du concile s'assemblèrent le 6 juillet de l'an 1415, et, après avoir prononcé leur sentence contre la doctrine de Jean Hus, ils le condamnèrent à être dégradé, dépouillé de ses habits sacerdotaux et livré au bras séculier, qui, l'ayant trouvé convaincu de rébellion, ordonna qu'il fût immédiatement brûlé vif (XIII).

Ainsi finit cet homme qui, par ses maximes sanguinaires, mit sa patrie tout en feu et donna naissance à ces terribles guerres civiles dont la Bohême fut, durant plus d'un demi-siècle, le théâtre toujours sanglant. Les prétendus réformés du seizième siècle, en devenant les apologistes de cet hérésiarque, ne comprirent pas qu'ils se rendaient par là responsables de tous les crimes commis par les sectaires de Jean Hus; mais il leur fallait des prédécesseurs, et comme le choix n'était pas facile, ils examinèrent la doctrine et non les actions des hérétiques qu'ils devaient bientôt surpasser en forfaits.

Après le supplice de Jean Hus, l'empereur partit

pour la conférence qui devait avoir lieu entre Pierre de Lune et le roi d'Arragon (1), et les Pères du concile

(1) Ce fut durant la dix-septième cession du concile de Constance que les Pères de cette auguste assemblée prirent d'énergiques mesures pour la sûreté de ce médiateur généreux, qui, au péril même de sa vie, allait de royaume en royaume faire cesser les guerres intestines qui les déchiraient. Les évêques déclarèrent que ceux qui les inquiéteraient en route seraient privés de tous biens et de toute dignité, même de la dignité royale. Une pareille déclaration fut faite par le concile, lorsqu'il déposa Pierre de Lune, qui, à force d'intrigues et d'artifices, s'était fait nommer pape sous le nom de Benoît XIII. Les Pères défendirent à tous les chrétiens et à chacun d'eux en particulier, de quelque ordre et condition qu'ils fussent, cardinaux, patriarches, évêques, rois, empereurs et autres, d'obéir à Pierre de Lune, de le soutenir, etc., sous peine d'être traités comme fauteurs de schisme et d'hérésie, privés de tout bénéfice, honneurs, dignités ecclésiastiques et séculières. Que s'il y en avait quelques-uns, dans ce cas le concile les déclara actuellement, et par le fait même, privés de leurs dignités ou bénéfices.

Les Pères firent une déclaration de ce genre lors de l'élection du pape Martin V : « Si quelqu'un, dirent-ils, trouble l'élection par
« violence, de quelque état, de quelque élévation qu'il soit, fût-il
« même investi de dignité royale ou impériale, nous voulons qu'il
« encourre, par le fait même, les peines contenues dans la consti-
« tution de Boniface VIII, laquelle commence par le mot *felicis*. »
Or, les peines sont : Qu'il soit infâme, mis au ban, incapable de tester et d'être choisi pour héritier ; qu'on laisse tomber en ruine tous ses édifices ; que personne ne soit tenu de lui rien payer ; etc.

La déclaration de l'Église gallicane, que l'on dit fondée sur l'autorité du concile de Constance, est donc en opposition évidente avec les décisions de ce concile œcuménique, avec l'Église elle-même? On nous répondra sans doute que les conciles généraux ne sont infaillibles qu'en matière de foi ; mais ne le sont-ils pas aussi dans ce qui concerne les mœurs?

Nous ne voulons point soulever ici cette grave et grande quess'occupèrent de la conversion de Jérôme. Cet hérétique, d'un esprit aussi dur et aussi faux que celui de son maître, mais plus éloquent et beaucoup plus savant, avait, par ses singulières opinions, jeté le trouble dans les plus célèbres universités et alarmé les docteurs les plus pénétrants. Le chancelier Gerson lui en fit le reproche; et les docteurs de Cologne et de Heidelberg l'accusèrent d'avoir scandalisé les peuples, sous prétexte de les éclairer. Aussi inconstant dans sa foi que celui dont il était le disciple, Jérôme se soumit ou feignit de se soumettre aux prescriptions de l'Église. Amené devant les Pères du concile le 23 septembre 1415, il abjura d'un ton pénitent les erreurs de Wiclef et de Jean Hus, fit profession de la foi catholique, apostolique et romaine, et protesta qu'il voulait vivre et mourir dans cette sainte croyance. Il promit solennellement ensuite de ne plus enseigner la doctrine de ces deux hérésiarques, que l'Église avait déjà condamnée comme contraire à la morale et à l'Écriture-Sainte, et il ajouta que, s'il retombait dans l'hérésie, il consentait à être puni selon toute la rigueur des lois canoniques et civiles.

Mais ces sentiments, que la crainte avait inspirés, furent bientôt étouffés par l'amour de la prééminence et par l'orgueil. Après sa rétractation, Jérôme voyant qu'il avait encouru le mépris des hussites, dont il était

tion des prétendues libertés de l'Église gallicane, toujours agitée et toujours défendue avec passion; nous ne voulons que constater un fait plus puissant que toutes les arguties que l'on a employées jusqu'à ce jour pour défendre les prétendues libertés de 1682. — Voir notre *Histoire des Conciles*.

auparavant l'idole, prit le parti de se réconcilier avec eux; et reniant sa foi, il s'enfuit de Constance, où les catholiques, concevant des doutes sur la sincérité de sa rétractation, observaient ses démarches et ses discours. Arrêté de nouveau, il montra tout le courage que le désespoir peut faire succéder à la lâcheté. Dès ce moment, son opiniâtreté fut invincible. Amené devant les Pères du concile, le 26 mai 1416, il fit un long discours rempli de plaintes et d'injures grossières contre les évêques de cette auguste assemblée; puis il fit l'éloge de Jean Hus, qu'il qualifia de saint, et finit par déclarer qu'il voulait vivre et mourir dans sa doctrine. Après ce désaveu, les évêques, jugeant toute tentative de conversion inutile, prononcèrent l'anathème de l'Eglise contre Jérôme et le livrèrent au bras séculier, qui le condamna, comme fauteur de troubles et comme relaps, à être brûlé vif.

A la nouvelle du supplice de Jean Hus, il y avait eu à Prague une violente sédition, suscitée par Jacobel, l'un des plus fougueux disciples de cet hérésiarque. Les ecclésiastiques avaient été impitoyablement massacrés, leurs maisons livrées au pillage, et le palais de l'archevêque entièrement dévasté. Après cette première révolte, un homme extraordinaire parut à la tête des hussites, et avec une armée de 40,000 hommes, composée de paysans et de vagabonds, commença cette guerre épouvantable, durant laquelle les hérétiques commirent toutes sortes de crimes et qui finit par leur extermination. Cet homme que la nature avait doué de talent et de la bravoure d'un grand capitaine, et qui eût mérité le nom de grand, s'il eût embrassé une cause plus juste, et qu'il ne se fût pas souillé de tant de crimes ; cet homme rappelait Jean de Trocznou ; il était chambellan du roi Wenceslas lorsqu'il prit les armes contre les catholiques de Bohême. Ayant perdu un œil en gagnant une bataille, il reçut de ses soldats le nom bohémien de *Zisca*, c'est-à-dire borgne, sous lequel il se rendit si formidable et si fameux.

Ce traître tourna ses premières armes contre son propre souverain, auquel il avait perfidement persuadé que les troupes qu'il levait seraient les plus fermes appuis de son trône, et toujours prêtes à répandre leur sang jusqu'à la dernière goutte, pour exterminer les ennemis de leur roi. Mais au lieu de donner une preuve de leur fidélité, les hussites allaient commencer leurs sanglants exploits par l'assassinat de Wenceslas, lorsqu'un prêtre de la Secte, nommé Correnda, convainquit les rebelles de l'inutilité de leur crime, et parvint par ses discours à les détourner de ce meurtre. Et comme il fallait une victime à leur rage, le beau monastère des Jacobins fut pillé et démoli avec une fureur inconcevable.

En 1419, Zisca, profitant de l'insouciance de Wenceslas, qui se livrait à ses plaisirs pendant que l'Erreur en armes ensanglantait son royaume, pénétra dans Prague, à la tête de ses troupes, et commit toutes sortes de violences, d'excès et de crimes. La vie des prêtres et des catholiques courut le plus grand danger ; leurs maisons furent dévastées ; sept d'entre les sénateurs, le juge de la police et plusieurs autres bourgeois, précipités par les fenêtres de l'hôtel-de-ville, furent reçus par la populace sur des lances et sur des fourches et perdirent la vie dans ce supplice atroce, que Zisca lui-même avait ordonné.

A cette effrayante nouvelle, Wenceslas, qui voyait s'écouler les jours au milieu des libations, passa subitement d'une parfaite indifférence à une fureur si grande, que des convulsions horribles agitèrent aussitôt tout son corps. Frappé de paralysie, il mourut dix-huit jours après cet événement, le 16 août 1419.

Jamais la Bohême n'eut de souverain plus cruel, ni plus infâme que Wenceslas. L'ivrognerie, qui était sa passion dominante, le plongea dans toutes sortes de crimes. Le 16 mai 1383, il fit précipiter dans la Moldau le prêtre Jean Népomucène, qui ne voulut point lui révéler la confession de la reine. On raconte qu'un jour son cuisinier n'ayant pas apprêté les mets à son goût, il le fit embrocher et rôtir tout vif. Il menait ordinairement à ses côtés le bourreau, qu'il appelait son compère et qui l'était en effet ; et lorsque son humeur sanguinaire l'agitait, il faisait pendre le premier qu'il rencontrait, sans autre forme de justice. Il avait pratiqué dans une des salles basses de son château de Wischeradt, sur la Moldau, un pavé ferme en apparence, mais qui d'un coup de pied se renversait et précipitait dans le fleuve ceux qui étaient dessus. Ce monstre à face humaine se faisait une gloire de prendre pour modèle le plus affreux des empereurs romains. On écrivit un jour sur le mur de sa chambre : *Wenceslaüs alter Nero;* loin de s'en offenser, il ajouta : *Si non fui adhuc ero.*

Le roi de Bohême étant mort, l'empereur Sigismond,

son frère, lui succéda ; mais les hussites s'opposèrent à son élection, sous le prétexte qu'il s'était rendu indigne de cette couronne, en donnant son consentement aux supplices de Jean Hus et de Jérôme. L'empereur, occupé à combattre les turcs, ne put envoyer une armée en Bohême pour dompter les factieux et faire reconnaître ses droits. Aussi, les hussites profitèrent des embarras de ce prince pour se livrer sans ménagement à leur fureur dévastatrice. En 1420, le monastère de la Cour royale, un des plus beaux de la Chrétienté, où le corps de Wenceslas reposait à côté de celui de ses aïeux, fut démoli, et le cadavre de ce souverain exposé dans un lieu couvert d'immondices. Après cet exploit, la persécution commença contre les prêtres : les uns furent traînés en prison ; les autres abjurèrent la religion catholique, au milieu des supplices les plus cruels ; on leva des impôts sur les catholiques ; leurs biens, mis au pillage, tombèrent au pouvoir des hussites ; l'on persécuta inhumainement tous ceux qui restaient fidèles à l'empereur, ou qui ne voulaient pas embrasser la doctrine de Hus ; et tant de forfaits furent couronnés par une déclaration de guerre contre Sigismond, qui venait d'envoyer des troupes contre les rebelles pour réprimer les désordres et punir les coupables. Trois fois vainqueur de son roi, le chef des hussites célébra trois fois ses victoires par un massacre de catholiques, à Moskau, à Woglise et à Wissegrade.

Cependant la division parut au camp des hussites. De la souche perverse du *Thabor* (1) sortit, en 1420,

(1) C'est le nom que les hussites donnèrent à une ville extrê-

une secte qui s'établit dans un château qu'elle avait fait bâtir sur une haute montagne, et qu'elle nomma *Sion*, comme un lieu chéri du ciel, d'où la vérité et la félicité devaient se répandre dans toute la Bohême. Habitués à vivre dans les antres et dans les forêts, ces sectaires sauvages contractèrent des mœurs farouches qui, jointes à l'esprit haineux de secte et de faction, les naturalisèrent à tous les excès de la barbarie et de la brutalité. Une autre secte, d'une grossièreté non moins féroce, prit également naissance parmi les thaboristes. Le lieu dans lequel ces nouveaux hérétiques se réfugièrent fut appelé par eux *Oreb*, nom sacré qu'ils avaient pris de la montagne où le Seigneur donna sa loi à son peuple, et d'où leur vint le nom d'*orébistes*. Ces sectaires l'emportaient encore sur leurs rivaux par les atrocités qu'ils exerçaient contre les catholiques et principalement contre les prêtres, qu'ils faisaient brûler à petit feu, ou qu'ils exposaient nus et liés, deux à deux, sur des étangs glacés. Ils s'imaginaient, dit Æneas Sylvius (1), rendre à Dieu le plus grand service en les faisant mourir dans les plus horribles tourments.

Zisca eut horreur d'une secte si monstrueuse, dont il parut d'abord avoir conjuré la ruine. Mais comme sa politique et l'intérêt de son parti l'emportèrent sur un reste de vertu qui n'était pas encore tout à fait éteint

---

mement forte, qu'ils avaient fait bâtir, pour leur servir de retraite, sur la croupe d'une montagne entourée d'un côté par une rivière et de l'autre défendue par un torrent. Les hérétiques qui s'y réfugièrent, sous la conduite de Zisca, furent nommés les *thaboristes*.

(1) *Historia Bohemiana*.

dans son cœur, il engagea les orébistes à joindre leurs armes aux siennes, et s'engagea lui-même, disent les auteurs contemporains, à ne plus faire de quartier aux prêtres catholiques. Le pacte d'union de ces deux sectes étant conclu, Zisca vint attaquer une petite ville de Bohême, où il tint plus aux orébistes qu'il ne leur avait promis. Il fit enfermer dans une église, outre les ecclésiastiques, les hommes échappés à la fureur des soldats, les femmes et les enfants, et ordonna d'y mettre le feu.

Tant de cruautés jointes à l'amour du pillage, décidèrent enfin le pape à publier une croisade contre les ennemis de la religion et de l'ordre public. Sigismond se mit à la tête des nombreux croisés, qui prirent les armes à la voix du Saint-Père, et vint attaquer les hussites en Bohême; mais c'étaient moins les forces qui manquaient à l'empereur que le talent de la guerre, et la valeur même! Aussi, faute d'habileté et d'intrépidité, il essuya des pertes immenses. Cinq fois il entra en Bohême à la tête de fortes armées, et cinq fois il tourna le dos à l'ennemi, sans l'avoir vu, laissant à l'abandon son bagage, ses convois, son canon et la plupart des troupes que l'ennemi immolait sur le champ de bataille, ou qu'ils assommaient dans la fuite avec les vivandiers et les valets d'armée.

En 1421, Zisca vint former le siége de Rab ou Rabi, et perdit d'un coup de flèche, ou d'un éclat de bombarde, selon d'autres historiens, le seul œil qui lui restait. Mais en cet état d'aveuglement il n'en devint pas moins formidable à Sigismond, et remporta plusieurs mémorables victoires. Réduit à ne pouvoir plus sortir de sa tente sans guide, lorsqu'il savait l'ennemi dans un port, il s'informait de sa position ; il disposait ensuite sa propre armée, et donnait des ordres si précis, que jamais ses combinaisons ne se trouvèrent fautives, et ses volontés sans exécution ; il soutint ses succès jusqu'à sa mort, qui ne fut guère moins nuisible que sa vie au malheureux Sigismond. Plus habile à négocier qu'à vaincre, l'empereur, réduit à recevoir la loi d'un sujet rebelle, l'avait attiré dans ses intérêts en lui offrant, avec des sommes considérables, le gouvernement du royaume et le commandement de toutes les troupes de Bohême, lorsqu'il mourut de peste, le 24 octobre 1424. Plusieurs historiens racontent néanmoins que, se voyant près de mourir, Zisca voulut, qu'après sa mort, on l'écorchât, et que de sa peau on en fît un tambour, dont il promit que le bruit suffirait pour mettre l'ennemi en fuite (1). On exécuta ses ordres, et, selon Krantz (2), ses promesses eurent leur effet.

Après la mort de Zisca, les thaboristes se divisèrent en deux factions. Un aventurier, nommé Procope, surnommé le Rasé, se mit à la tête de ceux qui retinrent le nom de thaboristes ; le reste de ces bandits ne trouvant personne digne d'hériter de la puissance de Zisca, prirent le nom d'*orphelins*, et pour l'administration des affaires publiques, c'est-à-dire du massacre et du pillage, ne se choisirent que des conseillers, entre lesquels un autre Procope, surnommé le Petit, se distingua le plus.

---

(1) *Hist. Bohem.*
(2) *Hist. Vand.*

Quant aux *orébistes*, ils mirént à leur tête un prêtre apostat, nommé Bédric.

Ces trois partis de forcenés faisaient la guerre séparément, et assez souvent les uns contre les autres ; mais ils unissaient toujours leurs forces et leurs fureurs, quand il s'agissait d'un massacre de catholiques. De la Bohême, ils portèrent leurs ravages en Silésie ; puis se jetant sur la Hongrie, la Pologne et l'Autriche, ils renchérirent à l'envi les uns sur les autres par des atrocités toutes nouvelles et par des sacriléges aussi multipliés qu'inouïs. Les raffinements les plus affreux de la cruauté, disent les historiens, faisaient leurs jeux les plus assidus et leurs plus doux amusements. Leurs prêtres et leurs dévots, religieux en apparence, étaient les plus dépravés et les plus criminels de toute la bande. Przibran, savant ecclésiastique, qui avait été entraîné dans leur parti sans le bien connaître, mais qui, l'ayant pénétré, l'abandonna avec horreur ; Przibran nous dépeint ainsi le prêtre de cette secte abominable : « Au « dehors, dit-il dans le livre où il consigna son abju-
« ration (1), c'est l'image de la piété et de la bénignité
« évangélique, qu'un prêtre du Thabor ; ce n'est au
« dedans que desseins tyranniques, que violence op-
« pressive, que profanations, qu'impiétés, que mépris
« de la religion et de l'humanité. Il est doux et bien-
« faisant en apparence ; il est, en effet, tout dégoûtant
« de sang et de carnage ; il paraît paisible et soumis,
« il se prosterne aux pieds des hommes, et il s'élève
« subitement au-dessus de tout le monde ; il ne révère,

(1) Krantz, *Hist. Vand.*

« il ne connaît point de puissance; il ne veut aucun
« maître, aucun supérieur; il croit surpasser en gran-
« deur et en mérite tous ceux qu'il surpasse en vanité,
« en orgueil et en présomption; il fait le sage, et s'im-
« misce en tout; il rétablit ce qui est en ordre, refait
« ce qui est fini, juge ceux qui doivent le juger, fait
« marcher le préjugé avant le jugement; et sans frein,
« sans discernement, sans nul guide que la précipita-
« tion et l'impudence, il foule indistinctement aux
« pieds toutes les lois divines et humaines. »

En 1433, la noblesse et la bourgeoisie de Bohême, honteuses de subir le joug de quelques misérables prêtres apostats qui les traitaient tous indistinctement en esclaves, se choisirent un administrateur du royaume dans l'ordre de la noblesse. Procope le Rasé se mit aussitôt en campagne avec les thaboristes et les orphelins, c'est-à-dire avec la lie de la Secte, dont les rapines et les ravages étaient devenus comme l'élément naturel. La cause des catholiques et des hussites modérés devenant alors commune, toute la noblesse de Bohême prit enfin les armes en 1434, et courut à la rencontre des hérétiques, sous le commandement de Meinard, le plus vaillant et le plus habile gentilhomme bohémien. Vaincus dans une bataille rangée, les fanatiques de l'ordre du Thabor furent poursuivis sans quartier et traités comme des scélérats naturalisés dans toutes sortes de crimes. Le plus grand nombre perdit la vie au milieu des combats; le reste fut fait prisonnier par Meinard, qui les fit périr dans les flammes, pour les punir des meurtres, des ravages et des incendies sans nombre dont ils s'étaient rendus coupables

Ainsi finit cette armée indomptable de thaboristes, auxquels on doit attribuer, dit Mosheim (1), tous les actes de barbarie et de cruauté qui furent commis en Bohême pendant seize ans de guerre. Leurs maximes étaient si abominables, ajoute le même écrivain dont le témoignage ne saurait être suspect, que l'on ne pouvait attendre de pareils hommes que des actes d'injustice et de cruauté.

L'armée de Zisca exterminée, il semblait que la paix dût régner en Bohême ; mais elle ne tarda pas à être troublée par l'ambition de deux hommes, Roquesane et Pogébrac, qui plongèrent leur patrie dans de nouvelles calamités et mirent les armes aux mains des hussites qui n'avaient point péri durant la dernière guerre. La discorde continua d'agiter ce royaume jusqu'à l'entière extermination de l'armée hussite en 1458 ; après quoi les restes de cette Secte abominable rentrèrent dans le devoir.

(1) *Hist. eccl.*

Note (III), page 3.

Le pape Jules II, sous qui les beaux-arts commencèrent à prendre, en Italie, le plus grand accroissement, avait désiré que Rome eût un temple qui surpassât Sainte-Sophie de Constantinople, et qui fût le plus beau de l'univers; œuvre immense qu'il eut le courage d'entreprendre sans espoir de le voir finir. Léon X, son successeur, suivit avec ardeur ce grand projet; il prétexta une guerre contre les Turcs, et fit publier, selon son pouvoir, des indulgences plénières (1) pour tous ceux qui y contribueraient. En Allemagne, les dominicains furent chargés du soin de prêcher ces indulgences, au détriment des augustins qui, depuis fort longtemps, possédaient cette fonction. Ces derniers en furent jaloux; et ce petit intérêt de moines dans un coin de la Saxe, engendra le Protestantisme.

Poussé par Jean Staupitz, vicaire-général des au-

---

(1) On appelle *indulgence plénière* la rémission des peines temporelles prescrites par les canons pour toute espèce de crimes. Mais l'indulgence n'est gagnée par le pécheur que lorsqu'il a obtenu de Dieu, par le sacrement de Pénitence, la rémission de la peine éternelle qu'il avait encourue; car, nonobstant cette rémission de la peine éternelle, le pécheur est encore obligé de satisfaire à la justice divine par une peine temporelle : telle est la doctrine de l'Église catholique. Il est donc évident que l'indulgence plénière ou autre ne peut être gagnée par celui qui n'a point confessé ses péchés et qui n'en a pas reçu l'absolution.

gustins en Allemagne, Luther, homme violent et emporté, orgueilleux et vindicatif jusqu'à la fureur, se mit d'abord à déclamer contre les prédicateurs d'indulgences et contre leurs quêteurs. Il leur reprocha de mener une vie scandaleuse, de faire un indigne trafic des choses saintes, d'avancer dans leurs sermons des erreurs, des absurdités et même des impiétés pour faire valoir les indulgences; et quoiqu'il y eût de l'exagération dans ses reproches, ils n'étaient pas, il faut bien l'avouer, sans fondement, et par malheur encore ils n'étaient pas nouveaux. L'ignorance qui avait régné dans les siècles barbares du moyen âge, les avait comme cachés et couverts de son ombre ; mais lorsque le flambeau des lumières vint, au seizième siècle, éclairer l'Europe, sa clarté fit paraître ces taches dans toute leur effrayante difformité. Cependant les désordres n'étaient pas aussi grands, ni aussi répandus que les protestants, et après eux les impies du dix-huitième siècle, ont voulu le prétendre dans leurs déclamations contre le clergé.

Des prédicateurs, Luther passa bientôt aux indulgences même. Il les attaqua d'abord d'une manière vague et ambiguë; et puis, engagé dans la dispute, il alla jusqu'à prétendre que l'Eglise n'avait pas le droit de remettre les péchés par l'absolution, mais seulement de déclarer que les péchés étaient remis; et quoiqu'il ne niât pas l'efficacité de l'absolution, il s'éleva cependant contre la nécessité de la satisfaction, sous le prétexte que les péchés sont remis par la foi, non en vertu de cette foi générale par laquelle le chrétien croit aux révélations de Dieu, au Sauveur, à ses mystères et à ses promesses, mais en vertu d'une foi justifiante, spéciale, qui porterait le chrétien à croire seulement que Jésus-Christ est mort pour les hommes et que Dieu leur a imputé les mérites de sa mort, sans que l'homme ait besoin de satisfaire à Dieu par une peine temporelle.

Luther soutint aussi, dès le commencement de la dispute, que lorsque le pécheur a obtenu de Dieu, par le sacrement de la pénitence, la rémission de la peine éternelle qu'il avait encourue, il n'est pas obligé de satisfaire à la justice divine par une peine temporelle. Mais cette opinion est évidemment contraire à la doctrine constante et universelle de l'Eglise, qui veut qu'après la rémission de la coulpe et de la peine éternelle, le pécheur soit encore tenu de satisfaire à Dieu par un châtiment temporel qui n'aurait aucun mérite expiatoire, si le pécheur n'était vraiment pénitent, contrit et confessé. Et d'ailleurs, l'homme n'est pas seulement absous de ses péchés par la foi, mais surtout par les œuvres morales qui prouvent que l'on a la foi; car la foi, telle que nous l'enseigne saint Paul, consiste, non-seulement dans la croyance aux révélations de Dieu écrites ou non écrites, mais encore dans la confiance à ses promesses et dans l'obéissance à ses ordres; c'est ce qui donne la véritable contrition.

Après avoir nié le mérite et l'efficacité des indulgences, combattu la nécessité de la satisfaction et rejeté la confession, Luther attaqua le dogme de la justification. Il prétendit que le chrétien n'était justifié que parce que Dieu lui impute la justice et les mérites de Jésus-Christ, et il osa même soutenir que l'on devait se croire infailliblement absous de tous ses péchés, dès qu'on avait la certitude de sa justification. D'après cette étrange doctrine, le pécheur pouvait se dire avec Luther : « Je crois fermement que je suis absous ; et je « le suis, quoi qu'il puisse être de ma contrition (1). »

Le moine de Wittemberg entreprit ensuite d'expliquer le dogme de la grâce, et dit qu'elle agit avec tant d'empire sur la volonté de l'homme, qu'elle ne lui laisse pas le pouvoir de résister : aussi enseigna-t-il que Dieu fait en l'homme le bien et le mal, et qu'il le damne ou le sauve selon son bon plaisir (2).

La doctrine catholique sur les sacrements ne fut pas plus respectée par Luther ; il prétendit qu'ils ne produisent rien par leur propre vertu, et qu'ils sont seulement capables d'exciter l'homme à la foi. Luther reconnaissait avec les catholiques le péché originel ; mais il mit ce péché tout entier dans la concupiscence et dans le défaut de crainte de Dieu, et de confiance en sa divine bonté ; au lieu que, selon la foi catholique, la concupiscence n'est que l'effet et la suite de ce péché (XII).

A la lecture de ces propositions hérétiques, les universités de Cologne et de Louvain censurèrent l'enseignement de Luther ; et cette affaire fit un si grand éclat, que le pape se vit dans la nécessité de lancer contre ce moine une bulle d'excommunication, et l'empereur d'Allemagne de le condamner au bannissement,

---

(1) *Sermo de indulgentiis*, Opera, t. i, fol. 59.
(2) *De servo arbitrio*, Opera, t. ii, fol. 444 et 445.

s'il ne se désistait de ses erreurs dans le délai de vingt et un jours : ce qui arriva en 1520.

Banni de l'empire et poursuivi par les foudres du Vatican, mais enhardi par le nombre de ses disciples et par la puissance de ses protecteurs, Luther fulmina son livre de la *Captivité de Babylone* contre Rome, qu'il y menaçait d'une guerre d'extermination. « Le « pape est un loup-garou, disait-il (1), possédé du « malin esprit. Tous les villages et toutes les villes doi- « vent s'attrouper contre lui; il ne faut attendre l'au- « torité, ni de juge, ni de concile, ni se soucier du juge « qui défendrait de le tuer. Si ce juge ou les paysans « sont tués dans le tumulte par ceux qui poursuivent ce « monstre, ils n'ont que ce qu'ils méritent.... Il ne faut « pas se mettre en peine si le pape est soutenu par les « princes, par les rois, par les césars eux-mêmes : qui « combat sous un voleur est déchu de la milice aussi « bien que du salut éternel. Et ni les princes, ni les « rois, ni les césars ne se sauvent pas de cette loi, sous « prétexte qu'ils sont défenseurs de l'Eglise, parce « qu'ils sont tenus de savoir ce que c'est que l'Eglise. »

Le 3 janvier 1521, Rome fulmina contre Luther une seconde bulle d'excommunication absolue et sans condition; et l'empereur le mit au ban de l'empire comme un schismatique et un hérétique déclaré. Mais ni l'édit impérial, ni la bulle d'excommunication n'intimidèrent point Luther et ne purent arrêter la marche rapide de l'hérésie. Retiré dans le château de

---

(1) *Opera*, t. 1, p. 407.

Westberg, sous la protection de Frédéric, duc de Saxe, ce moine brutal et grossier composa de nouveaux écrits dans lesquels il attaquait le Saint-Siége avec une fureur inconcevable. La confession auriculaire, les messes privées, les vœux monastiques et le célibat des prêtres furent tour à tour l'objet de ses anathèmes. Bientôt il ne voulut reconnaître ni pape, ni Eglise visible avec le don d'infaillibilité, ni messe, ni tradition, ni cérémonies, ni culte des saints, ni sacrements, à l'exception toutefois du baptême et de la cène ; il ne voulut pour juge que l'Ecriture-Sainte, mais l'Ecriture-Sainte interprétée à sa manière.

Soutenu par l'université de Wittemberg et par l'électeur de Saxe, régent de l'empire en l'absence de Charles-Quint, Luther sortit de sa retraite, fit abolir les messes privées que ses disciples traitaient d'abominables, régla les cérémonies du baptême et de la cène, ordonna que les biens de l'Église seraient distribués aux princes après l'extermination des évêques, des abbés et des vicaires, et s'attribuant ainsi de lui-même une autorité plus absolue que celle du pape, imposa sa nouvelle croyance à tous les partisans de sa cabale.

Cette secte comptait à peine quelques années d'existence, qu'elle avait déjà fait de grands progrès en Allemagne et dans les États voisins. La Livonie, la Souabe et la Prusse, la Suède et le Danemarck, les duchés de Lunebourg, de Brunswick, de Mecklembourg et de Poméranie, les villes d'Augsbourg, de Francfort, de Wismar, de Strasbourg et de Hambourg, et tous les États situés le long de la mer Baltique, suivaient déjà le Luthéranisme. A voir l'enthousiasme fanatique des peuples pour cette étrange et nouvelle doctrine, on eût dit que l'espèce humaine, chez ces nations, avait tout à coup perdu l'intelligence avec la foi. Mais c'est, il faut bien le reconnaître, que tous les intérêts, toutes les passions, même les plus viles, étaient favorisés ou flattés par la doctrine de Luther. Parmi les grands seigneurs, les uns se faisaient luthériens dans l'espoir de profiter de la riche dépouille des monastères et des bénéfices, dont le Réformateur demandait l'abolition ; les autres, dans un but d'indépendance politique, car la ligue protestante de Smalcalde fut formée moins contre l'Église catholique que contre l'autorité de l'empereur; ceux-ci pour raffermir leur puissance et abattre celle du clergé ; ceux-là pour se venger du pape; les ecclésiastiques et les moines, condamnés à la rigoureuse austérité du sacerdoce ou du cloître, pour retourner sans crainte dans un monde qu'ils n'avaient quitté qu'avec peine et aux vils plaisirs duquel ils ne pensaient qu'avec regret; les savants, par amour pour la nouveauté ; le peuple, par l'exemple de ses maîtres, mais jamais par conviction ; et tous par un esprit d'indépendance et d'insubordination.

Ce n'est donc pas sans raison que le savant Erasme s'écriait au seizième siècle : « Quelle race évangélique
« est celle-ci? On ne vit jamais rien de plus licencieux
« et de plus séditieux tout ensemble..... Tout est outré
« dans cette réforme..... Les mœurs sont négligées, le
« luxe, les débauches, les adultères se multiplient plus
« que jamais; il n'y a plus ni règle, ni discipline....
« Je ne vois personne devenir meilleur..... Tous ceux

« qui embrassent la nouvelle secte deviennent libertins,
« vindicatifs et frivoles, quoiqu'ils eussent jusqu'alors
« mené une vie pure, pleine de candeur et de simpli-
« cité (1). » — « Qui pourra me persuader, écrivait-il
« à Mélanchton (2), que les hommes (les réformateurs),
« dont leurs mœurs forment un singulier contraste
« avec la doctrine de Jésus-Christ, soient poussés par
« l'esprit de Dieu? Autrefois l'Evangile rendait les
« hommes bienfaisants, doux et pacifiques; le nouvel
« Evangile les rend fourbes, méchants et brouillons. »
— « Le monde empire tous les jours et devient plus
« méchant, disait aussi Luther (3); les hommes sont
« aujourd'hui plus acharnés à la vengeance, plus ava-
« res, dénués de toute miséricorde, moins modestes et
« incorrigibles, enfin plus mauvais qu'en la papauté. »
— « Une chose aussi étonnante que scandaleuse, di-
« sait-il encore (4), c'est de voir que, depuis que la
« pure doctrine de l'Evangile a été remise en lumière,
« le monde s'en aille journellement de mal en pire. »

« Il est encore une plaie plus déplorable, disait
« Calvin (5); les pasteurs, oui, les pasteurs eux-mêmes,
« qui montent en chaire, sont aujourd'hui les plus hon-
« teux exemples de la perversité et des autres vices;
« de là vient que leurs sermons n'obtiennent pas plus de

---

(1) *Ex libris epistolarum*, lib. xx, epist. 18; lib. xxxi, epist. 59.

(2) *Idem*, lib. ix.

(3) *Postilla suprà primam dominicam Adventorum*.

(4) *Sermo conviv. germ.*, fol. 55.

(5) *Traité sur les scandales*, p. 128.

« crédit, plus d'autorité, que les fables débitées sur la
« scène par un histrion. Et ces messieurs pourtant osent
« se plaindre qu'on les méprise et qu'on les montre au
« doigt pour les tourner en ridicule. Quant à moi, je
« m'étonne de la patience du peuple ; je m'étonne que
« les femmes et les enfants ne les couvrent pas de boue
« et d'ordure. »

Fallait-il donc inonder l'Europe de sang et la couvrir de ruines ; fallait-il susciter tant de guerres civiles, ordonner tant de massacres ; fallait-il alarmer la liberté, cette fille du Christianisme et de la civilisation, par la frayeur des révolutions ; fallait-il épouvanter les rois et les sujets, les exciter les uns contre les autres ; fallait-il enfin déserter la religion catholique, pour embrasser l'opinion d'un homme ; d'un homme qui, non-seulement n'a pas rendu les hommes meilleurs, mais qui, de son propre aveu, les a rendus *pires qu'en la papauté ?*

Note (IV), page 3.

Ce fut le désir de la vengeance qui détermina Calvin à embrasser le parti de la prétendue Réforme : je vais le prouver. En l'an 1533, Calvin se rendit à Fontainebleau pour solliciter de la bienveillance du roi François Ier un bénéfice considérable, qu'il briguait en concurrence avec un parent du célèbre connétable Anne de Montmorency. Mais n'ayant pu obtenir ce bénéfice, il se mit à prêcher les doctrines nouvelles avec toute l'ardeur d'un homme superbe et ambitieux, dont l'amour-propre a été blessé. L'histoire nous a conservé une preuve irrécusable de ce fait; la voici :

« Nous soussignez, Loüis Charreton, conseiller du
« roy en ses conseils, doyen des présidens au parle-
« ment de Paris, fils de feu messire André Charreton,
« vivant premier baron de Champagne, et conseiller en
« la grand'chambre du parlement de Paris; dame An-
« toinette Charreton, veuve de Noël Renouard, vivant
« maistre en la chambre des comptes de Paris, fille de
« feu Hugues Charreton, vivant seigneur de Montazon;
« et Jean Charreton, sieur de La Terrière, tous trois
« cousins-germains et petits-fils de Hugues Charreton;
« certifions avoir entendu dire plusieurs fois à nos
« pères que ledit sieur Hugues Charreton, seigneur de
« La Terrière et de La Douze, leur avait dit plusieurs fois
« que, sous le règne de François Ier, la cour estant à
« Fontainebleau, Calvin, bénéficier à Noyon, y arriva
« et logea dans la même maison que ledit sieur de
« Charreton, lequel ayant appris que Calvin estoit
« homme de lettres et de grande érudition, comme il
« aimoit les sçavans, luy fit témoigner qu'il seroit bien
« aise d'avoir quelque entretien avec luy; à quoy Cal-
« vin consentit d'autant plus volontiers, qu'il crut bien
« que ledit sieur de Charreton pouvoit le servir au
« dessein qui l'avait appelé à Fontainebleau; à quoy
« Calvin répondit que c'estoit pour demander un
« prieuré au roy, auquel il n'auroit qu'un concurrent,

« qui estoit parent du connétable ; que ledit sieur de
« Charreton lui répondit s'il croyoit que ce ne fust
« rien ? Il dit qu'il sçavoit la considération en laquelle
« estoit monsieur le connétable ; mais qu'il sçavoit
« aussi que le roy faisoit choix de personnes les plus
« habiles pour disposer des bénéfices, et que le parent
« de monsieur le connétable estoit d'une très-petite
« suffisance ; que ledit sieur de Charreton luy répondit
« qu'il ne s'arrestât pas là, et qu'il ne falloit pas grande
« capacité pour obtenir un bénéfice simple. Que là-
« dessus, Calvin s'écria et dit que si on luy faisoit ce
« tort, il trouveroit moyen de faire parler de luy pen-
« dant plus de cinq cents ans ; sur quoy ledit sieur de
« Charreton l'ayant fort pressé de luy dire ce qu'il fe-
« roit pour cela, il le mena dans sa chambre, où il luy
« fit voir le commencement de son institution, et après
« en avoir lu une partie, Calvin luy en ayant demandé
« son sentiment, il luy dit *que c'estoit un poison enve-*
« *loppé d'un beau sucre,* et qu'il feroit bien de ne pas
« continuer un travail qui ne contenoit qu'une fausse
« interprétation de l'Ecriture-Sainte et de tout ce qu'a-
« voient écrit les saints Pères ; et comme il vit qu'il
« demeuroit ferme dans son mauvais dessein, il en
« avertit le connétable, qui luy dit que Calvin estoit
« un fou, et qu'on le mettroit bien à la raison. Mais
« deux jours après, le bénéfice ayant été accordé au
« parent du connétable, Calvin se retira et commença
« à établir sa secte, laquelle estant fort commode, la
« pluspart des gens, les uns par libertinage, les autres
« par foiblesse d'esprit, l'embrassèrent. Que quelque
« temps après, le connétable, s'en allant à son gouver-

« nement du Languedoc, et passant à Lyon, ledit sieur
« de Charreton l'estant allé visiter, il luy demanda s'il
« n'estoit point de la secte de Calvin, avec lequel il
« avoit demeuré; il luy fit réponse qu'il seroit bien
« malheureux s'il se mettoit d'une religion de laquelle
« il avoit vu naître le père. En foy de quoy, nous avons
« signé à Paris, ce 20 septembre 1682.

« *Signé :* CHARRETON, président ; A. CHARRETON;
« veuve Renouard; et CHARRETON DE
« LA TERRIÈRE. »

Tel est l'acte de naissance du Calvinisme que le grand Turenne se fit lire après sa conversion, en présence de tous ses officiers.

Note (V), page 4.

Dès l'apparition de la prétendue Réforme, les chefs d'hérésie, perdant cet esprit de sagesse et de modération qui caractérise les vrais envoyés de Dieu, s'attaquèrent mutuellement entre eux et attaquèrent tous ensemble le Souverain-Pontife avec tant de brutalité, se répandirent en injures si grossières et si dégoûtantes, que n'y eût-il d'autres reproches à leur faire que celui de tenir un langage de démons, on devrait juger à leurs accents d'emportement et de fureur que Dieu n'a point suscité de tels hommes pour réformer son Église, mais qu'il a seulement permis leur passage sur cette terre ; car il faut qu'il y ait des hérésies, afin que l'on connaisse ceux qui sont fermes dans la foi (1).

Mais avant de rejeter la divinité de la prétendue Réforme, luthérienne, zwinglienne, calvinienne, anglicane ou autre, nous allons examiner avec sagesse et impartialité ces trois importantes questions.

1º Dieu a-t-il révélé aux hommes des vérités qu'ils ne savaient pas, sans donner un pouvoir spécial, une mission extraordinaire à ceux qu'il chargeait de l'exécution de ses desseins ? A quels signes Dieu veut-il que l'on reconnaisse ses envoyés ?

2º Les prétendus Réformateurs du seizième siècle avaient-ils besoin d'un pouvoir spécial, d'une mission extraordinaire pour enseigner aux peuples une religion nouvelle ? Ce pouvoir, cette mission, l'ont-ils eus ?

3º Quels sont les caractères auxquels on peut distinguer la véritable Église de Jésus-Christ de celles qui s'attribuent faussement ce titre ? — Caractères de l'Eglise protestante. — Caractères de l'Eglise catholique. — La prétendue Réforme est-elle une œuvre de la divine Providence ?

---

(1) Saint Paul, *Prem. épître aux Corinthiens,* ch. 9, v. 19.

PREMIÈRE QUESTION.

Lorsque Dieu a voulu révéler aux hommes des vérités qu'ils ne savaient pas, leur prescrire de nouveaux moyens de salut, leur imposer d'autres devoirs, il a toujours donné un pouvoir spécial, une mission extraordinaire à certains hommes pour exécuter ses desseins. Ainsi, il a envoyé Moïse aux israélites pour intimer sa loi, les prophètes pour annoncer ses bienfaits ou ses châtiments, Jésus-Christ pour fonder la loi nouvelle, et les apôtres pour la prêcher. Et cette mission, les envoyés de Dieu l'ont prouvée par des signes certains et indubitables; car, s'ils ne l'avaient pas fait d'une manière irrévocable, personne n'aurait été obligé de les croire, ni d'écouter leurs leçons.

Des connaissances supérieures à celles des autres hommes, des vertus capables d'inspirer le respect et la confiance, le don de prédire l'avenir, mais surtout le pouvoir de faire des miracles : telles furent les lettres de créance de Moïse, des prophètes, de Jésus-Christ et des apôtres; telles seront toujours aussi les lettres de créance des hommes que Dieu chargera, soit de confirmer les vérités générales du Christianisme, soit de faire briller les lumières de son Evangile, au milieu des nations plongées dans les ténèbres de l'idolâtrie.

Et pour prémunir son peuple contre les faux prophètes, Dieu déclara qu'il ne leur avait point donné de mission (1). Mais il menaça de ses vengeances quiconque

(1) Ézéchiel, ch. 13, v. 6.

n'écouterait pas un prophète qu'il aurait envoyé. « Si
« quelqu'un n'écoute pas un prophète qui parlera en
« mon nom, dit le Seigneur, j'en serai le vengeur; et
« si un prophète parle faussement de ma part, ou au
« nom de dieux étrangers, il sera mis à mort (1). » Et
lorsque Moïse demanda à Dieu comment il pourrait
convaincre les hébreux de sa mission, Dieu lui donna
le pouvoir d'opérer des miracles, et lui dit : « Va, je
« serai dans ta bouche, et je t'enseignerai ce qu'il fau-
« dra dire (2). »

Moïse obéit aux ordres de son maître; il apprit aux
israélites « qu'il était envoyé vers eux par le Dieu de
« leurs pères (3); » il prouva sa mission par des miracles; et ce fut à la vue de ses miracles, à la vérité de
ses prophéties, dont il conserva le don jusqu'à sa mort,
que les israélites crurent sa mission, et que le roi
d'Egypte fut enfin forcé de se rendre.

Jésus-Christ lui-même fonda son autorité d'enseigner
sur la mission qu'il avait reçue de son Père. « Les
« œuvres que mon Père m'a donné le pouvoir de
« faire, qui sont les mêmes œuvres que je fais, dit le
« Sauveur, rendent témoignage pour moi que le Père
« m'a envoyé; et le Père qui m'a envoyé, a rendu lui-
« même témoignage de moi (4). » — « Les œuvres que
« je fais au nom de nom de mon Père, disait-il aux

---

(1) *Deutéronome*, ch. 18, v. 19.

(2) *Exode*, ch. 4, v. 1, 12.

(3) *Idem*, ch. 4.

(4) Saint Jean, *Évangile*, ch. 5, v. 36, 37.

« juifs dans le temple de Salomon, rendent témoignage
« de moi (1). » — « Si je n'avais point fait parmi eux des
« œuvres qu'aucun d'eux n'a faites, disait-il à ses disci-
« ples, ils seraient sans péchés (2). »

Ce fut à la vue du premier des miracles de Jésus-Christ, aux noces de Cana, que « ses disciples crurent
« en lui (3). » Et ce fut aussi par les guérisons miraculeuses qu'il opéra, que saint Jean-Baptiste lui rendit témoignage et déclara qu'il était le Verbe, l'Agneau de Dieu annoncé par les prophètes.

Et lorsqu'après sa résurrection, Jésus-Christ chargea ses apôtres d'aller enseigner toutes les nations et de les baptiser au nom du Père et du Fils et du Saint-Esprit (4), il leur dit : « Comme mon Père m'a envoyé,
« je vous envoie de même (5) ; » et il menaça de la colère de Dieu les villes et les peuples qui ne voudraient pas recevoir ses envoyés (6).

Saint Paul jugea cette mission si nécessaire, qu'il écrivit aux corinthiens : « Je ne vous ai point parlé ni
« prêché avec les paroles que la sagesse humaine em-
« ploie pour persuader ce qu'elle désire, mais avec la
« démonstration de l'esprit et de la puissance de Dieu,

---

(1) Saint Jean, *Evangile*, ch. 10, v. 25.

(2) *Idem, idem,* ch. 15, v. 21.

(3) *Idem, idem,* ch. 2, v. 11.

(4) Saint Matthieu, *Evangile*, ch. 28, v. 19 ; — Saint Marc, *Evangile*, ch. 26, v. 15.

(5) Saint Jean, *Evangile*, ch. 20, v. 21.

(6) Saint Matthieu, *Evangile*, ch. 10, v. 14, 15.

« afin que votre foi ne fût pas établie sur la sagesse
« humaine, mais sur la puissance de Dieu (1). En parlant des docteurs juifs, il disait : « Comment prêcheront-
« ils, s'ils n'ont pas de mission (2)? » Et pour soutenir
la dignité de son apostolat ou de sa mission, il déclara
qu'il ne l'avait pas reçu des hommes, mais de Jésus-
Christ lui-même (3). Saint Paul prouva aussi la vérité
de sa mission par des miracles (4); et ce fut par des
miracles que les apôtres terminaient leurs contestations avec les docteurs juifs et qu'ils persuadaient le
peuple (5).

Il est donc établi d'une manière incontestable, que
Dieu n'a jamais révélé aux hommes des vérités qu'ils
ne savaient pas, sans donner un pouvoir spécial, une
mission extraordinaire à ceux qu'il chargeait de l'exécution de ses desseins; et il est aussi établi d'une manière non moins incontestable, que tous les envoyés
de Dieu ont prouvé leur mission par des miracles.
Examinons maintenant si les chefs de la prétendue
Réforme avaient besoin d'un pouvoir spécial, d'une
mission extraordinaire pour enseigner aux peuples ce
qu'ils appellent le Christianisme réformé, et recherchons
surtout si, comme Moïse, Jésus-Christ et les apôtres,
ils ont prouvé leur mission par des miracles.

(1) *Prem. épître*, ch. 2, v. 4, 5.
(2) *Epître aux Romains*, ch. 5, v. 15.
(3) *Epître aux Galates*, ch. 1, v. 1.
(4) *Deuxième épître aux Corinthiens*, ch. 12, v. 12.
(5) *Actes des Apôtres*, ch. 5, v. 15 et suiv.

DEUXIÈME QUESTION.

Lorsque les chefs de la prétendue Réforme se séparèrent de l'Église catholique pour prêcher une doctrine contraire à la sienne, ils sentirent qu'une mission extraordinaire leur était d'autant plus nécessaire, pour prouver la divinité de leur doctrine, qu'ils soutinrent que l'Eglise de Jésus-Christ n'existait plus; blasphème impie, qui anéantissait cette promesse solennelle du Sauveur d'être avec son Église jusqu'à la consommation des siècles, et puis celle-ci : « Le ciel et la terre passe-« ront, mais mes paroles ne passeront point (1); » blasphème épouvantable, qui faisait passer le Fils de Dieu pour un imposteur, pétri d'orgueil et de présomption.

Selon eux, en effet, l'Eglise catholique au seizième siècle n'était plus l'Eglise de Jésus-Christ, mais la synagogue de Satan, la prostituée de Babylone, la demeure de l'antechrist ; les évêques et les prêtres n'étaient plus des pasteurs, mais des loups dévorants, des imposteurs, des impies, etc., etc., etc.; la religion qu'ils enseignaient n'était plus elle-même aussi qu'un amas d'erreurs, de blasphèmes, de superstitions, d'idolâtries cent fois pires que le Mahométisme et que le Paganisme. Il est donc évident que, selon leurs idées, l'Eglise de Jésus-Christ n'existait plus ; il s'agissait donc de la créer de nouveau et non de la réformer.

Et puisque Dieu avait donné une mission extraordi-

---

(1) Saint Matthieu, *Evangile*, ch. 12, v. 34.

naire à Moïse, lorsqu'il le chargea de substituer la loi judaïque à la religion primitive ; puisqu'il avait rendu la mission de Jésus-Christ et celle des apôtres encore plus éclatante que celle de Moïse, lorsqu'il voulut faire succéder la loi nouvelle à la loi ancienne ; il a donc dû faire de même en faveur des réformateurs du seizième siècle, s'il a voulu remplacer la religion fausse et corrompue de l'Eglise catholique par la religion sainte et divine du Protestantisme. Sans cela, la foi de leurs disciples aurait été uniquement fondée sur les raisonnements de la sagesse humaine, et non sur la puissance de Dieu ; ce qui serait contraire, non-seulement aux préceptes de l'apôtre, mais encore à la mission du divin Rédempteur.

Luther lui-même soutenait, d'ailleurs, la nécessité d'une mission extraordinaire pour prêcher une nouvelle doctrine. Et lorsque Muncer, avec ses anabaptistes, voulut s'ériger en pasteur, le moine de Wittemberg prétendit qu'on ne devait pas l'admettre à prouver la divinité de sa doctrine par les Écritures, mais qu'il fallait lui demander auparavant qui lui avait donné charge d'enseigner, comme s'il avait authentiquement prouvé la sienne. « S'il répond que c'est Dieu, poursuivait Luther, qu'il le prouve par un miracle manifeste ; car c'est par de tels signes que Dieu se déclare, quand il veut changer quelque chose dans la forme ordinaire de la mission (1). »

Calvin, de son côté, ne souffrit jamais qu'un prédicant quelconque enseignât à Genève une autre doctrine

---

(1) Sleidan, p. 69, édit. de 1555.

que la sienne. Les Réformateurs s'attribuaient le droit de prêcher contre l'univers entier, et ils ne laissaient à personne la liberté de prêcher contre eux; ce n'est point ainsi qu'ont agi les apôtres, lorsqu'ils eurent pour contradicteurs Simon le Magicien, Cérinthe, Ebion, Elymas, etc., etc.; ils n'employèrent contre eux que les dons du Saint-Esprit et l'ascendant de leurs vertus.

Mais par quels miracles manifestes Luther, Zwingle, Calvin, Henri VIII et tous leurs confrères en hérésie ont-ils rendu témoignage de la divinité de leur apostolat? Car si Dieu les a véritablement suscités pour réformer son Eglise, c'est-à-dire pour la créer de nouveau, puisque, selon eux, elle n'existait plus, il a dû leur donner les mêmes lettres de créance qu'il avait données à Moïse, à Jésus-Christ et aux apôtres. Les hérétiques prétendent, il est vrai, que la mission de leurs chefs est assez prouvée par leur courage et par leurs succès. Mais les succès et le courage des prétendus réformateurs ne prouvent pas plus leur mission extraordinaire, que celle de Manès, d'Arius, de Mahomet n'est prouvée par leurs succès.

Le Manichéisme a duré plus de mille ans; il a failli subjuguer la plus grande partie de l'empire romain; et il a été un temps où l'Arianisme paraissait prêt à écraser la foi catholique. Quant au Mahométisme, il a fait des conquêtes plus étendues que celles des prétendus réformés.

Jésus-Christ et ses apôtres ont prédit que dans tous les temps les imposteurs trouveraient des partisans. Mais est-ce par ses succès que saint Paul prouvait la divinité de son apostolat? Il la prouvait par les miracles qu'il avait opérés. Et, d'ailleurs, l'apostolat de Luther ne commença pas par de grands succès, mais par des protestations feintes de soumission à l'Eglise catholique : il ne pouvait donc alors donner des preuves de sa prétendue mission.

Ne pouvant se tirer d'embarras, les hérétiques soutiennent que plusieurs de leurs pasteurs avaient conservé la mission ordinaire qu'ils avaient reçue dans l'Eglise catholique; mais Calvin, mais Henri VIII et beaucoup d'autres avaient-ils reçu cette mission? Il est d'ailleurs ridicule de prétendre que quelques-uns d'entre les chefs de la réforme protestante étaient encore revêtus de la mission ordinaire qu'ils avaient reçue dans l'Eglise. Selon leurs prétentions, ces pasteurs avaient perdu par leurs erreurs et leur mission et leur caractère, pouvaient-ils encore les donner? Les novateurs disaient que cette mission était le *caractère de la bête*, dont il est parlé dans l'Apocalypse, et qu'il fallait commencer par s'en dépouiller. L'Eglise, d'ailleurs, pouvait-elle donner mission de prêcher contre elle et de répandre une doctrine à laquelle elle disait anathème? Toute hérésie, toute révolte anéantit la mission : c'est la doctrine des apôtres. Saint Jean dit des premiers antechrists : « Ce sont des antechrists. Ils sont « sortis d'avec nous, mais ils n'étaient point des nôtres; « s'ils en avaient été, ils seraient demeurés avec « nous (1). » Les prêtres et les évêques qui embrassèrent le Luthéranisme ne fondaient plus leurs qualités de

---

(1) *Prem. épître*, ch. 2, v. 19.

pasteurs sur leur ancienne mission, mais sur la vérité de leur doctrine. Et puisque les pasteurs de l'Église catholique conservaient encore leur caractère sacré, la mission qu'ils tenaient des apôtres par voie de succession, c'est-à-dire par l'ordination, c'était un crime de se révolter contre eux.

De quelque manière qu'on envisage les prétendus réformateurs, il est évident qu'ils ont été de faux apôtres, des docteurs sans mission, des pasteurs sans caractère; qu'ils n'ont eu aucun pouvoir surnaturel; qu'ils n'ont pu ni remettre les péchés, ni conférer la grâce par les sacrements et encore moins consacrer le corps et le sang de Jésus-Christ, et que leur unique titre de mission a été la crédulité des peuples et la protection des grands.

TROISIÈME QUESTION.

Si les disciples des Réformateurs envisageaient leurs maîtres, tels qu'ils se sont mutuellement dépeints les uns les autres; s'ils étaient frappés, comme nous le sommes, de l'énormité de leur schisme et de la frivolité des motifs qu'ils lui donnèrent, non-seulement ils ne les prendraient plus pour des hommes suscités de Dieu pour réformer l'Eglise de Jésus-Christ, mais ils mettraient, au contraire, tous leurs efforts et tout leur zèle à combattre une hérésie qui portera éternellement sur le front le caractère de la révolte, et dans la tache ineffaçable du schisme, le signe de la réprobation.

Nous avons déjà prouvé que Dieu n'a jamais révélé aux hommes des vérités qu'ils ne savaient pas, sans donner un pouvoir spécial, une mission extraordinaire à ceux qu'il chargeait de l'exécution de ses desseins, et que tous les envoyés de Dieu ont témoigné de la divinité de leur mission par des connaissances supérieures à celles des autres hommes, par des vertus capables d'inspirer le respect et la confiance, par le don de prédire l'avenir et surtout par le pouvoir de faire des miracles.

Nous avons également démontré que les prétendus réformateurs du seizième siècle avaient besoin d'un pouvoir spécial, d'une mission extraordinaire pour prêcher une religion nouvelle, le Protestantisme, et que ce pouvoir, cette mission, ils ne l'ont jamais eus.

Il nous reste maintenant à rechercher quels sont les caractères auxquels on peut distinguer la véritable Eglise de Jésus-Christ, de celles qui s'attribuent faussement ce titre; à examiner les caractères de l'Église protestante, les caractères de l'Église catholique, et puis à décider si la prétendue Réforme est une œuvre de la divine Providence.

Les principaux caractères de la véritable Église, ceux que la raison conçoit assez d'elle-même, sont l'unité, la sainteté, la catholicité, l'apostolicité. L'unité est l'âme, la vie du Christianisme, comme le schisme en est le poison et la mort; la sainteté en est le signe infaillible de divinité; la catholicité, c'est-à-dire l'uniformité générale et constante de la doctrine, depuis les apôtres jusqu'à nous, dans toutes les sociétés chrétiennes qu'ils ont fondées, dans tous les siècles, dans le corps des pasteurs comme dans celui des fidèles ; la catholicité de l'Église en est aussi le signe infaillible, le sceau visible de son immutabilité, de son indéfectibilité ; et l'apostolicité en est le caractère distinctif de vérité. Examinons si l'Eglise protestante est une, sainte, catholique et apostolique.

Une! mais jouit-elle de l'unité de foi et de l'unité de communion, cette Eglise, véritable Babylone, où chacun s'agite et dogmatise à son gré, où il y a autant de sectes que d'individus, autant de systèmes que de passions, autant de cultes que de pensées? est-elle unie dans ses membres, comme Jésus-Christ l'est lui-même à son Père (1), et ne forme-t-elle qu'un seul troupeau sous un seul pasteur (2); cette Eglise qui, depuis son funeste accouplement avec le libre examen, n'a cessé d'enfanter successivement de nouvelles sectes, sans qu'il soit possible de prévoir un terme à cette malheureuse fécondité? Sa doctrine n'a-t-elle point varié au caprice et au gré des hommes; les dogmes n'ont-ils pas été soumis à des sens divers, à des significations opposées, et ne sont-ils pas encore livrés aux systèmes, aux opinions et même au fanatisme de quiconque veut s'ériger en interprète de la loi évangélique? Comme si une doctrine venue de Dieu ne devait pas avoir d'abord toute sa perfection.

Sainte! mais est-elle sainte, cette Église qui, dès sa naissance, prêcha la révolte contre toute autorité, et dont les premiers maîtres, loin d'avoir été des modèles

---

(1) Saint Jean, *Evangile*, ch. 17, v. 11.

(2) *Idem, idem,* ch. 10, v. 16.

de vertu, ont, au contraire, donné l'exemple du libertinage et des vices les plus grossiers ?

Catholique ! mais est-elle catholique, cette Eglise, qui n'a d'uniformité que dans l'universalité de sa haine, et qui, dans son sein même, élève autel contre autel, célèbre le culte avec des formes, des cérémonies différentes, explique l'Evangile, interprète sa propre doctrine en sens opposés et contraires, et dans laquelle on ne s'entend guère mieux que dans le Paganisme ?

Apostolique enfin ! mais est-elle divine, cette Eglise protestante, que l'ambition et l'orgueil suscitèrent en 1517 contre l'Eglise catholique, et qui était inconnue dans le monde, avant cette époque de sanglantes calamités ?

Et maintenant, puisque la prétendue Réforme ne possède aucun des caractères distinctifs de la véritable Eglise de Jésus-Christ, que doit-on penser de sa prétendue divinité ? N'est-on pas forcé de reconnaître que là où il existe opposition de dogmes, contrariété d'opinions, là aussi existe nécessairement l'erreur ? Car il serait trop absurde de supposer Dieu favorable indistinctement et indifféremment au mensonge comme à la vérité ; d'où nous devons conclure que le Protestantisme ne peut être l'œuvre de Dieu.

Mais l'Eglise catholique possède-t-elle les caractères distinctifs du véritable Christianisme ; est-elle une, sainte, catholique et apostolique ? Nous nous bornerons à démontrer son unité de foi et de communion sur un des points fondamentaux de sa doctrine ; et si les témoignages que nous allons révoquer attestent que sa croyance n'a été soumise à aucune variation, nous devrons conclure contre la prétendue Réforme que l'Eglise catholique, seule, est l'œuvre de Dieu. Examinons donc si de tout temps la présence réelle a été un dogme de la foi chrétienne, et si la prétendue idolâtrie du Catholicisme ne date pas du temps même des apôtres.

Saint Paul, en parlant de l'usage du sacrement de l'Eucharistie, s'exprime de la manière suivante : « Le calice sacré que nous bénissons n'est-il pas la *communication du sang de Jésus-Christ ?* Et le pain que nous rompons n'est-il pas la participation de son corps (1)? » — « Quiconque mangera ce pain ou boira le calice du Seigneur indignement, sera coupable de ce crime *contre le corps et le sang du Seigneur* (2). » — « Car il mange et boit sa condamnation, *ne discernant pas le corps du Seigneur* (3). »

Saint Jean, dans son *Apocalypse*, faisant le tableau de la liturgie des apôtres, représente au milieu d'une assemblée de prêtres un autel et « un agneau comme immolé, » auquel on rend les honneurs de la divinité (4).

Cinquante ans après, saint Justin disait la même chose (5).

On a donc cru du temps des apôtres que Jésus-Christ

---

(1) *Prem. épître aux Corinthiens*, ch. 10, v. 16.

(2) *Idem*, ch. 11, v. 27.

(3) *Idem*, ch. 11, v. 29.

(4) *Idem*, ch. 5, v. 6 et 8.

(5) *Apologie première*, n° 65 et suiv. — *Apologie deuxième*.

était réellement présent dans l'Eucharistie. Aussi, les protestants ont si bien senti les conséquences de ce tableau, que, pour établir leur doctrine, il leur a fallu rejeter l'*Apocalypse*, supprimer l'autel, les prêtres, les prières et tout l'appareil du sacrifice. Mais consultons encore la croyance de l'Eglise catholique dans tous les siècles, consultons les Pères, les conciles, les liturgies, les confessions de foi, les auteurs ecclésiastiques, et nous verrons que tous se sont servis des mêmes expressions, tous ont présenté le même sens, tous ont constamment soutenu la même croyance.

Saint Ignace d'Antioche, disciple des apôtres, parlant de certains hérétiques qui niaient la réalité du corps de notre divin Rédempteur, dit : « Ils s'éloignent de l'Eucharistie et de la prière, parce qu'ils ne confessent pas que l'*Eucharistie soit la chair de notre Sauveur Jésus-Christ, celle qui a souffert pour nos péchés, celle que par sa bonté le Père a ressuscité* (1). »

« Jésus-Christ, dit saint Irénée, ayant pris ce qui de sa nature était pain, le bénit, rendit grâces en disant : *Ceci est mon corps*; et de même, ayant pris le calice, il confessa que *c'était son sang;* enseignant ainsi la nouvelle oblation de son testament : l'Eglise l'a reçue des apôtres, et l'offre à Dieu dans tout l'univers (2). » Au chapitre XXXIV du même livre, ce saint docteur réfute certains hérétiques qui niaient que Jésus-Christ fût Fils du Créateur : « Et comment donc assureront-ils que ce pain, sur lequel les actions de grâces ont été faites,

---

(1) *Epist. ad Smyrn.*

(2) *Traité contre les hérésies,* liv. IV, ch. 15, al. 32.

est le corps de leur Seigneur et le calice de son sang, s'ils disent qu'il n'est point Fils du Créateur du monde, c'est-à-dire le Verbe de celui par qui le bois de la vigne fructifie, les sources découlent et la terre donne d'abord l'herbe, puis l'épi, puis le froment dans l'épi ? »

Tertullien parlant de ceux qui s'approchent indignement de l'Eucharistie, compare leur crime à celui des juifs, qui ont porté leurs mains sacriléges sur le corps de notre Seigneur (1). Il dit autre part que « notre chair se nourrit du corps et du sang de Jésus-Christ, en sorte que notre âme s'engraisse de Dieu même (2). » — « Notre Seigneur, dit-il encore, ayant pris du pain, il en fit son corps en disant : *Hoc est corpus meum* (3). »

« Ne vous attachez point, dit Origène, au sang des animaux ; mais plutôt apprenez à connaître le sang du Verbe, et écoutez tout ce qu'il dit lui-même : *Ceci est mon sang*. Celui qui est imbu des mystères connaît la chair et le sang du Verbe-Dieu. N'insistons donc point sur des choses connues des initiés, et qui ne doivent point l'être de ceux qui ne le sont pas. Lorsque vous recevez la sainte nourriture et ce mets incorruptible, lorsque vous goûtez le pain et la coupe de vie, *vous mangez et vous buvez le corps et le sang du Seigneur* ; alors le Seigneur entre sous votre toit. Vous devez donc vous humilier, et, imitant le centurion, dire avec lui : *Seigneur, je ne suis pas digne que vous entriez dans ma maison* (4). »

(1) *De l'idolâtrie*, ch. 7.
(2) *De la résurrection du corps*, ch. 8.
(3) *Traité contre Marcion*, liv. IV, ch. 40.
(4) *Homélie neuvième sur le Lévitique*, n° 10.

Saint Cyprien, aux approches d'une persécution, exhortait ainsi les fidèles : « Tenons-nous prêts à combattre, ne nous occupons que d'obtenir la gloire et la couronne d'une vie éternelle, en confessant le Seigneur..... Le combat qui s'approche sera plus cruel, plus féroce que jamais, c'est par une foi inébranlable que les soldats du Christ doivent s'y préparer en songeant qu'ils boivent tous les jours le *calice de son sang*, afin d'en être mieux disposés à verser le leur pour le Christ (1). » — Et relevant l'indécence d'un chrétien qui, au sortir de l'Eglise, allait au théâtre : « A peine congédié du temple du Seigneur, dit-il, et ayant encore l'Eucharistie sur son sein, l'infidèle s'acheminait vers le théâtre, emportant au spectacle avec lui *le corps sacré de Jésus-Christ.* » — « Armons notre main du glaive spirituel, afin qu'au souvenir de l'Eucharistie, cette main qui a reçu le *corps du Seigneur*, embrasse son Dieu et le serre, assurée de recevoir bientôt de lui le prix de la couronne céleste (2). »

« Quel délit, s'écrie Firmilien, évêque de Césarée, dans ceux qui admettent et ceux qui sont admis, lorsque, assez téméraires pour usurper la communion avant d'avoir exposé leurs péchés et laver leurs souillures dans le bain de l'Église, ils touchent *le corps et le sang du Seigneur,* tandis qu'il est écrit : Quiconque mangera ce pain ou boira indignement le calice du Seigneur, sera coupable du corps et du sang du Seigneur (3). »

---

(1) Lettre 56e.
(2) *Traité sur les spectacles.*
(3) *Lettre à saint Cyprien.*

Mais voici un témoignage que les protestants n'oseront point révoquer en doute. Les Pères du concile de Nicée disaient : « Il ne faut pas être simplement attentif au pain et au vin offerts sur cette table divine ; mais élevant notre esprit, comprenons par la foi *cet agneau de Dieu gisant sur cette table sacrée,* en levant les péchés du monde, *immolé par les prêtres d'une manière non sanglante, et en prenant véritablement son corps précieux et son sang,* croyons qu'ils sont le gage de notre résurrection (1). »

« Attachons-nous, dit saint Hilaire de Poitiers, à ce qui est écrit, si nous voulons accomplir les devoirs d'une foi parfaite. Car il y a de la folie et de l'impiété à dire ce que nous disons de la vérité naturelle de Jésus-Christ en nous, à moins que lui-même ne nous l'ait appris. C'est lui qui nous dit : *Ma chair est vraiment viande et mon sang est vraiment breuvage ; celui qui mange ma chair et boit mon sang* demeure en moi et moi en lui, il ne laisse *aucun lieu de douter de la vérité de sa chair et de son sang,* puisque la déclaration du Seigneur et notre foi portent que *c'est vraiment de la chair et vraiment du sang,* et que ces choses étant prises et avalées, font que nous sommes en Jésus-Christ, et que Jésus-Christ est en nous (2). »

Au quatrième siècle, saint Ephrem, l'éloquent diacre d'Edesse, et l'un des plus illustres solitaires de la Haute-Syrie, écrivant contre *la curiosité à sonder la nature,* s'exprime ainsi sur le mystère de l'Eucharistie :

---

(1) Voir notre *Histoire des Conciles,* t. I.
(2) *De la Trinité,* liv. VIII.

« L'œil de la foi, lorsque, pareil à la lumière, il brille dans le cœur d'un chrétien, contemple à découvert l'agneau de Dieu qui a été immolé pour nous, et qui nous a donné son corps saint et sans tache pour nous en nourrir continuellement..... Celui qui est doué de cet œil de la foi, aperçoit Dieu dans une clarté intuitive, et *d'une foi pleine et bien assurée, il mange le corps sacré et boit le sang de l'agneau sans tache, sans se livrer sur cette sainte et divine doctrine à des recherches curieuses.* Pourquoi sondez-vous ce qui n'a point de fond? Si vous sondez avec curiosité, vous ne méritez plus le nom de fidèle, mais celui de curieux. Soyez donc innocent et fidèle, participez au corps immaculé et au sang du Seigneur avec une foi très-pleine, *assuré que vous mangez l'agneau même tout entier ;* car les mystères du Christ sont un feu immortel. Gardez-vous de les sonder avec témérité, de peur qu'en y participant, vous n'en soyez consumé. Le patriarche Abraham servit autrefois des aliments terrestres à des anges célestes, qui en mangèrent. Ce fut, sans doute, un grand prodige de voir des êtres spirituels prendre sur terre une nourriture animale. Mais voici ce qui passe vraiment toute admiration, toute intelligence et tout langage, c'est ce que le Fils unique, Notre-Seigneur Jésus-Christ, a fait pour nous ; car nous autres, hommes charnels, *il nous a fait manger et boire le feu et l'esprit même,* c'est-à-dire *son corps et son sang.* Pour moi, mes frères, *ne pouvant saisir par la pensée les sacrements du Christ,* je n'ose m'avancer plus loin, ni essayer encore d'atteindre à la hauteur de ces mystères profonds et sacrés : et si j'en voulais parler audacieusement, je ne les comprendrais pas davantage ; je ne serais qu'un téméraire, un insensé, battant l'air de mes vains et inutiles efforts; car l'air échappe à toute prise par sa rareté et sa ténuité; et ces saints, ces vénérables, ces redoutables mystères outrepassent toutes les forces de mon génie. »

Les donatistes exerçaient, au quatrième siècle, toutes sortes de brigandages, commettaient des meurtres et des crimes de toute espèce, employaient la violence pour répandre leur doctrine, lorsque saint Optat, évêque de Milève, écrivit à Parménion pour lui démontrer la fausseté du Donatisme et lui reprocher les criminels attentats de ses coreligionnaires. « Est-il sacrilége pareil à celui de briser et de renverser les autels de Dieu, sur lesquels vous avez vous-même *sacrifié* autrefois? Ces autels où ont été portés les vœux du peuple, et *les membres de Jésus-Christ* déposés; ces autels où tant de fidèles ont reçu le gage de la vie éternelle, le bouclier de la foi et l'espoir de la résurrection? Que vous avait donc fait le Christ, dont *le corps et le sang ont habité par moment sur ces autels?* Et pour redoubler cet exécrable forfait, vous avez brisé les calices qui contenaient *le sang de Jésus-Christ*. O crime abominable! ô scélératesse inouïe! vous avez imité les juifs; ils percèrent le corps de Jésus-Christ sur la croix, et vous, vous l'avez frappé sur l'autel (1). »

Saint Cyrille de Jérusalem, dont les *catéchèses*, au nombre de vingt-trois, sont regardées comme l'abrégé le plus ancien et le plus parfait de la doctrine chré-

(1) Liv. vi.

tienne, dit (1) : « La doctrine du bienheureux Paul suffit-elle seule pour vous rendre des témoignages certains de la vérité des divers mystères ?..... Puisque Jésus-Christ, en parlant du pain, a déclaré que c'était son corps, et puisqu'en parlant du vin, il a positivement assuré que c'était son sang, qui osera jamais révoquer en doute cette vérité? Autrefois, à Cana de Galilée, il échangea de l'eau en vin par sa seule volonté, et nous estimerions qu'il n'est pas assez digne pour nous faire croire sur sa parole, *qu'il ait changé du vin en son sang !* Si, ayant été invité à des noces terrestres, il y fit ce miracle, sans qu'on s'y attendît, ne devons-nous pas reconnaître qu'il a donné aux enfants de l'époux céleste *son corps à manger et son sang à boire,* afin que nous le recevions comme étant indubitablement son corps et son sang? Car *sous l'espèce du pain, il nous donne son corps, et sous l'espèce du vin, il nous donne son sang,* afin qu'étant faits participants de ce corps et de ce sang, vous deveniez un même corps et un même sang avec lui..... C'est pourquoi, je vous conjure, mes frères, de ne plus les considérer comme du pain commun et comme du vin commun, *puisqu'ils sont le corps et le sang de Jésus-Christ,* selon sa parole. Et quoique les sens nous rapportent que cela n'est pas, la foi doit nous persuader et nous assurer que cela est. Ne jugez donc pas de cette vérité par le goût, mais que la foi vous fasse croire, avec une entière certitude, que vous avez été rendus dignes de participer au corps et au sang de Jésus-Christ..... Que votre âme se réjouisse au

---

(1) *Catéchèse myst.*

Seigneur, étant persuadé, comme d'une chose très-certaine, que le pain, qui paraît à nos yeux, *n'est pas du pain*, quoique le goût le juge tel, mais que *c'est le corps de Jésus-Christ;* et que le vin, qui paraît à nos yeux, *n'est pas du vin*, quoique le sens du goût ne le prenne que pour du vin, mais que *c'est le sang de Jésus-Christ.* »

Saint Grégoire de Nazianze, le théologien par excellence, disait aux fidèles (1) : « *Ne chancelez pas* dans votre âme, quand vous entendez parler du sang, de la passion et de la mort de Dieu : mais bien plutôt *mangez le corps et buvez le sang sans hésitation aucune*, si vous soupirez après la vie. *Ne doutez jamais* de ce que vous entendez dire sur sa chair ; ne vous scandalisez point de sa passion ; soyez constants, fermes et stables, sans vous ébranler en rien par les discours de nos adversaires. »

« J'ai donc raison, dit saint Grégoire de Nysse, de croire que le pain sanctifié par la parole de Dieu *est transformé, changé au corps du Verbe-Dieu;* car ce pain est sanctifié, comme parle l'apôtre, par la parole de Dieu et par la prière, non pas de telle sorte qu'en mangeant et en buvant, il devienne le corps du Verbe, mais il est *changé* dans l'instant au corps par la parole, ainsi qu'il a été dit par le Verbe, *ceci est mon corps......* C'est par la vertu de la bénédiction, dit encore ce saint Père de l'Eglise, que *la nature des choses visibles est changée en son corps* (2). »

---

(1) *Discours sur la pâque.*
(2) *Orat. catech.*, cap. 37.

« Considérez, je vous prie, dit saint Ambroise (1), ô vous qui devez bientôt participer aux saints mystères, quel est le plus excellent, ou de cette nourriture que Dieu donnait aux israélites dans le désert, appelée le pain des anges, ou de la chair de Jésus-Christ, laquelle est le corps même de celui qui est la vie ; de la manne qui tombait du ciel ou de celle qui est au-dessus du ciel..... L'eau coula d'une roche en faveur des juifs ; mais pour nous le sang coule de Jésus-Christ même..... Ainsi cette nourriture et ce breuvage de l'ancienne loi n'étaient que des figures et des ombres; mais cette nourriture et ce breuvage dont nous parlons, est la vérité. Que si ce que vous admirez n'était qu'une ombre, combien grande doit être la chose dont l'ombre seule vous paraît admirable? Or, la lumière est plus excellente que l'ombre, la vérité que la figure, et le corps du Créateur du ciel que la manne qui tombait du ciel. Mais vous me direz peut-être : Comment m'assurez-vous que c'est le corps de Jésus-Christ que je reçois, puisque je vois autre chose? C'est ce qui nous reste ici à prouver. Or, nous trouvons une infinité d'exemples pour prouver que ce que l'on reçoit à l'autel *n'est point ce qui a été formé par la nature*, mais ce qui a été consacré par la bénédiction, et que cette bénédiction est beaucoup plus puissante que la nature, puisqu'elle *change* la nature même. Moïse tenait une verge à la main ; il la jeta à terre, elle fut *changée* en serpent; il saisit la queue du serpent, lequel *reprit* aussitôt sa première forme et sa première nature.....

(1) *Discours aux néophytes*, ch. 9.

Que si la simple bénédiction d'un homme a eu assez de force pour transformer la nature, que dirons-nous de la propre consécration divine, dans laquelle les paroles mêmes du Sauveur opèrent tout ce qui s'y fait ? Car ce sacrement que vous recevez est formé par les paroles de Jésus-Christ. Que si la parole d'Elie a pu faire descendre le feu du ciel, la parole de Jésus-Christ ne pourra-t-elle changer *la nature* des choses créées ? Vous avez lu dans l'histoire de la création du monde, que Dieu ayant parlé, toutes les choses ont été faites, et qu'ayant commandé, elles ont été créées. Si donc la parole de Jésus-Christ a pu du néant faire ce qui n'était point encore, ne pourra-t-elle point *changer en d'autres natures celles* qui étaient déjà, puisqu'on ne saurait nier qu'il soit plus difficile de donner l'être aux choses qui ne l'ont point, que de *changer* la nature de celles qui ont déjà reçu l'être ? Mais pourquoi nous servons-nous de raisons ? Servons-nous des exemples que Dieu nous fournit et établissons la vérité de ce mystère de l'Eucharistie par l'exemple de l'incarnation du Sauveur. La naissance que Jésus-Christ a prise de Marie a-t-elle suivi l'usage ordinaire de la nature ? Il est sans doute que cet ordre n'y a pas été observé, puisque l'homme n'a aucune part à cette naissance : ce qui est visiblement contre l'ordre de la nature qu'une vierge soit devenue mère. Or, ce corps que nous produisons dans ce sacrement, est le même corps qui est né de la vierge Marie. Pourquoi cherchez-vous l'ordre de la nature dans la production du corps de Jésus-Christ dans ce sacrement, puisque c'est aussi contre l'ordre de la nature que ce même Seigneur est né d'une vierge ? C'est la véritable chair de Jésus-Christ qui a été crucifiée et qui a été ensevelie. C'est donc aussi, selon la vérité, le sacrement de cette chair. Jésus-Christ dit lui-même : *Ceci est mon corps.* Avant la consécration qui se fait avec les paroles célestes, on donne à cela un autre nom ; mais après la consécration, cela est nommé le corps de Jésus-Christ. Il dit aussi : *Ceci est mon sang.* Avant la consécration, ce qui est dans le calice s'appelle autrement ; après la consécration, on le nomme le sang de Jésus-Christ. Or, vous répondez *amen* quand on vous le donne, c'est-à-dire il est vrai. Croyez donc véritablement de cœur ce que vous confessez de bouche ; et que vos sentiments intérieurs soient conformes à vos paroles. Jésus-Christ nourrit son Église par ce sacrement, qui fortifie la substance de notre âme. C'est un mystère que vous devez conserver soigneusement en vous-même..... de peur de le communiquer à ceux qui n'en sont pas dignes, et d'en publier les secrets devant les infidèles par une trop grande légèreté de parler. Vous devez donc veiller avec grand soin, pour la conservation de votre foi, afin de garder toujours inviolablement la pureté de votre vie et la fidélité de votre secret. »

Saint Epiphane (1) : « L'Église est le port tranquille de la paix ; on respire dans son sein une suavité qui rappelle les parfums de la vigne de Chypre ; on cueille les fruits de bénédiction. Elle nous présente encore tous les jours ce breuvage si efficace pour dissiper nos

---

(1) *Exposition de la foi.*

affections, je veux dire *le sang pur et véritable* de Jésus Christ. »

« Les statues des souverains, dit saint Jean-Chrysostome (1), le Cicéron chrétien, ont souvent servi d'asile aux hommes qui s'étaient réfugiés près d'elles, non parce qu'elles étaient faites d'airain, mais parce qu'elles représentaient la figure des princes. Ainsi le sang de l'agneau sauva les israélites, non parce qu'il était sang, mais parce qu'il figurait le sang du Sauveur et annonçait sa venue. Maintenant donc, si l'ennemi aperçoit, non le sang de l'agneau figuratif empreint sur nos portes, mais *le sang de la vérité reluisant dans la bouche des fidèles*, il s'en éloignerait bien davantage. Car si l'ange a passé à la vue de la figure, combien plus l'ennemi serait-il effrayé à l'aspect de la vérité?..... Considérez de quel aliment il nous nourrit et nous rassasie. *Lui-même* est pour nous la substance de cet aliment, *lui-même* est notre nourriture. Car comme une tendre mère, poussée par une affection naturelle, s'empresse de sustenter son enfant de toute l'abondance de son lait, ainsi Jésus-Christ *alimente de son propre sang* ceux qu'il régénère. »

« Obéissons donc à Dieu en toutes choses, dit ailleurs l'éloquent évêque de Constantinople (2); ne le contredisons pas lors même que ce qu'il nous dit paraît répugner à nos idées et à nos yeux. Que sa parole soit préférée à nos yeux et à nos pensées, appliquons ce

---

(1) *Homélie aux néophytes; homélie sur saint Jean; homéli soixante-septième au peuple d'Antioche.*

(2) *Homélie soixantième au peuple d'Antioche.*

principe aux mystères; ne regardons pas ce qui est exposé à nos yeux, mais sa parole, car elle est infaillible, et nos sens exposés à l'illusion. Depuis que le Verbe dit : *Ceci est mon corps*, obéissons, croyons et voyons ce corps avec les yeux de l'âme; car Jésus-Christ ne nous a rien donné de sensible, mais *sous des choses sensibles*, des objets qui ne s'aperçoivent que par l'esprit..... Car si vous étiez sans corps, les dons qu'il vous a faits auraient été simples, ils n'auraient eu rien de corporel; mais parce que votre âme est unie à un corps, *sous des choses sensibles*, il vous en présente qui ne le sont pas. Combien n'y en a-t-il pas qui disent à présent : je voudrais bien voir sa forme, sa figure, ses vêtements, sa chaussure ? Et voici que vous le voyez, que vous le touchez lui-même, que vous le mangez lui-même. Vous voudriez voir ses vêtements, mais il se donne à vous lui-même, non-seulement pour être vu, mais touché, mangé, reçu intérieurement..... Si vous ne pouvez envisager, sans une indignation extrême, la trahison de Judas et l'ingratitude de ceux qui le crucifièrent, prenez garde de vous rendre vous-même coupable de la profanation de son corps et de son sang. Ces malheureux firent souffrir la mort au très-saint corps du Seigneur, et vous, vous le recevez avec une âme impure et souillée, après en avoir reçu tant de biens ! car, non content de se faire homme, de souffrir les ignominies, il a voulu encore se mêler et s'unir à vous, de sorte que vous deveniez un même corps avec lui, et *non-seulement par la foi*, mais effectivement et dans la réalité même. De quelle pureté ne devrait donc pas être celui qui est fait participant d'un tel sacrifice?

Combien plus pure que les rayons du soleil ne devrait pas être la main qui distribue cette chair, la bouche qui se remplit de feu spirituel, la langue qui se teint de ce sang redoutable? Songez à quel honneur vous êtes élevé, à quelle table vous êtes admis! Celui que les anges tremblent d'apercevoir, et qu'ils n'osent contempler sans frayeur, à cause de l'éclat qui rejaillit de sa personne, descend à nous ; nous sommes nourris de sa substance, nous mêlons la nôtre à la sienne, et nous devenons avec lui un même corps, une même chair. Qui racontera les merveilles du Seigneur? Qui fera dignement entendre ses louanges? Quel pasteur a jamais nourri ses brebis de ses propres membres? Et que dis-je? les mères elles-mêmes livrent quelquefois leurs enfants à des nourrices étrangères. Mais il ne souffre point que les siens soient traités ainsi ; lui-même les nourrit de son propre sang, et se les attache entièrement...... Jésus-Christ, qui opéra autrefois ces merveilles dans la cène qu'il fit avec ses apôtres, est le même qui les opère aujourd'hui. Nous tenons ici la place de ses officiers et de ses ministres, mais c'est lui qui sanctifie ses offrandes, et les *change en son corps et en son sang*...... Ce n'est pas seulement à vous qui participez aux mystères, mais à vous qui en êtes les dispensateurs que j'adresse mon discours...... Et vous, laïques, lorsque vous vous approchez du corps sacré, croyez que vous le recevez de la main invisible de Jésus-Christ. Car celui qui a fait plus, c'est-à-dire qui s'est posé lui-même sur l'autel, ne dédaignera pas de vous présenter son corps. »

Ce grand évêque passe ensuite au devoir de la charité, qu'il relève magnifiquement, comme la plus belle disposition aux mystères; et faisant allusion à la cène de Jésus-Christ, il ajoute : « Elle n'était point d'argent cette table où il était assis; il n'était point d'or ce calice duquel il versa *son propre sang* à ses apôtres; et pourtant que ce vase était précieux, qu'il était redoutable, par l'esprit dont il était plein (1)! »

L'auteur très-ancien d'un livre sur les sacrements, qui a été pendant longtemps attribué à saint Ambroise, après avoir rapporté presque littéralement le passage que nous avons cité de ce saint archevêque de Milan, ajoute : « Comme Notre-Seigneur Jésus-Christ est le vrai Fils de Dieu, et qu'il ne l'est pas seulement par grâce, ainsi que le sont les hommes, mais par nature, étant de même substance que le Père; aussi, selon qu'il l'a dit lui-même, c'est *sa véritable chair* que nous mangeons et *son véritable sang* que nous buvons; mais vous répondrez peut-être ce que répondirent autrefois plusieurs disciples, lorsqu'il leur eut parlé de manger sa chair et de boire son sang : Comment est-ce sa vraie chair? comment est-ce son vrai sang? car je vois bien dans le vin la ressemblance du sang, mais je ne vois pas la vérité du sang. Je vous ai déjà fait connaître ci-dessus combien est *puissante* la parole de Jésus-Christ pour *changer* et *transformer* en autre chose les œuvres de la nature. De plus, lorsque plusieurs de ses disciples ne purent souffrir ses paroles, et que lui entendant dire qu'il donnerait sa chair à manger et son sang à boire, ils se retirèrent,

---

(1) *Homélie soixantième au peuple d'Antioche.*

saint Pierre demeura ferme, et lui seul dit : Vos paroles sont les paroles de la vie éternelle, et à quel autre pourrions-nous aller? Ainsi, afin que d'autres ne pussent pas dire la même chose, comme s'ils avaient horreur du sang humain, Dieu a voulu que vous preniez un sacrement qui en a la ressemblance, mais que vous receviez en même temps la grâce et la vertu de sa véritable nature. Je suis, dit-il, le pain vivant qui suis descendu du ciel. Or, sa chair n'est pas descendue du ciel, puisqu'il l'a tirée de la sainte Vierge sur la terre. Comment donc ce pain céleste et le pain vivant est-il descendu du ciel? Parce que le même Jésus-Christ, notre Seigneur, a uni en sa personne la divinité et l'humanité. Ainsi vous, qui *recevez sa chair*, vous participez à sa substance divine dans une nourriture sacrée. » Il est clair que la manducation dont il s'agit dans ce passage ne se fait point par la foi.

Saint Gaudence, évêque de Bresse, s'exprime de la manière suivante (1) : « Dans les ombres et dans les figures de l'ancienne pâque, on ne tuait pas un seul agneau, mais plusieurs, savoir : un dans chaque maison, parce qu'un seul n'eût pas pu suffire à tout le peuple, et que ce mystère n'était que la figure et non pas la réalité de la passion du Seigneur. Car la figure d'une chose n'en est pas la réalité, mais en est seulement la représentation et l'image. Or, maintenant que dans la vérité de la loi nouvelle, un seul agneau est mort pour tous, il est certain qu'étant ainsi immolé

---

(1) *Deuxième traité sur la nature des sacrements.*

par toutes les maisons, c'est-à-dire sur tous les autels de l'Eglise, il nourrit, sous les mystères du pain et du vin, ceux qui l'immolent...... *C'est là véritablement la chair de l'agneau, c'est là le sang de l'agneau.* Car c'est le même pain *vivant* descendu du ciel qui a dit : Le pain que je donnerai est ma propre chair. Son sang est fort bien représenté sous l'espèce du vin, puisqu'en disant dans *l'Evangile :* Je suis la vraie vigne, il témoigne assez que le vin que l'on offre dans l'Eglise, en figure et en mémoire de sa passion, est son propre sang....... C'est donc ce même Seigneur et souverain créateur de toutes choses, qui, de la terre ayant formé du pain, *forme de nouveau de ce même pain son propre corps,* parce qu'il le peut faire, et qu'il l'a promis ; et c'est lui-même qui, ayant autrefois *changé l'eau en vin, change maintenant le vin en son propre sang.* L'Ecriture qu'on a lue, concluant par une fin excellente et mystérieuse ce qu'elle avait dit, ajoute : Car c'est la pâque du Seigneur, ô sublimité des richesses, de la sagesse et de la science de Dieu ! C'est la pâque du Seigneur, dit l'Ecriture, c'est-à-dire le passage du Seigneur, afin que vous ne preniez pas pour terrestre ce qui a été rendu tout céleste par l'opération de celui qui a voulu passer *lui-même dans le pain et dans le vin, en les faisant devenir son corps et son sang.* Car ce que nous avons ci-dessus exposé en termes généraux, touchant la manière de manger la chair de l'agneau pascal, nous le devons particulièrement observer dans la manière de recevoir les mêmes mystères de la passion du Seigneur. Vous ne devez pas les rejeter, en considérant cette chair comme si elle était crue, et le sang comme s'il était cru, ainsi que firent les juifs, ni dire avec eux : Comment peut-il nous donner sa chair à manger? Vous ne devez pas non plus concevoir en vous-mêmes ce sacrement comme une chose commune et terrestre; mais plutôt vous devez *croire avec fermeté* que, par le feu du Saint-Esprit, ce sacrement *est en effet devenu* ce que le Seigneur assure qu'il est. Car ce que vous recevez est le corps de celui qui est *le pain vivant et céleste,* et le sang de celui qui est la vigne sacrée. Et nous savons que lorsqu'il présenta à ses disciples le pain et le vin consacrés, il leur dit : *Ceci est mon corps, ceci est mon sang.* Croyons donc, je vous prie, à celui auquel nous avons déjà cru; la vérité est incapable de mensonge. Comme donc il est ordonné dans l'ancienne Loi de manger la tête de l'agneau pascal avec ses pieds, nous devons maintenant, dans la Loi nouvelle, manger tout ensemble la tête de Jésus-Christ, qui est sa divinité, avec ses pieds, qui sont son humanité, lesquels sont unis et cachés dans les sacrés et divins mystères, en croyant également toutes choses ainsi qu'elles nous ont été laissées par *la tradition de l'Église;* et en nous gardant de briser cet os qui est très-solide, c'est-à-dire cette vérité sortie de sa bouche : *Ceci est mon corps, ceci est mon sang.* Que s'il reste quelque chose que vous n'ayez pas bien compris dans cette explication, il faut achever de la consumer entièrement par la chaleur de la foi. Car notre Dieu est un Dieu qui consume, qui purifie et qui éclaire nos esprits, pour nous faire concevoir les choses divines, afin que découvrant les causes et les raisons mystérieuses du même sacrifice tout céleste institué par Jésus-Christ, nous puissions lui rendre d'éternelles actions de grâces d'un don si grand et si ineffable. Car c'est le véritable héritage de son Nouveau Testament qu'il nous laissa dans la nuit même de sa passion, comme le gage de sa présence. C'est le viatique dont nous nous sommes nourris et fortifiés dans le pèlerinage de cette vie, jusqu'à ce que nous arrivions dans le ciel, et que nous jouissions pleinement et à découvert de celui qui, étant sur la terre, nous a dit : Si vous ne mangez ma chair et ne buvez mon sang, vous n'aurez point la vie en vous. Il a voulu que nous jouissions toujours de ses grâces et de ses bienfaits, il a voulu que son sang précieux sanctifiât continuellement nos âmes par l'image de sa passion. C'est pourquoi il commanda à ses fidèles disciples, qu'il avait établis pour être les premiers pasteurs de son Eglise, de *célébrer sans cesse ces mystères* de la vie éternelle, jusqu'à ce que Jésus-Christ descende de nouveau du ciel, afin que les pasteurs et tout le reste du peuple fidèle ayant tous les jours devant les yeux l'image de la passion de Jésus-Christ, la portant en leurs mains et même la recevant en leur bouche et dans leur estomac, le souvenir de notre rédemption ne s'effaçât jamais de notre mémoire, et que nous eussions toujours un remède favorable et un préservatif assuré contre les poisons du diable. Recevez donc, aussi bien que nous, avec toute la sainte avidité de votre cœur, ce sacrifice de la pâque du Sauveur du monde, afin que nous soyons sanctifiés dans le fond de nos âmes et de nos entrailles par Notre-Seigneur Jésus-Christ, *lequel nous croyons être lui-même présent dans ses sacrements.* » Il serait difficile d'établir la présence réelle et la transsubstantiation en termes plus clairs et avec plus de simplicité que le faisait, au quatrième siècle, le saint évêque de Bresse.

Saint Jérôme, ce Père d'une érudition immense, d'une grande pénétration, et que l'on peut croire suscité de Dieu pour expliquer les divines Ecritures ; saint Jérôme dit (1) : « Qu'après l'accomplissement de la pâque typique et la manducation de l'agneau pascal, Jésus-Christ passa au vrai sacrement de la pâque, et que, comme Melchisédech avait offert en figure du pain et du vin, Jésus-Christ rendit présente la vérité de son corps et de son sang. » Et ailleurs (2) : Il y a autant de différence entre les pains de proposition et le corps de Jésus-Christ, qu'entre l'ombre et le corps, l'image et la vérité, la figure des choses à venir et ce qui était représenté par ces figures. » — « Qui pourrait souffrir, dit-il encore (3), qu'un ministre des fables et des erreurs s'élevât avec présomption au-dessus de ceux aux prières desquels le corps et le sang de Jésus-Christ sont formés ? » — « Pour nous, écrivait-il à Hébidia, comprenons que le pain que rompit le Seigneur, et qu'il donna à ses disciples, est le corps de Notre-Seigneur, puisqu'il dit lui-même : *Ceci est mon corps.* Moïse ne donna pas le pain véritable, mais bien le Seigneur Jésus, qui étant

---

(1) *Commentaire sur saint Matthieu.*
(2) *Commentaire sur l'épître à Tite.*
(5) *Lettre quatre-vingt-cinquième à Evagrius.*

assis au festin, mange et donne lui-même à manger. »
— « A Dieu ne plaise que je dise quelque chose au désavantage de ceux qui, succédant au siége apostolique, *forment le corps de Jésus-Christ* par leur bouche sacrée (1). » — Et ailleurs, il appelle le prêtre un médiateur entre Dieu et les hommes, « qui *produit le corps de Jésus-Christ par sa bouche sacrée.* »

Au cinquième siècle, saint Augustin disait aux adultes régénérés (2) : « Je me souviens de la promesse que je vous ai faite : Je me suis engagé de vous faire un discours, à vous qui avez été baptisés, pour vous expliquer le sacrement de la table du Seigneur, lequel vous voyez présentement, et dont vous avez été participants la nuit passée ; vous devez savoir ce que vous avez reçu, ce que vous recevez et ce que vous devez recevoir chaque jour ; ce pain que vous voyez sur l'autel, *étant consacré par la parole de Dieu, est le corps de Jésus-Christ*; ce calice, où plutôt ce qui est dans le calice, *ayant été sanctifié par la parole de Dieu, est le sang de Jésus-Christ.* » — « Nous recevons, dit encore autre part le saint docteur (3), avec un cœur et une bouche fidèles, le médiateur de Dieu et des hommes, Jésus-Christ homme, qui nous donne son corps à manger et son sang à boire, quoiqu'il semble plus horrible de manger de la chair d'un homme que de le tuer, et de boire de son sang humain que de le répandre. »
— « Les sacrifices anciens ont été abolis, dit le même

(1) *Epître à Héliod.*
(2) Sermon 89e.
(3) *Livre contre la version de la foi et des prophètes.*

Père de l'Église (1), comme n'étant que de simples promesses, et l'on nous en a donné qui contiennent l'accomplissement. Qu'est-ce qu'on nous a donné pour l'accomplissement? Le corps que vous connaissez, mais que vous ne connaissez pas tous; et plût à Dieu qu'aucun de ceux qui le connaissent, ne le connaisse à sa condamnation! Vous n'avez point voulu, dit Jésus-Christ, de sacrifice et d'oblation. Quoi donc! sommes-nous maintenant sans sacrifice? A Dieu ne plaise! Mais vous m'avez formé un corps. Vous avez rejeté ces sacrifices, afin de former ce corps; et avant qu'il fût formé, vous vouliez bien qu'on vous les offrît. L'accomplissement des choses promises a fait cesser les promesses; car si les promesses subsistaient, ce serait une marque qu'elles ne seraient pas accomplies. Ce corps était promis par quelques signes. Les signes qui marquaient les promesses ont été abolis, parce que la vérité promise a été donnée. Nous sommes dans ce corps; nous en sommes participants. » — Et ailleurs (2) : « Il paraît très-clairement que les disciples, la première fois qu'ils *reçurent le corps et le sang du Seigneur*, ne le reçurent point à jeun. Faudrait-il pour cela calomnier l'Eglise universelle de ce que l'on ne les reçoit plus qu'à jeun? Il a plu au Saint-Esprit, par honneur pour un si grand sacrement, *que le corps du Seigneur entrât dans la bouche du chrétien avant toute autre nourriture*, et c'est pour cela que cette coutume prévaut dans l'univers entier. » — Et sur ces paroles du titre du *Psaume* 33ᵉ : *Il était*

---

(1) *Commentaire sur le psaume trente-neuvième.*
(2) *Questions de Januarius,* liv. ii, ch. 6.

porté dans ses mains, voici en quels termes s'est exprimé le saint docteur : « Mais comment ceci peut-il arriver dans un homme? et qui pourrait le concevoir, mes frères? Tout homme peut être porté dans les mains d'un autre; dans les siennes propres, personne. Nous ne voyons point comment cela peut, à la lettre, s'entendre de David, mais bien de Jésus-Christ; car *il était porté dans ses propres mains*, lorsque, recommandant son propre corps, il dit : *Ceci est mon corps;* car alors il portait son corps dans ses mains. » — « Recevez dans le pain, dit encore le savant évêque d'Hippone (1), *ce qui a été attaché à la croix;* recevez dans le calice *ce qui est sorti du côté de Jésus-Christ.* Car celui-là recevra la mort et non pas la vie, qui croira que la vie est capable de mensonge. »

Saint Paulin, auteur de la vie de saint Ambroise, raconte la manière dont il reçut la communion avant de mourir. Ce passage est curieux, en ce qu'il montre la pratique ancienne de l'Église de donner au mourant la communion sous une seule espèce. «Honorat, évêque de Verceil (celui qui assista saint Ambroise à l'heure de la mort), s'étant retiré au bout de la maison pour goûter un peu de repos et de sommeil, entendit une voix qui lui disait : Levez-vous, hâtez-vous, parce qu'il rendra bientôt l'esprit. Alors, étant descendu, il présenta au saint le corps de Notre-Seigneur; il le prit, et dès qu'il l'eut avalé, il rendit l'esprit, emportant avec lui un bon viatique, afin que son âme, fortifiée de cette viande, allât jouir de la compagnie des anges. »

---

(1) *Discours aux nouveaux baptisés.*

« Ne doutez point, dit saint Cyrille d'Alexandrie, de cette vérité, puisque Jésus-Christ nous assure si manifestement que ceci est son corps; mais recevez plutôt avec foi les paroles du Sauveur; car étant la vérité, il ne peut mentir. » — Le même patriarche enseigne encore (1) que « celui qui a été mangé figurativement en Égypte, s'immole volontairement lui-même en cette cène; et qu'après avoir mangé la figure, parce que c'était à lui d'accomplir les figures légales, il en montra la vérité, en se présentant lui-même comme aliment de vie. » — « Ce mystère, dont nous parlons, est terrible : ce qui s'y passe est étonnant; l'agneau de Dieu, qui efface les péchés du monde, y est sacrifié; le Père s'en réjouit, le Fils y est volontairement immolé, non plus par ses ennemis, mais par lui-même, afin de faire connaître aux hommes que les tourments qu'il a endurés pour leur salut ont été tous volontaires (2). » — « Si Jésus-Christ n'est qu'un simple homme, comment peut-on dire qu'il donne la vie éternelle à ceux qui approchent de cette table? Et comment pourra-t-il être divisé, et ici-bas et en tous lieux, sans diminution?..... Prenons le corps de la vie elle-même, qui pour nous a déjà habité dans notre corps, buvons le sang sanctifiant de vie, croyant avec foi que le Christ reste à la fois le prêtre et la victime, celui qui offre et est offert, celui qui reçoit et est donné (3). » — Et ailleurs (4) : « Afin

---

(1) *Discours sur la cène mystique.*

(2) *Idem.*

(3) *Idem.*

(4) *Commentaire sur saint Jean.*

que nous soyons réduits en unité, et avec Dieu et entre nous, quoique séparés d'âme et de corps, par la distinction qui se conçoit entre nous, le Fils unique de Dieu a trouvé un moyen, qui est une invention de sa sagesse et un conseil de son Père. Car, unissant dans la communion mystique tous les fidèles par un seul corps, *qui est le sien propre*, il en fait un même corps avec lui et entre eux. Ainsi, qui pourrait diviser et séparer de l'union naturelle qu'ils ont entre eux, ceux qui sont liés en unité avec Jésus-Christ par ce corps unique ? Si nous participons donc tous à un même pain, nous ne faisons tous qu'un même corps, parce que Jésus-Christ ne peut être divisé. C'est pour cela que l'Église est appelée le corps de Jésus-Christ, et que nous en sommes tous les membres, selon saint Paul ; car nous sommes tous unis à Jésus-Christ par son saint corps, recevant dans nos propres corps ce corps unique et indivisible, ce qui fait que nos membres lui appartiennent plus qu'à nous. » — Et au 12e livre, expliquant cet endroit de l'Évangile, où il est dit que les soldats divisèrent les habits de Jésus-Christ en quatre parties, mais qu'ils ne divisèrent pas sa tunique, il dit « que les quatre parties du monde ont obtenu par sort ce qu'elles possèdent sans division, le saint vêtement du Verbe, c'est-à-dire son corps, parce que le Fils unique, quoique divisé dans tous les fidèles particuliers, et sanctifiant l'âme et le corps de chacun par sa propre chair, est néanmoins entier et sans division en tous ; étant un partout, comme dit saint Paul, il ne peut être divisé..... Les juifs se disputaient entre eux en disant : Comment celui-ci peut-il nous donner sa chair à manger? Ce *comment* est tout à fait judaïque, et sera la cause du dernier supplice ; car ceux-là seront justement réputés coupables des crimes les plus graves, qui osent attaquer par leur incrédulité l'excellent et suprême créateur de toutes choses, et qui, sur ce qu'il veut opérer, ont bien le front d'en chercher le *comment*..... L'esprit brut et indocile, dès que quelque chose le passe, le rejette comme une extravagance, parce qu'il surmonte sa portée ; son ignorante témérité le porte à un orgueil extrême. Nous verrons que les juifs donnèrent dans cet excès, si nous considérons la nature du cas. En effet ils devaient, sans hésiter, recevoir la parole du Sauveur, dont ils avaient admiré plusieurs fois la vertu toute divine, et cette puissance invincible sur la terre, qu'il avait signalée en plusieurs rencontres sous leurs yeux......... et les voilà qui profèrent encore sur Dieu cet insensé *comment*, comme s'ils ne sentaient pas tout ce que cette façon de parler renferme de blasphématoire, dès que dans Dieu réside le pouvoir de tout faire sans difficulté......... Que si tu persistes, ô juif, à proférer ce *comment*, à mon tour, je te demanderai, moi, comment la verge de Moïse fut changée en serpent ? Comment les eaux furent-elles changées en sang ?......... Il convenait donc plutôt d'en croire au Christ et d'ajouter foi à ses paroles ; il convenait de solliciter et d'apprendre le mode d'eulogie, plutôt que de s'écrier si inconsidérément, si témérairement : *Comment celui-ci peut-il nous donner sa chair à manger?*..... Pour nous, en recevant les divins mystères, ayons une foi exempte de toute curiosité. Voilà ce qu'il faut, et non point faire entendre de *comment* aux paroles qui s'y disent. »

Les Pères du concile général d'Éphèse, tenu l'an 431, approuvèrent et adoptèrent la lettre que saint Cyrille avait écrite à Nestorius, et dans laquelle on lit ces paroles : « C'est aussi de même que nous approchons des choses mystiques et bénies, et que nous sommes sanctifiés, étant devenus participants au corps et au précieux sang de Jésus-Christ, rédempteur de nous tous; non pas en recevant une chair commune, ce qu'à Dieu ne plaise, ni même celle d'un homme sanctifié....., *mais une chair devenue proprement celle du Verbe lui-même.* »

Nestorius convenait avec les catholiques qu'on mangeait réellement par la bouche, dans l'Eucharistie, la chair de Jésus-Christ, c'est-à-dire, suivant Nestorius, la chair d'un homme sanctifié ; et, suivant le concile et saint Cyrille, la chair *devenue* celle du Verbe lui-même ou de l'Homme-Dieu.

« Eloignons de nous, dit Eusèbe d'Emesse (1), les doutes d'infidélités, puisque celui qui est auteur de ce présent est le témoin de cette vérité; car le prêtre invisible *change*, par sa parole et par une vertu secrète, les créatures visibles en la substance de sa chair et de son sang, en disant : *Ceci est mon corps.* » — « Le sacrificateur invisible, dit encore le même auteur sacré, *convertit*, par sa parole pleine d'une puissance secrète, les créatures visibles en la substance de son corps et de son sang..... Quelle merveille, qu'il puisse *changer*, par

(1) *Homélie cinquième sur la pâque.*

sa parole, les choses qu'il a pu créer par sa parole ! Au contraire, il semble qu'il y ait moins de merveille à *changer* en une chose meilleure ce qu'il a formé de rien. »

Hélichius (1) : « Il faut attribuer la sanctification du sacrifice mystique, *le changement, la transformation* des choses sensibles aux spirituelles, à celui qui est le véritable prêtre........ quand nous n'avons pas assez de force pour manger le sacrifice et le consumer tout entier, notre esprit manquant de vigueur pour comprendre qu'il faut concevoir que les choses qu'il voit sont le corps du Seigneur......... Il ne faut pas laisser ces *doutes* dans son esprit, mais il faut les jeter dans le feu du Saint-Esprit, afin que ce feu consume et digère ce que notre faiblesse nous rend incapables de digérer. Or, de quelle manière pourra-t-il le consumer, si nous ne pensons que les choses qui nous paraissent impossibles sont possibles à la vertu du Saint-Esprit. »

Saint Isidore de Péluse, un des plus illustres disciples de saint Jean Chrysostome, écrivant contre Macédonius, qui niait la divinité du Saint-Esprit, s'exprime de la manière suivante (1) : « Puisque dans l'invocation du saint baptême, avec le Père et le Fils, le Saint-Esprit est invoqué comme délivrant des péchés ; puisque sur la table mystique c'est lui qui *d'un pain commun fait le propre corps de Jésus-Christ incarné*, d'où vient, ô insensé..... que tu enseignes que l'Esprit saint a été fait ou créé, et qu'il n'est point d'une nature maîtresse,

---

(1) *Commentaire sur le Lévitique*, liv. II, ch. 8.
(2) *Épître cent neuvième contre Macédonius.*

opérante par soi-même et consubstantielle à l'essence royale et divine du Père et du Fils ? »

Le savant Proclus, autre disciple de saint Jean Chrysostome, qui eut la gloire de convertir l'illustre romain Volusien, enseignait aussi la présence réelle du corps et du sang de Jésus-Christ dans le sacrement de l'Eucharistie. On remarque les paroles suivantes dans son livre *de la Tradition de la divine liturgie :* « C'était donc par les prières qu'ils attendaient la descente de l'Esprit saint, afin que, par sa divine présence, le pain et le vin, mêlés d'eau, proposés en sacrifice, fussent faits le corps même et le sang de Notre-Seigneur Jésus-Christ. »

Saint Léon, si justement surnommé le Grand, par l'éclat qu'il a jeté dans l'Église, et par les talents et la vigueur qu'il déploya contre l'hérésie d'Eutychès, condamné à Calcédoine, s'exprime ainsi sur l'Eucharistie, dont il parlait indirectement dans son *discours sur le jeûne du septième mois :* « Le Seigneur ayant dit : Si vous ne mangez la chair du Fils de l'homme et ne buvez son sang, vous n'aurez point la vie en vous; communiez donc à la table sacrée, de manière que vous n'ayez *aucun doute quelconque sur la vérité du corps et du sang de Jésus-Christ;* car on y prend par la bouche ce qui est cru par la foi ; et c'est en vain qu'on répond *amen,* il est vrai, *si l'on dispute* contre ce qu'on y reçoit. »

Théodoret, disciple de saint Chrysostome, et qui, de l'aveu des centuriateurs de Magdebourg, semble avoir établi la transsubstantiation, a souvent affecté, comme il le déclare lui-même dans ses *dialogues,* de se servir d'expressions obscures, afin que la vérité restât voilée dans ses écrits, dans la crainte qu'ils ne tombassent entre les mains des infidèles. Et cependant, à l'endroit qui paraît plus favorable aux sacramentaires, il ne laisse pas de placer un mot décisif, et qui seul révèle toute la doctrine catholique sur l'Eucharistie pour tout homme de bonne foi. En parlant des symboles mystiques, qui, après la consécration, sont encore visibles et palpables, il ajoute : « Toutefois, on les conçoit désormais ce qu'ils sont effectués; ils sont crus tels, et *adorés* comme étant les choses qu'on les croit être (1). » — Et ailleurs il dit, en termes plus clairs (2) : « L'Apôtre rappelle aux corinthiens cette très-sainte nuit dans laquelle le Seigneur, mettant fin à la pâque typique, montra le vrai original de cette figure, ouvrit les portes du sacrement salutaire, et donna son précieux corps et son précieux sang, non-seulement aux onze apôtres, mais à Judas même. » — Et encore sur ces paroles de saint Paul : « *Quiconque mangera ce pain ou boira ce calice indignement, sera coupable du corps et du sang de Jésus-Christ :* ici l'Apôtre frappe sur les ambitieux; il frappe aussi sur nous, qui, avec une conscience mauvaise, osons recevoir les divins sacrements. Cet arrêt : *sera coupable du corps et du sang*, signifie qu'ainsi que Judas le trahit et les juifs l'insultèrent, de même ceux-là le traitent avec ignominie, qui *reçoivent dans des mains impures son très-saint corps, et le font entrer dans une bouche immonde.* » — On peut encore juger de la doctrine du même docteur, par le

---

(1) *Dialogue second.*

(2) *Commentaire sur la première épître aux corinthiens.*

trait suivant, qu'il rapporte dans son *Histoire Ecclésiastique* (1) : « L'empereur Théodose étant venu à Milan, après le meurtre commis par son ordre dans la ville de Thessalonique, et voulant entrer dans l'église, comme il avait coutume, saint Ambroise en sortit pour l'en empêcher ; et l'ayant rencontré hors du portique, il lui défendit d'entrer, usant à peu près de ces paroles : Avec quels yeux, ô empereur, pourriez-vous regarder le temple de celui qui est notre commun maître? avec quels pieds oseriez-vous marcher sur cette terre sainte? Comment oseriez-vous étendre vos mains vers Dieu, lorsqu'elles sont encore toutes dégouttantes du sang injustement répandu? comment oseriez-vous toucher le *très-saint corps* du Sauveur du monde avec ces mêmes mains qui sont souillées du carnage de Thessalonique? et comment oseriez-vous *recevoir ce précieux sang dans votre bouche*, après qu'elle a prononcé, dans la fureur de votre colère, les injustes et cruelles paroles qui ont fait verser le sang de tant d'innocents? Retirez-vous donc, et gardez-vous bien de vous efforcer d'ajouter un nouveau crime à ce nouveau crime ; souffrez plutôt d'être lié en la manière que l'a ordonné dans le ciel le Dieu qui est le maître des rois et des peuples; et respectez ce lien sacré qui a la force de guérir votre âme de cette mortelle blessure et de lui donner la santé. L'empereur, touché de ces paroles, retourna au palais impérial en pleurant et en gémissant; et longtemps après, savoir, au bout de huit mois, le divin Ambroise lui donna l'absolution de son péché. »

(1) Liv. v, ch. 17.

Salvien, prêtre de Marseille, de qui Gennadius a dit qu'on pouvait sans envie l'appeler le maître des évêques, s'exprime de la manière suivante dans son livre de *l'Église catholique :* « Si quelqu'un demande pourquoi Dieu exige davantage des chrétiens par l'Évangile qu'autrefois des juifs par l'ancienne loi, il est facile de lui en donner la raison. Car, si maintenant nous rendons à Dieu plus de devoirs, c'est parce que nous lui sommes plus redevables. Les juifs n'avaient que comme une ombre des choses, et nous en avons la vérité ; ils étaient esclaves, et nous sommes enfants adoptifs ; ils étaient couverts de malédictions, et nous sommes couverts de grâces ; ils ont reçu la lettre qui donnait la mort, et nous avons reçu l'esprit qui donne la vie. On ne leur a envoyé pour maître qu'un serviteur, et on nous a envoyé le Fils même pour nous instruire. Ils ont passé par la mer Rouge, pour entrer seulement dans un désert, et nous ne faisons que passer par l'eau du baptême, pour entrer dans un royaume. Ils mangèrent la manne, et *nous mangeons Jésus-Christ.* Ils se nourrissaient de la chair des oiseaux, et *nous sommes nourris du corps d'un Dieu.* Ils reçurent la rosée du ciel, et *nous recevons le Dieu du ciel.* »

Saint Césaire, évêque d'Arles, rend le même témoignage de la conformité de doctrine et de croyance qui régnait au sixième siècle entre l'Eglise de France et l'Eglise universelle. « Parce qu'il n'y avait rien en nous, dit-il (1), qui pût nous faire vivre, ni rien en Dieu qui

---

(1) *Homélie septième sur la pâque.*

pût le faire mourir, il tira son corps de notre nature mortelle, afin que, le joignant à sa nature immortelle, la vie pût mourir pour faire revivre les morts. Et comme il devait nous priver de la vue de ce corps dont il s'était revêtu, en l'élevant dans le ciel, il était nécessaire qu'il consacrât dans ce jour le sacrement de son corps et de son sang, afin que ce même corps, qu'il avait une fois offert pour le prix de notre salut, reçût de nous un culte continuel dans ce mystère; que l'effet de la rédemption s'opérant sans cesse pour le salut des hommes dans le cours des siècles, le *sacrifice* de cette même rédemption s'offrît aussi sans cesse dans cette Eglise sainte, et qu'ainsi cette victime de salut, qui doit vivre éternellement dans notre mémoire, nous fût continuellement présente par l'opération de sa grâce, en sorte qu'il ne restât plus que cette seule unique et parfaite *hostie*, de laquelle on doit juger *par la foi et non par les sens*, et qui ne peut être vue des yeux corporels et extérieurs, mais seulement des yeux intérieurs et spirituels. Or, c'est d'elle que le Seigneur parle, lorsqu'il dit avec une autorité toute divine, que sa chair est vraiment viande et son sang vraiment breuvage. C'est pourquoi il ne doit plus rester en nous *aucun doute d'incrédulité*, puisque l'auteur de ce don céleste est lui-même le témoin de la vérité de ce don. Car c'est ce prêtre invisible, qui, par la vertu secrète de sa divine parole, *change les créatures visibles en la substance de son corps et de son sang*, en disant : Prenez et mangez, *ceci est mon corps*; et puis en répétant les mêmes paroles sanctifiantes : Prenez et buvez, *ceci est mon sang*. Comme donc, par une seule parole et en un instant, Dieu a formé de rien la hauteur du ciel, la profondeur des mers et l'étendue de la terre, de même dans les sacrements spirituels, par une puissance qui n'est pas moindre, la vertu de ses paroles est aussitôt suivie de l'effet. Vous voyez combien sont estimables et salutaires les biens qu'opère en cette rencontre la force de la bénédiction divine; mais afin que *ce changement des substances terrestres et périssables du pain et du vin en la substance même* de Jésus-Christ ne nous paraisse pas une chose nouvelle et impossible, interrogez-vous vous-mêmes, vous qui avez déjà trouvé une seconde naissance dans Jésus-Christ.... Personne ne doit *douter* que, par l'ordre souverain de Dieu, par la présence de sa majesté, *le pain et le vin ne puissent être changés* en la nature du corps du Seigneur, puisqu'on voit que, par un artifice admirable de la miséricorde céleste, l'homme même devient le corps de Jésus-Christ. Or, comme ceux qui viennent à la foi sont encore avant le baptême dans les liens de leur ancienne servitude, mais qu'aussitôt qu'on a prononcé sur eux les paroles de ce sacrement, ils sont purifiés de toute l'impureté de leurs péchés; de même quand le pain et le vin, qui doivent être bénis avec les paroles célestes, sont posés sur les saints autels, il est sans doute qu'avant d'être consacrés par l'invocation du nom de Dieu, la substance du pain et du vin y est encore; mais *après qu'on a prononcé les paroles de Jésus-Christ, c'est le corps et le sang de Jésus-Christ.* Et y a-t-il quelque sujet de s'étonner qu'il puisse *changer* par sa parole ce qu'il a bien pu *créer* par cette même parole? Il semble même que c'est un moindre *miracle* de *changer* en mieux ce qui était déjà, que de former du néant ce qui n'était pas encore. »

Nous terminerons le sixième siècle par le témoignage de saint Eutique, patriarche de Constantinople. De tous les écrits qu'il a composés, il ne nous reste qu'un fameux passage, qui a été conservé par Nicétas-Choniates, historien grec du douzième siècle (1). « Celui qui ne reçoit qu'une partie des espèces consacrées, dit le saint docteur, ne laisse pas de *recevoir tout entier le très-saint corps et l'adorable sang du Seigneur ;* car, quoique le corps et le sang soient divisés et distribués à tous, parce qu'il se mêle en chacun d'eux, il ne laisse pas de demeurer toujours indivisible en lui-même, comme un seul cachet étant imprimé sur plusieurs cires différentes leur donne à chacun en particulier toute sa figure et toute sa forme, et ne laisse pas de demeurer toujours unique en soi-même, sans que la multiplicité des sujets qui reçoivent l'impression de son image, divise ou change son unité; et comme la voix qui est proférée par un seul homme et qui se répand dans l'air, est tout entière dans sa bouche, et pénètre tout entière dans les oreilles de ceux qui l'entendent sans que l'un en reçoive plus ou moins que l'autre, parce que, quoique la voix soit un corps, n'étant autre chose qu'un air agité, elle est tellement une et indivisible, que tous l'entendent également, quand il y aurait ensemble dix mille auditeurs. Ainsi, *personne ne doit douter* qu'après la consécration mystique et la sainte fraction, le sang du Seigneur, incorruptible, saint, immortel et vivifiant,

---

(1) *Annales*, liv. III.

se formant par la vertu des sacrifices dans les espèces consacrées, n'imprime toute sa force dans chacun de ceux qui le reçoivent, et ne se trouve tout entier en tous, comme il est arrivé dans les exemples que nous avons rapportés. »

Nous pourrions citer un plus grand nombre d'autorités en faveur de la présence réelle, et entre autres, l'autorité des liturgies; mais puisque les docteurs de la réforme protestante ne nous contestent que les six premiers siècles, il serait inutile de continuer cette chaîne traditionnelle jusqu'au milieu du onzième siècle, où, pour la première fois, la doctrine catholique fut directement attaquée par Bérenger. Il nous suffira de dire qu'à l'apparition de cet hérésiarque, la Chrétienté tout entière se souleva contre lui; que huit conciles, depuis 1053 jusqu'en 1079, furent consécutivement assemblés pour extirper cette erreur, aussi dangereuse qu'inouïe, et que l'auteur de cette coupable hérésie, honteux de l'avoir enseignée, en fit abjuration un peu de temps avant sa mort (1).

On a beaucoup déclamé dans le Protestantisme contre la divine institution de l'Eucharistie; on est allé même, ô blasphème horrible, jusqu'à la traiter d'*abominable invention humaine* (2); et comme la raison ne peut en approfondir le mystère, on a préféré ne rien croire plutôt que de croire sur la parole de Dieu que le pain

---

(1) Guillaume de Malmesbury, *Gestes des anglais*, liv. III. — *La Chronique de saint Martin de Tours*.

(2) Paroles de d'Andelot, frère de l'amiral Coligny, à Henri II, roi de France.

et que le vin, bénis par Jésus-Christ et par lui donnés à ses apôtres, étaient son corps et son sang. Mais quelque incompréhensible que soit le mystère de l'Eucharistie, le protestant comprend-il mieux les paroles du Christ bénissant du pain qu'il dit être son corps et qui n'est pas son corps, mais qui reste du pain ; bénissant du vin qu'il dit être son sang et qui n'est pas son sang, mais qui reste du vin ? Ce qui est certain, c'est que, depuis dix-huit siècles, toutes les Eglises catholiques répandues sur la surface du globe enseignent le dogme du sacrifice non sanglant avec une admirable unité. C'est un fait dont tous les hommes de bonne foi conviennent ; le nier, comme font les protestants, ce serait se refuser à l'évidence même.

En vain le Protestantisme prétend se rattacher à la dernière époque de la révélation ; en vain, dressant son orgueilleuse et mensongère généalogie, il se glorifie de descendre de Jésus-Christ par les apôtres, et des apôtres par Luther et par Calvin ; il ne pourra jamais répondre à cette simple question : Entre les apôtres et Luther, où donc était le Protestantisme ? Dans quelle contrée, chez quel peuple avait-il caché la lumière de son Évangile ? Le Protestantisme, cette raison orgueilleuse, sans culte comme adoration, était dans tous les cœurs superbes, mais il n'existait pas encore à l'état de religion. Écoutons-le lui-même nous confesser naïvement son origine moderne. « Nous n'avons pas encore trois siècles d'existence, » disait-il en 1775 (1) ;

---

(1) *Mémoire des calvinistes de France, adressé à Louis XVI, pour obtenir l'état civil.*

et, en effet, l'histoire nous apprend que Luther et que Calvin en furent les premiers apôtres ; elle nous donne même la date précise de sa naissance. Cette nouveauté est un fait terrible contre le Protestantisme ; c'est l'arrêt de mort de toutes les hérésies ; c'est la confusion de tous les hérésiarques ; car « la vérité a existé dès le « commencement, dit Tertullien (1), l'erreur n'est venue « qu'après. Dieu sème d'abord le bon grain, et le diable « ennemi y mêle de l'ivraie. »

Le Protestantisme, qui n'est que d'hier, et qui n'était pas il y a deux jours, ne tient donc par aucun lien à aucune époque de la révélation. Son sacrifice ! il n'en a pas ; et c'est parce qu'il n'a pu comprendre le sacrifice chrétien que, dans son fol orgueil, il a renié la foi catholique. Son culte ! il n'en veut rendre d'autre à Dieu que dans l'intimité de sa pensée. Et le nom même de chrétien qu'il porte encore, pour séduire les simples et les ignorants et pour en imposer à la multitude, n'est qu'une usurpation, dont il se lassera peut-être un jour. Seul, isolé, au milieu de toutes les religions du monde, il est forcé de reconnaître qu'il est sans aïeux, sans liaison intime avec la dernière époque de la révélation. Son dieu créateur fut l'orgueil ; Luther et Calvin, ses premiers apôtres ; leur parole devint son Évangile, et son interprète fut la raison.

(1) *Prescriptions*, ch. 31.

Note (VI), page 4.

Le dessein de cet affreux complot fut formé à Genève, un mois après la mort de Henri II, et aussitôt que les calvinistes de France eurent vu les rênes du gouvernement confiées par François II au cardinal de Lorraine et au duc de Guise, leurs ennemis déclarés. Le principal auteur de cette conjuration n'est pas connu; mais la plupart des historiens demeurent d'accord que Théodore de Bèze, le disciple et l'ami de Calvin, y eut une bonne part. Calvin lui-même fut accusé d'en avoir dressé le plan et d'en avoir conseillé l'exécution. Il avoua que La Renaudie lui en avait parlé, et dit qu'il éprouva un vif chagrin de ce qu'elle n'avait pas réussi à son gré.

Le seul chef apparent que la Secte consentît à se donner fut un nommé La Renaudie, espèce d'aventurier périgourdin, qui, peu de temps avant la mort de Henri II, avait conçu un semblable projet de révolte.

C'était un homme plein de résolution, d'un esprit emporté et capable de tout entreprendre pour parvenir à une plus grande fortune. Convaincu de faux, il avait été mis en prison à Dijon, où il était en danger de perdre la vie. Mais François de Lorraine, duc d'Aumale, et depuis duc de Guise, qui le protégeait à cause de son esprit et de sa valeur, trouva le moyen de le faire évader de prison, par la protection de son père,

Claude Ier, duc de Guise, alors gouverneur de Bourgogne. La Renaudie se réfugia d'abord à Genève, où substituant la réforme à la probité, il embrassa le Calvinisme, et de faussaire devint le héros de cette secte. Quelque temps après, il se retira à Lausanne, où il demeura longtemps, et revint ensuite en France, par la faveur de François, duc de Guise, dans le but de poursuivre la conjuration calviniste.

En sortant de Genève, La Renaudie prit le nom de La Forêt, et, sous ce personnage, il parcourut, en 1559, les provinces de France où il y avait des calvinistes; il visita les églises, s'instruisit de leurs forces et forma des liaisons avec les hommes les plus accrédités dans chaque district, encourageant les uns, remplissant les autres d'espérance et préparant les esprits à une révolution.

C'est apparemment sur des indices confus de cette trame que l'évêque d'Arras avait donné avis au cardinal de Lorraine qu'il y avait dans le royaume une conspiration toute formée, et que l'État était menacé d'avoir à soutenir tout à la fois une guerre civile et une guerre étrangère.

La mort de Henri II, loin de rien changer aux desseins de La Renaudie, accrut, au contraire, ses espérances et lui donna une nouvelle activité. Ce fut alors que le plan de la conjuration calviniste fut définitivement arrêté.

Le but avoué des conjurateurs était d'obtenir en France la liberté de conscience pour le Calvinisme et la retraite des Guise du gouvernement de l'Etat; mais leur but secret était d'arrêter les Guise, de les massacrer, s'ils opposaient la moindre résistance, de s'emparer de la personne du roi, de saisir les rênes de l'Etat et d'établir le Calvinisme en France par les mêmes voies que le Luthéranisme avait été établi dans le nord de l'Europe, c'est-à-dire par l'abolition entière de la religion catholique et par le changement de la loi fondamentale de la monarchie.

Une seule difficulté arrêta un instant les factieux. Calvin ordonnait d'obéir à toutes les puissances de la terre; maxime évangélique dont il n'a connu que la théorie; et il ne pouvait enseigner ouvertement la révolte des peuples contre leur légitime souverain, sans se mettre en contradiction avec ses propres paroles et avec les préceptes de l'Evangile. Mais cet obstacle ne tarda pas à être levé à la satisfaction générale de la Secte, qui crut que son maître avait fait merveille en décidant que l'usurpation et la tyrannie des Guise justifiaient suffisamment la rébellion de ses partisans; car les intérêts de la religion, quelque puissants qu'ils soient sur l'esprit de la multitude, ne pouvaient alors être allégués comme cause directe d'une prise d'armes. Aussi, le prince de Condé et tous ses conjurés ne s'en servirent, à l'exemple de Calvin en cette occasion, que subsidiairement et à l'appui d'une raison politique.

Le complot formé, il ne manquait à la Faction qu'un chef puissant; et les calvinistes laissèrent clairement apercevoir qu'ils n'attendaient plus que lui pour sortir de cette dure contrainte de laquelle ils s'indignaient, et pour arracher par la nécessité au souverain une liberté de conscience qu'ils regardaient moins comme une faveur que comme un droit, mais qu'ils savaient bien qu'on ne leur accorderait pas volontairement.

Sur ces entrefaites, Calvin lâchait de Genève de nombreux prédicants sur la France. Leur mission était d'exalter les têtes, d'exaspérer et d'aigrir les cœurs et de faire fermenter dans les provinces le levain de discorde que le Calvinisme y avait déjà déposé. C'est dans ce but que Guillaume Mauget avait été envoyé dans le Bas-Languedoc; et comme c'était un homme de beaucoup d'esprit, éloquent et ardent propagateur des doctrines calviniennes, ses discours trouvèrent de nombreux partisans. Un peu de temps après, Pierre La Serre se rendit à Nîmes pour seconder les efforts de son confrère Mauget. Sa mission était la même : les résultats le furent aussi.

Dans d'autres provinces, les calvinistes, excités par les ministres, répandaient des libelles diffamants contre Catherine de Médicis, reine-mère, et contre les Guise; le roi lui-même, dit de Thou, n'était point épargné.

Les ministres Bois-Normand, Pierre David et un grand nombre d'autres, parcouraient d'autres provinces de France dans le même but de disposer les peuples à un soulèvement général; ces deux ministres avaient, en outre, reçu la mission de rendre favorables à la Secte Antoine, roi de Navarre, et surtout le prince de Condé, son frère, que sa femme et sa belle-mère pressaient de se déclarer en faveur des calvinistes.

Et pendant que les ministres de la Secte parcouraient les provinces, soufflant partout la révolte dans l'esprit de leurs partisans, le prince de Condé et l'amiral de

Coligny entretenaient le mécontentement des seigneurs, jaloux de l'élévation des Guise, et tramaient contre ces puissants personnages une autre conjuration à laquelle adhérait le roi de Navarre. Le connétable Anne de Montmorency la favorisait ; et ce qu'il y a de plus étonnant, la reine-mère y consentait, mais dans l'unique espoir de s'emparer des rênes de l'Etat. Voici de quelle manière cette entreprise avait été commencée.

A peine Antoine de Navarre eut-il été averti de la mort de Henri II, de la retraite forcée du connétable et de l'élévation des Guise au rang de ministres du roi, qu'il écrivit aux principaux chefs de la secte calviniste pour leur assigner un rendez-vous à Vendôme, afin de concerter avec eux la conduite qu'il devait tenir.

Charmés de trouver Antoine si bien disposé en leur faveur, et croyant pouvoir l'arracher à ses désespérantes irrésolutions, les chefs des factieux se rendirent à cette assemblée, les uns pour le presser de venir à la cour, les autres pour lui proposer de se mettre à leur tête. Le prince de Condé, l'amiral de Coligny, ses deux frères, d'Andelot et le cardinal de Châtillon, Charles, comte de La Rochefoucauld, François de Vendôme, plus connu sous le nom de vidame de Chartres, Antoine de Croï, prince de Porcien, tous calvinistes, s'y rendirent en personne avec plusieurs autres seigneurs attachés aux maisons de Bourbon et de Montmorency. Dardois ou Dardres, secrétaire du connétable et son confident, y alla aussi par son ordre ; car Montmorency, ennemi d'un repos dont il affectait d'être très-content, intriguait secrètement contre les Guise, dans l'espoir de se rendre nécessaire et de se faire rappeler à la cour.

Condé, toujours impétueux dans ses desseins, La Rochefoucauld, le vidame, d'Andelot et quelques autres seigneurs d'une humeur aussi impatiente, décidèrent qu'il fallait prendre les armes sans délai et attaquer, sans ménagement, une puissance qu'ils voulaient abattre. Le roi de Navarre, l'amiral, le prince de Porcien et le secrétaire du connétable, plus prudents, ne partagèrent point cet avis : leur opinion fut qu'il fallait attendre du temps et des circonstances une condition meilleure, dans la crainte de se jeter aveuglément dans un péril où ils risquaient la perte de leurs personnes et celle de leur famille. Et il fut décidé que le roi de Navarre, pour qui l'on devait avoir à la cour beaucoup de considération, à cause de sa qualité de premier prince du sang, s'y rendrait aussitôt et ferait en sorte de détacher entièrement la reine-mère du parti des Guise.

Mais la réception froide que la cour fit à Antoine de Navarre, et l'irrésolution de ce prince, déroutèrent tous les plans des conjurés et amenèrent la retraite de leur chef. Sur ces entrefaites, le gouvernement de Picardie, que le prince de Condé sollicitait depuis longtemps, ayant été donné au maréchal de Brissac, Condé s'offensa de cette préférence donnée à un simple gentilhomme sur un prince du sang ; et, cédant par ressentiment aux pressantes sollicitations de sa femme et de sa belle-mère, fit profession publique du Calvinisme, sans garder aucun des ménagements politiques auxquels Antoine, son frère, par indécision, et l'amiral par prudence, avaient cru devoir s'assujettir. Impatient même de satisfaire son ambition et sa vengeance, il voulut connaître sur-le-champ quelles étaient les vues des calvinistes, ce qu'ils se promettaient de lui et ce qu'il pouvait attendre d'eux. Dans ce but, il assembla les plus accrédités de la Secte sur les confins de la Champagne, en son château de la Ferté-sous-Jouarre ; et leur faisant part des sujets de plaintes qu'il avait contre la cour, et du peu d'espoir que lui donnait la modération, il les anima tellement par ses discours, que tous conclurent à ce que l'on prît les armes. Les plus ardents, qui formaient la majorité, demandèrent même qu'on enveloppât dans cette conjuration le roi, les deux reines et toute la famille royale.

L'amiral applaudit à cette résolution ; mais il ajouta qu'elle devait être conduite avec prudence ; il développa ensuite aux yeux du prince les ressources et les forces des calvinistes et lui montra qu'en embrassant leurs intérêts, il assurait son triomphe et celui de leur culte. « Le plan de l'amiral, dit Ancillon, flattait trop les passions de Condé pour ne pas lui plaire. Il donnait à son ambition les couleurs du désintéressement et du bien public, lui fournissait des moyens d'agir et des prétextes plausibles; tout en travaillant pour lui-même, il paraissait le protecteur des opprimés (1). »

L'assemblée approuva l'avis de l'amiral; et l'on commença dès lors à prendre des mesures pour l'exécution de ce criminel projet. Par une décision unanime, le prince de Condé fut nommé le *chef muet* de la conjuration. D'Andelot et le vidame de Chartres, d'un es-

---

(1) *Tableau des diverses révolutions*, t. II, ch. 20.

prit intrigant et d'une humeur brouillonne, furent chargés d'organiser les factieux dans tout le royaume, de s'instruire par eux-mêmes des dispositions des calvinistes, et d'en avertir le chef apparent qui fut La Renaudie. « Le prétexte de la conjuration, dit de Thou, fut que les Guise avaient usurpé l'autorité souveraine sans le consentement des états; que ces princes, abusant de la faiblesse d'un jeune roi, s'étaient rendus maîtres des armées pour se rendre redoutables; qu'ils dissipaient les finances; qu'ils opprimaient la liberté publique; qu'ils persécutaient des hommes innocents, zélés pour la réforme de l'Eglise, et qu'ils n'avaient en vue que la ruine de l'Etat (1). »

Lié aux mécontents du royaume, charmé de sauver à la Réforme l'infamie d'un tel attentat, et brûlant, d'ailleurs, du désir de se venger et d'effacer, par quelque action d'éclat, la honte du jugement qu'il avait subi, La Renaudie, dit de Thou, avait assisté à l'assemblée de La Ferté, « au sortir de laquelle, dit Garnier, il se rendit à Genève et à Lausanne, où la fameuse consultation fut vraisemblablement alors rédigée par François Hotman, fils d'un conseiller au parlement de Paris, et l'un des plus célèbres jurisconsultes de son siècle, par le ministre Spifame, évêque apostat, par Théodore de Bèze, le meilleur écrivain de la Secte, et par Calvin lui-même, quoiqu'il se soit défendu dans la suite d'y avoir pris aucune part directe (2). »

La Renaudie fut ensuite envoyé par l'amiral en An-

---

(1) *Hist. univ.*, t. II, p. 253.

(2) *Hist. de France*, t. XIV, p. 380.

gleterre, dans le but d'engager la reine Elisabeth à appuyer la conjuration; car cette princesse, dit Burnet, favorisait alors secrètement l'esprit de révolte qui régnait parmi les calvinistes de France. Il était, en outre, chargé, dit Belcar, de lui demander de l'argent et de la solliciter de faire diversion en Ecosse, pendant que la guerre éclaterait en France.

De retour dans sa patrie, La Renaudie assembla les principaux des conjurés à Nantes, le 1er février 1560, et délibéra avec eux sur la manière, le temps et le lieu de l'exécution du complot. Il fut convenu que La Renaudie et ses complices se trouveraient assemblés avec leurs troupes, le 10 mars suivant, au château de la Frédonnière, près de Blois, où était alors la cour. Quant au mode d'exécution, il fut également convenu, disent les historiens, qu'avant toutes choses, et dès que les soldats seraient à portée de se joindre, une troupe nombreuse de calvinistes irait, sans armes, à Blois, présenter une requête au roi, à l'effet d'obtenir la liberté de conscience et la permission de bâtir des temples. Et comme on s'attendait bien que la requête serait rejetée, les soldats huguenots paraîtraient alors en armes aux portes de la ville, qui leur seraient ouvertes par des complices; ils présenteraient au roi une requête contre les Guise, et si les ministres du souverain ne consentaient pas à s'éloigner de la cour, on les ferait périr et l'on contraindrait ensuite le roi de nommer Condé pour son lieutenant-général du royaume. Et l'entreprise ayant été exécutée de la sorte, le prince, sous prétexte de rendre la tranquillité à l'État, accorderait à la Secte tout ce qu'elle lui demanderait.

Mais ce complot échoua par l'indiscrétion de son propre chef, qui, étant à Paris, en communiqua le plan, les ressorts et les moyens, à un avocat nommé Desavenelles. Celui-ci, quoique zélé calviniste, fut tellement épouvanté de ce projet de révolte, qu'il se rendit, sans délai, à Blois, et en fit l'aveu au duc de Guise. A cette nouvelle, les ministres du roi, sur l'avis de la reine-mère et du chancelier Olivier, prétextèrent une partie de plaisir et conduisirent François II au château d'Amboise, afin de rompre le rendez-vous des conjurés.

La conjuration éventée, il semblait que les rebelles dussent renoncer à son exécution; mais La Renaudie résolut de la poursuivre, et en fixa le jour au 16 mars, tant pour reconnaître les endroits faibles du château, que pour donner aux troupes qui étaient encore en marche le temps d'arriver.

Toutes ces nouvelles dispositions prises, les conjurés se remirent en marche; mais les aveux de Lignières, l'un des chefs de la Secte, sauva une seconde fois le souverain et la monarchie. Ce seigneur découvrit à la reine-mère le nouveau plan de la conjuration, les noms des chefs, les lieux par où l'on devait entrer dans la ville, et ceux où l'on était convenu de se loger. A cet aveu, l'alarme fut générale à la cour; mais Guise, qui, seul, ne partageait point cette terreur panique, prit de sages mesures pour déjouer de nouveau les projets des factieux, et envoya Jacques de Savoie, duc de Nemours, à leur rencontre. Ce seigneur, secondant par son habileté les dispositions du duc de Guise, surprit, dès le 15 au matin, Raunay, Mazères et Castelnau, trois des principaux chefs conjurés, et les conduisit prisonniers au château d'Amboise, avec la plupart de leurs officiers et des soldats. Ceux-ci furent jugés prévôtalement et pendus, tout bottés et éperonnés, aux créneaux du château.

(16 mars.) A cette nouvelle, l'alarme se répandit parmi les conjurés et jeta le découragement et le désordre au milieu d'eux. Les uns s'enfuirent en toute hâte dans les maisons et les châteaux des gentilshommes voisins ; les autres voulurent traverser la Loire ; mais le plus grand nombre trouva la mort dans la fuite. Guise, qui s'était mis en campagne pour aller reconnaître les rebelles, « les trouva si esperdus, dit Castel-
« nau, que plusieurs pauvres gens, qui ne sçavoient
« ce qu'ils faisoient, jetoient à terre quelques mau-
« vaises armes qu'ils portoient, et demandoient par-
« don; desquels les uns furent faits prisonniers, les
« autres renvoyés pour leur simplicité, après avoir as-
« suré qu'ils ne sçavoient autre chose de l'entreprise
« sinon qu'il leur avoit esté assigné jour pour voir pré-
« senter une requeste au roy, qui importoit pour le
« bien de son service et celui de son royaume. » En effet, la plupart de ces pauvres gens, victimes du Galvinisme, s'étaient laissé persuader par les ministres de la Secte qu'on pouvait, les armes à la main, présenter une requête au roi pour le bien de l'État et le maintien de la religion.

Instruit de ce désastre, La Renaudie vint en toute hâte au secours des conjurés. Il était près de sortir de la forêt de Château-Renaud, lorsque Pardaillan, à la tête d'un corps de cavalerie, fondit à l'improviste sur lui. La Renaudie soutint ce premier choc avec bravoure, et, en homme désespéré, engagea le combat. Ses troupes, qui étaient aussi braves que lui, se défendirent avec courage; et la victoire resta longtemps indécise. Mais, au milieu de la mêlée, les deux chefs se rencontrent. Le pistolet de Pardaillan ayant fait faux-feu, La Renaudie s'élance sur son adversaire, le perce de deux coups d'épée et reçoit lui-même presque aussitôt la mort, d'un coup d'arquebuse que lui lâche le valet de Pardaillan; après quoi, les rebelles furent taillés en pièces. La Bigne, secrétaire de La Renaudie, le valet de chambre de ce chef des conjurés et neuf ou dix capitaines furent faits prisonniers et conduits à Amboise.

La révolte apaisée, on publia une amnistie en faveur de tous ceux qui avaient mis bas les armes; mais l'indulgence que le souverain accordait à de malheureux paysans ne devait point s'étendre jusqu'aux chefs. On crut qu'il était nécessaire d'en faire un exemple, après les avoir forcés d'avouer toute la trame de cette odieuse conjuration.

La Bigne fut le premier interrogé. On lui promit la vie sous la condition qu'il révélerait tous les secrets du complot. Il avoua que la conjuration avait été tramée d'abord à Genève, et qu'on en voulait surtout au cardinal de Lorraine et au duc de Guise, son frère, qui devaient être les premières victimes si l'entreprise eût réussi. Il confessa également qu'on n'aurait pas épargné le roi; ce qu'il confirma, depuis, à Brantôme et à l'historien Belleforest, qui rapportent cet aveu. On présenta ensuite à La Bigne quelques papiers qui avaient été trouvés sur les conjurés, et entre autres un dont il se trouva saisi au moment de son arrestation: Il répondit qu'ils contenaient en termes exprès qu'après la victoire, la monarchie française devait être transformée en république sur le modèle de la Suisse, et que dans le cas où cette forme de gouvernement eût déplu à la majorité, on aurait élu un autre roi qui aurait été forcé par les calvinistes d'abolir entièrement la religion catholique dans le royaume, et dont l'autorité eût été tellement restreinte qu'il n'aurait jamais pu se tirer de leur dépendance. Il dit encore que les principaux conjurés s'étaient obligés, par serment, de livrer à la reine Elisabeth, après le massacre des Guise, la jeune reine de France et d'Ecosse, l'infortunée Marie Stuart, qui lui disputait la couronne d'Angleterre. On interrogea La Bigne sur le prince de Condé; il dit seulement que ce prince était le *chef muet* des rebelles, et qu'il se serait mis à leur tête si l'entreprise avait réussi.

On procéda ensuite à l'interrogatoire des trois principaux chefs que le duc de Nemours avait faits prisonniers. Raunay refusa longtemps de nommer ses complices; mais lorsqu'il eut connaissance de la confession de La Bigne, qui contenait tout le plan de la conjuration, il avoua, dit de Thou, que le dessein des conjurés était de massacrer les Guise, et que le prince de Condé était le *chef muet du* complot.

Mazères fit les mêmes aveux, et confessa qu'il était un de ceux qui devaient massacrer le duc de Guise.

Castelnau, interrogé sur les chefs secrets du complot, et sur le véritable objet que se proposaient les conjurés, ne voulut jamais rien avouer qui pût le compromettre; il persista toujours à dire qu'il n'avait point pris les armes pour faire une révolution dans l'Etat. Mais après sa mort, on trouva dans ses bottines, dit de Thou, un papier qui contenait le plan de la conjuration.

Telle fut la fin de cette fameuse tragédie, plus connue dans l'histoire sous le nom de *Conjuration d'Amboise,* dans laquelle les calvinistes donnèrent le premier exemple de la révolte contre le souverain légitime.

On a beaucoup argumenté, beaucoup discuté sur cette odieuse conjuration; mais que de choses sont restées ensevelies dans le silence de la tombe! et que de coupables conservent encore le masque de fidélité qui cache à tous les yeux leurs fautes, je devrais dire leurs crimes! Calvin et Bèze, Condé et Coligny ont été reconnus pour les principaux fauteurs de l'insurrection; mais il est un autre personnage que l'histoire désigne comme le complice des rebelles; et cet homme qui ne craignit pas d'autoriser la révolte comme sainte et légitime; cet homme dont la froide indifférence s'appelle aujourd'hui philosophie; cet homme dont on a fait l'éloge en pleine Académie, et à qui l'on a érigé une statue qu'on a osé placer à côté de celles des Turenne, des Bossuet, des Fénelon; cet homme, juif d'origine, huguenot d'affection, catholique de profession; cet homme c'est L'Hospital.

« L'Hospital, homme de grande estime, dit d'Aubi-
« gné, fut un des conjurés sur le fait d'Amboise; ce
« que je soutiens contre tout ce qu'en a esté escrit,
« pour ce que l'original de l'entreprise fut consigné

« entre les mains de mon père, où estoit son nom (ce-
« lui du chancelier) tout du long entre celui de d'An-
« delot et d'un Spifame; chose que j'ai fait voir à plu-
« sieurs personnes de marque (1). » Voilà ce vertueux
chancelier que l'on préconisait tant au dix-huitième siècle, et que les philosophes électrisés par d'Alembert
revendiquèrent pour un des leurs.

L'accusation de d'Aubigné paraît d'abord n'être
qu'une infâme calomnie; mais un fait qui confirme le
témoignage de cet écrivain de la Secte, c'est que L'Hospital demanda du temps pour signer l'arrêt de mort du
prince de Condé; car ce magistrat avait intérêt à sauver cette tête, soit pour la conserver au parti calviniste,
soit pour sauver la sienne propre. Et cette conduite de
L'Hospital dans le procès du prince est d'autant plus
étrange, qu'elle n'annonce rien de cette fermeté qu'il
avait montrée en d'autres circonstances. D'où vient
donc qu'elle l'abandonnait dans ce moment où l'équité
demandait qu'il rappelât toute sa vertu? d'où vient que,
puisqu'il croyait à l'innocence de Condé, il n'eut pas
le courage de représenter à un roi enfant l'injustice et
la fausseté de l'accusation?

Moins habile que L'Hospital, Sancerre dévoila plus
maladroitement sa complicité dans la conjuration d'Amboise, en refusant nettement de signer l'arrêt de mort
du prince, sans opposer ni l'irrégularité de la procédure, ni l'insuffisance des preuves, ni l'incompétence
des juges, ni le droit incontestable des pairs.

Cependant la secte de Calvin entreprit de se justi-

---

(1) *Hist. univ.*, t. I, liv. II, ch. 18.

fier de ce crime énorme; et dans ce dessein, elle publia que les conjurés n'avaient eu d'autre but que de se saisir des Guise et d'obtenir le libre exercice du Calvinisme en France; mais, outre que ce n'est pas les armes à la main qu'on vient supplier son roi, voilà bien des assassins pour deux victimes : Poltrot n'eut pas besoin d'un corps d'armée pour assassiner ce même duc de Guise; il est vrai qu'il était inspiré par Bèze, ministre de la Secte.

Et en supposant que les rebelles n'aient eu d'autre but que d'éloigner les Guise de la cour ou de les massacrer, que d'éteindre les feux allumés pour brûler les huguenots, et d'établir en France la doctrine de Calvin, était-ce là le rôle de ces hommes qui se prétendaient envoyés de Dieu pour réformer le Christianisme? A-t-on jamais vu les premiers chrétiens paraître en armes devant leurs souverains pour leur demander la liberté de conscience et la retraite de leurs ministres ou la révocation d'une loi? « C'est une chose étrange, dit à ce « sujet Castelnau, de vouloir donner la loy à son mais- « tre, et principalement aux roys, et qu'il ne leur soit « loisible de faire eslection de tels serviteurs qu'il leur « plaira (1). »

Mais n'est-ce pas une chose plus étrange encore d'entendre les calvinistes dire pour leur justification qu'ils n'ont pris les armes que dans le but d'éteindre les bûchers et d'établir en France leur doctrine? Eh! quoi, ces hommes qui reprochent aux catholiques de s'être armés pour la défense de leur religion, de laquelle les

---

(1) *Mémoires,* liv. I, ch. 5.

huguenots avaient juré la perte, pour la défense du souverain et de la monarchie, pour la défense de leurs personnes et de leurs propriétés menacées ; ces mêmes hommes font la guerre à leur roi légitime pour jeter les fondements d'une doctrine nouvelle! Sans doute, la défense est permise à l'homme, mais seulement lorsqu'elle est juste et légitime.

Quelques écrivains prétendent que Calvin n'approuva point cette conjuration, et qu'il n'y contribua ni directement, ni indirectement. Mais cet homme, si sévère dans sa doctrine, que celui qui s'en écartait était puni de mort, ne l'approuva-t-il pas au moins indirectement, en ne s'y opposant pas de toute la force de son éloquence, et en n'en donnant pas avis à son souverain?

L'apôtre de Genève a bien dit, il est vrai, qu'il aurait volontiers révélé le complot, s'il n'eût eu peur d'exposer à des peines rigoureuses vingt-cinq ou trente mille personnes. Mais désapprouvait-il les réunions révolutionnaires de ses partisans, où l'on ne traitait pas seulement des intérêts de la religion, mais des affaires de l'État, et où s'élaboraient des écrits incendiaires qui menaçaient de mort le roi, la reine-mère et tous leurs fidèles serviteurs?

Quoi qu'il en soit de cette conjuration, Brantôme dit avec juste raison, que « c'estoit le plus meschant, « vilain et détestable acte qui fust jamais ; car, quel- « que habile palliation, couverture et couleur qu'ils « luy purent donner, qu'ils n'en vouloient qu'à MM. de « Guyse, d'autres disoient qu'ils ne vouloient que « présenter une requeste au roy : s'ils fussent venus « à bout de leur dessein, et fussent esté les plus forts,

« ne faut point douter que le roy eust passé comme les
« aultres, ainsi que la Vigne (la Bigne) lui-même me
« l'a dit et à d'aultres aussi. »

Note (VII), page 6.

Voici en peu de mots le récit du tumulte de Vassy.

En 1562, le duc de Guise ayant été invité par le roi de Navarre, lieutenant-général du royaume, de venir en toute hâte à la cour pour préserver Paris des entreprises des huguenots, se mit en marche avec sa compagnie d'ordonnance et plusieurs gentilshommes, et avec la duchesse sa femme, ses enfants et ses frères.

Arrivé, le dimanche 1er mars, à Vassy, le duc descendit de cheval pour entendre la messe. Au même moment, les huguenots étaient assemblés dans une grange voisine de l'église, au nombre de six à sept cents environ, la plupart en armes; ils faisaient un tel vacarme, en chantant leurs psaumes à gorge déployée, que le duc les fit prier de cesser leurs chants jusqu'à ce que la messe fût finie. Mais les huguenots refusèrent d'obéir au duc de Guise, et ne répondirent à son envoyé que par des injures et des railleries. Après la messe, le prieur et le juge du lieu vinrent dans l'église porter plainte au duc contre les calvinistes. Guise fit alors avertir par le jeune La Brosse le ministre et les anciens de venir lui parler. Accompagné de deux autres gentilshommes, La Brosse alla se présenter à la porte de la grange que les huguenots fermèrent brusquement sur lui. Comme il frappait rudement pour la faire ouvrir, quelques hommes sortirent en fureur, se précipitèrent sur les trois envoyés et les chargèrent de coups de pierre. Guise et son lieutenant La Brosse, avertis du danger que couraient ces jeunes gens, volèrent à leur secours. Le lieutenant fut atteint à la tête d'un coup de pierre qui lui couvrit tout le visage de sang; le duc en reçut un au bras, d'autres disent à la joue, et plusieurs gentilshommes de sa suite furent également blessés. Au bruit des arquebusades, plusieurs valets accoururent en armes, pénétrèrent dans la grange, firent feu sur les calvinistes, en tuèrent 25 ou 30, et en blessèrent un plus grand nombre avant que le duc de Guise eût pu calmer leur colère.

On a beaucoup argumenté sur cette malheureuse affaire de Vassy. Les huguenots et un de leurs historiens (d'Aubigné) ont prétendu que c'était un complot ourdi depuis longtemps. Mais comment le duc de Guise pouvait-il savoir qu'il rencontrerait une assemblée de huguenots à Vassy? Et d'ailleurs, il n'y a pas le moindre bon sens de supposer qu'il eût médité un pareil massacre, et qu'il eût consenti à l'opérer sous les yeux de sa famille, qui aurait été égorgée si les huguenots eussent été vainqueurs.

La Popelinière, écrivain calviniste, dit que « l'affaire de Vassy fut une rencontre fortuite. » — De Thou dit que « ce fut une chose qui arriva par hasard

« plutôt que de dessein prémédité ; » et autre part, que « cela arriva contre l'intention et la volonté du duc « de Guyse. » — Brantôme soutient qu'il « ouït de ses « propres oreilles, ainsi que plusieurs de ceux qui « estoient avec lui, que le duc de Guyse, prest à mou- « rir, se confessa de ce massacre, priant Dieu de n'a- « voir rémission de son âme, s'il y avoit jamais pensé, « et s'il en fut jamais l'auteur. »

Quant au nombre des calvinistes qui ont péri dans cette affaire, il varie suivant le plus ou le moins de ressentiment que les historiens de la Secte ont mis à le raconter. Les libellistes de Hollande, dont le rôle était de tout exagérer, ont porté le nombre des morts à plusieurs centaines ; ils ont fait sur cet événement les récits les plus affreux. Les mots de *carnage horrible*, de *soldats qui nageaient dans le sang*, de *vieillards, de femmes et d'enfants qui trouvèrent la mort dans cette terrible journée*, remplirent toutes leurs relations ; et le duc de Guise ne fut plus appelé par eux que le *boucher de Vassy*. D'Aubigné prétend, d'après les mémoires qui lui furent fournis par les ministres et les consistoires, qu'il y eut trois cents personnes tuées dans cette rencontre. Mais comment concilier ce rapport avec celui de quelques écrivains qui assurent qu'il n'y avait que deux cents huguenots au prêche ? La Popelinière porte le nombre des morts à quarante-deux ; d'autres à huit seulement.

Telle fut cette malheureuse affaire qui servit de prétexte aux huguenots pour former entre eux une ligue contre les catholiques et les Guise. Et quoique la religion n'eût point conseillé ce combat, les huguenots l'en punirent dans son culte et dans ses ministres.

Note (VIII), page 7.

De tous les drames où la politique dans son délire, où la vengeance dans son aveugle fureur se sont immolé des victimes humaines, celui que l'histoire a désigné sous le nom de *Journée de la Saint-Barthélemy* est le seul qui soit devenu une arme puissante et offensive entre les mains des ennemis de la religion. Toujours attentifs à en rappeler le souvenir, les écrivains du Calvinisme et leurs fidèles copistes en ont fait pendant longtemps le sujet habituel de toutes leurs déclamations contre le clergé. Et comme ils en ont perfidement déguisé le vrai motif, exagéré l'atrocité et chargé des hommes qui n'y eurent aucune part, on croit assez généralement encore de nos jours : 1° que les catholiques, fanatisés par des moines et par des prêtres, furent poussés à cet acte de cruauté par zèle pour leur religion; 2° que ce massacre fut résolu en 1565, lors du voyage de Charles IX à Bayonne, 3° et que le nombre des calvinistes qui périrent dans cette affreuse journée, s'élève au chiffre énorme de trois cent mille.

Je vais donc essayer de répandre quelques rayons de

lumière sur cet affreux événement que, dans de criminelles intentions, les nuages des passions ont obscurci. Et si je ne puis contempler ce drame sans horreur, j'en discuterai du moins sans partialité et les motifs et les effets, en m'appuyant sur les judicieux raisonnements et sur les impartiales recherches des auteurs qui ont publié des dissertations sur ce point critique de notre histoire (1).

LA RELIGION N'A EU AUCUNE PART A LA JOURNÉE DE LA SAINT-BARTHÉLEMY.

Il faut avoir perdu tout sentiment de justice pour oser accuser la religion catholique d'avoir inspiré la fatale résolution de Charles IX. L'histoire nous rend témoignage qu'elle n'y a participé ni comme motif, ni comme conseil, ni comme agent : c'est ce que je vais prouver.

Et d'abord, comme motif, les procédés des calvinistes et les aveux de Charles IX justifient entièrement la religion d'avoir été le motif de cette terrible tragédie. Et, en effet, l'entreprise d'enlever deux rois, François II et Charles IX, plusieurs villes soustraites à leur obéissance, des siéges soutenus contre les armées royales, des troupes étrangères introduites dans le royaume, quatre batailles rangées livrées au roi de France, le massacre d'un grand nombre de catholiques,

---

(1) Voir l'*Histoire de France* du P. Daniel, et les *Dissertations sur la journée de la Saint-Barthélemy*, par Novy de Caveyrac et de Saint-Victor.

et la Saint-Barthélemy du Béarn (24 août 1569), qui fut bien autrement sanglante et atroce que celle de France, étaient des motifs assez puissants pour irriter le monarque et rendre les rebelles odieux; aussi Charles IX écrivait à Schomberg, le 13 septembre 1572 : « Il ne m'a pas esté possible les supporter plus longue- « ment. » Mais qu'avait-on besoin d'un motif religieux là où l'intérêt personnel, la sûreté du prince, le repos public, et, si l'on veut, la jalousie, la haine et la vengeance s'unissaient pour conseiller au monarque la perte des rebelles? Si, à la nouvelle de cette terrible exécution, on rendit de solennelles actions de grâces à Rome; si Grégoire XIII alla processionnellement de l'église de Saint-Marc à celle de Saint-Louis; s'il indiqua un jubilé; s'il fit frapper une médaille; toutes ces démonstrations de reconnaissance, plutôt que de satisfaction, eurent pour véritable et unique principe, non le massacre des huguenots, mais la découverte de la conspiration qu'ils avaient tramée, ou du moins dont le roi eut grand soin de les accuser dans toutes les cours de la chrétienté. Et si Charles IX, après avoir sauvé du massacre le roi de Navarre et le prince de Condé, voulut les forcer à aller à la messe, c'était moins pour les attacher à la foi catholique que pour les détacher du parti huguenot. Aussi, ne le vit-on irrité de leur refus que dans les premiers moments de leur résistance, après lesquels il ne se mit pas fort en peine de leur conversion : en quoi il se montra plus mauvais politique que bon missionnaire. La religion n'a donc pu être le motif de ce drame sanglant; elle en a été encore moins le conseil.

En effet, on ne voit ni cardinaux, ni évêques, ni prêtres admis dans ce funeste divan; le duc de Guise, lui-même en fut exclu. Voltaire a bien dit, il est vrai, que l'horrible résolution du massacre avait été préparée et méditée par les cardinaux de Birague et de Retz. Ce fait est faux : Je répondrai, d'abord, n'en déplaise aux amis du patriarche de Ferney, que ces deux personnages n'avaient, pour lors, que très-peu d'influence dans les affaires de l'État; j'ajouterai, ensuite, que Birague ne fut revêtu de la pourpre qu'en 1578, et Retz en 1587. Voltaire aura probablement confondu le *cardinal* Gondy de Retz avec son oncle le maréchal de Retz, qui jouissait alors d'un grand crédit à la cour. Il y aurait donc autant d'injustice à accuser la religion catholique d'avoir été la conseillère de tant de meurtres qu'elle abhorre, que d'attribuer l'assassinat du cardinal de Lorraine et de son frère, en 1588, à l'instigation des huguenots.

Mais elle en fut du moins l'agent, disent ses ennemis. Non, elle ne fut point l'agent des massacres de la Saint-Barthélemy, cette religion qui ouvrit partout les portes de ses églises et de ses couvents aux infortunés que la fureur du peuple poursuivait encore quand la colère du souverain était assouvie. Le martyrographe des calvinistes rapporte qu'à Lyon, beaucoup de huguenots furent envoyés dans les prisons de l'archevêché, aux Célestins et aux Cordeliers, dans l'intention de les préserver de la fureur de quelques scélérats; et si cette sage mesure ne leur sauva pas la vie, le même écrivain est forcé d'avouer que les meurtres furent commis à l'insu et pendant l'absence du gouverneur, qui les fit cesser à son retour, et voulut en faire la recherche et punir les auteurs (1).

« Les couvents servirent d'asiles aux calvinistes de « Toulouse, » dit encore le martyrographe (2).

A Bourges, « quelques paisibles catholiques en reti-« rèrent aucuns (quelques-uns) (3).

A Lisieux, l'évêque Ennuyer s'opposa, non à l'exécution cruelle des ordres du roi, car il est faux que des ordres de massacres aient été envoyés dans les provinces, mais à la fureur de quelques hommes que le gouverneur ne pouvait pas contenir, tant ils étaient excités au meurtre par l'exemple ou même par le ressentiment (4).

A Romans, « les catholiques les plus paisibles, dé-« sirant sauver plusieurs de leurs amis, de soixante « qu'on avoit arrêtés, ils en délivrèrent quarante; à quoy « M. de Gordes, gouverneur de la province, qui n'es-« toit pas cruel, contribua; et des vingt restants, on « en sauva encore treize; il n'en périt que sept pour « avoir beaucoup d'ennemis et porté les armes (5). »

A Troyes, « un catholique voulut sauver Etienne « Margien (6). »

C'est à un prêtre de Troyes que Genève doit l'avan-

---

(1) *Histoire des Martyrs, etc.*, édit. de 1582, p. 716, folio recto.

(2) *Idem.*

(3) *Idem.*

(4) *Idem*, p. 728, folio recto.

(5) *Idem.*

(6) *Idem*, p. 718, folio recto.

tage de compter parmi ses hommes les plus illustres, un des plus célèbres médecins de l'Europe; si ce prêtre n'eût sauvé le père de Théodore Tronchin, il aurait manqué un ornement à cette république, une lumière à son Académie, et à ses concitoyens un secours.

A Bordeaux, « il y en eust plusieurs sauvés par des
« prestres et autres personnes desquelles on n'eust ja-
« mais espéré tel secours (1). »

A Nîmes, les catholiques, oubliant les horribles massacres de 1567 (XIV) et de 1569 (XV), se réunirent aux huguenots pour les sauver d'un carnage trop autorisé par l'exemple, assez excusé par le ressentiment, mais nullement permis par la religion. Et cependant la plaie que les calvinistes avaient faite à presque toutes les familles catholiques de cette ville saignait encore; et l'on se souvenait de ces nuits fatales où les huguenots avaient égorgé leurs frères à la lueur des flambeaux, processionnellement et avec le barbare appareil des sacrifices de la Taurique. (C'est, je crois, la seule procession que les calvinistes aient faite.)

Mais pourquoi chercher hors de Paris des exemples de la compassion et de la charité qui caractérisent la religion catholique, et que la religion catholique seule sait inspirer? Un historien calviniste nous les a conservés : laissons-le parler : « Entre les seigneurs fran-
« çois, » dit-il, « qui furent remarqués avoir garanti la
« vie à plus de confédérés (calvinistes), les ducs de
« Guise, d'Aumale, Biron, Bellièvre et Walsingham,
« ambassadeur anglais, les obligèrent plus... après

---

(1) *Histoire des Martyrs*, p. 730, folio verso.

« même qu'on eust fait entendre au peuple que les hu-
« guenots, pour tuer le roi, avoient voulu forcer les
« corps-de-garde, et que jà ils avoient tué plus de vingt
« soldats catholiques : alors ce peuple, guidé d'un dé-
« sir de religion, joinct à l'affection qu'il porte à son
« prince, en eust montré beaucoup davantage, si quelques
« seigneurs, contents de la mort des chefs, ne l'eussent
« souvent détourné : plusieurs Italiens même, courant
« montés et armés par les rues, tant de la ville que des
« faubourgs, avaient ouvert leurs maisons à la seule
« retraite des plus heureux (1). »

Si ces actes d'humanité ne justifiaient pas assez la religion des accusations sanglantes que, depuis près de trois siècles, ses ennemis soulèvent contre elle chaque jour, j'invoquerais le témoignage de l'histoire pour prouver aux détracteurs du catholicisme que cette affreuse journée vit aussi périr beaucoup de catholiques égorgés par la haine ou par l'avarice (2).

« C'étoit être huguenot, » dit Mézeray, « que d'avoir
« de l'argent, ou des charges enviées, ou des héritiers
« affamés. »

Le gouverneur de Bordeaux rançonnait les catholiques comme les calvinistes, et faisait perdre la vie à ceux qui avaient le moyen de la racheter, s'ils n'en avaient pas la volonté.

A Bourges, un prêtre détenu dans la prison y reçut la mort.

(1) La Popelinière, *Histoire de France*, édit. de 1581, t. XXIX, p. 67.

(2) *Histoire des Martyrs*, p. 731, folio recto.

A la Charité, la femme catholique du capitaine Landas fut poignardée.

A Vic, dans le Messin, le gouverneur Salude fut assassiné.

A Paris, Guillaume Bertrand de Villemor, maître des requêtes, et Jean Rouillard, chanoine de Notre-Dame, conseiller au parlement, eurent le même sort.

Et si l'histoire nous avait conservé les noms des catholiques qui furent immolés à la vengeance ou à la cupidité, on serait surpris du nombre considérable de cette espèce de martyrs (1).

Je le répète, la religion n'a participé à cette affreuse proscription, ni comme motif, ni comme conseil, ni comme agent. Et tous les écrivains, faiseurs d'histoire ou de comédie, depuis un Voltaire jusqu'à un Scribe, qui nous représentent les ministres de la vengeance de Charles IX animés d'une *fureur religieuse*, *et les mains armées*, tout à la fois, *de crucifix et de poignards*, ne sont que de lâches calomniateurs.

LE MASSACRE DE LA SAINT-BARTHÉLEMY NE FUT RÉSOLU QUE LA VEILLE DE SON EXÉCUTION.

Les calvinistes ont écrit que cette affreuse tragédie avait été concertée, en 1565, dans les conférences secrètes tenues, à Bayonne, entre Catherine de Médicis, reine-mère de France, et le duc d'Albe, ministre d'Espagne; mais aucune autorité certaine n'établit que la résolution de faire périr l'amiral et ses complices fut

---

(1) *Histoire des Martyrs*, p. 724, folio verso.

préméditée. Il est, au contraire, facile de prouver par les témoignages authentiques de la reine Marguerite, du maréchal de Tavannes et du duc d'Anjou, que ce parti extrême ne fut pris que la veille de son exécution.

La reine Marguerite assure que la résolution du massacre fut l'effet des menaces des seigneurs calvinistes, déterminés à se faire justice de la blessure de l'amiral; et elle ajoute que le roi Charles IX, son frère, lui dit qu'il eut beaucoup de peine à y consentir, et que « si on ne lui avoit fait entendre qu'il y alloit de sa « vie et de son estat, il ne l'eust jamais fait. » Cette princesse ajoute encore que la reine-mère eut toutes les peines du monde à déterminer son fils à cette mesure sanglante, qu'il lui fallut le secours du maréchal de Tavannes, et que ce ne fut qu'à dix heures du soir que l'on vint à bout de vaincre sa résistance.

Le maréchal de Tavannes, dont les mémoires ont été écrits par son fils, traite d'ignorants ceux qui ont cru que le massacre de la Saint-Barthélemy avait été concerté plusieurs années avant son exécution et résolu au moment des noces du roi de Navarre; il assure qu'il était alors sérieusement question de la guerre de Flandre proposée par l'amiral. Suivant ses mémoires, la reine craignait que son fils, se livrant aux conseils de Coligny, ne lui ôtât sa confiance pour la donner à ce chef des huguenots : appréhension d'autant plus fondée, que Catherine trouvait déjà du changement dans la conduite du roi à son égard; et ce fut alors que l'assassinat de l'amiral fut proposé par la reine, arrêté par son conseil, approuvé par Tavannes, exécuté par Maurevel, le vendredi 22 août. Tavannes dit encore qu'après la blessure de l'amiral, les menaces des seigneurs huguenots déterminèrent la cour à les faire massacrer, et que la fureur du peuple fit le reste, « au grand regret « des conseillers, n'ayant esté résolu que la mort des « chefs et factieux. »

Les aveux du duc d'Anjou sont encore plus remarquables que ceux de Tavannes et de la reine Marguerite. Ce prince traversait l'Allemagne pour se rendre à Cracovie; partout, les souverains allaient au-devant de lui, lui faisaient des réceptions magnifiques, et lui donnaient de brillantes fêtes; mais ces plaisirs n'étaient pas exempts d'amertume. Les calvinistes français, qui avaient pris la fuite à l'époque du massacre, étaient répandus dans la plupart des lieux où le duc d'Anjou passait; et ces hommes mêlaient leurs justes imprécations aux acclamations des Allemands. Ces injures, bien méritées, firent une terrible impression sur l'esprit de ce prince, et troublèrent souvent sa sérénité pendant le jour et son repos pendant la nuit. Mais durant une de ces cruelles nuits où l'image des horreurs de la Saint-Barthélemy se retraçait plus vivement à sa mémoire, il fit appeler son médecin Miron, homme de mérite et de confiance, et lui raconta de la manière suivante les causes de cette déplorable journée : « Je « vous fais venir ici pour vous faire part de mes inquié« tudes et agitations de cette nuit, qui ont troublé mon « repos, en repensant à l'exécution de la Saint-Barthé« lemy, dont possible vous n'avez jamais su la vérité, « telle que présentement je veux vous la dire. » Après ce début, il lui dit que la reine et lui s'apercevaient d'un grand changement à cet égard dans Charles IX; que c'était l'effet d'impressions désavantageuses dont l'amiral avait soin de lui remplir l'esprit contre eux; que s'ils l'abordaient, après un de ces entretiens fréquents et secrets, « pour leur parler d'affaires, même de celles « qui ne regardoient que son plaisir, ils le trouvoient « merveilleusement songeur et refrogné, avec un vi- « sage et des contenances rudes; que ses réponses n'es- « toient pas comme autrefois accompagnées d'honneur « et de respect pour la reine, et de faveurs et de bien- « veillance pour lui; » que peu de temps avant la Saint-Barthélemy, étant entré chez le roi, au moment où l'amiral en sortait, Charles IX, au lieu de lui parler, « se promenoit furieusement à grands pas, le regar- « dant souvent de travers et de mauvais œil, mettant « parfois la main sur sa dague avec tant d'émotion, « qu'il n'attendoit sinon qu'il le vinst colleter pour le « poignarder; » qu'il en fut tellement effrayé, qu'il prit le parti de se sauver « dextrement avec une révérence « plus courte que celles de l'entrée; que le roi lui jeta « de fascheuses œillades, qu'il fit bien son compte de « l'avoir échappé belle; » qu'au sortir de là, il fut trouver la reine sa mère; qu'ils joignirent ensemble « tous « les rapports, avis et suspicions, » desquels ils conclurent que c'était l'ouvrage de l'amiral, et ils résolurent de s'en défaire; qu'ils mirent madame de Nemours dans la confidence, « pour la haine mortelle qu'elle « portoit à l'amiral; » qu'ils envoyèrent chercher incontinent un capitaine gascon dont ils ne voulurent point se servir, parce qu'il les avait « trop brusque assurés de « sa bonne volonté, sans réservation d'aucune per-

« sonne; » qu'ils jetèrent les yeux sur Maurevel, « ex-
« périmenté à l'assassinat, que peu devant il avoit com-
« mis en la personne de Mouï; qu'il fallut débattre
« quelque temps; qu'on le mena au point où on vou-
« loit, en lui représentant que l'amiral lui feroit mau-
« vais parti pour le meurtre de son favori Mouï; que
« madame de Nemours procura la maison de Vilaine,
« l'un des siens; que le coup manqué les fist bien res-
« ver et penser à leurs affaires jusqu'à l'après-dînée; »
que le roi voulant aller voir l'amiral, « la reine et lui
« délibérèrent d'estre de la partie; que le blessé de-
« manda à parler au roi en secret, ce qu'il lui accorda,
« leur faisant signe de se retirer; qu'ils restèrent de-
« bout au milieu de la chambre pendant ce colloque
« privé, qui leur donna un grand soupçon, mais encore
« plus, lorsqu'ils se virent entourés de plus de deux
« cents gentilshommes et capitaines du parti de l'ami-
« ral, qui estoient dans la chambre, dans la pièce d'à
« côté et dans la salle basse. » Lesquels, dit le duc
d'Anjou, « avec des faces tristes, gestes et contenances
« de gens malcontents, parlementoient aux oreilles les
« uns des autres, et repassant devant et derrière nous,
« et non avec tant d'honneur et de respect qu'ils de-
« voient..... Nous fusmes donc surpris de crainte de
« nous voir là enfermés, comme depuis me l'a avoué
« la reine ma mère, et qu'elle n'estoit oncques entrée
« en lieu où il y eut plus d'occasion de peur, et d'où
« elle fust sortie avec plus de plaisir. »

Ce prince, continuant son récit, dit à Miron que la
reine effrayée mit fin à l'entretien secret, « sous le
« prétexte honneste de la santé du blessé, et non sans

« fascher le roi qui vouloit bien ouïr le reste de ce
« qu'avoit à lui dire l'amiral; » que retirés, elle le pressa
de leur faire part de ce qui lui avait été dit; « que le
« roi le refusa par plusieurs fois; mais, qu'enfin, im-
« portuné et par trop pressé, il leur dit brusquement
« et avec déplaisir, jurant par la mort..... que ce que lui
« disoit l'amiral étoit vrai, que les rois ne se recon-
« noissoient en France qu'autant qu'ils ont de puis-
« sance de bien ou de mal faire à leurs sujets et servi-
« teurs; que cette puissance et maniement d'affaires
« de tout l'estat s'estoit finement écoulée entre nos
« mains, mais que cette surintendance et autorité lui
« pouvoient estre un jour grandement préjudiciables
« et à tout son royaume, et qu'il devoit la tenir pour
« suspecte et y prendre garde; dont il l'avoit bien
« voulu avertir comme un de ses meilleurs et plus
« fidèles sujets et serviteurs, avant de mourir. Eh! bien,
« mort....., continua le roi, puisque vous l'avez voulu
« savoir, c'est ce que me disoit l'amiral. » Le duc d'Anjou, continuant, dit à Miron, que ce discours « la
« toucha grandement au cœur; qu'ils dissimulèrent et
« firent leurs efforts pour dissuader le roi; que la reine
« fut piquée et offensée au possible de l'amiral, crai-
« gnant qu'il ne causast quelque changement et altéra-
« tion dans leurs affaires et au maniement de l'estat;
« qu'ils furent si estonnés qu'ils ne purent rien répon-
« dre pour cette heure-là; que, le lendemain, il alla
« trouver la reine avec laquelle il délibéra de faire,
« par quelque moyen que ce fust, despêcher l'amiral; »
que l'après-dîner, ils furent ensemble trouver le roi, à
qui la reine fit entendre que le parti huguenot s'armait;

que les capitaines étaient déjà allés dans les provinces pour faire des levées; que l'amiral avait ordonné celle de dix mille reîtres en Allemagne, et de dix mille Suisses dans les cantons; qu'il n'était pas possible de résister à tant de forces; que, pour comble de malheur, les catholiques, lassés d'une guerre où le roi ne leur servait de rien, allaient s'armer contre les huguenots sans sa participation; qu'ainsi « il demeureroit seul
« enveloppé, en grand danger, sans puissance ni auto-
« rité; qu'un tel malheur pouvoit estre détourné par un
« coup d'espée; qu'il falloit seulement tuer l'amiral et
« quelques chefs du parti. Cela fut appuyé par moi,
« ajouta le duc d'Anjou, et par les autres (les maréchaux
« de Tavannes et de Retz, le duc de Nevers et le chan-
« celier de Birague), n'oubliant rien qui y pust servir,
« tellement que le roi entra en extresme colère et
« comme en fureur. Mais ne voulant au commencement
« aucunement consentir qu'on touchast à l'amiral, ce-
« pendant il estoit piqué et grandement touché de la
« crainte du danger..... et voulant savoir si, par un au-
« tre moyen, on pourroit y remédier, il souhaita que
« chacun en dist son opinion; tous furent de l'avis de
« la reine à l'exception du maréchal de Retz, qui trompa
« bien notre espérance, disant que s'il y avoit homme
« qui dust haïr l'amiral et son parti, c'estoit lui; qu'il
« avoit diffamé toute sa race par salles expressions qui
« avoient couru toute la France et aux nations voisines;
« mais qu'il ne vouloit pas, aux dépens de son roi et de
« son maitre, se venger de ses ennemis par un conseil
« à lui dommageable et à tout son royaume; que nous
« serions, à bon droit, taxés de perfidie et de déloyauté.

« Ces raisons nous ostèrent la parole de la bouche,
« voire la volonté de l'exécution. Mais n'estant secondé
« d'aucuns, et reprenant tous la parole, nous l'empor-
« tasmes et reconnusmes une soudaine mutation au roi
« qui, nous imposant silence, nous dit de fureur et de
« colère, en jurant par la mort, que puisque nous
« trouvions bon qu'on tuast l'amiral, qu'il le vouloit,
« mais aussi tous les huguenots de France, afin qu'il
« n'en demeurast pas un seul qui pust le lui reprocher,
« et que nous donnassions ordre promptement, et sor-
« tant tout furieux, nous laissa dans son cabinet... » Et
le lendemain le massacre de la Saint-Barthélemy eut lieu.

Après les aveux remarquables de la reine Marguerite, du maréchal de Tavannes et du duc d'Anjou, qui réunissent tous les caractères de la véracité, je citerai l'opinion de Brantôme, de La Popelinière et de Matthieu. Le premier dit, en parlant du discours de l'amiral contre la reine-mère : « Voilà la cause de sa mort
« et du massacre des siens, ainsi que je l'aye ouï dire
« à aucuns qui les savent bien, encore qu'il y en ait
« plusieurs qu'on ne leur sauroit oster l'opinion de la
« teste que cette fusée eust été filée de longue main et
« cette trame couvée (1). » Le second rapporte toutes les raisons, soit des catholiques, soit des calvinistes, pour et contre la préméditation; mais on le voit clairement pencher pour l'opinion de ceux qui ont cru que la résolution du massacre était une suite de la blessure de l'amiral (2). Le troisième tenait de Henri IV, prince plein

(1) *Dames illustres*, discours sur Catherine de Médicis.
(2) *Histoire de France*, t. XXIX, p. 65 et 67.

de bonté pour lui, que Villeroy, secrétaire d'État et confident de Catherine de Médicis, avait appris de cette reine, et avait dit à plusieurs personnes que la Saint-Barthélemy n'était pas une affaire préméditée (1).

Si, d'après tous ces témoignages, on persistait à croire, sur la parole de quelques écrivains huguenots, que le massacre de la Saint-Barthélemy fut prémédité dans le conseil du roi longtemps avant son exécution, la réflexion suivante pourra peut-être désabuser les plus crédules ou convaincre les plus incrédules. En admettant la longue préméditation de cette sanglante tragédie, il faut supposer, de la part de Catherine et de son conseil, des dispositions certaines et uniformes, qui auraient réussi au moins dans quelques villes. Or, il n'y en a pas une où l'action se soit passée le même jour qu'à Paris. Le massacre fut fait à Meaux le lundi 25 août; à la Charité, le 26; à Orléans, le 27; à Saumur et à Angers, le 29; à Lyon, le 30; à Troyes, le 2 septembre; à Bourges, le 11; à Rouen, le 17; à Romans, le 20; à Toulouse, le 23; à Bordeaux, le 3 octobre. A la vue de ces différentes dates, on ne saurait s'empêcher de convenir que ce n'était pas la peine de prendre des mesures *de si bonne heure* (2).

Il faut donc s'aveugler volontairement pour ne pas voir, dans ces différentes époques du massacre, la ruine du système d'une préméditation concertée, et dans l'acharnement des meurtriers, le seul effet de la licence effrénée, au lieu de l'exécution d'un ordre antérieur et

---

(1) Liv. VI.
(2) Brantôme, *Hommes illustres*, t. XV, p. 149.

général, et dont on ne trouve nulle part la preuve.

Une remarque importante à faire sur ces différences de dates et en même temps sur les différences de distances qu'il y a de la capitale aux villes où ces massacres ont eu lieu, c'est que, semblable aux flots d'un torrent qui déborde, la nouvelle du massacre des huguenots à Paris se propagea successivement de proche en proche et fit inonder de sang les pays où, depuis longtemps, le sang des catholiques criait le plus vengeance. Et qu'avaient-ils besoin d'ordre supérieur? la haine qui séparait les deux partis, les meurtres dont les calvinistes s'étaient rendus coupables, les inimitiés particulières, la cupidité générale, une sorte de fureur que le démon des guerres civiles avait soufflé sur les Français, étaient bien suffisants pour produire ces funestes effets; et Charles IX devait moins s'occuper des moyens d'assurer un grand carnage que de ceux de le prévenir. Aussi, dès le jour même de la Saint-Barthélemy, le roi fit partir des courriers, porteurs de lettres adressées aux gouverneurs des provinces, pour les avertir de ce qui s'était passé à Paris, leur recommandant de prendre des mesures pour éviter que ce malheur *ne s'étendist et passast plus avant que Paris*. L'histoire nous a conservé trois de ces lettres : l'une à Chabot, gouverneur de Bourgogne; l'autre à Montpézat, sénéchal du Poitou (1), et la troisième à Joyeuse, lieutenant-général de la province du Languedoc. Voici la dernière; on ne peut la lire sans se détacher entièrement du préjugé qui accuse Charles IX et son conseil d'avoir eu le dessein de

---

(1) Voir les *Mémoires de l'État de France*.

faire périr en un jour tous les huguenots de France :

« M. de Joyeuse, vous avez entendu ce que (je) vous
« escripvis, avant-hier de la blessure de l'admiral, et
« que j'estois apsès à faire tout ce qui m'estoit pos-
« sible pour la vérification du faict et chastiment des
« coupables, à quoi il ne s'est rien oublié; depuis, il est
« advenu que ceulx de la maison de Guise, et les
« aultres seigneurs et gentilshommes qui leur adhèrent,
« et n'ont pas petite part en cette ville, comme chacun
« sçait, ayant sçu certainement que les amis dudict ad-
« miral vouloient poursuivre sur eulx la vengeance de
« ceste blessure pour les soupçonner, à ceste cause et
« occasion se sont si fort esmus ceste nuit passée,
« qu'entre les uns et les aultres, a été passée une
« grande et lamentable sédition, ayant esté forcé le
« corps-de-garde qui avoit esté ordonné à l'entour de
« la maison dudict admiral, luy tué avec quelques gen-
« tilshommes : comme il a esté massacré d'aultres en
« plusieurs endroits de la ville. Ce qui a esté mené
« avec une telle furie, qu'il n'a esté possible d'y mettre
« le remède tel qu'on eust pu désirer, ayant eu assez à
« faire à employer mes gardes et aultres forces pour
« me tenir le plus fort en ce chasteau du Louvre, pour
« après faire donner ordre par toute la ville à l'appai-
« sement de la sédition, qui est à ceste heure amortie,
« grâces à Dieu : estant devenue par la querelle parti-
« culière qui est, de long-temps y a, entre ces deux
« maisons : de laquelle ayant toujours prévu qu'il suc-
« céderoit quelque mauvais effect, j'avois fait cy-devant
« tout ce qui m'estoit possible pour l'appaiser, ainsi
« que chacun sçait, n'y ayant en cecy rien de la rom-

« pure de l'édict de pacification, lequel je veux estre
« entretenu autant que jamais. Et d'autant qu'il est
« grandement à craindre que tel exécution ne soulève
« mes sujets les uns contre les aultres, et ne se fassent
« de grands massacres par les villes de mon royaume,
« en quoy j'aurois un merveilleux regret, je vous prie
« faire publier et entendre par tous les lieux et en-
« droits de vostre gouvernement, que chacun aye à
« demeurer en repos, et se contenir en sa maison, ne
« prendre les armes, ni s'offenser les uns contre les
« aultres, sur peine de la vie; et faisant garder et soi-
« gneusement observer mon édict de pacification : à
« ces fins, et pour faire punir les contrevenants, et
« courir sur ceulx qui se voudroient esmouvoir et con-
« trevenir à ma volonté, vous pourrez, tant de vos
« amis de mes ordonnances, qu'aultres qui advertis-
« sant les capitaines et gouverneurs des villes et chas-
« teaux de vostre gouvernement, prendre garde à la
« conservation et seureté de leurs places, de telle
« sorte qu'il n'en advienne faulte, m'advertissant au
« plustost de l'ordre que vous y aurez donné, et
« comme toutes choses se passeront en l'étendue de
« vostre gouvernement. Priant le Créateur vous avoir,
« M. de Joyeuse, en sa sainte et digne garde.

« Escript à Paris, le XXIV aoust M. V. C. LXXII.

« *Signé*, CHARLES. »

Et au-dessous : « FIZIER »

Au dos était écrit :

« A M. de Joyeuse, chevalier de mon ordre,
conseiller en mon conseil privé, capi-

taine de 50 lances, et mon lieutenant-géneral en Languedoc (1). »

Trompés par la multitude des courriers dépêchés de Paris dans toutes les provinces, le jour même du massacre de la Saint-Barthélemy, la plupart des écrivains ont pu croire qu'ils étaient porteurs d'ordres pour exterminer partout les huguenots, alors même qu'ils n'étaient envoyés que pour prévenir le tumulte que le massacre de Paris ne manquerait pas de soulever dans les provinces. Voilà le fondement le plus apparent sur lequel a pu se former l'opinion commune que des ordres avaient été envoyés dans les provinces pour faire périr les huguenots; mais une conjecture n'est pas une preuve, surtout lorsqu'elle est détruite par les faits.

LE NOMBRE DES VICTIMES DE LA SAINT-BARTHÉLEMY N'EST PAS AUSSI CONSIDÉRABLE QU'ON LE PRÉTEND.

Il n'est pas aisé de déterminer le nombre des victimes de la Saint-Barthélemy; mais il est facile de s'apercevoir qu'aucun historien n'a dit vrai, puisqu'il n'y a pas deux récits qui s'accordent sur ce fait. Papyre Masson a écrit qu'il périt près de 10,000 personnes; le martyrographe des calvinistes dit tantôt 30,000, tantôt 15,138, tantôt 786; La Popelinière, auteur calviniste, plus de 20,000; de Thou, l'apologiste des huguenots, 30,000, ou même *un peu moins*; Sully, attaché à la secte, 70,000; Péréfixe, précepteur du roi de Navarre, 100,000; un autre écrivain huguenot, 30,000. Il est

(1) Cette lettre est extraite des registres du présidial de Nîmes.

important de remarquer que malgré tous les soins du martyrographe des calvinistes, qui durent être puissamment secondés par le zèle des uns, par la vanité des autres, et par l'intérêt particulier et commun de tous, il ne put découvrir que 786 martyrs; savoir : à Paris, 152; à Meaux, 30; à Troyes, 37; à Orléans, 156; à Bourges, 23; à la Charité, 10; à Lyon, 144; à Saumur et Angers, 8; à Romans, 7; à Rouen, 212; à Bordeaux, 7; à Toulouse, ... (1), parmi lesquels on voit figurer des personnes de tous âges, de tous sexes et de toutes conditions.

Quelques écrivains citent un compte de l'Hôtel-de-Ville de Paris, par lequel on voit que le prévôt des marchands et échevins fit compter, « le 13 septembre, aux
« huit fossoyeurs des Saints-Innocents, vingt livres,
« pour avoir enterré, depuis huit jours, onze cents corps
« morts, aux environs de Saint-Cloud, Auteuil et
« Challuau. » (Le 9 septembre, on leur avait déjà donné un à-compte de 15 livres.) Mais est-il possible que huit fossoyeurs aient pu, en huit jours, tirer onze cents cadavres de la rivière, où on les avait jetés après le massacre, et les enterrer dans des fosses assez profondes pour éviter la corruption; fosses qui furent faites sur un terrain très-ferme et souvent pierreux? On doit donc présumer que ces hommes, peu délicats par nature et par profession, ne se firent point scrupule de grossir le nombre des enterrés, afin d'augmenter leur salaire; car, vraisemblablement, ils n'avaient auprès d'eux personne qui les contrôlât.

(1) Extrait du *Martyrologe des Calvinistes*, imprimé en 1582.

Je terminerai cette note en disant quelques mots de la fameuse carabine de Charles IX. Brantôme est le seul qui en ait parlé ; d'Aubigné en dit un mot, mais avec tant de discrétion, contre son ordinaire, qu'il semble craindre de rapporter cette fable ; de Thou n'en a point parlé, et certainement ce n'est pas pour ménager Charles IX, qu'il appelle un *enragé*. Brantôme même a soin de dire que la carabine ne pouvait pas porter si loin. Mais je demande où cet historien a pu prendre ce fait : il était absent. « Alors, j'étais, dit-il (1), « à notre embarquement de Brouage. » Ce n'est donc qu'un ouï-dire que personne n'a osé répéter dans le temps, et que le duc d'Anjou (Henri III) n'aurait pas omis dans son récit à Miron, attendu qu'il parle de cette même fenêtre d'où on prétend que Charles IX tirait sur ses sujets. (C'est le balcon du Garde-Meuble, qu'on abattit en 1758.) Si Charles IX eût tiré sur ses sujets, c'était une circonstance à ne pas omettre : c'était presque la seule qui pût faire tomber presque tout l'odieux du massacre sur ce roi ; et il est vraisemblable que le duc d'Anjou n'en aurait pas laissé échapper l'occasion. C'est donc une véritable allégation, d'autant plus dépourvue d'apparence, que la rivière était moins couverte de fuyards que de Suisses, qui passaient l'eau pour aller achever le massacre dans le faubourg Saint-Germain. Et d'ailleurs, comment accorder cette inhumanité réfléchie avec ce mouvement d'horreur qui le saisit, ainsi que sa mère et son frère, au premier coup de pistolet qu'ils entendirent ? « Nous entendîmes tirer

---

(1) *Discours sur Catherine de Médicis.*

« un coup de pistolet, dit le duc d'Anjou, et ne saurois
« dire en quel endroit, ni s'il offensa quelqu'un; bien
« sais-je que le son seulement nous blessa tous trois si
« avant dans l'esprit, qu'il offensa nos sens et notre ju-
« gement. »

NOTE (IX), page 10.

Édict du Roy et déclaration sur les précédents édicts de pacification.

(Publié à Paris en parlement, le XXV de Février M. D. XCIX.)

Henry, par la grâce de Dieu, roy de France et de Navarre, à tous présens et advenir, salut. Entre les grâces infinies qu'il a pleu à Dieu nous despartir, celle est bien des plus insignes et remarquables, de nous avoir donné la vertu et la force de ne céder aux effrayables troubles, confusions et désordres, qui se trouvèrent à nostre advénement à ce royaume, qui étoit divisé en tant de parts et de factions, que la plus légitime en estoit quasi la moindre, et de nous estre néantmoins tellement roidis contre ceste tourmente, que nous l'ayons enfin surmontée, et touchions maintenant le port de salut et repos de cest estat. De quoy à lui seul en soit la gloire toute entière, et à nous la grâce et obligation, qu'il se soit voulu servir de nostre labeur pour parfaire ce bon œuvre : auquel il a esté visible à tous si nous avons porté ce qui estoit non seulement de nostre devoir et pouvoir, mais quelque chose de plus, qui n'eust peut-être pas esté en autre temps bien convenable à la dignité que nous tenons, que nous n'avons pas eu crainte d'y exposer, puisque nous y avons tant de fois et si librement exposé nostre propre vie. Et en ceste grande concurrence de si grands et périlleux affaires, ne se pouvant tous composer tout à la fois, et en mesme temps, il nous y a falu tenir cest ordre d'entreprendre premièrement ceux qui ne se pouvoyent terminer que par la force, et plustost remettre et suspendre, pour quelque temps, les autres qui se devoyent et pouvoyent traitter par la raison et la justice. Comme les différens généraux d'entre nos bons sujets, et les maux particuliers des plus saines parties de l'Estat, que nous estimions pouvoir bien plus aisément guérir, après en avoir osté la cause principale qui estoit en la continuation de la guerre civile. En quoy, nous estant (par la grâce de Dieu) bien et heureusement succédé, et les armes et hostilitez estant du tout cessées en tout le dedans du royaume, nous espérons qu'il nous succédera aussi bien aux autres affaires qui restent à y composer, et que par ce moyen nous parviendrons à l'establissement d'une bonne paix et tranquille repos, qui a toujours esté le but de tous nos vœux et intentions, et le prix que nous désirons de tant de peines et travaux, auxquels nous avons passé ce cours de notre âge. Entre lesdits affaires, auxquels il a fallu donner patience, et l'un des principaux, ont esté les plaintes que nous avons reçues de plusieurs de nos provinces et villes catholiques, de ce que l'exercice de la religion catholique n'estoit pas universellement restabli, comme il est porté par les édits ci-devant faits pour la pacification des troubles à l'occasion de la religion. Comme aussi les suplications et remonstrances, qui nous ont esté faites par nos sujets de la religion prétendue réformée, tant sur l'exécution de ce qui leur est accordé par lesdits édits, que sur ce qu'ils désireroyent y estre adjousté pour l'exercice de leur religion, la liberté de leurs consciences et la seureté de leurs personnes et fortunes : présumant avoir juste suject d'en avoir nouvelles et plus grandes apprébensions à cause de ces derniers troubles et mouvemens dont le principal prétexte et fondement a esté sur leur ruine. A quoy, pour ne nous charger de trop d'affaires tout à la fois, et aussi que la fureur des armes ne compatie point à l'establissement des loix, pour bonnes qu'elles puissent estre, nous avons toujours différé de temps en temps de pourvoir. Mais maintenant qu'il plaist à Dieu commencer à nous faire jouir de quelque meilleur repos, nous avons estimé ne le pouvoir mieux employer qu'à vaquer à ce qui peut concerner la gloire de son sainct nom et service, et à pourvoir qu'il puisse estre adoré et prié par tous nos sujets : et s'il ne lui a pleu permettre que ce soit pour encore en une mesme forme et religion, que ce soit au moins d'une mesme intention, et avec telle reigle, qu'il n'y ait point pour cela de troubles ou de tumulte entre eux; et que nous et ce royaume puissions tousjours mériter et conserver le titre glorieux de très-chrétien, qui a esté par tant de mérite et dès si longtemps acquis : et par mesme moyen oster la cause du mal et trouble qui peut advenir par le fait de la religion, qui est tousjours le plus glissant et pénétrant de tous les autres. Pour ceste occasion ayant recogneu ceste affaire de très-grande importance et digne de très-bonne considération, après avoir reprins les cahiers des plaintes de nos sujets catholiques, ayans aussi permis à nosdits sujets de ladite religion prétendue réformée de s'assembler par députez pour dresser les leurs, et mettre ensemble toutes leurs dites remonstrances, et sur ce faict conféré avec eux par diverses fois, et reveu les édicts précédents, nous avons jugé nécessaire de donner maintenant sur le tout à tous nosdits sujets une loy générale, claire, nette et absolue, par laquelle ils soyent reiglez sur tous les différens qui sont ci-devant sur ce survenus entr'eux, et y pourroyent encore survenir ci-après, et dont les uns et les autres ayans sujet de se contenter, selon que la qualité du temps le peut porter, n'estans pour nostre regard entrez en ceste délibération, que pour le seul zèle que nous avons au service de Dieu, et qu'il se puisse doresenavant faire et rendre par tous nosdits sujets, et establis entr'eux une bonne et perdurable paix. Sur quoy nous implorons et attendons de sa divine bonté la mesme protection et faveur, qu'il a tousjours visiblement despartie à ce royaume, depuis sa naissance et pendant tout ce long aage qu'il a attaint, et qu'elle face la grâce à nosdits sujets de bien comprendre, qu'en l'observation de ceste nostre ordonnance consiste (après ce qui est de leur devoir envers

Dieu et envers nous) le principal fondement de leur union et concorde, tranquillité et repos, et du restablissement, opulence et force. Comme de nostre part, nous promettons de la faire exactement observer, sans souffrir qu'il y soit aucunement contrevenu. Pour ces causes, ayans avec l'advis des princes de nostre sang, et autres princes et officiers de la couronne, et autres grands et notables personnages de nostre conseil d'Estat, estans près de nous, bien et diligemment poisé et considéré toute ceste affaire : avons par cest édict perpétuel et irrévocable, dit, déclaré et ordonné, disons, déclarons et ordonnons :

1. Que la mémoire de toutes choses passées d'une part et d'autre, depuis le commencement du mois de mars 1585 jusque à nostre advénement à la couronne, et durant les autres troubles précédens, et à l'occasion d'iceux, demeurera esteinte et assoupie, comme de chose non advenue. Et ne sera loisible ni permis à nos procureurs-généraux ni autres personnes quelsconques, publiques ni privées, en quelque temps ni pour quelque occasion que ce soit, en faire mention, procez ou poursuitte en aucunes cours ou jurisdictions que ce soit.

2. Défendons à tous nos sujets de quelque estat et qualité qu'ils soyent d'en renouveller la mémoire, s'attaquer, ressentir, injurier ni provoquer l'un l'autre par reproche de ce qui s'est passé, pour quelque cause et prétexte que ce soit, en disputer, contester, quereler, ni s'outrager ou s'offenser de fait ou de parole. Mais se contenir et vivre paisiblement ensemble, comme frères, amis et concitoyens, sur peine aux contrevenans d'estre

punis comme infracteurs de paix et perturbateurs du repos public.

3. Ordonnons que la religion catholique, apostolique et romaine sera remise et restablie en tous les lieux et endroits de cestui nostre royaume et païs de nostre obéissance, où l'exercice d'icelle a esté intermis, pour y estre paisiblement et librement exercée, sans aucun trouble ou empêchement. Défendons très-expressément à toutes personnes de quelque estat, qualité ou condition qu'elles soyent, sur les peines que dessus, de ne troubler, molester, ni inquiéter les ecclésiastiques en la célébration du divin service, jouissance et perception des dismes, fruicts et revenus de leurs bénéfices, et tous autres droits et devoirs qui leur appartiennent : et que tous ceux qui durant les troubles se sont emparez des églises, maisons, biens, revenus, apartenans auxdits ecclésiastiques, et qui les détiennent et occupent, leur en délaissent l'entière possession et paisible jouissance, en tels droits, libertez et seuretez qu'ils avoyent auparavant qu'ils en fussent dessaisis : défendons aussi très-expressément à ceux de ladite religion prétendue réformée de faire prescher ni aucun exercice de ladite religion, ès églises, maisons et habitations desdits ecclésiastiques.

4. Sera au choix desdits ecclésiastiques d'achetter les maisons et bastimens construits aux places profanes sur eux occupées durant les troubles, ou contraindre les possesseurs desdits bastimens d'acheter le fons, le tout suyvant l'estimation qui en sera faite par expers, dont les parties conviendront : et à faute d'en convenir, leur en sera pourveu par les juges des lieux : sauf

auxdits possesseurs leurs recours contre qui il apartiendra. Et où lesdits ecclésiastiques contraindroyent les possesseurs d'acheter le fons, les deniers de l'estimation ne seront mis en leurs mains, ains demeureront lesdits possesseurs chargez, pour en faire profit à raison du denier vingt, jusques à ce qu'ils ayent esté employez au profit de l'Église : ce qui se fera dans un an. Et où ledit temps passé, l'acquéreur ne voudroit plus continuer ladite rente, il en sera déchargé, en consignant les deniers entre les mains de personne solvable, avec l'authorité de la justice. Et pour les lieux sacrez, en sera donné advis par les commissaires qui seront ordonnez pour l'exécution du présent édict, pour sur ce y estre par nous pourveu.

5. Ne pourront toutes fois les fons et places occupées pour les réparations et fortifications des villes et lieux de nostre royaume, et les matériaux y employez, estre vendiquez ni répétez par les ecclésiastiques ou autres personnes publiques ou privées, que lorsque lesdites réparations et fortifications seront démolies par nos ordonnances.

6. Et pour ne laisser aucune occasion de troubles et différens entre nos sujets, avons permis et permettons à ceux de ladite religion prétendue réformée, vivre et demeurer par toutes les villes et lieux de cestui nostre royaume et païs de nostre obéissance, sans estre enquis, vexez, molestez ni adstrains à faire chose, pour le fait de la religion contre leur conscience, ne pour raison d'icelle estre recherchez ès maisons et lieux où ils voudront habiter, en se comportant au reste selon qu'il est contenu en nostre présent édict.

7. Nous avons aussi permis à tous seigneurs, gentils-hommes et autres personnes, tant regnicoles qu'autres, faisans profession de la religion prétendue réformée, ayans en nostre royaume et païs de nostre obéissance haute justice ou plein fief de haubert (comme en Normandie), soit en propriété ou usufruict, en tout ou par moitié, ou pour la troisième partie, avoir en telle de leurs maisons desdits hautes justices ou fiefs susdits, qu'ils seront tenus nommer devant à nos baillifs et séneschaux, chacun en son destroit pour leur principal domicile, l'exercice de ladite religion, tant qu'ils y seront résidens, et en leur absence, leurs femmes ou bien leur famille, ou partie d'icelle. Et encores que le droit de justice ou plein fief de haubert soit controversé, néantmoins l'exercice de ladite religion y pourra estre fait, pourveu que les dessusdits soyent en possession actuelle de ladite haute justice, encore que nostre procureur-général soit partie. Nous leurs permettons aussi avoir ledit exercice en leurs autres maisons de haute justice ou fief susdits de haubert, tant qu'ils y seront présens et non autrement, le tout tant pour eux, leur famille, sujets, qu'autres qui y voudront aller.

8. Es maisons des fiefs, où ceux de ladite religion n'auront ladite haute justice ou fief de haubert, ne pourront faire ledit exercice, que pour leur famille tant seulement. N'entendons toutes fois s'il y survenoit d'autres personnes, jusques au nombre de trente, outre la famille, soit à l'occasion des baptesmes, visites de leurs amis, ou autrement, qu'ils en puissent estre recherchez : moyennant aussi que lesdites maisons ne

soyent au dedans des villes, bourgs ou villages, appartenans aux seigneurs hauts justiciers catholiques, autres que nous : èsquels lesdits seigneurs catholiques ont leurs maisons. Auquel cas ceux de ladite religion ne pourront dans lesdites villes, bourgs ou villages, faire ledit exercice, si ce n'est par permission et congé desdits seigneurs hauts justiciers, et non autrement.

9. Nous permettons aussi à ceux de ladite religion faire et continuer l'exercice d'icelle en toutes les villes et lieux de nostre obéissance, où il estoit par eux établi et fait publiquement, par plusieurs et divers fois, en l'année 1596 et en l'année 1597, jusques à la fin du mois d'aoust, nonobstant tous arrests et jugemens à ce contraires.

10. Pourra semblablement ledit exercice estre establi et restabli en toutes les villes et places où il a esté establi, ou d'en estre par l'édict de pacification fait en l'année 1577, articles particuliers et conférences de Nérac et Fleix : sans que ledit établissement puisse estre empesché ès lieux et places du domaine donnez par ledit édict, articles et conférences pour lieux de bailliages, ou qui le seront ci-après, encore qu'ils ayent esté depuis aliénez à personnes catholiques ou le seront à l'advenir. N'entendons toutes fois que ledit exercice puisse estre restabli ès lieux et places dudit domaine, qui ont esté ci-devant possédez par ceux de ladite religion prétendue réformée, esquels il auroit esté mis en considération de leurs personnes, ou à cause du privilége des fiefs, si lesdits fiefs se trouvent à présent possédez par personnes de ladite religion catholique, apostolique et romaine.

11. Davantage en chacun des anciens bailliages, séneschauces et gouvernemens tenans lieu de bailliage, ressortissans nument et sans moyen ès cours de parlement : nous ordonnons, qu'ès fauxbourgs d'une ville, outre celles qui leur ont esté accordées par ledit édict, articles particuliers et conférences, et où il n'y auroit des villes ou un bourg ou village, l'exercice de ladite religion prétendue réformée se pourra faire publiquement pour tous ceux qui y voudront aller, encor qu'èsdits bailliages, séneschauces et gouvernemens y ait plusieurs lieux où ledit exercice soit à présent establi : fors et excepté, pour ledit lieu de bailliage nouvellement accordé par le présent édict, les villes esquelles il y a archevesché et évesché : sans toutesfois que ceux de ladite religion prétendue réformée soyent pour cela privez de ne pouvoir demander et nommer, pour ledit lieu dudit exercice, les bourgs et villages proches desdites villes : excepté aussi les lieux et seigneuries apartenans aux ecclésiastiques. Esquelles nous n'entendons que ledit second lieu de bailliage puisse estre establi, les en ayans de grâce spéciale exceptez et réservez. Voulons et entendons sous le nom d'anciens bailliages parler de ceux qui estoyent du temps de feu roy Henry nostre très-honoré seigneur et beau-père tenus pour bailliages, séneschauces et gouvernemens ressortissans sans moyen en nosdits cours.

12. N'entendons par le présent édict, déroger aux édicts et accords ci-devant faits pour la réduction d'aucuns princes, seigneurs, gentils-hommes et villes catholiques en nostre obéissance, en ce qui concerne l'exercice de ladite religion : lesquels édicts et accords

seront entretenuz et observez pour ce regard, selon qu'il sera porté par les instructions des commissaires qui seront ordonnez pour l'exécution du présent édict.

13. Défendons très-expressément à tous ceux de ladite religion faire aucun exercice d'icelle, tant pour le ministère, reiglement, discipline ou instruction publique d'enfans et autres, en cestui notre royaume et païs de nostre obéissance, en ce qui concerne la religion réformée qu'ès lieux permis et octroyez par le présent édict.

14. Comme aussi de faire aucun exercice de ladite religion en nostre cour et suite, ni pareillement en nos terres et païs qui sont de là les monts, ni aussi en nostre ville de Paris, ni à cinq lieuës de ladite ville : toutefois ceux de ladite religion, demeurans esdites terres et païs de là les monts, et en nostre dite ville, et cinq lieuës autour d'icelle, ne pourront estre recherchez en leurs maisons, ni adstraints à faire chose pour le regard de leur religion, contre leur conscience : en se comportans au reste selon qu'il est contenu en nostre présent édict.

15. Ne pourra aussi l'exercice public de ladite religion estre fait aux armées, sinon aux quartiers des chefs qui en feront profession, autres toutesfois que celui où sera le logis de nostre personne.

16. Suyvant l'art. 2 de la conférence de Nérac, nous permettons à ceux de ladite religion de pouvoir bastir des lieux pour l'exercice d'icelle, aux villes et places où il leur est accordé, et leur serons rendus ceux qu'ils ont ci-devant bastis, ou le fonds d'iceux en l'estat qu'il est à présent : mesme ès lieux où ledit exercice ne leur est permis, sinon qu'ils eussent esté convertis en autre

nature d'édifices. Auquel cas, leur seront baillez par les possesseurs desdits édifices des lieux et places de mesme prix et valeur qu'ils estoyent avant qu'ils y eussent basti, ou la juste estimation d'iceux, à dire d'experts. Sauf auxdits propriétaires et possesseurs leurs recours contre qui il appartiendra.

17. Nous défendons à tous prescheurs, lecteurs et autres qui parlent en public, user d'aucunes paroles, discours et propos tendans à exciter le peuple à sédition, ains leur avons enjoint et enjoignons de se contenir et se comporter modestement, et de ne rien dire qui ne soit à l'instruction et édification des auditeurs, et à maintenir le repos et tranquillité par nous establie en nostre dit royaume, sur les peines portées par les précédents édicts. Enjoignans très-expressément à nos procureurs généraux et leurs substituts, d'informer d'office contre ceux qui y contreviendront, à peine d'en respondre en leurs propres et privez noms, et de privation de leurs offices.

18. Défendons aussi à tous nos sujets de quelque qualité et condition qu'ils soyent, d'enlever par force ou induction, contre le gré de leurs parens, les enfans de ladite religion, pour les faire baptizer ou confirmer en l'Église catholique, apostolique, romaine. Comme aussi mesmes défenses sont faites à ceux de ladite religion prétendue réformée : le tout à peine d'estre punis exemplairement.

19. Ceux de ladite réligion prétendue réformée ne seront aucunement adstrains ni demeureront obligez pour raison des abjurations, promesses et sermens qu'ils ont ci-devant faits, aux cautions par eux baillées, con-

cernant le fait de ladite religion, et n'en pourront estre molestez ni travaillez en quelque sorte que ce soit.

20. Seront tenus aussi garder et observer les festes indicts en l'Église catholique, apostolique, romaine, et ne pourront ès jours d'icelles besogner, vendre ni estaler à boutiques ouvertes, ni pareillement les astisans travailler hors leurs boutiques, et en chambres et maisons fermées ès dits jours de festes, et autres jours défendus, en aucun mestier, dont le bruit puisse estre entendu au dehors, des passans ou des voisins : dont la recherche néantmoins ne pourra estre faite que par les officiers de la justice.

21. Ne pourront les livres concernant ladite religion prétendue réformée, estre imprimez et vendus publiquement, qu'ès villes et lieux où l'exercice public de ladite religion est permis. Et pour les autres livres qui seront imprimez ès autres villes, seront veus et visitez, tant par nos officiers que théologiens, ainsi qu'il est porté par nos ordonnances. Défendons très-expressément l'impression, publication et vente de tous livres, libelles et escrits diffamatoires, sur les peines contenues en nos ordonnances : enjoignons à tous nos juges et officiers d'y tenir la main.

22. Ordonnons qu'il ne sera fait différence ni distinction, pour le regard de ladite religion, à recevoir les escoliers pour estre instruits ès universités, colléges et escholes, et les malades et pauvres ès hospitaux, maladries et aumosnes publiques.

23. Ceux de ladite religion prétendue réformée seront tenus garder les loix de l'Eglise catholique, apostolique, romaine, receues en cestui nostre royaume, pour

le faict des mariages contractez et à contracter ès degrez de consanguinité et officinité.

24. Pareillement ceux de ladite religion payeront les droits d'entrée, comme il est accoustumé, pour les charges et offices dont ils seront pourveus, sans estre contraints assister à aucunes cérémonies contraires à leur dite religion : et estant appelez par serment, ne seront tenus d'en faire d'autre que de lever la main, jurer et promettre à Dieu, qu'ils diront la vérité : et ne seront aussi tenus de prendre dispense du serment, par eux presté en passant les contrats et obligations.

25. Voulons et ordonnons que tous ceux de ladite religion prétendue réformée, et autres qui ont suyvi leur parti, de quesque estat, qualité ou conditions qu'ils soyent, soyent tenus et contrains par toutes voyes deuës et raisonnables, et sous les peines contenues aux édicts sur ce faict, payer et acquitter les dixmes aux curez et autres ecclésiastiques, et à tous autres à qui elles appartiennent, selon l'usage et coustume des lieux.

26. Les exheredations ou privations, soit par dispositions d'entre vifs ou testamentaires, faites seulement en haine, ou pour cause de religion, n'auront lieu, tant pour le présent que pour l'advenir entre nos sujets.

27. Afin de réunir d'autant mieux les volontés de nos sujets, comme est nostre intention, et oster toutes plaintes à l'advenir, déclarons tous ceux qui font ou feront profession de ladite religion prétendue réformée, capables de tenir et exercer tous estats, dignitez, offices et charges publiques quelsconques, royales,

seigneuriales ou des villes de nostre dit royaume, païs, terres et seigneuries de nostre obéissance, nonobstant tous sermens à ce contraires, et d'estre indifféremment admis et receus en iceux, et se contenteront nos cours de parlemens et autres juges d'informer et enquérir, sur la vie, mœurs, religion et honneste conversation de ceux qui sont ou qui seront pourveus d'offices, tant d'une religion que d'autre, sans prendre d'eux autre serment que de bien et fidèlement servir le royaume en l'exercice de leurs charges, et garder les ordonnances, comme il a esté observé de tous temps. Advenant aussi vacation desdits estats, charges et offices, pour le regard de ceux qui seront en nostre disposition, il y sera par nous pourveu indifféremment et sans distinction de personnes capables, comme chose qui regarde l'union de nos sujets. Entendons aussi que ceux de ladite religion prétendue réformée puissent estre admis et receus en tous conseils, délibérations, assemblées et fonctions, qui dépendent des choses dessus dites, sans que pour raisons de ladite religion, ils en puissent estre rejettez ou empêchez d'en jouir.

28. Ordonnons pour l'enterrement des morts de ceux de ladite religion, pour toutes les villes et lieux de ce royaume, qu'il leur sera pourveu promptement en chacun lieu par nos officiers et magistrats, et par les commissaires que nous députerons à l'exécution de nostre présent édict, d'une place la plus commode que faire se pourra. Et les cimetières qu'ils avoyent par ci-devant, et dont ils ont esté privez à l'occasion des troubles, leur seront rendus, sinon qu'ils se trouvassent à présent occupez par édifices et bastimens, de

quelque qualité qu'ils soyent : auquel cas leur en sera pourveu d'autres gratuitement.

29. Enjoignons très-expressément à nosdits officiers de tenir la main à ce qu'auxdits enterremens il ne se commette aucun scandale : et seront tenus dans 15 jours après la réquisition qui en sera faite, pourvoir à ceux de ladite religion, de lieu commode pour lesdites sépultures, sans user de longueur et remise : à peine de 500 écus en leurs propres et privez noms. Sont aussi faites défenses, tant auxdits officiers que tous autres, de rien exiger pour la conduite desdits morts, sur peine de concussion.

30. Afin que la justice soit rendue et administrée à nos sujets sans aucune suspicion, haine ou faveur, comme estant un des principaux moyens pour les maintenir en paix et concorde, avons ordonné et ordonnons qu'en nostre cour de parlement de Paris, sera establie une chambre, composée d'un président et 16 conseillers dudit parlement, laquelle sera appelée et intitulée la chambre de l'édict, et cognoistra non-seulement des causes et procez de ceux de la religion prétendue réformée, qui seront dans l'estendue de ladite cour : mais aussi des ressorts de nos parlements de Normandie et Bretagne, selon la jurisdiction qui lui sera ci-après attribuée par ce présent édict, et ce jusques à tant qu'en chacun desdits parlements ait esté establie une chambre, pour rendre la justice sur les lieux. Ordonnons aussi que des 4 offices de conseillers en nostre dit parlement restant de ladite érection qui en a par nous esté faite, en seront présentement pourveus et

receus audit parlement 4 de ceux de ladite religion prétendue réformée, suffisans et capables, qui seront distribués, à savoir le premier receu, en ladite chambre de l'édict, et les autres trois à mesure qu'ils seront receus, en trois des chambres des enquestes : et autre que des deux premiers offices, de conseillers lais de ladite cour, qui viendront à vaquer par mort, en seront aussi pourveus deux de ladite religion prétendue réformée et iceux receus, distribuez aussi aux deux autres chambres des enquestes.

31. Outre la chambre ci-devant establie à Castres, pour le ressort de nostre cour de parlement de Thoulouse, laquelle sera continuée en l'estat qu'elle est, nous avons pour les mesmes considérations ordonné et ordonnons, qu'en chacune de nos cours de parlemens de Grenoble et Bourdeaux, sera pareillement establie une chambre, composée de deux présidens, l'un catholique, et l'autre de la religion prétendue réformée, et de 12 conseillers, dont les 6 seront catholiques, et les autres 6 de ladite religion : lesquels présidens et conseillers catholiques seront par nous prins et choisis aux corps de nosdites cours, et quant à ceux de ladite religion, sera fait création nouvelle d'un président et 6 conseillers pour le parlement de Bourdeaux, et d'un président et trois conseillers pour celui de Grenoble : lesquels avec les 3 conseillers de ladite religion, qui sont à présent audit parlement, seront employez en ladite chambre de Dauphiné, et seront créez lesdits offices de nouvelle création aux mesmes gages, honneurs, authoritez et prééminences que les autres des-

dites cours, et sera ladite séance de ladite chambre de Bourdeaux, audit Bourdeaux ou à Nérac, et celle de Dauphiné à Grenoble.

32. La chambre de Dauphiné cognoistra des causes de ceux de ladite religion prétendue réformée du ressort de nostre parlement de Provence, sans qu'ils ayent besoin de prendre lettre d'évocation ni autres provisions qu'en nostre chancellerie de Dauphiné : comme aussi ceux de ladite religion de Normandie et Bretagne, ne seront tenus prendre lettre d'évocation, ni autres provisions, qu'en nostre chancellerie de Paris.

33. Nos sujets de ladite religion du parlement de Bourgogne auront le chois et option de plaider en la chambre ordonnée au parlement de Paris, ou en celle du Dauphiné, et ne seront aussi tenus prendre lettres d'évocation ni autres provisions qu'ès dites chancelleries de Paris ou Dauphiné, selon l'option qu'ils feront.

34. Toutes lesdites chambres composées comme dit est, cognoistront et jugeront en souveraineté et dernier ressort par arrest prévotivement à tous autres, des procez et différens meus et à mouvoir, esquels ceux de ladite religion prétendue réformée seront parties principales ou garans, en demandant ou défendant, en toutes matières tant civiles que criminelles, soyent lesdits procez par escrit, ou appellations verbales, et ce, si bon semble auxdites parties, et l'une d'icelles le requiert, avant contestation en cause, pour le regard des procez à mouvoir : excepté toutes fois pour toutes matières bénéficiales, et les possessoires des dismes

non inféodez, les patronats ecclésiastiques et les causes où il s'agira des droits et devoirs ou domaine de l'Eglise, qui seront toutes traittées et jugées ès cours de parlement, sans que lesdites chambres de l'édict en puissent cognoistre. Comme aussi nous voulons que pour juger et décider les procez criminels qui interviendront entre lesdits ecclésiastiques, et ceux de ladite religion prétendue réformée, si l'ecclésiastique est défendeur, en ce cas la cognoissance et jugement du procez criminel appartiendra à nos cours souveraines prévotivement auxdites chambres, et où l'ecclésiastique sera demandeur, et celui de ladite religion défendeur, la cognoissance et jugement du procez criminel appartiendra par appel et en dernier ressort auxdites chambres establies. Cognoistront aussi lesdites chambres en temps de vacations, des matières attribuées par les édicts et ordonnances, aux chambres establies en temps de vacations, chacune en son ressort.

35. Sera ladite chambre de Grenoble dès à présent unie et incorporée au corps de ladite cour de parlement, et les présidens et conseillers de ladite religion prétendue réformée, nommez présidens et conseillers de ladite cour, et tenus du rang et nombre d'iceux, et à ces fins seront premièrement distribuez par les autres chambres, puis extraits et tirez d'icelles pour estre employez et servir en celles que nous ordonnons de nouveau : à la charge toutes fois qu'ils assisteront et auront voix et séance en toutes les délibérations qui se feront, les chambres assemblées, et jouiront des mesmes gages, authorité et prééminences que font les autres présidens et conseillers de ladite cour.

36. Voulons et entendons que lesdites chambres de Castres et Bourdeaux soyent réunies et incorporées en iceux parlemens en la mesme forme que les autres, quand besoin sera, et que les causes qui nous ont meu d'en faire l'establissement, cesseront et n'auront plus de lieu entre nos sujets, et seront à ces fins les présidens et conseillers d'icelles, de ladite religion, nommez et tenus pour présidens et conseillers desdites cours.

37. Seront aussi créez et érigez de nouveau en la chambre ordonnée pour le parlement de Bourdeaux, deux substituts de nos procureur et advocat généraux, dont celui du procureur sera catholique, et l'autre de ladite religion, lesquels seront pourveus desdits offices aux gages compétens.

38. Ne prendront tous lesdits substituts autre qualité que de substituts, et lorsque les chambres ordonnées pour les parlemens de Thoulouse et de Bourdeaux seront unies et incorporées auxdits parlemens, seront lesdits substituts pourveus d'offices de conseillers en iceux.

39. Les expéditions de la chancellerie de Bourdeaux se feront en présence de deux conseillers d'icelle chambre, dont l'un sera catholique et l'autre de la religion prétendue réformée, en l'absence d'un des maistres des requestes de nostre dit hostel, et l'un des notaires secrétaires de ladite cour de parlement de Bourdeaux fera sa résidence au lieu où ladite chambre sera establie, ou bien un des secrétaires ordinaires de la chancellerie, pour signer les expéditions de ladite chancellerie.

40. Voulons et ordonnons qu'en ladite chambre de Bourdeaux, il y ait deux commis de greffier dudit parlement, l'un au civil et l'autre au criminel, qui exerceront leurs charges par nos commissions, et seront appelez commis au greffe civil et criminel, et pourtant ne pourront estre destituez ni révoquez par lesdits greffiers du parlement : toutes fois seront tenus rendre l'émolument desdits greffes auxdits greffiers. Lesquels commis seront salariez par lesdits greffiers selon qu'il sera advisé et arbitré par ladite chambre, plus y sera ordonné des huissiers catholiques qui seront prins en ladite cour ou d'ailleurs, selon nostre bon plaisir, outre lesquels en sera de nouveau érigé deux de ladite religion, et pourveus gratuitement, et seront tous lesdits huissiers reiglez par ladite chambrée, tant en l'exercice et despartement de leurs charges qu'ès émolumens qn'ils devront prendre. Sera aussi expédiée commission d'un payeur des gages, et receveur des amendes de ladite chambre, pour en estre pourveu tel qu'il nous plaira, si ladite chambre est establie ailleurs qu'en ladite ville : et la commission ci-devant accordée aux payeurs des gages de la chambre de Castres, sortira son plein et entier effect, et sera jointe à ladite charge la commission de la recepte des amendes de ladite chambre.

41. Sera pourveu de bonnes et suffisantes assignations pour les gages des officiers des chambres ordonnées par cest édict.

42. Les présidens, conseillers et autres officiers catholiques desdites chambres seront continuez le plus longuement que faire se pourra, et comme nous ver-

rons estre à faire pour nostre service et le bien de nos sujets : et en licentiant les uns, sera pourveu d'autres en leurs places, avant leur partement, sans qu'ils puissent, durant le temps de leur service, se despartir ni absenter desdites chambres sans le congé d'icelles, qui sera jugé sur les causes de l'ordonnance.

43. Seront lesdites chambres establies dedans six mois, pendant lesquels (si tout l'establissement demeure à estre fait) les procez meus et à mouvoir, où ceux de ladite religion seront parties, des ressorts de nos parlemens de Paris, Rouen, Dijon et Rennes, seront évoquez en la chambre establie présentement à Paris, en vertu de l'édict de l'an 1577, ou bien au grand conseil, au chois et option de ceux de ladite religion, s'ils le requièrent : ceux qui seront du parlement de Bourdeaux, en la chambre establie à Castres, ou audit grand conseil à leur chois : et ceux qui seront de Provence, au parlement de Grenoble. Et si lesdites chambres ne sont establies dans trois mois après la présentation qui aura esté faite de nostre présent édict, celui de nos parlemens qui en aura fait refus, sera interdict de cognoistre et juger des causes de ceux de ladite religion.

44. Les procez non encores jugez pendans esdites cours de parlement et grand conseil, de la qualité susdite, seront renvoyez, en quelque estat qu'ils soyent, esdites chambres, chacun en son ressort, si l'une des parties de ladite religion le requiert, dedans quatre mois après l'establissement d'icelles : et quant à ceux qui seront discontinuez, et ne sont en estat de juger, lesdits de la religion seront tenus faire déclaration à la

première intimation et signification qui leur sera faite de la poursuite, et ledit temps passé, ne seront plus receus à requérir lesdits renvois.

45. Lesdites chambres de Grenoble et Bourdeaux, comme aussi celles de Castres, garderont les formes et stil des parlemens, au ressort desquels elles seront establies, et jugeront en nombre esgal d'une et d'autre religion, si les parties ne consentent au contraire.

46. Tous les juges auxquels l'adresse sera faite des exécutions des arrêts, commissions desdites chambres et lettres obtenues ès chancelleries d'icelles, ensemble tous huissiers et sergens seront tenus les mettre à exécution, et lesdits huissiers et sergens faire tous exploits par tout nostre royaume, sans demander placet, visa *ne parcatis*, à peine de suspension de leurs estats et des despens, dommages et intérest des parties, dont la cognoissance appartiendra auxdites chambres.

47. Ne seront accordées aucunes évocations des causes dont la cognoissance est attribuée auxdites chambres, si non ès cas des ordonnances, dont le renvoy sera fait à la plus prochaine chambre establie suyvant nostre édict, et les partages des procez desdites chambres seront jugez en la plus prochaine, observant la proportion et forme desdites chambres, dont les procez seront procédez : excepté pour la chambre de l'édict en nostre parlement de Paris, où les procez partis seront despartis en la mesme chambre, par les juges qui seront par nous nommez par nos lettres particulières pour cest effet : si mieux les parties n'aiment attendre le renouvellement de ladite chambre; et advenant qu'un mesme procez soit parti en toutes

les chambres mi-parties, le partage sera renvoyé à ladite chambre de Paris.

48. Les récusations qui seront proposées contre les présidens et conseillers des chambres mi-parties, pourront estre jugées au nombre de six : auquel nombre les parties seront tenues de se restreindre, autrement sera passé outre, sans avoir esgard auxdites récusations.

49. L'examen des présidens et conseillers nouvellement érigez, èsdites chambres mi-parties, sera fait en nostre privé conseil, ou par lesdites chambres, chacune en son destroit, quand elles seront en nombre suffisant : et néantmoins le serment accoustumé sera par eux presté ès cours où lesdites chambres seront establies, et à leur refus, en nostre conseil privé, excepté ceux de la chambre de Languedoc; lesquels presteront le serment ès mains de nostre chancellier, ou en icelle chambre.

50. Voulons et ordonnons que la réception de nos officiers de ladite religion, soit jugée èsdites chambres mi-parties par la pluralité des voix : comme il est accoustumé ès austres jugemens, sans qu'il soit besoin que les opinions surpassent des deux tiers, suivant l'ordonnance à laquelle pour ce regard est dérogé.

51. Seront faites èsdites chambres mi-parties les propositions, délibérations et résolutions, que appartiendront au repos public, et pour l'estat particulier et police des villes, où icelles chambres seront.

52. L'article de la jurisdiction desdites chambres ordonnées par le présent édict sera suivi et observé selon sa forme et teneur, mesmes en ce qui concerne l'exé-

18

cution et inexécution ou infraction de nos édicts; quand ceux de ladite religion seront parties.

53. Les officiers subalternes, royaux ou autres, dont la réception appartient à nos cours de parlemens, s'ils sont de ladite religion prétendue réformée, pourront estre examinez et reçus èsdites chambres, à savoir ceux des ressorts des parlemens de Paris, Normandie et Bretaigne, en ladite chambre de Paris; ceux de Dauphiné et Provence en la chambre de Grenoble; ceux de Bourgogne, en ladite chambre de Paris ou de Dauphiné, à leur chois; ceux du ressort de Thoulouse, en la chambre de Castres, et ceux du parlement de Bourdeaux, en la chambre de Guyenne : sans qu'autres se puissent opposer à leurs réceptions, et rendre parties, que nos procureurs-généraux et leurs substituts, et les procureurs èsdits offices et néantmoins le serment accoustumé sera par eux presté ès cours de parlemens, lesquels ne pourront prendre aucune cognoissance de leursdites réceptions, et au refus desdits parlemens, lesdits officiers presteront le serment èsdites chambres : après lequel ainsi presté, seront tenus présenter par un huissier ou notaire l'acte de leurs réceptions aux greffes desdites cours de parlemens, et en laisser copie collationnée auxdits greffiers : auxquels est enjoinct d'enregistrer lesdits actes, à peine de tous despens, dommages et interests des parties, et où lesdits greffiers seroyent refusant de ce faire, suffira auxdits officiers de rapporter l'acte de ladite sommation expédié par lesdits huissiers ou notaire, et icelle faire enregistrer aux greffes de leurs jurisdictions, pour y avoir recours quand besoin sera, à peine de nullité de

leurs procédures et jugemens. Et quant aux officiers dont la réception n'a accoustumé d'estre faite en nosdits parlemens, en cas que ceux à qui elle appartient fissent refus de procéder audit examen et réception, se retireront lesdits officiers par devers lesdites chambres pour leur estre pourveu comme il appartiendra.

54. Les officiers de ladite religion prétendue réformée, qui seront pourveus ci-après pour servir dans les corps de nos dites cours de parlemens, grand conseil, chambre des comptes, cour des aides, bureaux des trésoriers généraux de France, et autres officiers des finances, seront examinez et receus ès lieux où ils ont accoustumé de l'estre : et en cas de refus ou desni de justice, leur sera pourveu en nostre conseil privé.

55. Les réceptions de nos officiers faites en la chambre ci-devant establie à Castres, demeureront vallables, nonobstant tous arrests et ordonnances à ce contraires. Seront aussi vallables les réceptions des juges, conseillers, effleus et autres officiers de ladite religion, faites en nostre privé conseil, ou par commissaires par nous ordonnez pour le refus de nos cours de parlemens, des aides ès chambres des comptes, tant ainsi que si elles estoyent faites èsdites cours et chambres, et par les autres juges à qui la réception appartient : et seront leurs gages allouez par les chambres des comptes sans difficulté : et si aucuns ont été rayez, seront restablis, sans qu'il soit besoin d'avoir autre jussion que le présent édict, et sans que lesdits officiers soyent tenus de faire apparoir d'autre réception, nonobstant tous arrests donnez au contraire, lesquels demeureront nuls et de nul effect.

56. En attendant qu'il y ait moyen de survenir aux frais de justice desdites chambres sur les deniers des amendes, sera par nous pourveu d'assignation vallable et suffisante pour fournir auxdits frais, sauf d'en répéter les deniers sur les biens des condamnez.

57. Les présidens et conseillers de ladite religion prétendue réformée, ci-devant receus en nostre cour de parlement de Dauphiné et en la chambre de l'édict incorporée en icelle, continueront et auront leurs séances et ordres d'icelles, savoir est les présidens, comme ils en ont jouï et jouïssent à présent, et les conseillers, suyvant les arrests et provisions qu'ils en ont obtenu en nostre conseil privé.

58. Déclarons toutes sentences, jugemens, arrests, saisies, ventes et decrets faits et donnez contre ceux de ladite religion prétendue réformée, tant vivans que morts depuis le trespas du feu roy Henry IIe nostre très-honoré seigneur et beau-père, à l'occasion de ladite réligion, tumultes et troubles depuis advenus, ensemble l'exécution d'iceux jugemens et decrets dès à présent cassez, révoquez et annullez, et iceux cassons, révoquons et annullons. Ordonnons qu'ils seront rayez et ostez des registres des greffes des cours, tant souveraines qu'inférieures. Comme nous voulons aussi estre ostées et effacées toutes marques, vestiges et monumens desdites exécutions, livres et actes diffamatoires contre leurs personnes, mémoire et postérité, et que les places esquelles ont esté faites pour cette occasion, démolitions ou rasemens, soyent rendues en tel estat qu'elles sont, aux propriétaires d'icelles, pour en jouïr et disposer à leur volonté. Et généralement avons cassé,

révoqué et annullé toutes procédures et informations faites pour entreprises quelconques, prétendus crimes de lèze-majesté, et autres, nonobstant lesquelles procédures, arrests et jugemens contenans réunion, incorporation et confiscation, voulons que ceux de ladite religion et autres qui ont suyvi leur parti, et leurs héritiers, rentrent en la possession réelle et actuelle de tous et chacuns leurs biens.

59. Toutes procédures faites, jugemens et arrests donnez durant les troubles contre ceux de ladite religion, qui ont porté les armes, ou se sont retirez hors de nostre royaume, ou dedans icelui ès villes et païs par eux tenus, en quelque autre matière que de la religion et troubles, ensemble toutes péremptions, d'instances, prescriptions tant loyales, conventionnales, que coustumières, et saisies féodales escheuës pendant lesdits troubles, ou par empeschemens légitimes provenus d'iceux, et dont la cognoissance demeurera à nos juges, seront estimez comme non faites, données ni advenues, et telles les avons déclarées et déclarons, et icelles mises et mettons à néant, sans que les parties s'en puissent aucunement aider : ains seront remises en l'estat qu'elles estoyent auparavant, nonobstant lesdits arrests et l'exécution d'iceux, et leur sera rendue la possession en laquelle ils estoyent pour ce regard. Ce que dessus aura pareillement lieu, pour le regard des autres qui ont suyvi le parti de ceux de ladite religion, ou qui ont esté absens de nostre royaume pour le fait des troubles. Et pour les enfans mineurs de ceux de la qualité susdite qui sont morts pendant les troubles, remettons les parties au mesme estat qu'elles

estoyent auparavant sans refonder les despens ni estre tenus de consigner les amendes : n'entendons toutesfois que les jugemens donnez par les juges présidiaux, ou autres juges inférieurs, contre ceux de ladite religion, ou qui ont suyvi leur parti, demeurent nuls, s'ils ont esté donnez par juges séans ès villes par eux tenues et qui leur estoyent de libre accez.

60. Les arrests donnez en nos cours de parlemens, ès matières dont la cognoissance appartient aux chambres ordonnées par l'édict de l'an 1577, et articles de Nérac, et Fleix, èsquelles cours les parties n'ont procédé volontairement, c'est-à-dire, ont allégué et proposé fins déclinatoires, ou qui ont esté données par défaut ou forclusion, tant en matière civile que criminelle, nonobstant lesquelles fins, lesdites parties ont esté contraintes de passer outre, seront pareillement nuls et de nulle valeur. Et pour le regard des arrests donnez contre ceux de ladite religion, qui ont procédé volontairement, et sans avoir proposé fins déclinatoires, iceux arrests demeureront : et néantmoins sans préjudice de l'exécution d'iceux, se pourront, si bon leur semble, pourvoir par requeste civile devant les chambres ordonnées par le présent édict, sans que le temps porté par les ordonnances ait couru à leur préjudice : et jusques à ce que lesdites chambres et chancelleries d'icelles soyent establies, les appellations verbales ou par escrit interjettez par ceux de ladite religion, devant les juges, greffiers ou commis, exécuteurs des arrests et jugements, auront pareil effect, que si elles estoyent relevées par lettres royaux.

61. En toutes enquestes qui se feront pour quelque

cause que ce soit, ès matières civiles, si l'enquesteur ou commissaire est catholique, seront les parties tenues de convenir d'un adjoint, et où ils n'en conviendroyent, en sera prins d'office par ledit enquesteur ou commissaire, un qui sera de ladite religion prétendue réformée : et sera le mesme pratiqué, quand le commissaire ou enquesteur sera de ladite religion, pour l'adjoint qui sera catholique.

62. Voulons et ordonnons que nos juges puissent cognoistre de la validité des testamens, auxquels ceux de ladite religion auront intérest, s'ils le requièrent, et les appellations desdits jugemens pourront estre relevées auxdites chambres ordonnées pour les procez de ceux de ladite religion : nonobstant toutes coustumes à ce contraires, mesme celle de Bretaigne.

63. Pour obvier à tous différens qui pourroyent survenir entre nos cours de parlemens, et les chambres d'icelles cours ordonnées par nostre présent édict, sera par nous fait un bon et ample reiglement entre lesdites cours et chambres, et tel que ceux de ladite religion prétendue réformée joüiront entièrement dudit édict, lequel reiglement sera vérifié en nos cours de parlemens et gardé et observé, sans avoir esgard aux précédens.

64. Inhibons et défendons à toutes nos cours souveraines et autres de ce royaume, de cognoistre et juger les procez civils et criminels de ceux de ladite religion, dont par nostre édict est attribuée la cognoissance auxdites chambres, pourveu que le renvoy en soit demandé, comme il est dit aux 40 articles ci-dessus.

65. Voulons aussi par manière de provisoire, et

jusques à ce qu'en ayant autrement ordonné, qu'en tous procez meus ou à mouvoir, où ceux de ladite religion seroient en qualité de demandeurs, ou défendeurs, parties principales ou garands, ès matières civiles, èsquelles nos officiers et siéges présidiaux ont pouvoir de juger en dernier ressort, leur soit permis de requérir que deux de la chambre où les procez se devront juger, s'abstiennent du jugement d'iceux, lesquels sans expression de cause seront tenus s'en abstenir, nonobstant l'ordonnance, par laquelle les juges ne se peuvent tenir pour recusez sans cause : leur demeurant outre ce, les recusations de droit contre les autres : et ès matières criminelles, èsquelles aussi lesdits présidiaux et autres juges royaux subalternes jugent en dernier ressort, pourront les prévenus estant de ladite religion requérir que trois desdits juges s'abstiennent du jugement de leur procez, sans expressions de cause. Et les prévosts des mareschaux de France, vibaillifs, viséneschaux, lieutenans de robes courtes, et autres officiers de semblable qualité, jugeront suyvant les ordonnances et reiglemens ci-dessus donnez, pour le regard des vagabonds, et quant aux domiciliez, chargez et prévenus des cas prévôtaux, s'ils sont de ladite religion, pourront requérir que trois desdits juges qui en peuvent cognoistre, s'abstiennent du jugement de leurs procez, et seront tenus s'en abstenir; sans aucune expression de cause, sauf si en la compagnie où lesdits procez se jugeront, se trouvoyent jusques au nombre de deux en matière civile, et trois en matière criminelle de ladite religion, auquel cas ne sera permis de recuser sans expression de cause : ce qui sera commun et réciproque aux catholiques en la forme que dessus, pour le regard desdites recusations de juges, où ceux de ladite religion prétendue réformée seront en plus grand nombre. N'entendons toutesfois que lesdits siéges présidiaux, prévosts des mareschaux, vibaillifs, viséneschaux, et autres qui jugent en dernier ressort, prennent en vertu de ce que dit est, cognoissance des troubles passez : et quant aux crimes et excez advenus pour autre occasion que du fait des troubles, depuis le commencement du mois de mars de l'année 1585, jusques à la fin de l'année 1597. En cas qu'ils en prennent cognoissance, voulons qu'il y puisse avoir appel de leurs jugemens par devant les chambres ordonnez par le présent édict : comme il se pratiquera en semblable pour les catholiques complices, et où ceux de ladite religion prétendue réformée seroyent parties.

66. Voulons aussi et ordonnons que doresenavant en toutes instructions autres qu'informations de procez criminels ès séneschaussées de Thoulouse, Carcassonne, Rouergue, Loragais, Béziers, Montpellier et Nismes, le magistrat ou commissaire député pour ladite instruction, s'il est catholique, sera tenu prendre un adjoint qui soit de ladite religion prétendue réformée, dont les parties conviendront, et où ils n'en pourroyent convenir, en sera pris d'office un de ladite religion par le susdit magistrat ou commissaire. Comme en semblable, si ledit magistrat ou commissaire est de ladite religion, il sera tenu, en la mesme forme dessus dite, prendre un adjoint catholique.

67. Quand il sera question de faire procez criminel par les prévosts des mareschaux ou leurs lieutenans à

quelqu'un de ladite religion domicilié, qui soit chargé et accusé d'un crime prévostal, lesdits prévosts ou leurs lieutenans, s'ils sont catholiques, seront tenus d'appeller à l'instruction desdits procez un adjoint de ladite religion : lequel adjoint assistera aussi au jugement de la compétence et au jugement définitif dudit procez : laquelle compétence ne pourra estre jugée qu'au plus prochain siége présidial, en assemblée, avec les principaux officiers dudit siége, qui seront trouvez sur les lieux, à peine de nullité, sinon que les prévenus requissent que la compétence fust jugée èsdites chambres ordonnées par le présent édict : auquel cas, pour le regard des domiciliez ès provinces de Guyenne, Languedoc, Provence et Dauphiné, les substituts de nos procureurs-généraux èsdites chambres, feront, à la requeste d'iceux domiciliez, aporter en icelles les charges et informations faictes contre iceux pour cognoistre et juger si les causes sont prévostables ou non, pour après selon la qualité de crimes estre par icelles chambres, renvoyez à l'ordinaire ou jugez prévostablement, ainsi qu'ils verront estre à faire par raison, en observant le contenu en nostre présent édict : et seront tenus les juges présidiaux, prévosts, des mareschaux, vibaillifs, viséneschaux et autres qui jugent en dernier ressort, de respectivement obéir et satisfaire aux commandemens qui leur seront faits par lesdites chambres : tout ainsi qu'ils ont accoustumé faire auxdits parlemens à peine de privation de leurs estats.

68. Les criées, affiches et subhastations des héritages dont on poursuit le decret, seront faites ès lieux et heures accoustumés, si faire se peut, suyvant nos

ordonnances, ou lieu ès marchez, publics, si au lieu où sont assis lesdits héritages y a marché, et où il n'y en auroit point, seront faites au plus prochain marché du ressort du siége où l'adjudication se doit faire; et seront les affiches mises au posteau dudit marché, et à l'entrée de l'auditoire dudict lieu, et par ce moyen seront bonnes et valables lesdites criées, et passé outre à l'interposition du decret, sans s'arrester aux nullitez qui pourroyent estre alléguées par ce regard.

69. Tous tiltres, papiers, enseignemens et documens qui ont esté pris seront rendus et restituez de part et d'autres à ceux à qui ils appartiennent, encores que lesdits papiers, ou les chasteaux et maisons, èsquels ils estoient gardez, ayant esté pris et saisis, soit par spéciales commissions du feu roy dernier décédé, nostre très-honoré seigneur et beau-frère, ou nostres, ou pour les mandemens des gouverneurs et lieutenans généraux de nos provinces, ou de l'authorité des chefs de l'autre part, ou pour quelque autre prétexte que ce soit.

70. Les enfans de ceux qui se sont retirés hors nostre royaume, depuis la mort de feu roy Henry IIe, nostre très-honoré seigneur et beau-père, pour cause de la religion et troubles, encores que lesdits enfans soyent nais hors le royaume, seront tenus pour vrais françois et regnicoles, et tels les avons déclarez et déclarons, sans qu'il leur soit besoin prendre lettre de naturalité, ou autres provisions de nous, que le présent édict: nonobstant toutes ordonnances à ce contraires, auxquelles nous avons dérogé et dérogeons, à la charge que lesdits enfans nais ès païs estrangers, se-

ront tenus dans dix ans après la publication du présent édict, de venir demeurer dans ce royaume.

71. Ceux de ladite religion prétendue réformée et autres qui ont suyvi leur parti, lesquels auroyent prins à ferme avant les troubles aucuns greffes ou autre domaine, gabelle, imposition foraine et autres droits à nous appartenans, dont ils n'ont pu jouir à cause d'iceux troubles, demeureront deschargez, comme nous les déchargeons, de ce qu'ils n'auront reçu desdites finances, ou qu'ils auront sans fraude payé ailleurs qu'ès receptes de nos finances, nonobstant toutes obligations sur ce par eux passées.

72. Toutes places, villes et provinces de nostre royaume, païs, terres et seigneuries de nostre obéissance, useront et jouiront des mesmes priviléges, immunitez, libertez, franchises, foires, marchez, jurisdiction et siége de justice, qu'elles faisoyent auparavant les troubles commencez, au mois de mars 1585, et autres précédens, nonobstant toutes lettres à ce contraires, et les translations d'aucuns desdits siéges : pourveu que elles ayant esté faits seulement à l'occasion des troubles, lesquels siéges seront remis et restablis ès villes et lieux où ils estoyent auparavant.

73. S'il y a quelques prisonniers qui soyent encores tenus par authorité de justice ou autrement, mesmes ès galères, à l'occasion des troubles ou de ladite religion, seront eslargis et mis en pleine liberté.

74. Ceux de ladite religion ne pourront ci-après estre surchargez et foulez d'aucunes charges ordinaires ou extraordinaires plus que les catholiques, et selon la proportion de leurs biens et facultez, et pourront les

parties qui prétendront estre surchargez, se pourvoir pardevant les juges, ausquels la cognoissance en appartient, et seront tous nos sujets, tant de la religion catholique que prétendue réformée, indifféremment deschargez de toutes charges qui ont esté imposées de part et d'autre, durant les troubles, sur ceux qui estoyent de contraire parti et non consentans, ensemble des dettes créées et non payées, et fraiz faits sans le consentement d'iceux, sans toutes fois pouvoir respecter les fruits qui auront esté employez au payement desdites charges.

75. N'entendons aussi que ceux de ladite religion et autres qui ont suyvi leur parti, ni les catholiques, qui estoyent demeurez ès villes et lieux par eux occupées et détenues, et qui leur ont contribué, soyent poursuivis pour le payement des tailles, aides, octrois, creuë, taillon, utensilles, réparations et autres impositions et subsides escheus et imposez durant les troubles advenus devant et jusques à nostre advénement à la couronne, soit par les édicts, mandemens des feus roys nos prédécesseurs, ou par l'advis et délibération des gouverneurs et estats des provinces, cours de parlement et autres, dont nous les avons deschargez et deschargeons, en défendans aux thrésoriers généraux de France et de nos finances, receveurs-généraux et particuliers, leurs commis et entremetteurs, et autres intendans et commissaires de nosdits finances, les en rechercher, molester ni inquiéter directement ou indirectement, en quelque sorte que ce soit.

76. Demeureront tous chefs, seigneurs, chevaliers, gentils-hommes, officiers, corps de ville et commu-

nautez, et tous les autres qui les ont aidez et secourus, leurs vefves, hoirs et successeurs, quittez et deschargez de tous deniers qui ont esté par eux et leurs ordonnances pris et levez, tant des deniers royaux, à quelque somme qu'ils se puissent monter, que des villes, communautez et particulière, des rentes, revenu, argenterie, vente de biens meubles ecclésiastiques et autres, bois de haute futaye, soit du domaine ou autres amendes, butins, rançons ou autre nature de deniers par eux pris à l'occasion des troubles commencez au mois de mars 1585, et autres troubles précédens jusques à nostre advénement à la couronne, sans qu'ils ne ceux qui auront esté par eux commis à la levée desdits deniers, ou qui les ont baillez ou fournis par leurs ordonnances, en puissent estre autrement recherchez à présent, ni pour l'avenir : et demeureront quittes tous ceux que leurs commis de tous le maniement et administration desdits deniers, en rapportant pour toutes descharges, dans quatre mois, après la publication du présent édict, faite en nostre cour de parlement de Paris, acquits deuement expédiez des chefs de ceux de ladite religion, ou de ceux qui auront esté par eux commis à l'audition et closture des comptes ou des communautez des villes qui ont eu commandement et charge durant lesdits troubles. Demeureront pareillement quittes et deschargez de tous actes d'hostilité, levées et conduictes de gens de guerre, fabrication et évaluation de monnoye faite selon l'ordonnance desdits chefs : fonte et prise d'artillerie et munitions, confections de poudres et salpestres, prises, fortifications, desmantellemens et démolitions de villes, chasteaux, bourgs et bourgades entreprises sur icelles, bruslemens et démolitions d'églises et maisons : establissement de justice, jugement et exécution d'iceux ; soit en matière civile ou criminelle : police et réglemens faits entre eux, voyages et intelligences, négociations, traictez et contracts faits avec tous princes et communautez estrangères, et introduction desdits estrangers ès villes et autres endroits de nostre royaume : et généralement de tout ce qui a esté fait, géré et négotié durant lesdits troubles, depuis la mort du feu roy Henry IIe, nostre très-honoré sieur et beau-père, par ceux de ladite religion, et autres qui ont suivi leur parti, encores qu'il deust estre particulièrement exprimé et spécifié.

77. Demeureront ainsi deschargez ceux de ladite religion, de toutes assemblées générales et provinciales par eux faites, et tenues tant à Mante, que depuis ailleurs, jusques à présent : ensemble des conseils par eux establis, et ordonnez par les provinces, délibérations, ordonnances et réglemens faits auxdits assemblées et conseils : et establissement et augmentation de garnisons, assemblées de gens de guerre, levée et prise de nos deniers, soit entre les mains de nos receveurs-généraux ou particuliers, collecteurs de parroisses, ou autrement en quelque façon que ce soit : arrest de sel, continuation ou érection nouvelle des traités et péages et receptes d'iceux, mesmes à Royan et sur les rivières de Charente, Garonne, Rosne et de Dordogne : armemens et combats par mer, et tous accidens et excez advenus pour faire payer lesdits traités et péages, et autres deniers : fortifications des villes, chasteaux et places : imposition de deniers et courvées et recepte

d'iceux deniers, destitution de nos receveurs, et fermiers, et autres officiers : establissement d'autres en leurs places et de toutes unions, despesches et négociations faites tant dedans que dehors le royaume, et généralement de tout ce qui a esté fait et délibéré, escrit et ordonné par lesdites assemblées et conseils : sans que ceux qui ont donné les advis, signé et exécuté, fait et exécuter lesdites ordonnances, règlemens et délibérations, en puissent estre recherchez, ni leurs vefves, héritiers, et successeurs, ores ni à l'advenir : encores que les particularitez ne soyent ici à plein déclarées : et sur le tout sera imposé silence perpétuel à nos procureurs-généraux, leurs substituts et tous ceux qui y pourroyent prétendre intérests en quelque façon et manière que ce soit : nonobstant tous arrests, sentences, jugemens, informations et procédures faites au contraire.

78. Approuvons en outre, validons et autorisons les comptes qui ont esté veus, clos et examinez par les députez de ladite assemblée : voulons qu'iceux, ensemble les acquits et pièces qui ont esté rendues par les comptables, soyent portées en nostre chambre des comptes de Paris, trois mois après la publication du présent édict, et mis ès mains de nostre procureur-général, pour estre délivrées au garde des livres et registres de nostredite chambre, pour y avoir recours toutefois et quantes que besoin sera, sans que lesdits comptes puissent estre reveus, ni lesdits comptables tenus à aucune comparation ne correction, sinon en cas d'obmission de recepte ou faux acquits : imposons silence à nostredit procureur-général pour le surplus,

que l'on voudroit dire estre défectueux, et les formalitez n'avoir esté bien gardées. Défendons aux gens de nos comptes, tant de Paris que des autres provinces, où elles sont establies, d'en prendre aucune cognoissance en quelque sorte et manière que ce soit.

79. Et pour le regard des comptes qui n'auront encores esté rendus, voulons iceux estre veus, clos et examinez par les commissaires qui à ce seront par nous députez, lesquels sans difficulté passeront et alloueront toutes les parties payées par lesdits comptables en vertu des ordonnances de ladite assemblée, ou autres ayans pouvoir.

80. Demeurant tous collecteurs, receveurs, fermiers et tous autres biens et deuement deschargez de toutes les sommes et deniers qu'ils ont payées auxdits commis de ladite assemblée de quelque nature qu'ils soyent jusques audit jour de ce mois. Voulons le tout estre passé et alloué aux comptes qui s'en rendront en nos chambres des comptes purement et simplement, en vertu des quittances qui seront rapportées : et si aucunes estoyent ci-après expédiées ou délivrées, elles demeureront nulles, et ceux qui les accepteront ou délivreront, seront condamnez à l'amende de faux emplois : et où il y auroit quelques comptes déjà rendus, sur lesquels seroyent intervenues aucunes radiations ou charges, pour ce regard avons icelles ostées et levées, restabli et restablissons lesdites parties entièrement, en vertu de ces présentes : sans qu'il soit besoin pour tout ce que dessus de bares particulières, ni autre chose que l'extraict du présent article.

81. Les gouverneurs, capitaines, consuls et per-

sonnes commises au recouvrement des deniers pour payer les garnisons des places tenues par ceux de ladite religion, auxquels nos receveurs et collecteurs des parroisses, auroyent fourni par prest sur leurs cédulles et obligations, soit par contrainte ou pour obéir aux commandemens qui leur ont esté faits par les thrésoriers généraux, les deniers nécessaires pour l'entretenement desdites garnisons, jusques à la concurrence de ce qui estoit porté par l'estat que nous avons fait expédier au commencement de l'année 1596, et augmentation depuis par nous accordée, seront tenus quittes et déchargez de ce qui a esté payé pour le fait susdit, encores que par lesdites cédulles et obligations n'en soit fait expresse mention : lesquelles leur seront rendues comme nulles : et pour y satisfaire les thrésoriers généraux en chacune généralité feront fournir par les receveurs particuliers de nos tailles, leurs quittances auxdits collecteurs, et pour les receveurs-généraux leurs quittances aux receveurs particuliers, pour la descharge desquels receveurs-généraux seront les sommes dont ils auront tenu compte, ainsi que dit est, dostés sur les mandemens levez par le thrésoriers de l'espargne, sous les noms des thrésoriers généraux de l'extraordinaire en nos guerres, pour le payement desdites garnisons : et où lesdits mandemens ne monteront autant que porte nostredit estat de l'année 1596, et augmentation, ordonnons que pour y suppléer seront expédiez nouveaux mandemens de ce qui s'en défendrait pour la descharge de nos comptables et restitution desdites promesses et obligations : en sorte qu'il n'en soit rien demandé à l'advenir à ceux qui les auront faites, et que toutes lettres de validations qui seront nécessaires pour la descharge des comptables seront expédiées en vertu du présent article.

82. Aussi ceux de ladite religion se déporteront et désisteront dès à présent de toutes pratiques, négociations et intelligences, tant dedans que dehors nostre royaume, et lesdites assemblées et conseils establis dans les provinces, se sépareront promptement : et seront toutes ligues, associations faites ou à faire, sous quelque pretexte que ce soit, au préjudice de nostre présent édict, cassées et annulées : comme nous les cassons et annullons, défendons très-expressément à tous nos sujets de faire doresnavant aucunes cotisations et levées de deniers, sans nostre permission : fortifications, enrollemens d'hommes, congrégations et assemblées autres que celles qui leur sont permises par nostre présent édict et sans armes : ce que nous leur prohibons et défendons sur peine d'estre punis rigoureusement comme contempteurs et infracteurs de nos mandemens et ordonnances.

83. Toutes prises qui ont esté faites par mer durant les troubles en vertu des congez et adveus donnez, et celles qui ont esté faites par terre sur ceux de contraire parti, et qui ont esté jugées par les juges et commissaires de l'admirauté, ou par les chefs de ceux de ladite religion, ou leur conseil, demeureront assoupies sous le bénéfice de nostre présent édict, sans qu'il en puisse estre faite aucune poursuite, ni les capitaines et autres qui ont fait lesdites prises, leurs cautions, et lesdits juges et officiers à leurs vefves et héritiers recherchez ni molestez en quelque sorte que ce soit, nonobstant

tous arrêts de notre conseil privé, et des parlemens et toutes lettres de marques et saisies pendantes et non jugées, dont nous voulons leur estre faite pleine et entière main levée.

84. Ne pourront semblablement estre recherchez ceux de ladite religion des oppositions et empeschemens qu'ils ont donné par ci-devant, mesmes depuis les troubles, à l'exécution des arrêts et jugemens donnez pour le restablissement de la religion catholique apostolique romaine en divers lieux du royaume.

85. Et quant à ce qui a esté fait ou pris durant les troubles, hors la voye d'hostilité, ou par hostilité contre les règlemens publics ou particuliers des chefs ou des communautez des provinces, qui avoyent commandement, en pourra estre faite poursuite par la voye de justice.

86. D'autant néantmoins que si ce qui a esté fait contre les règlemens d'une part et d'austre, est indifféremment excepté et réservé de la générale abolition portée par nostre présent édict, et est sujet à estre recherché, il n'y a homme de guerre qui ne puisse estre mis en peine : dont pourroit advenir renouvellement des troubles : à ceste cause, nous voulons et ordonnons, que seulement les cas exécrables demeureront exceptés de ladite abolition, comme ravissemens et forcemens de femmes et filles, le rustement, meurtres et voleries, faites par provision et guet à pend, hors les voyes d'hostilité, et pour exercer vengeance particulière contre le devoir de la guerre, infractions de passe-ports et sauve-gardes avec meurtres et pillages, sans commandement, pour le regard de ceux de la reli-

gion et autres qui ont suyvi le parti des chefs, qui ont eu auctorité sur eux fondée sur particulières occasions qui les ont meuz à les commander et ordonner.

87. Ordonnons aussi que punition sera faite des crimes et délits commis entre personnes de mesme parti, si ce n'est en actes commandez par les chefs d'une part et d'autre, selon la nécessité, loy et ordre de la guerre : et quant aux levées et exactions de deniers, ports d'armes et autres exploits de guerre faits d'authorité privée et sans adveu, en sera faite poursuite par voye de justice.

88. Es villes desmentelées pendant les troubles, pourront les ruines et desmentellement d'icelles, estre par nostre permission réédifiées et réparées par les habitans à leurs fraiz et despens, et les provisions octroyées ci-devant pour ce regard, tiendront et auront lieu.

89. Ordonnons, voulons et nous plaist que tous les seigneurs, chevaliers, gentils-hommes et autres de quelque qualité et condition qu'ils soyent de ladite religion prétendue réformée et autres qui ont suyvi leur parti, rentrent et soyent effectuellement conservez en la jouïssance de tous et chacuns leurs biens, droits, nom, raisons et actions, nonobstant les jugemens ensuyvis durant lesdits troubles, et à raison d'iceux lesquels arrests, saisies, jugemens et tout ce qui s'en seroit ensuyvi, nous avons à ceste fin déclaré et déclarons nuls et de nul effet et valeur.

90. Des acquisitions que ceux de ladite religion prétendue réformée et autres qui ont suyvi leur parti, auront faites par auctorité d'autres que des feus roys

nos prédécesseurs, pour les immeubles appartenant à l'Église, n'auront aucun lieu ni effet : ains ordonnons, voulons et nous plaist que lesdits ecclésiastiques rentrent incontinent et sans délai; et soyent conservez en la possession et jouissance réelle et actuelle desdits lieux ainsi aliénez, sans estre tenus de rendre le prix desdites ventes et ce nonobstant lesdits contracts de vendition, lesquels à cest effet nous avons cassez et révoquez comme nuls, sans toutefois que lesdits acheteurs puissent avoir aucun recours contre les chefs, par l'autorité desquels lesdits biens auront esté vendus : et néantmoins pour le remboursemement des deniers par eux véritablement et sans fraude déboursez : seront expédiées, nos lettres, patentes et permission à ceux de ladite religion d'imposer et esgaler sur eux les sommes, à quoy se monteront lesdites ventes, sans qu'iceux acquéreurs puissent prétendre aucune action pour leurs dommages et intérêts, à faute de jouïssance : ains se contenteront du remboursement des deniers par eux fournis pour le prix desdites acquisitions, précomptant sur icelui prix les fruits par eux perçus, en cas que ladite vente se trouvast faite à trop vil et injuste prix.

91. Et afin que tous nos justiciers, officiers, qu'autres nos subjets soyent clairement et avec toute certitude advertis de nos vouloir et intention, et pour oster toutes ambiguitez et doutes qui pourroyent estre faits au moyen des précédens édicts, pour la diversité d'iceux, nous avons déclaré et déclarons tous autres précédens édicts, articles secrets, lettres, déclarations, modifications, restitutions, interprétations, arrests et registres,

tant sacrées que autres délibérations ci-devant par nous ou les rois nos prédécesseurs, faites en nos cours de parlemens et ailleurs, concernant le fait de ladite religion et des troubles advenus en nostre dit royaume, estre de nul effect et valeur, auxquels et aux dérogatoires y contenues, nous avons par cestui nostre édict, dérogé et dérogeons, et dès à présent comme pour lors les cassons, révoquons et annullons : déclarons par exprès, que nous voulons que cestui nostre édict, soit ferme et inviolable, gardé et observé tant par nosdits justiciers, officiers, qu'autres sujets, sans s'arrester ni avoir aucun égard à tout ce qui pourroit estre contraire et dérogeant à icelui.

92. Et pour plus grande asseurance de l'entretenement et observation que nous désirons d'icelui, nous voulons, ordonnons et nous plaist, que tous les gouverneurs et lieutenans généraux de nos provinces, baillifs, séneschaux et autres juges ordinaires des villes de nostre dit royaume, incontinent après la réception d'icelui édict, jurent de le faire garder et observer chacun en leur droit : comme aussi les maires, eschevins, capitants, consuls et jurats des villes annuels et perpétuels. Enjoignons aussi à nosdits baillifs, séneschaux ou leurs lieutenans et autres juges, faire jurer aux principaux habitants desdites villes, tant d'une que d'autre religion, l'entretenement du présent édict, incontinent après la publication d'icelui : mettant tous ceux desdites villes en nostre protection et sauvegarde, et les uns à la garde des autres, les chargeant respectivement et par actes publics de respandre civilement des contraventions qui seront faites en nostre dit

édict, dans lesdites villes par les habitans d'icelles, ou bien représenter et mettre ès mains de justice lesdits contrevenans.

Mandons à nos amez et féaux les gens tenans nos cours de parlemens, chambres des comptes et cours des aides, qu'incontinent après le présent édict receu, ils ayent toutes choses cessantes, et sur peine de nullité des actes qu'ils feroyent autrement, à faire pareil serment que dessus, et icelui nostre édict faire publier et enregistrer en nosdites cours sous la forme et teneur d'icelui, purement et simplement, sans user d'aucunes modifications, restrictions, déclarations aux registres secrets, ni attendre autre jussion ni mandement de nous, et à nos procureurs généraux en requérir et poursuyvre incontinent et sans délay ladite publication.

1º Donnons en mandement auxdits gens de nosdites cours de parlemens, chambre de nos comptes et cours de nos aides, baillifs, séneschaux, prévosts et autres nos justiciers et officiers qu'il appartiendra, et à leurs lieutenans, qu'ils feront lire, publier et enregistrer cestui nostre présent édict et ordonnance en leurs cours et jurisdiction et icelui entretenir, garder et observer de poinct en poinct, et du contenu en faire jouir et user pleinement et paisiblement tous ceux qu'il appartiendra : cessant et faisant cesser tous troubles et empeschemens au contraire : car tel est nostre plaisir...

Donné à Nantes au mois d'avril l'an de grâce 1598, et de nostre règne le 9e.

Signé HENRY.
Par le roi en son conseil.
FORGET.

Et à costé, Visa.

Leu, publié et registré, ouï et ce consentant le procureur général du roy à Paris en parlement. Le 25ᵉ février 1599.

Signé VOYSIN.

Leu, publié et registré en la chambre des comptes, ouï et ce consentant le procureur général du roy. Le dernier jour de mars 1599.

Signé DE LA FONTAINE.

Note (X), page 10.

Réglement dressé par l'assemblée calviniste de la Rochelle, le 10 mai 1621.

I. Toutes les prouinces seront distribuées selon l'ordre des synodes, sçauoir est :

A monsieur le duc de Bouillon, premier maréchal de France, la Normandie, l'Isle-de-France, Berry, la prouince d'Anjou, le pays du Maine, Perche et Touraine, excepté l'Isle-Bouchard.

A monsieur de Soubize, la Bretagne, l'Isle-Bouchard, et la prouince de Poitou et ce qui en dépend suiuant l'estat de l'extraordinaire des guerres de ladite prouince.

A monsieur le duc de la Trémouille, l'Angoumois, Xaintonge et Isles adjacentes.

A monsieur de la Force, la Basse-Guyenne.

A monsieur le marquis de la Force, le Béarn.

A monsieur le duc de Rohan, le Haut-Languedoc et Haute-Guyenne.

A monsieur de Chastillon, le Bas-Languedoc, les Sevennes, Geuaudan, et Vinarets.

A monsieur le duc d'Esdiguières, le Dauphiné, la Prouence et la Bourgongne.

Et en outre aura mondit sieur de Bouillon le commandement général des armees en quelque prouince qu'il se trouue, auec le pouuoir et authorité, comme il est plus amplement contenu audit réglement.

II. En chasque prouince seront continuez les conseils en la forme qu'ils sont à présent establis, et s'assembleront toutesfois et quantes que les affaires le requerront.

III. Le chef-general commandera et exploictera l'armee generalle et autres forces et armes, ioinctes es lieux où le bien des affaires requerra qu'il se trouue. Et avec lesdites forces pourra assieger, forcer, composer, lever journees et batailles, et generalement exploicter ce qu'il iugera estre expediant de faire, auec l'aduis des autres chefs de son armee.

IV. Ledit general disposera de toutes les charges de son armee, excepté des colonels de la cauallerie, et de l'infanterie, mareschaux-de-camp, et grand-maistre de l'artillerie, auxquelles charges l'assemblée pouruoira comme bon lui semblera.

V. Ledit general aura vn conseil aupres de sa personne,

composé des principaux seigneurs de son armee; et en iceluy auront seances et voix deliberatiues trois deputez de l'assemblee generalle, lesquels seront changez de trois mois en trois mois.

VI. Les chefs d'armee establis ausdites prouinces, suiuant le departement cy-dessus mentionné, auront pareillement vn conseil prez de leurs personnes, composé des principaux chefs de son armee, ausquels assisteront pareillement trois deputez du conseil de chacune prouince, qui seront de leur département, auec séance et voix deliberatiue, lesquels seront aussi changez de trois mois en trois mois.

VII. Lesdits chefs-generaux des prouinces pourront establir vn ou plusieurs lieutenans en l'estendüe de leur prouince, par l'aduis des conseils d'icelle : et ensemble pouruoir à toutes les autres charges, en prenant par les nommez les prouisions de l'assemblee generalle.

VIII. En toutes les places qui seront de nouueau ioinctes au party par les armes du general, appartiendra audit general de pouruoir à la garde, gouuernement et administration d'icelles : et auront les chefs-generaux establis par les prouinces, pareil pouuoir en toutes les places, qu'eux ou leurs lieutenants auront reduictes en leur puissance, à la charge de prendre prouision de l'assemblee comme dessus.

IX. Quant aux places qui sont à present entre nos mains, esquelles il n'y a gouuerneur, et qui sera necessaire d'en establir, nomination en sera faicte par le chef-general estably en la prouince, de l'auis du conseil de ladite prouince, et du consentement des villes; excepté la ville et gouuernement de la Rochelle, où il ne sera rien innoué : et au regard des places où il y a gouuerneur, aduenant vaccation du gouuerneur, n'y pourra estre pouruue que par l'assemblee, à laquelle le chef-general de la prouince auec le conseil d'icelle présenteront trois personnes pour en estre accepté l'vn de la dicte assemblee.

X. Lorsque le general se trouuera en ladite assemblee general il y presidera : et les chefs-generaux establis sur les prouinces y auront seance et voix deliberatiue, et non leurs lieutenans. Aussi dans les conseils des prouinces presideront lesdits sieurs generaux desdites prouinces, quant ils y seront présens, et non leurs lieutenans, si ce n'est par election du conseil.

XI. Ne pourra estre faict aucun traicté de trafic ou de paix, que la deliberation et conclusion n'en soit prinse à l'assemblee generale, où ledit general, et les chefs-generaux desdites prouinces seront priés d'assister en personne, ou par leurs deputez ; auquel cas et pour ce faict seulement lesdits deputez auront voix deliberatiue en ladite assemblee.

XII. Toutes les prinses et captures qui se feront par terre seront declarees nulles, si elles ne sont aduoüées par le chef-general en chacune prouince et conseil résidant auprès de luy, ou son lieutenant en son absence, avec ledit conseil.

XIII. Tous les chefs, capitaines et soldats, promettront d'observer les reglements tant militaires que de la justice, et finances, sur les peines portées par iceux.

XIV. D'autant que les gens de guerre doiuent plustôt seruir d'exemple, vertu et honnesté aux autres, que non pas de desbordement et dissolution, tous chefs, capitaines et soldats, seront exhortez d'vser de si chrestiens et sages deportemens en leurs actions, que Dieu en soit honoré, et par bonne vie et conuersation vn chacun edifié en toute pieté.

XV. Et pour ceste fin tous les chefs et gens de guerre, tant de caualerie que d'infanterie, seront exhortez d'auoir en tant que faire se pourra, des pasteurs ordinaires pour faire le presche et prieres aux iours ordonnez, et seront tous chefs, capitaines et soldats sujects à l'ordre de discipline ecclesiastique, suiuant le reglement et police des eglises de ce royaume.

XVI. Et pour ce que le vice le plus frequent qui est parmy les gens de guerre sont les blasphemes, est deffendu ne iurer pour quelque cause que ce soit, sur peine de payer un teston par le soldat qui aura iuré, et un escu par le gentil-homme, et le double s'il se trouue en la mesme faute, et en cas d'obstination seront cassez.

XVII. Deffenses seront faictes à tous gens de guerre sans exception, mener vie lubrique ny scandaleuse, ny d'auoir aucunes femmes dans les villes, ny aux armes, sur peine de la vie, et aux femmes d'estres punies corporellement.

XVIII. Est encore deffendu à tous capitaines et soldats de se quereller en aucune sorte ny façon, ny mettre la main aux armes, mais pour la decision de leurs debats, s'adresseront à leurs capitaines qui leur rendront justice : et au deffaut d'iceux, aux generaux d'armes, et aux gouverneurs de ville.

XIX. Tous capitaines et soldats declareront au general et au conseil les prisonniers vingt-quatre heures après les prinses faictes sans le pouuoir eslargir, ny mettre à rançon sans l'ordonnance du general et conseil, et seront tenus d'en répondre en leurs propres personnes, et les mettre en lieu de seureté, et en réspondre ainsi qu'il leur sera ordonné.

XX. Ne pourront lesdits generaux, gouuerneurs, capitaines, congedier lesdits prisonniers, moderer ou remettre le droict de butins et rançons deubs au public, sur peine de la payer de leurs propres deniers.

XXI. Les commissions qui seront donnees seront enregistrées au registre de ladite assemblée et est prohibé et deffendu à tous capitaines de gens de guerre marcher et tenir les champs sous peine de la vie, sans le commandement exprez de ladite assemblee, ou des superieurs et generaux, autrement il leur sera couru sus.

XXII. Les soldats ne pourront quitter leurs capitaines, ni s'enroller en d'autres compagnies sans congé de leurs capitaines ny aucuns capitaines les receuoir, sur peine de suspension de leurs charges.

XXIII. Et pour recognoistre les soldats étrangers, sera tenu registre aux portes des villes, de tous ceux qui entreront, afin d'en informer les gouuerneurs.

XXIV. Ne sera permis ny loisible aux gens de guerre et autres d'exécuter aucunes entreprises sans l'aduis et congé de la dite assemblee, et du general de la prouince.

XXV. Est deffendu à tous capitaines et soldats ayans receu leurs payemens, de prendre aucunes sortes de viures sans payer, estans en pays d'amy ou contribuable.

XXVI. Est generalement deffendu à toutes personnes de quelque estat et condition qu'ils soient, de traffiquer, negotier, et parlementer avec les ennemys, sur peine de la vie.

XXVII. Les payemens des compagnies, tant de cheual que de pied, se feront à la monstre et non autrement, avec les commissaires et controlleurs generaux, en campagne, et dans les villes, et presents les magistrats et conseillers des villes où lesdites garnisons seront ordonnees.

XXVIII. Les capitaines respondront des excez et maluersations de leurs soldats, pour les representer à la justice quand requis en seront.

XXIX. Toutes les compagnies de cheuaux legers seront reduictes au nombre de cinquante, et celles des gens de pied à cent.

XXX. Les soldats qui seront habitans des villes où ils seront en garnison, ne pourront demander logis ny vstencilles.

XXXI. Et afin que le labourage puisse estre continué, ne sera loisible de prendre aucune sorte de bestail seruant à l'agriculture, ny les harnois et habillements des paysans, hommes ny femmes, ny les susdits paysans estres rançonnez, ny pris prisonniers que pour deniers sur eux imposez, sur peine de vie.

XXXII. Ne pourront les generaux chefs et capitaines aduenant paix s'approprier les villes, chasteaux, armes et munitions, magazins appartenants au public, et les laisseront aux proffits et subuentions generalles des villes et places, par bon et loyal inuentaire.

XXXIII. Il est enioinct à tous meusniers des villes de demeurer dans leurs moulins, sans qu'on leur puisse donner aucuns hostes dans lesdits moulins, pour euiter aux desordres qui y pourroient arriuer : ny pareillement enleuer, ny fourrager aucuns vivres, ny autres biens quelconques à eux appartenant; à la charge qu'ils ne pourront retenir ne serrer dans ledit moulin les biens et viures appartenants aux autres habitans des lieux : et qu'ils seront tenus de remettre lesdits moulins en bon estat pour seruir quand besoin sera.

XXXIV. Et afin que le commerce soit libre esdites armees, les marchands et cabarretiers y pourront aller, et sejourner en toute seureté, sans que pour ce, pour quelque occasion que ce soit, on puisse prendre leurs cheuaux ou équipage : seront néanmoins obligez d'obseruer les prix qui seront mis sur leurs denrees et marchandises.

XXXV. L'assemblee generale pour subuenir aux grands frais et despens qu'il conuiendra faire pour l'entretien des gens de guerre cy dessus, et autres affaires publiques, a arresté tous deniers royaux des tailles et taillons, creuës, aydes, gabelles, domaine, décimes, subsides et autres droicts, et impositions tant ordinaires qu'extraordinaires, soit celles qui sont jà establies, ou autres qui se pourront cy-après establir par ladite assemblee, de quelque nature qu'elles puissent estre; lesquels deniers seront leuez et receus par les thresoriers et receueurs generaux et particuliers qui seront nommez et pourueus tant par ladite assemblee que par les autres prouinces.

XXXVI. Comme pareillement seront pris et levez les reuenus des benefices et autres biens appartenants aux ecclésiastiques : lesquels à ceste fin seront baillez à ferme par-deuant les commissaires pour ce establis en chacune prouince par le chef general en icelle, avec le conseil desdites prouinces, et ce en suiuant les charges et formes ordinaires et accoustumees, dont ils dresseront bons et valables procez-verbaux qui seront mis en mains desdits commissaires, et conseils, et des receueurs establis en chacune des prouinces, pour faire le recouurement des deniers qui en prouiendront, dont sera faict estat separé par lesdits receueurs.

XXXVII. Entreront aussi en deniers publics, tous les droicts qui seront pris sur les butins et rançons des prisonniers de guerre : et à ceste fin sera pris pour le public, pour le droict desdits butins de toutes marchandises, et autres choses prises, ensemble desdites rançons, la sixième partie.

XXXVIII. Les compositions qui se feront pour la reddition des villes et autres lieux appartiendront au public : et pour ce sera faict cayer et registre à part par les thresoriers ou receueurs generaux et particuliers des deniers qui en prouiendront.

XXXIX. Et pour accellerer à la recepte desdits deniers seront commis en chacune prouince par le chef establi en icelles, et le conseil de la prouince, des receueurs et controlleurs particuliers, autant que la necessite de la prouince le requerra, qui seront personnes restantes, soluables et cautionnees : à la charge

20

qu'ils prendront leurs prouisions de l'assemblee generale ; et mettront par chacun quartier les deniers de leur recepte entre les mains du receueur general, qui sera aussi establi par ladite assemblée : ensemble le controlleur general en ladite prouince par l'aduis dudit general et conseil de ladite prouince, et aux lieux les plus commodes que faire ce pourra.

XL. Tous les deniers reuenant au public de quelque nature qu'ils soient seront mis entre les mains des receueurs generaux en chacune prouince : et sera pris préalablement, et auant toutes autres despences, le dixiesme denier, que chaque receueur general sera tenu faire tenir le plus promptement et seurement que faire ce pourra, entre les mains dudit thresorier general, establi pour la recepte desdits deniers, et autres qui seront cy-après declarez residant prez l'assemblee generale : comme estant les deniers destinez, tant pour leuees de guerre en pays estrange, que pour l'entretenement de l'armee generale de ladite prouince et autres necessitez publiques, suiuant les estats et mandements qui en seront mis entre les mains dudit thresorier general, par ladite assemblée.

XLI. Seront en outre, et à mesme effect mis entre les mains dudit thresorier general, tous les deniers prouenus des droicts de l'admirauté, passeports, tant par mer que par terre, congez et autres expeditions de l'assemblee : ensemble les deniers reuenants bons, et autres reuenus du reliquat de compte.

XLII. Le thresorier general, et receueurs generaux et particuliers des prouinces seront comptables à ladite assemblee, et pour cet effect y enuoyeront les estats de leurs receptes et despences de trois mois en trois mois, pour estre examinez par elle ou autre qu'elle commettra pour cet effect. Et ne pourront lesdits receueurs generaux vuider leurs mains des deniers de leurs charges, ny en faire aucun payement que par la seule ordonnance de l'assemblee.

XLIII. Les chefs establis dans leurs prouinces auec l'aduis des conseils d'icelle, enuoyeront à ladite assemblee promptement l'estat des gens de guerre qui seront sur pied; ensemble l'estat de la despence qu'il faudra employer pour l'entretenement, comme aussi les estats des receptes generales et particulières de leurs prouinces, afin que l'assemblee en distribüe les assignations.

XLIV. Les chefs desdites prouinces donneront ordre d'eriger des receptes generales et particulieres des deniers qu'on leur imposera; sans que neantmoins lesdits deniers puissent estre diuertis d'autres despences que celles que ladite assemblee generale ordonnera.

XLV. Les officiers, tant de justice que de finances, et tous autres officiers faisans profession de la religion, et demeurant en l'union de leurs eglises, seront continuez en l'exercice de leurs charges.

XLVI. Tous les droicts et rentes appartenans aux particuliers de ladite religion, sur lesdites tailles et subsides leur seront conseruez, en faisant deuëment paroistre leurs tiltres.

XLVII. Pour l'entretenement des pasteurs, auxquels les eglises ne pourront fournir pour leur entretenement, sera fait vn estat par ladite assemblee, et par les conseils des prouinces, pour estre payez de leur entretenement sur les plus clairs deniers prouenus des biens ecclesiastiques, ou à deffaut sur tout autre nature de deniers : et d'autant que la rigueur des troubles pourra contraindre les personnes et familles de changer de demeure, et abandonner leurs possessions, vaccations et charges, il sera pourueu à leur entretenement par ladite assemblee generale.

Faict et arresté en assemblee generale, tenue en la ville de la Rochelle ce lundy 10 mai mil six cent vingt-un.

Signés : COMBORT, president.
BANAGE, adjoint.
RODIL, secretaire.
RIFFAUT, secretaire.

Note (XI), page 95.

Résumé du procès-verbal des officiers municipaux de Nismes, sur les événemens arrivés dans cette ville le 13 juin 1790 et les jours suivans.

« Les officiers municipaux de Nismes commencent par déclarer qu'ils n'ont jamais cessé de mettre en usage tous les moyens qui étaient en leur pouvoir, pour maintenir la concorde et la paix. La rareté des subsistances, le grand nombre des infortunés réduits à la dernière misère par la stagnation des fabriques; les piéges adroits qu'on leur avait tendus dans le commencement de leur administration; rien n'avait ralenti leur zèle, ni pu troubler la tranquillité. Aussi infatigables pour opérer le bien, que les ennemis cachés de la municipalité étaient acharnés à faire naître des divisions, ils acquéraient chaque jour de nouveaux titres à la reconnaissance publique. L'envie de quelques mauvais citoyens sçut profiter de la désunion qui régnait dans la garde nationale, pour fomenter des troubles et amener la guerre civile. Des actes réitérés d'insubordination avaient nécessité un règlement provisoire pour la légion. Serment de s'y conformer; refus postérieur de l'observer et de procéder à la nomination de l'état-major dont trois membres sur quatre avaient pourtant donné leur démission; telles furent les causes des nouvelles dissensions qui éclatèrent au commencement de mai (1). Le plus petit nombre sentant l'impossibilité de l'emporter sur le plus grand, voulait absolument une division, et nommer séparément son état-major. Le conseil-général de la commune, pour prévenir les malheurs qui pouvaient résulter de cette allarmante scission, délibéra le 10 mai de suspendre cette nomination jusqu'après une décision de l'Assemblée nationale. Il fut à cet effet expédié un courrier extraordi-

(1) Voir à la fin de cette note l'*Exposé sommaire* des troubles du mois de mai 1790, et les autres pièces importantes qui les suivent. Ces écrits, publiés dans le courant de l'an 1790, c'est-à-dire au moment où la France entière avait les yeux fixés sur l'infortunée population catholique de Nîmes, feront mieux connaître les scènes déplorables, dont Nîmes fut alors le théâtre sanglant, que nous n'aurions pu le faire par notre propre récit.

naire, vû l'exigence du cas : ce courrier revint sans réponse.

« Cependant la division s'accroît ; ceux qui portaient d'abord des cocardes blanches, n'en portent plus ; mais un grand nombre d'entre eux ayant été grenadiers dans divers régimens, gardent seulement à leurs chapeaux une houpe rouge (1). Leurs antagonistes avaient affecté de se distinguer par des panaches noirs, rouges, verts, blancs et autres couleurs. Enhardis par le décret qui mande le maire de Nismes à la barre, ils bravent l'autorité municipale, et ils insultent les agriculteurs, qu'ils appellent par dérision *Cébets* (2), partout où ils les rencontrent. Le désordre qui se renouvelle chaque jour est porté à son comble. Ces excès, ces distinctions inquiètent la municipalité ; pour y mettre fin, elle fait venir les légionnaires sans cocardes, et leur en distribue douze cens aux couleurs de la nation. Mais malgré ces précautions, le corps municipal désespère de pouvoir plus long-tems conserver la tranquillité publique, s'il ne reçoit bientôt une décision de l'Assemblée nationale, relative au règlement provisoire pour la légion : par malheur cette décision n'arrive point malgré les soins du maire.

« Le premier juin, les officiers municipaux requièrent

(1) Les gardes nationaux qui les premiers firent usage de houpes rouges, étaient des compagnies des sieurs Rigal et Roubel, tous deux protestans. Si ces houpes rouges eussent été un signe de catholicité, deux capitaines protestans en auraient-ils introduit l'usage ?

(2) *Cébets*, ou mangeurs d'oignons, du mot *cèbe* qui, dans l'idiome nîmois, veut dire oignon.

le major de la légion de commander quatre cens volontaires pour border la haie dans les rues où la procession de la Fête-Dieu doit passer, et deux cens autres pour faire des patrouilles, ou former des piquets. Ils prient encore le major de défendre aux volontaires qui ne feront pas de service de prendre les armes sous aucun prétexte. Loin de se conformer à cette sage réquisition, le major déclare à la municipalité que, *suivant l'usage, il fera mettre toute la légion sous les armes, et qu'elle se formera sur l'esplanade, le jeudi dès six heures du matin.* Ce jour étant arrivé, certains capitaines prennent sur eux de faire charger les armes de leurs compagnies avant de venir à l'esplanade; et d'autres, aussitôt après qu'ils y sont arrivés. Le capitaine et le lieutenant des dragons leur enjoignent par des billets de se trouver le même jour au rendez-vous, *mousquetons et pistolets chargés et gibernes suffisamment garnies.* Les autres légionnaires qui n'ont point de munition, ou d'armes à feu, sont indignés de cette manœuvre qu'ils prennent pour une déclaration de guerre; ils s'en plaignent hautement à leurs capitaines qui parviennent à les appaiser et à les contenir, en requérant la visite des armes. Le major la commence et la finit promptement, pour ne pas trouver trop de coupables : il essuie les plus vifs reproches, et la compagnie qui a chargé la première se voit forcée à quitter la place, *après avoir jetté les amorces et détaché les pierres à feu.*

« Les billets écrits par le capitaine et le lieutenant des dragons avaient malheureusement circulé dans le public, et l'inquiétude devint générale. Des volontaires de diverses compagnies dénoncent au corps municipal que les dragons les *narguent* partout où ils les rencontrent (1) ; ils représentent que jamais on n'a vu dans une ville si peuplée, et dont les rues sont si étroites, faire des patrouilles à cheval. D'un autre côté, plusieurs particuliers portent également plainte contre les dragons, pour avoir, les uns été foulés, les autres renversés, et plusieurs pour avoir risqué d'être estropiés par des chevaux échappés.

« Le corps municipal prend, suivant son usage, la voie de la douceur ; il recommande aux dragons la plus grande circonspection.

« Les volontaires nargués de nouveau par eux, se rendent en très grand nombre, le 7 ou le 8, vers les cinq heures du soir, sur la place des Récolets. Ils doivent partir de là, montés sur des bouriques, faire patrouilles le sabre à la main, afin, disent-ils, de se moquer au moins des dragons, puisqu'ils n'ont pas pû obtenir justice de la municipalité. Prévenus à tems, les officiers municipaux se rendent sur la place et parviennent à dissiper les attroupemens.

« Mais ils sont contraints, pour en éviter de nouveaux, de requérir le major de la légion de faire cesser les patrouilles des dragons, et de leur enjoindre d'avoir seulement dans le lieu accoutumé le même nombre de

---

(1) Le procès-verbal du 31 mai prouve que les volontaires aux houpes rouges étaient non-seulement nargués par les dragons, mais encore insultés par d'autres volontaires protestans qui leur criaient : « A bas la houpe rouge ; vous ressemblez au bourreau de « Chambéry ; » et autres invectives qu'on renouvellait tous les jours pour les pousser à bout : ce fait est aussi prouvé par d'autres procès-verbaux.

volontaires prêts à monter à cheval à la première réquisition; pour remplacer cette patrouille de vingt hommes, ils en requièrent cinquante de plus du régiment de Guyenne.

« Le dimanche 13, MM. Ferrand-Demissol, Pontier, de Belmont, à l'issue d'une assemblée où presque tous les officiers municipaux avaient assisté, demeurent seuls pour travailler aux comptes dans la maison commune. Vers les six heures et demie du soir, on vient se plaindre de ce qu'un quidam a porté au corps-de-garde de l'Evêché un billet (1) dans lequel on menace les dragons s'ils y reviennent encore, et l'on observe que ce billet a occasionné une rixe qui peut avoir les suites les plus fâcheuses.

« MM. Ferrand et Pontier, revêtus de leurs écharpes, se rendent avec d'autant plus de hâte à l'Évêché, que pendant leur marche ils entendent des coups de fusils. Arrivés sur la place, ils voyent les dragons aux prises avec des volontaires de la Légion, ceux-ci armés seulement de sabres, les autres en même temps de sabres et de mousquetons. Ils apperçoivent plusieurs volontaires blessés.

« Bientôt le nombre des combattans s'augmente, et des coups de fusils partent des trois rues qui aboutissent à la place de l'Évêché. Les officiers municipaux n'oublient rien pour calmer les esprits et faire cesser le feu. Ils trouvent beaucoup de monde dans la cour de

---

(1) Ce billet n'a jamais pu être produit, quoique les officiers municipaux l'ayent réclamé sur-le-champ, et qu'une pièce de conviction ne doive pas se perdre.

l'Évêché, entr'autres deux hommes sans uniforme ; ils étaient armés de sabres et couverts de sang. C'est là qu'ils entendent des dragons exhaler leur ressentiment contre la municipalité ; le sieur Paris, un de leurs officiers, leur représente en vain que ce n'est pas le moment de s'en occuper. Des volontaires s'approchent, lèvent leurs sabres nuds sur les officiers municipaux, et les auraient infailliblement frappés sans le sieur Paris et plusieurs autres.

« M. Ferrand revient alors sur la place pour faire rentrer les dragons dans l'Évêché : il y parvient, et on ferme la porte. M. Pontier resté au dehors, est contraint de retourner à la maison commune. Cependant les dragons, malgré les représentations de M. Ferrand, veulent r'ouvrir la porte ; ils prennent pour prétexte que quelques-uns des leurs peuvent être dehors : dans l'instant le feu recommence de part et d'autre ; ils abandonnent leur poste et se rendent à l'Hôtel-de-Ville, en exigeant que M. Ferrand les suive.

« Le major de la légion et une foule de légionnaires à panaches, jointe à la compagnie n° 1, étaient au-devant de la porte principale de l'Hôtel-de-Ville, lorsque M. Ferrand et les dragons y arrivèrent. Le major, s'adressant d'un ton violent à cet officier municipal, s'exhale en propos indécens contre la municipalité, en présence des légionnaires et du peuple. « Vous l'avez
« voulu, lui dit-il, vous êtes cause de tout ; fou... vous
« marcherez, vous ne nous quitterez pas ; il y en
« aura pour tous ; » et se permet d'autres menaces. Dirigeant ensuite la marche des troupes vers la place, il fait chasser à coups de culasse de fusil, deux valets

de ville qui veulent suivre M. Ferrand. Celui-ci est en même temps saisi par les deux bras, et le volontaire qui le tient du côté droit, le menace à tout instant de le frapper de son sabre.

« Un particulier, arrêté dans la rue de l'Aspic, suspend la marche. C'est là que M. Ferrand voit plusieurs sabres nuds levés sur sa tête, qu'il se sent frapper au dos, et qu'il est garanti par le sieur Paris de coups de sabres et de baïonnettes. Le major parvenu à la place de l'Aspic, renonce au projet de se rendre à celle de l'Évêché, et il reconduit sa troupe à l'Hôtel-de-Ville, où M. Vidal, procureur de la commune, cherchait à calmer les esprits.

« Sur ces entrefaites, entre M. Aigon, officier municipal; il annonce que revenant de la Fontaine, il a rencontré à la porte de la Madeleine des personnes attroupées et des volontaires armés, les uns avec des sabres, les autres avec des piques; qu'ayant voulu les engager à se retirer, il a été poursuivi et blessé; que contraint alors d'entrer dans la première maison qui lui a offert un asyle, il y est demeuré jusqu'à ce que ceux qui le poursuivaient eussent disparu; que s'étant rendu à la maison commune, un des légionnaires, en le voyant entrer dans le vestibule, avait dit à un de ses camarades : « En voici un, qu'il ne nous échappe pas; » qu'alors le sieur Beaucourt, lieutenant de la compagnie de garde, était accouru et l'avait garanti de leur mauvais dessein.

« Quelques momens après, ceux qui sont dans la grand'salle de la Maison commune, réclament un officier municipal. Pendant qu'il se dispose à s'y rendre,

M. Ferrand s'apperçoit qu'on en veut encore à M. Aigon (1), que celui-ci prend la fuite, et qu'on le cherche dans une pièce qui donne sur le jardin.

« En entrant dans la salle, M. Ferrand rencontre M. Pontier son collègue et M. Griolet, commissaire du roi. M. Pontier lui dit, qu'après l'avoir quitté à l'Évêché, il était venu à travers mille dangers à la Maison commune où se trouvaient MM. de Clausonnette, Meynier et Griolet, commissaires du roi; qu'il avait été convenu avec eux de faire publier la loi martiale, et de requérir à cet effet le régiment de Guyenne; qu'ils s'étaient mis en marche tous les quatre pour se rendre aux casernes; que M. Meynier les avait quittés presque en sortant de la Maison commune; qu'en arrivant aux casernes, ayant demandé que le régiment prît les armes pour la publication de la loi martiale, M. de Bonne, lieutenant-colonel, dit qu'il ne pouvait les faire prendre sans une réquisition par écrit de la municipalité, et que le régiment ne saurait marcher sans le concours de la garde nationale, de la maréchaussée et du drapeau rouge; que cette réponse avait déterminé MM. Pontier et Griolet à retourner seuls à la Maison commune, M. de Clausonnette voulant demeurer aux casernes.

« MM. Ferrand et Pontier apprennent dans ce moment que pendant leur absence, M. l'abbé de Belmont

(1) C'est ce même officier municipal, qui le 3 mai surprit le sieur Larnac faisant souder des balles à des cartouches de fer-blanc; M. Aigon fut d'après cela fortement menacé, et l'on voit qu'à cette dernière époque on voulait mettre les menaces à exécution.

a été contraint par la compagnie de garde, sans qu'elle voulût avoir égard à son état, de proclamer seul la loi martiale, et cela sans autre main-forte que celle des volontaires de cette compagnie, et de quelques autres qui s'étaient joints à eux; qu'on ignore ce que sont devenus M. de Belmont et le drapeau rouge.

« Il est dès-lors arrêté entre MM. Ferrand, Pontier et Griolet, qu'ils proclameront de nouveau la loi martiale, et qu'à ces fins on requerra le régiment de Guyenne. La réquisition au commandant de la place est aussitôt faite et signée par ces officiers municipaux. Alors on amène dans la grand'salle un volontaire d'une compagnie catholique, lequel avait échappé à la fureur de ses conducteurs. MM. Ferrand et Pontier, pour lui sauver la vie, se hâtent de le faire entrer dans la salle du conseil, avec l'intention de le mettre en lieu de sûreté. Une foule de volontaires survient et les entraîne pour publier de nouveau la loi martiale et se rendre aux casernes. Fortement et tumultueusement pressés, ils descendent, et M. Griolet vient les joindre à la porte. Leur démarche forcée coûte la vie au malheureux qu'ils ont laissé dans la salle du conseil; où il est massacré avec la plus grande cruauté, traîné dans l'escalier et jetté dans la cour.

« Les volontaires ne s'entendant point entr'eux, occasionnent le plus grand trouble; les uns veulent passer par la rue de la Trésorerie, les autres par celle des Greffes, un plus grand nombre par celle des Fourbisseurs. On suit cette dernière route, et le drapeau rouge est porté par un valet de ville.

« Des compagnies de volontaires armés, qui s'étaient

rassemblées sur l'esplanade, viennent renforcer le détachement qui dirige sa marche du côté des Calquières. Il est arrêté devant la place de l'ancien Cimetière. On annonce que des gens armés sont retranchés derrière le rempart et dans une tour qui en dépend. Certains gardes nationaux proposent de passer dans la rue Notre-Dame, la plus grande partie ne le veut pas : on est à peine arrivé vis-à-vis l'impasse Grisot, drapeau déployé, trompette sonnante, qu'il est tiré un coup de fusil ; à ce signal, il en part beaucoup des deux côtés. Malgré les défenses que font MM. Ferrand et Pontier, le feu se soutient à mesure qu'on avance ; mais une décharge de mousqueterie arrête ce détachement, le met en fuite, et lui fait conséquemment abandonner le drapeau rouge et l'officier municipal qui reste seul.

« MM. Pontier et Griolet s'empressent de se rendre aux casernes où devait se porter le détachement. M. Ferrand les suit avec le drapeau ; mais au-devant de la porte des Carmes, des légionnaires aux poufs rouges arrêtent le drapeau et M. Ferrand. Il les exhorte à mettre bas les armes, et leur montre combien ils se rendent coupables. Ils lui répondent, qu'ils ne les ont prises que quand ils ont été attaqués et qu'ils ont vu plusieurs des leurs massacrés. Ils entraînent alors cet officier municipal sur le rempart, et le font passer dans la maison du sieur Froment. M. Ferrand reproche à ce dernier et au sieur Descombiès de se trouver réunis avec des volontaires (1). On lui expose qu'ils ne se sont

(1) Il résulte de l'information faite contre le sieur Descombiès, que le nombre des volontaires retranchés dans la tour, qu'on a tant exagéré, n'a jamais été de plus de quarante-cinq.

rendus chez leur capitaine que pour prendre les armes et se mettre en état de défense.

« A peine entré, M. Ferrand veut absolument sortir de cette maison ; on s'y oppose. Ses exhortations aux légionnaires, qui tendent à les porter à la paix et à leur prouver qu'ils seront victimes de leur conduite, convainquent les uns et irritent les autres au point qu'ils le menacent de coups de sabre. Le sieur Froment, avocat, dans un moment de désespoir, prend son chapeau, et le jetant avec violence sur la table, dit :
« Fou..... si la municipalité en avait agi autrement avec
« nous, si elle ne les eût pas autant ménagés (voulant
« parler du parti contraire), si elle nous avait armés
« comme ils le sont, et que nous devions l'être, nous
« ne serions pas exposés à périr. »

« M. Ferrand obtient enfin qu'on le laisse sortir, et il se retire chez lui. Une heure après, il reçoit une lettre du major de la place, qui l'invite, pour éviter des longueurs, à s'adresser directement à M. de Bonne, lieutenant-colonel du régiment, au cas qu'il fallût le requérir pour la proclamation de la loi martiale. Se rappelant alors qu'il avait dans la poche la réquisition faite par lui et M. Pontier, il l'envoye à M. le major-commandant, et la lettre est adressée à son défaut à M. de Bonne.

« Après avoir été abandonnés par le détachement, MM. Pontier et Griolet s'étaient rendus aux casernes ; ils y avaient trouvé M. de Clausonnette ; et MM. les officiers du régiment qui étaient en grande partie sous les armes, surpris que la réquisition signée dans la maison commune n'eût pas été rendue à M. de Bonne, ils arrêtèrent que M. Pontier ferait seul une nouvelle réquisition, en vertu de laquelle le régiment sortit et se forma au-devant des casernes et à *la suite des compagnies de la légion rangées du côté du cours.*

« Le chirurgien-major du régiment paraît alors; il affirme que venant du côté des Récolets, il est passé par le cours, et qu'il n'a rencontré personne. Un homme, qu'on dit être sergent du même régiment, dit aussi qu'il vient de faire le tour de la ville, et que tout paraît tranquille. D'après ce rapport, MM. les officiers, M. Pontier et M. Griolet, déterminent que le régiment rentrera.

« Vers les dix heures du soir, MM. Gas et Gaillard se rendent à la Maison commune; ils revenaient de la campagne où ils avaient été se promener à l'issue du conseil municipal; ils passent la nuit dans l'Hôtel-de-Ville, et ils feignent de ne pas entendre les propos indécens qu'on y tient contre la municipalité. M. Fournier vient les joindre sur les quatre heures du matin, et dans le moment arrivent MM. de la Baulme, du Roure et Vincens-Valz. Ils voyent dans les rues et dans la cour de la Maison commune beaucoup de cadavres.

« Frappés des cris qu'ils entendent, ces officiers municipaux se présentent tous les six sur le balcon pour exhorter le peuple à la paix et l'assurer qu'ils s'occupent des moyens propres à rétablir l'ordre. Instruits qu'il est arrivé dès quatre heures du matin un très-grand nombre de volontaires étrangers, qu'il ne cesse d'en venir d'autres, et qu'on en attend de toute part, M. de la Baulme se transporte chez M. Vigier-Sarrazin, où se trouvent assemblés MM. les électeurs du département. Il leur propose de se concerter avec la municipalité et les chefs des troupes déjà arrivées, afin de déterminer s'il ne conviendrait pas, pour prévenir de plus grands troubles, d'inviter ces troupes à demeurer aux avenues de la ville.

« Ce projet est adopté, l'invitation dressée, signée, et l'un des électeurs offre même d'aller au-devant des troupes de son canton pour les prévenir. M. de Labaulme revient à la Maison commune, rend compte de sa mission à ses collègues, et va avec M. Vincens-Valz à l'esplanade pour en faire part aux chefs des troupes qui y sont campées. A peine y sont-ils arrivés, que deux groupes différens les entourent et les séparent. M. de Labaulme essuie des menaces ; il reçoit au défaut des côtes un coup qui lui ôte la respiration. Voyant des sabres nuds levés sur sa tête, et des bayonnettes tournées contre lui, il appelle M. Vincens-Valz et fait des efforts pour le joindre. Celui-ci s'approche avec les sieurs Girard, Chabanel et plusieurs autres qui l'entourent ; et ce dernier, retenant M. de Labaulme dans un de ses bras, pare de l'autre les coups qu'on veut lui porter : il parvient à conduire MM. de Labaulme et Vincens-Valz dans la maison du sieur Mazel.

« Celui-ci craint pour eux, parce que, malgré ses efforts, il n'a pu parvenir à sauver la vie au nommé Bataille qui vient d'être égorgé chez lui ; d'ailleurs des gens postés gardent les avenues.

« Le sieur Mazel propose à MM. de Labaulme et Vincens-Valz de s'évader : ils s'y décident, et franchissant les murs du jardin et en traversant plusieurs au tres, ils parviennent dans la campagne. Le lendemain M. de Labaulme se rend à la métairie de M. Vincens-Valz: ils envoyent à Nismes pour savoir s'il y aurait sûreté pour eux en s'y rendant; mais ils apprennent par le retour de l'exprès qu'il n'y a sûreté que pour M. Vincens-Valz (1); ce qui décide le premier à retourner où il était, pour attendre un moment plus heureux.

« MM. du Roure, Razoux Gas, Gaillard et Fornier demeurent seuls dans la Maison commune, parce que MM. Ferrand, Pontier et l'abbé de Belmont sont retenus chez eux par une suite des coups qu'ils ont reçus, et que les autres officiers municipaux, le procureur de la commission et son substitut, sont proscrits et poursuivis dès qu'ils paraissent.

« Sur les onze heures du matin, on fait une fouille exacte, et par ordre du major de la légion, dans le couvent des capucins; on n'y trouve ni armes, ni hommes de cachés. On recommande à ces religieux de fermer soigneusement leurs portes; ils obéissent. Quelques heures après on tire un coup de fusil sur les troupes étrangères campées à l'esplanade. On prétend qu'il est parti du couvent, quoique toutes les portes et les fenêtres en soient fermées; ce monastère est forcé; cinq capucins sont cruellement massacrés; les autres échappent à la mort en se cachant; tout est saccagé, détruit, et l'on pille même les ornements sacerdotaux et les vases sacrés qui sont dans la sacristie.

« Les volontaires catholiques arrêtés et conduits dans

---

(1) C'est le seul officier municipal qui soit protestant.

la Maison commune, y causent le plus grand tumulte, à raison des violences et des mauvais traitemens qu'on leur fait éprouver. M. Razoux, qui veut en arrêter le cours, est grièvement insulté, et un volontaire lui donne un coup de bourrade qui l'oblige à se retirer et à garder le lit pendant plusieurs jours.

« Parmi les compagnies aux poufs rouges, *quinze environ n'avaient pas pris les armes ni aucune part à l'action.* Celles qui en étaient le prétexte s'étaient retranchées sur le rempart et dans la tour attenant à la maison du sieur Froment. Elles avaient encore pris possession par les dehors de deux tours voisines de l'Eglise des Jacobins. Le sieur Aubry, capitaine d'artillerie et président du club, se proposant de les attaquer avec du canon, se rend en conséquence, avec cent cinquante hommes de la légion, au dépôt de l'artillerie de campagne, situé dans un des quartiers des casernes; il y fait les dispositions convenables.

« Vers les cinq heures du soir, on exige de M. du Roure, officier municipal, qu'il conduise aux casernes deux cens hommes de la garde nationale pour renforcer le détachement du sieur Aubry. Il demande à parler au commandant, et le requiert de laisser passer les troupes qu'il conduit avec lui, et de mettre en bataille au-devant des casernes le régiment de Guyenne, en même temps que les gardes nationaux se rangeront à la droite.

« Le sieur Aubry, après s'être occupé dans l'Arsenal de la préparation de six pièces de canon, les fait sortir et va battre la tour où le sieur Froment est retranché.

MM. Gas et Gaillard, accompagnés de six commissaires conciliateurs, marchent vers cette tour avec un drapeau blanc; la trompette sonne, le sieur Froment paraît, offre à ces messieurs de les recevoir chez lui; ils refusent de s'y rendre; les sieurs Froment, Folacher et Descombiès se présentent dans la rue; ils acceptent toutes les conditions qu'on leur propose, pourvu que la légion entière soit désarmée. Ils arborent le drapeau blanc; mais ce signe de paix ne ralentit pas seulement le feu de ceux qui leur sont opposés. MM. Gas et Gaillard, et les commissaires conciliateurs, vont porter ces propositions aux casernes. Plusieurs légionnaires demandent la tête des capitaines retranchés dans la tour. Il est pourtant assez généralement convenu qu'ils mettront bas les armes, les feront porter au palais, s'y rendront eux-mêmes, et s'y mettront sous la sauvegarde de l'assemblée électorale.

« Les négociateurs réunis à M. du Roure, vont annoncer ces conditions aux capitaines; ils les acceptent et se disposent à les exécuter. Malgré cela, les assiégeans et le canon continuent à faire feu; la tour est emportée, et ceux qui la défendent fuyent et se cachent pour mettre leur vie en sûreté.

« A sept heures du soir, MM. du Roure, Gas et Gaillard ne pouvant plus rien, et étant eux-mêmes poursuivis dans les rues se retirent; ils n'avaient pris aucun aliment depuis la veille. A peine M. du Roure est-il rendu dans la maison commune, qu'on le requiert de se transporter au collége où sont, dit-on, beaucoup de réfugiés. Il exhorte ceux qu'il y conduit à ne rien faire de contraire au bon ordre et à la décence ; dans la marche, son détachement s'accroît prodigieusement de volontaires étrangers.

« On trouve dans le collége le recteur, les prêtres, les régens, les pensionnaires réunis dans une même pièce. Le recteur instruit du motif de la visite, répond qu'il ne croit pas que dans sa maison se trouvent ni des hommes ni des armes ; mais que si cela était, ce serait à son insçu. Le recteur n'accompagne pas les troupes ; on trouve dans un galetas un fusil, une fourche et trois hommes qui sont massacrés. Des volontaires étrangers accusant le recteur d'en avoir imposé, veulent attenter à sa vie ; M. du Roure déclare hautement qu'on ne le fera qu'après lui avoir passé sur le corps : il court lui-même les plus grands dangers, on veut plusieurs fois lui tirer dessus dans les rues, et il a toujours à ses côtés un légionnaire qui ne cesse de lui vanter la beauté de son sabre, *bien propre,* lui dit-il, *à faire sauter des têtes.* Les soins multipliés de M. du Roure ne peuvent cependant empêcher que le détachement qui l'accompagne ne cause les plus grands pillages et les plus grandes dévastations dans le collége, et qu'il ne massacre en sortant encore trois hommes qu'on a arrêtés dans la rue.

« De retour à la Maison commune, on juge convenable, pour ramener le calme, de désarmer les compagnies catholiques qui n'ont point pris part à l'action. M. du Roure fait une réquisition pour chacun de leurs capitaines, et vers minuit il se rend chez le capitaine de la compagnie n° 43, qui donne le premier l'exemple de l'obéissance. Les fusils de toutes ces compagnies sont trouvés chez les capitaines, et il n'en manque pas un seul chez M. Descombiès, un des capitaines réfugiés dans la tour.

« Le mardi, MM. Ferrand et Pontier viennent partager les fonctions accablantes de leurs collègues, quoiqu'ils ne soient pas encore entièrement remis. Un homme tire à l'écart le premier pour lui annoncer qu'un corps considérable de gens armés vient au secours des opprimés, et M. Ferrand n'a rien de plus pressé que d'exiger de l'exprès qu'il parte aussitôt pour l'arrêter et prévenir par-là de nouveaux malheurs. Cependant il arrive du côté des Cévennes et de la Gardonnenque une quantité considérable de troupes, et il est absolument impossible aux officiers municipaux de mettre obstacle aux désordres affreux que commettent ces gens, dirigés par des citoyens que la haine conduit. L'injonction de rendre les armes, qu'ils ont été contraints de faire aux capitaines catholiques, les expose à fuir, ou à perdre la vie, et les maisons de plusieurs sont livrées au pillage, quoiqu'ils ne fassent aucune résistance. Tous les citoyens qui ont porté des poufs rouges, sont par cela seul proscrits, poursuivis, massacrés ou traînés ensanglantés dans la Maison commune, et les officiers municipaux n'ont que la douloureuse alternative de les faire entasser dans les prisons, ou de les voir massacrer en sortant.

« M. Bragouse, curé de la paroisse Saint-Paul, M. Cabanel, prêtre, notable et administrateur de l'hôpital-général, ainsi qu'une infinité d'autres, sont proscrits. On les poursuit, on pille leurs maisons, on les dévaste ; leurs livres, leurs registres sont enlevés, coupés par morceaux et jettés dans les rues avec les débris de leurs effets. Le couvent des Jacobins, celui des Récolets, le séminaire, sont également pillés. MM. l'abbé de Belmont, membre de la municipalité, Vidal, procureur de la commune, Boyer, substitut, sont proscrits et obligés de fuir; leurs maisons sont pillées en partie, et fouillées, ainsi que celles de plusieurs autres officiers municipaux. Les légionnaires font des descentes dans divers couvens. M. du Roure se transporte dans celui des Sœurs de l'Instruction chrétienne, on n'y trouve rien; et s'il se rend dans d'autres maisons indiquées, c'est pour les garantir du pillage.

« Le recteur du collége requiert M. Ferrand d'y venir faire une nouvelle visite, parce qu'on répand sourdement encore le bruit qu'il y a des hommes et des armes cachés. En y allant, on rencontre une compagnie étrangère armée de fourches et de faulx : on trouve dans le vestibule un malheureux qui s'y est retiré, il est grièvement blessé et sans secours : le détachement fouille avec la plus grande exactitude; on ne trouve rien; mais on voit combien il a été facile aux fuyards d'entrer par le rempart, et à l'insçu du recteur dans le collége, auquel il est attenant : mais on observe qu'il y a été commis les plus grandes dévastations, les pillages les plus considérables, et qu'on a eu la perfide attention de conserver seulement les fenêtres de la façade et celles de l'Eglise.

« Cette visite ne garantit pas le collége d'une troisième incursion. L'après-midi du même jour on y suppose de nouveaux fuyards; M. Ferrand est encore appelé; on y entre en foule; des citoyens qui s'y sont réfugiés se sauvent par les toits; et comme on les poursuit avec fureur, ils franchissent une rue et sautent du collége sur la maison de M. Gaillard; on leur tire dessus ; certains échappent, plusieurs sont tués. Le pillage, les dégradations recommencent, les portes des archives du diocèse sont brisées, et des papiers sont dispersés. Les perquisitions contre les fuyards continuent, et les officiers municipaux passent la nuit dans la Maison commune.

« Comme l'Assemblée nationale n'avait pas prononcé sur le règlement provisoire du corps municipal, la légion nîmoise était sans état-major. La difficulté opposée par le parti dissident, n'en est plus une, puisque les compagnies catholiques sont toutes désarmées et déclarées rebelles. Les protestantes procèdent donc à la nomination d'un état-major, et n'en préviennent point la municipalité. Dès-lors on forme un camp fédératif à l'esplanade avec les troupes des Cévennes, de la Vaunage, de la Gardonnenque et autres arrivées dès le lundi matin et dans le courant de cette journée.

Après la tenue de ce camp, on renvoye successivement ces troupes, et l'on ne garde à Nismes que trois mille hommes, y compris ceux qui composent la légion nîmoise. Dans le courant de la même journée, le sieur Chabaud de la Tour, et plusieurs commissaires de l'Assemblée électorale, proposent d'envoyer des détachemens de cinquante hommes d'infanterie, cinquante de cavalerie et une pièce de canon, dans différens lieux circonvoisins, sous prétexte que des fuyards s'y sont retirés; qu'on a tué un jeune homme au pont des Isles, et dévasté la métairie du sieur Lacoste. Ils désirent qu'on désarme les cantons du Taillable de Nismes. MM. du Roure et Ferrand représentent qu'il convient auparavant de s'assurer des faits, parce que les habitans de ces villages, en prenant la fuite, porteraient l'épouvante dans les lieux circonvoisins, et qu'on les exposerait les uns et les autres à être pillés, ou tout au moins à abandonner leurs récoltes.

« Les commissaires demandent alors un ordre à l'Assemblée électorale, et ils ne craignent pas de dire que la municipalité l'a refusé, quoiqu'elle n'ait fait que de justes représentations. Cependant MM. du Roure et Ferrand envoyent dans cet intervalle un courrier à Bouillargues, Courbessat et les autres lieux, avec une lettre pour exhorter leurs habitans à ne pas quitter leurs foyers, et à remettre leurs armes. On montre alors à MM. du Roure et Ferrand l'ordre de l'Assemblée électorale, et ils y adhèrent; mais en signant ils font observer au sieur Chabaud qu'on a eu tort d'y faire mention d'un refus qu'ils n'ont pas fait, et ils l'exhortent à ne faire partir les détachemens qu'après le retour du courrier. Soit à cause de cette considération, soit, à ce qu'on assure, parce que les gardes nationaux de Montpellier s'y opposent, l'exécution de l'ordre est heureusement suspendue ; le courrier arrive et il rapporte qu'on n'a pas touché à la métairie du sieur Lacoste, et que tous les villages qu'il a parcourus offrent de livrer leurs armes. Des volontaires vont les chercher, et à leur retour les déposent au palais avec beaucoup d'autres.

« Dans le courant de la journée du mercredi, les officiers municipaux prévenus qu'un grand nombre de maisons sont marquées par ces mots: *Bons citoyens*, s'empressent de faire une proclamation pour défendre cette marque distinctive qui aurait infailliblement exposé au pillage les maisons qui ne l'auraient pas eue, ou à qui on l'aurait arrachée.

« Le corps électoral fait le jeudi une proclamation pour la paix, et la publie à son nom et à l'insçu de la municipalité : vers les trois heures de l'après-midi on bat la générale. Le major de la légion nîmoise entre alors avec plusieurs volontaires dans la salle de la Maison commune où sont assemblés les officiers municipaux. Il fait prendre de son pur mouvement les fusils qu'on y a déposés; et s'adressant à MM. du Roure et Pontier, il leur dit avec fureur : « Je vous préviens, « messieurs, que s'il y a quelque bagarre, vous serez « les premières victimes immolées. » A ces mots, il pose deux sentinelles de plus à la porte, et leur donne la consigne *de ne pas laisser sortir ces messieurs*.

« Heureusement ce n'est qu'une fausse alarme; les troupes qu'on avait signalées s'en retournent lorsqu'on leur apprend la publication de la paix; celles qui avaient été à leur rencontre rentrent avec leurs six pièces de canon; et le major de la légion de retour, dit à M. Pontier, qu'il avait été convenu entre les officiers de la légion de retenir les officiers municipaux dans la Maison commune, et de les envoyer prendre pour *les mettre en avant* lorsqu'on en viendrait aux mains.

« La publication de la paix ne suspend point cependant la recherche des proscrits; on continue les perquisitions dans leurs maisons, au dedans et au dehors de la ville, et l'on tire dans la campagne sur tous ceux qu'on y apperçoit : aussi les citoyens épouvantés quittent-ils la ville par millier, et témoignent-ils tous le plus grand empressement pour s'éloigner de leur malheureuse patrie.

« Les officiers municipaux ont annexé à ce procès-verbal la minute de celui de M. l'abbé de Belmont, écrite de sa main, sous la date du 13 juin, dont voici le résumé.

« A sept heures, à peu près, du soir, j'étais avec MM. Pontier et Ferrand occupé à régler un compte. Nous entendîmes du bruit dans la cour, et du haut de l'escalier nous vîmes venir à nous plusieurs dragons, parmi lesquels était le sieur Paris. Ils nous dirent qu'on se battait à la place de l'Évêché, parce qu'un quidam était venu remettre un billet au portier, dans lequel il lui dit de ne plus admettre les dragons dans l'évêché, sous peine de la vie. Je leur dis alors qu'ils auraient dû arrêter ce quidam, et fermer les portes. Ils me répondirent que cela n'avait pas été possible. Incontinent MM. Ferrand et Pontier prirent leurs écharpes et sortirent.

« Peu d'instans après, plusieurs dragons, parmi lesquels je ne reconnus que les sieurs Lezan du Pontet, Paris le cadet, et Boudon, ainsi qu'un grand nombre de légionnaires, vinrent me demander que le drapeau rouge sortît. Ils coururent à la porte de la salle du conseil, et la trouvant fermée, ils m'en rendirent responsable. J'appelle un valet de ville ; on n'en trouve pas. Je demande les clefs à la concierge, qui me dit que M. Berdincq les a emportées : les volontaires travaillent à enfoncer la porte, on prend le drapeau rouge, on me le remet, on m'entraîne dans la cour, et de là sur la place.

« C'est en vain que je veux faire des observations sur les préliminaires à remplir, sur mon état; on me répond qu'il y va de ma vie, et que ma robe en imposera aux perturbateurs du repos public. Je représente que ce n'est pas à moi de porter le drapeau; on ne m'écoute pas. Je marche donc, suivi d'un piquet du régiment de Guyenne, d'une partie de la compagnie n° 1 et de plusieurs dragons. Un jeune homme armé d'une bayonnette est toujours à côté de moi. La fureur est peinte sur le visage de tous ceux qui me suivent, et ils se permettent envers moi des injures et des menaces auxquelles je ne m'arrête point.

« Je passe par la rue des Greffes; on trouve que je n'élève pas assez le drapeau rouge, et qu'il n'est point assez déployé. Arrivés au corps-de-garde de la porte de la Couronne, le détachement se met en ordre de bataille, et l'on dit à l'officier qui commande ce poste, de nous suivre. Il répond qu'il ne le saurait sans une réquisition par écrit de la municipalité. Ceux qui m'entourent me disent de la faire; je demande une plume, une écritoire, et l'on me rend encore responsable de ce que je n'aie ni l'un ni l'autre. Les propos insultans que m'adressent et les gestes menaçans que se permettent contre moi des volontaires et plusieurs soldats du régiment de Guyenne, m'inspirent de la frayeur. On me rudoye, on me frappe. Le sieur Boudon apporte du papier, une plume, et j'écrivis : « Je requiers la « troupe de prêter main-forte. » Alors l'officier du ré-

régiment de Guyenne se met en devoir de nous suivre.

« A peine ai-je fait quelques pas, qu'on me demande la réquisition que je viens d'écrire ; on ne la trouve pas. On vient à moi, on dit que je ne l'ai pas faite, et je suis sur le point d'être accablé, lorsqu'un légionnaire la tire toute chiffonnée de sa poche. Les menaces redoublent ; on se plaint avec fureur que je n'élève point assez le drapeau rouge, et l'on me dit que je suis assez grand pour l'élever davantage.

« Mais bientôt paraissent des légionnaires à poufs rouges, quelques-uns armés de fusils, un plus grand nombre avec des sabres. On tire de part et d'autre. La troupe de ligne et les gardes nationaux se rangent en bataille dans une espèce d'enfoncement, et on veut me faire aller seul en avant. Je m'y refuse, parce que j'aurais été entre deux feux. C'est alors que les injures, les menaces et les mauvais traitemens sont portés à leur comble. On me saisit au milieu de la troupe qui m'environne, et à grands coups de culasse de fusil on me force d'aller en avant. J'en reçois un entre les deux épaules qui me fait venir le sang à la bouche. Cependant ceux du parti opposé s'approchaient davantage, et l'on ne cessait de me crier d'aller en avant. Je m'avance avec le drapeau rouge, je les atteins, je les conjure de se retirer, je me jette même à leurs genoux. Je les persuade, mais ils m'entraînent avec eux, et il n'en reste que très-peu ; ils me font entrer par la porte des Carmes, prennent le drapeau et me conduisent chez une femme dont j'ignore le nom. Je crachais le sang à pleine bouche ; elle me donna tout ce qu'elle put trouver de plus propre à me remettre, et peu de temps après je me fis conduire chez M. Pontier. »

Tableau des excès, des pillages et des massacres commis à Nismes le 13 juin 1790 et les jours suivans.

« C'est moins un tableau que nous allons tracer, qu'une esquisse imparfaite. Elle découvrira toutefois un si grand nombre d'atrocités, qu'on serait tenté de nous accuser d'imposture, si la vérité encore dégoûtante du sang des victimes, n'était sans cesse devant nos yeux pour nous en convaincre. Certes il est difficile de concevoir, nous l'avouons, comment il est possible que dans le moment où la loi fait tout pour les auteurs de ces excès, ils ayent pu s'y livrer : mais on cesse d'en être surpris lorsqu'on fait attention que la main impartiale du temps, et la main lente de l'expérience, ont consigné dans les fastes de l'histoire, que ceux qui viennent de commettre tant de crimes se sont toujours comportés de la sorte. Dominer, voilà leur unique but; faire naître des dissensions et des guerres civiles, voilà leurs moyens ; supposer qu'on les persécute pour intéresser en leur faveur, voilà leur ruse; étouffer par les cris de la calomnie la voix de ceux qu'ils oppriment et les plaintes de ceux qu'ils assassinent, voilà leur défense et voilà leur force. Voyons maintenant si nous reconnaîtrons tous ces caractères dans les traits que nous allons rapporter.

« *Les capucins.* — Sous le faux prétexte qu'on a tiré quelques coups de fusils du couvent de ces religieux sur des volontaires étrangers campés à l'esplanade, ceux-ci guidés par des volontaires de la ville, se portent avec fureur vers ce monastère, en enfoncent les portes avec la hache. Les religieux alors à vêpres, se réfugient pour la plupart dans le clocher ; mais le père Benoît de Beaucaire, âgé de 5o ans, est arrêté dans une chapelle par un scélérat, auquel il demande quelques instans pour faire sa prière. Le barbare sort sa montre, lui accorde cinq minutes, et dès l'instant que le terme fatal est expiré, il lui tire un coup de fusil et lui plonge sa bayonnette dans le sein ; le père Benoît vient rendre le dernier soupir à la porte de l'Eglise qui conduit au monastère. Le père Siméon de Senilhac, le père Séraphin de Nismes, sont massacrés à coups de fourches et de bayonnettes, le premier dans sa chambre, le second dans le dortoir. Le frère Célestin de Nismes, et le frère Fidèle d'Anneci, succombent également sous le fer. Ce dernier, âgé de 82 ans, sourd, aveugle, et retenu dans son lit par une attaque de paralysie, y est cruellement haché à coups de sabre, et les tigres altérés de sang qui le traitent de la sorte veulent encore brûler ses membres palpitans, et mettent le feu à la paille sur laquelle ce religieux est étendu. Deux jeunes clercs sont tués, l'un à la porte du chœur, l'autre à celle de la sacristie ; deux journaliers le sont dans le jardin. Aucun de ces malheureux n'était de la légion, aucun d'eux n'était armé. Les furieux qui entrèrent en foule dans le couvent le virent bien, et ils savaient tous que quelques heures auparavant ils avaient fait, dans ce même lieu qu'ils saccageaient, les perquisitions, les fouilles les plus exactes, et qu'ils n'y avaient trouvé ni hommes, ni armes de cachés. Ils savaient bien plus, puisqu'ils étaient certains que les coups de fusils tirés par des gens postés, devaient leur servir de signal et de prétexte pour commettre dans ce monastère les horreurs qu'ils y commirent. Tout y fut brisé, détruit, les portes, les fenêtres, les meubles, les ustensiles. La bibliothèque donnée aux capucins par le grand Fléchier, fut dévastée ; la pharmacie, une des plus belles du royaume, et une de celles qui fournissaient les plus abondans secours aux pauvres, fut entièrement détruite ; quatre calices, leurs patènes, deux ciboires, le linge, les ornements sacerdotaux, sont volés dans la sacristie ; un crucifix est mutilé dans le chœur à coups de sabre ; on tire des coups de fusils à une statue de la Vierge, et l'on commet d'autres profanations qu'il serait trop long de détailler. Qui peut méconnaître à ces traits les fureurs d'un fanatisme religieux ? mais qui peut se défendre de se laisser entraîner par des mouvemens d'indignation, lorsqu'il pense que ces fanatiques ne commettent librement ces affreux excès sous les yeux d'un camp où se trouvent beaucoup de catholiques, que parce qu'ils ont eu la perfide précaution de leur persuader que ceux qu'ils pillent et qu'ils massacrent sont eux-mêmes des fanatiques ?

« Ces détails paraîtront d'autant plus nouveaux, qu'ils disent à peu près le contraire de ce qu'affirmait M. Clémenceau, curé de la paroisse Saint-Castor, dans une lettre qu'il adressait aux différens curés de la ville et de la campagne. Mais si l'on fait attention que M. Clémenceau a été contraint, dans un moment terrible pour tout catholique, de signer cette lettre, ou disons mieux, ce certificat; si l'on fait attention qu'il a été insidieusement combiné et dressé par le parti dominant qui le fit distribuer et afficher avec profusion dès le 19, on ne sera pas étonné, et ce certificat sera lui-même la preuve la plus complette de ce que nous venons de dire. Il faut donc le rapporter tout entier.

« J'ai été chargé de faire la visite de l'église des ré-
« vérends pères capucins de cette ville, et d'en retirer
« les vases sacrés et ornemens; je dois, pour détruire
« les faux bruits qui se sont répandus, vous prier d'an-
« noncer à vos paroissiens, que j'ai trouvé le taber-
« nacle exactement fermé, que les saintes hosties n'ont
« point été profanées, et que je les ai transportées
« mercredi dernier dans le tabernacle de mon église,
« dans laquelle il n'a été fait ni profanation ni dom-
« mages. »

« M. le curé dit dans ce certificat, qu'il a été chargé *de faire la visite de l'église des capucins;* mais il ne dit pas dans quel état il l'a trouvée : *d'en retirer les vases sacrés et ornemens;* mais il ne dit pas qu'il les ait retirés. Il pouvait si peu le faire, qu'on les avait emportés, et qu'un des voleurs arrêté à Sommières avec un ciboire, est actuellement dans les prisons de Nismes. Il ajoute ensuite, que *les saintes hosties n'ont pas été profanées.* Nous voulons bien le croire; mais en assurant positivement à la fin du certificat, *qu'il n'a été fait ni profanation ni dommages dans son église,* il ne dit pas qu'il n'en ait point été fait dans celle des Capucins.

« Ce certificat ne contenant que des faits négatifs, ne peut donc point être opposé aux faits positifs que nous rapportons. Il en est de même de ceux qui furent arrachés aux capucins le 15 juillet, et distribués avec le procès-verbal de l'Assemblée électorale. Ils ne prouvent rien, si ce n'est qu'un protestant eut pitié, après tant de massacres, des religieux qui survivaient à leurs malheureux frères; et que la compagnie *protestante* qui fit le matin la visite du couvent, *se comporta avec décence et honnêteté*. Mais pourquoi, nous opposera-t-on, faire imprimer ces certificats s'ils ne prouvent rien? Pourquoi? pour avoir occasion d'écraser les capucins sous le poids de la calomnie, en ajoutant à ces certificats la note suivante :

« Il résulte bien évidemment de cette pièce, que
« les légionnaires n'avaient aucun mauvais dessein
« lorsqu'ils entrèrent pour la première fois dans le cou-
« vent des capucins, et que ce ne fut que les coups de
« fusils partis dans l'après-midi du monastère, qui pro-
« voquèrent la fureur des légions, et furent la cause
« des malheurs qui s'ensuivirent. »

« Que les légionnaires se soient bien comportés dans la première visite, cela peut être : mais qu'*il soit parti des coups de fusils du monastère*, cela est faux, absolument faux. Si c'eût été vrai, on l'aurait bien fait ajouter au certificat; si c'eût été vrai, les capucins n'auraient pas refusé de l'affirmer, et ils n'auraient certainement pas été insensibles aux menaces et aux promesses qu'on n'a cessé et qu'on ne cesse de leur faire à ce sujet.

« *Le récit des évènemens arrivés à Nismes*, adressé au roi et à l'Assemblée nationale par les commissaires du roi, et *les Vérités historiques* du club de Nismes, défigurent avec tant de soin ou avec tant de mauvaise foi ce qui est arrivé aux capucins, qu'on découvre facilement que les auteurs de l'un et de l'autre ont un intérêt particulier à déguiser la vérité.

« *Les jacobins.* — On fait semblant de croire, pour avoir occasion de faire une incursion dans ce couvent, que des légionnaires s'y étaient réfugiés. On en brise les portes; on y saccage et détruit tout, au point de le rendre inhabitable. Le pillage y est complet, et lorsqu'ils en sortent, les brigands qui ont commis ces excès de sang-froid, se partagent avec sang-froid sur la place l'argent qu'ils y ont volé. Les religieux, effrayés, éperdus et instruits par le malheur des capucins, avaient abandonné leur couvent quelques instants auparavant. Ils fuyent la ville; on les poursuit; et le père Thibaut, l'un d'eux, manqué d'un coup de fusil sur le chemin d'Avignon, n'échappe à la rage de ceux qui ont voulu l'assassiner, qu'en feignant d'avoir été atteint par le coup, et en se jettant la face contre terre.

« Il a été tiré des coups de canon contre la façade de l'église des jacobins, où l'on en voit encore les marques; et l'on ne peut pas supposer que ce fut par maladresse, puisque les canons furent pointés par d'habiles officiers du génie ou d'artillerie.

« *Les récolets.* — Plus heureux que ceux dont nous venons de parler, ces religieux échappèrent à la fureur des légionnaires, et leur monastère ne fut point livré à un pillage général; mais on prit chez le gardien tout l'argent qui s'y trouvait, c'est-à-dire, quatre cens livres appartenant au couvent, et cent écus du fonds des messes non acquittées.

« *Le second couvent des ursulines.* — Le lundi 14, à

sept heures du matin, le boulanger de ce couvent s'en fait ouvrir la porte, et veut remettre à la tourrière le pain destiné aux religieuses et à leurs nombreuses pensionnaires. Des légionnaires de la Gardonnenque, des Cévennes et de la Vaunage, enlèvent ce pain, maltraitent le boulanger, insultent la tourrière et sont sur le point de forcer les portes du couvent, lorsque l'un d'eux fait observer à cette troupe effrénée qu'on doit respecter les ordres supérieurs, d'après lesquels *il faut commencer par les capucins.* Le lendemain, un quidam caché dans une petite rue à côté de ce couvent, attend le moment où il passe une troupe nombreuse de volontaires étrangers, tire en l'air un coup de fusil, court vers cette troupe, se plaint qu'on vient de lui tirer des fenêtres du couvent, et crie aux sapeurs d'avancer pour en briser les portes. Heureusement, un des volontaires étrangers a vu ce misérable calomniateur décharger son fusil : il le confond en présence de toute la troupe, en faisant tâter le bassinet qui est chaud, et d'où il sort encore de la fumée. Alors on le maltraite, on l'assomme de coups, et le capitaine de la compagnie nîmoise qui marche avec les volontaires étrangers, ordonne aux siens de lui tirer dessus lorsqu'il s'enfuit ; bientôt il est étendu sur le carreau. Qui peut méconnaître dans ces différentes tentatives le projet formé de piller ce couvent ? et par quelle singulière fatalité faut-il que l'homme tué et ceux qui le tuent soient protestans ?

« *Le séminaire.* — Dans le même placard, et au-dessus du certificat de M. Clémenceau rapporté dans l'article des capucins, l'un et l'autre approuvés, ainsi que celui du père Teissier, dont nous parlerons bientôt, par trois administrateurs du district, on lit celui que nous transcrivons ici.

« Je soussigné (Royer) prêtre de la doctrine chré-
« tienne, supérieur du séminaire et paroisse de Saint-
« Charles, atteste que, dans l'irruption tumultueuse,
« faite dans l'église le 15 juin, par des gens armés, il
« n'a été fait, ni dans l'église, ni dans la sacristie, au-
« cun vol de vases sacrés, à l'exception d'une boîte
« d'argent, laquelle a été enlevée dans la chambre du
« père Morel, l'un des curés de la paroisse. »

« Voilà ce que dit le certificat; voici ce qu'il ne dit pas. Plusieurs appartemens furent totalement pillés et saccagés dans le séminaire; et la boîte d'argent volée dans la chambre d'un des curés, était un vase sacré, puisqu'elle était destinée à tenir la réserve. Il est, d'après cela, bien évident que ce certificat, comme tous les autres, n'a été accordé qu'aux pressantes sollicitations, pour ne rien dire de plus, du parti dominant. Mais qu'est-ce donc que *cette irruption tumultueuse faite dans l'église par des gens armés ?* Qu'est-ce que cette retenue du père Royer qui n'ose pas même avouer qu'on a pillé chez lui? Qu'est-ce que cette réticence qui, en l'empêchant de dire l'usage auquel était destinée la boîte d'argent, lui a fait présenter l'image d'une simple escroquerie, tandis que la vérité voulait qu'il offrît celle d'un sacrilége?

« *Le collége.* — « Je soussigné Teissier, recteur du
« collége, déclare qu'il n'a été fait aucune profanation,
« ni aucun vol dans l'église; qu'on n'a pas même

« touché aux vases sacrés qui étaient dans mon appartement. »

« Tel est le certificat du père Teissier. On a vu par le procès-verbal précédent que les plus grands dégâts, les plus grandes dévastations furent faites dans le collége ; qu'on n'y respecta que les portes et les fenêtres de la façade ; qu'on y détruisit tout ce qu'il était possible de détruire; qu'on y pilla tous les effets des régens et des pensionnaires, cet espoir de leurs parens et de la nation, auxquels on ne laissa que ce qu'ils avaient sur le corps; que sans pitié pour ces jeunes gens éplorés, on massacra trois infortunés sous leurs yeux, et que le supérieur même du collége n'échappa au trépas que par la fermeté de M. du Roure, officier municipal : voilà ce que le père Teissier aurait dû ajouter ; voilà ce qu'il aurait ajouté, sans doute, si la crainte bien fondée de la fureur du parti dominant, dont il avait autour de lui tant de preuves terribles et récentes, ne l'en eût empêché.

« *Maison de M. Cabanel.* — M. Cabanel était administrateur de l'hôpital-général ; mais il était aussi prêtre et notable ; c'était assez pour lui attirer la haine du parti de l'opposition. Sa maison fut une des premières livrées au pillage ; les registres de l'hôpital sont détruits, les livres déchirés ; l'argent du propriétaire et celui des pauvres volés, les arbres du jardin sont arrachés, les planchers, les plafonds, les cheminées, les portes, les fenêtres, tout y est brisé, renversé ; les quatre murs demeurent à peine entiers.

« *Maison de M. Bragouse.* — Tous les effets, tous les

meubles de M. Bragouse, curé de la paroisse Saint-Paul, qui ne purent être volés, sont entièrement fracassés; ses registres sont mis en lambeaux, tous les livres d'une bibliothèque précieuse sont déchirés ou jettés dans le canal de la fontaine : l'argenterie de M. Bragouse, celle de la paroisse, un ostensoir, une chappe de drap d'or, une chasuble précieuse de la valeur de mille écus, et toutes les provisions de cire d'une année pour la paroisse, sont volés. On remarque que les plafonds, la cheminée, les portes, les fenêtres, n'ont supporté aucun dégât, aucune détérioration; et l'on ne peut concevoir pourquoi cette maison n'a point été saccagée comme les autres, qu'en se rappellant qu'elle appartient à une protestante, madame Tansard.

« *Maisons de campagne.* — Sur neuf maisons de campagne que l'on compte sur les collines qui entourent la ville de Nismes, quatre ont été pillées ou saccagées, cinq ont été respectées. Elles sont situées de telle sorte qu'il était impossible à des étrangers, sans être guidés, de ne dévaster que celles désignées. La première, en partant du midi, appartient au sieur Bruguière, on n'y a point touché; mais on a pillé la deuxième dont MM. Paulian, prêtres, sont propriétaires. On a traversé ensuite celle du sieur Rossel sans y causer aucun dommage, et l'on est passé de là à celle des sieurs Alary, qu'on a saccagée. Celle du sieur Blanc, qui vient après, a été respectée; et celle de M. de Genas a essuyé quelques dégâts. Enfin, pour arriver à celle du sieur Joseph Froment, qu'on a dévastée entièrement, on a passé devant celles du sieur

Bonicel et du sieur Beaucourt, auxquelles on n'a pas touché. Comment se fait-il donc qu'on n'ait pas touché une seule de celles qui appartiennent aux protestans, et que celles qu'on a pillées ou saccagées appartiennent toutes à des catholiques? C'est ici le cas d'observer, que sur la fausse nouvelle que des paysans avaient commis quelque dégât dans la métairie du sieur Lacoste, protestant, l'ordre avait été donné à cinq cents hommes d'infanterie, cinquante de cavalerie, de marcher avec du canon contre plusieurs villages entièrement catholiques. Heureusement l'exécution en fut suspendue, à la requête des officiers municipaux, jusqu'au retour d'un exprès, qui rapporta que la métairie privilégiée n'avait essuyé aucun dommage, et que tout était tranquille.

« *Maisons pillées.* — Il avait été délibéré le lundi de mettre certaines maisons au pillage. Plus de cent étaient portées sur la liste. Plusieurs capitaines, chargés de conduire les troupes qui doivent piller, s'y refusent; ils sont promptement remplacés. Indépendamment de celles dont nous avons déjà parlé, beaucoup d'autres subissent le même sort. De ce nombre sont les appartemens de tous les locataires de la maison de M. Cabanel, qui furent totalement pillés. La maison de M. Lapierre; celle du sieur Granger, où l'on brisa six métiers à bas; celle du sieur Palatan, courtier, qui fut démolie; celles des sieurs Gas, Allier, Castanier, agriculteur, Augier, graveur, Deymond, Trivier, Vidal, procureur de la commune, Veyrat, limonadier, Barthe le père, menuisier, Chalvidan à qui l'on a tout enlevé, et dont les vignes et les olivets ont été arrachés; Pignol, bourgeois, Carrayon, négociant, auquel on a fait des vols et des dégâts pour plus de 30,000 livres, et une infinité d'autres qu'il serait trop long de détailler. On a observé que les brigands brisaient avec une sorte de fureur tout ce qu'ils ne pouvaient pas emporter, et qu'ils répandaient l'huile qu'ils ne pouvaient s'approprier, et le vin qu'ils ne pouvaient pas boire. Les maisons pillées ou endommagées, appartiennent toutes sans exception à des catholiques. Ce fait, qui ne saurait être contredit, prouve lui seul de quel côté sont les machinateurs des complots.

« *Louis Deymond.* — Cet infortuné revenait de la chasse, le dimanche à neuf heures du soir; il est arrêté dans la rue des Quatre-Jambes, par un groupe de gens armés qui l'assaillent et le désarment. Comme il s'enfuit, on lui donne un coup de bayonnette dans les reins, un coup de sabre sur la tête, et de plusieurs coups de fusil on lui casse le bras à quatre endroits différens; on le laisse pour mort sur la place; quelques instans après il se traîne chez lui avec la plus grande peine; on l'avait ainsi maltraité à quelques pas de sa maison. Le mardi 15, vers les quatre heures du soir, entrent dans sa chambre des légionnaires qui le prennent, le mettent sur une chaise et l'emportent à l'esplanade. On le promène dans cet appareil; on le montre aux volontaires; on lui coupe les poignets et les pieds à coups de sabre; et après l'avoir ainsi mutilé, on lui donne la mort.

« *Claude Daudet.* — Dans la nuit du 14, Claude Daudet, taffetassier, âgé de 28 ans, est arraché de son lit, traîné à l'esplanade, où on le massacre, après lui avoir crevé les yeux et l'avoir mutilé comme Deymond. Pierre et Jean Maurin, frères, amis et voisins de Daudet, traités comme lui, ainsi que beaucoup d'autres, éprouvent le même sort pendant cette nuit désastreuse. Le dimanche au soir, un monstre que nous n'osons nommer, attaqué par des volontaires aux poufs rouges, est sur le point de succomber, lorsque Daudet survient, prie, sollicite et lui sauve la vie. Qui le croirait? ce barbare fut un de ceux qui entrèrent pour le prendre et l'emmener à l'esplanade; il porta le premier coup : et c'est ainsi qu'il témoigna sa reconnaissance. L'information prouvera ce fait, comme tous ceux qui précèdent ou qui suivent. Ce tigre furieux se vante d'avoir tué dix-neuf catholiques; il en est un autre qui ose dire qu'il en a tué trente-deux. *Et ta foudre, grand Dieu, reste oisive en tes mains!*

Joseph Brun. — Il était âgé d'environ 48 ans. On le frappe de plusieurs coups de sabre dans l'amphithéâtre; on le jette de là sur un couvert, d'où on le précipite, à coups de fourches, sur la place. Comme on veut le tuer à coups de fusils, des volontaires s'y opposent, en disant que c'était une mort trop douce : on l'écharpe alors à coups de sabre; on le jette dans le fossé du rempart; il demeure au bord de l'eau, et là on achève de le tuer en le lapidant. Sa femme, en voulant fléchir ces bourreaux, court cent fois le risque de perdre la vie.

Les frères Guérin. — Guérin l'aîné, gendre prétendu de Brun, veut aller à son secours, et on le tue sur la place des Arènes, à coups de fourches et de sabres. Son frère le cadet, qui veut le défendre, partage son sort.

« *François Périllier et Sabathier.* — Le premier est grièvement blessé chez lui, de là traîné dans l'amphithéâtre, d'où on le jette dans la rue, et de là dans le fossé, où on le lapide. Sabathier, son voisin, est traité avec la même inhumanité.

« *Denis Lefèvre.* — Un légionnaire va l'inviter chez lui à l'accompagner à l'esplanade, où il allait, disait-il, voir le coup-d'œil du camp. Lefèvre lui répond que n'étant pas du parti dominant, il craint de s'exposer. Le légionnaire le presse, et lui dit qu'il peut y aller en toute sûreté, puisqu'il n'est d'aucune compagnie. Lefèvre se laisse gagner, malgré les représentations de sa femme qui veut le retenir. A peine est-il au bout de la rue du Cyprès, que sa femme vole après lui; le légionnaire se moque d'elle. Arrivés devant la porte du palais, celui-ci fait le signe fatal (1); on renverse d'un coup de fusil le malheureux Lefèvre. Les pleurs, les cris de sa femme n'attendrissent point les assassins; ils le traînent dans le fossé où ils le noyent. Lefèvre était natif de Saint-Alliez, diocèse de Paris, et âgé de quarante-deux ans.

« *Chas le fils.* — Ce jeune avocat, qui donnait les plus grandes espérances, et dont le père, ancien con-

(1) Dès le dimanche au soir, le parti dominant avait un point de ralliement qui était l'Esplanade; un mot d'ordre, qui était *bon patriote*, à défaut duquel point de salut; et un signe à la vue duquel on massacrait, lequel se faisait en posant en croix l'index de la main droite sur l'index de la gauche.

sul, est généralement estimé, fut blessé le lundi d'un coup de fusil, étant à faire paisiblement la conversation sur sa porte avec deux de ses amis : il mourut vingt-quatre heures après. L'assassin est connu, et ose se vanter de cette action atroce.

« *Joseph Bouschon.* — Ce jeune homme, âgé de quinze ans, fils d'un apothicaire, était le même jour à sa fenêtre où il dessinait ; il y fut tué d'un coup de fusil ; car aucun catholique ne pouvait se montrer aux fenêtres, ni même en ouvrir les volets sans qu'on tirât dessus.

« *Pierre Rouquet.* — Ce marchand fripier revenant de tenir un enfant sur les fonts baptismaux, s'arrête un moment sur sa porte, où on le tue d'un coup de fusil.

« *Pierre Bataille.* — Il est arrêté le lundi matin par des volontaires de la légion nîmoise, qui le conduisent à l'esplanade où on le pend : la corde casse, et l'infortuné a la force encore de s'enfuir à la faveur d'une fausse alarme qui est donnée. Il se réfugie dans la maison du sieur Mazel, grimpe dans la cheminée ; mais il n'est point d'asyle pour aucun de ceux qui ont porté le pouf rouge. Bataille est poursuivi, on le découvre, on le tire par les pieds, il tombe, et on le tue dans la cheminée même à coups de fusils et de bayonnettes.

« *Jean-Baptiste Auzeby, Claude Dumas et plusieurs autres.* — Les deux premiers, qui n'étaient d'aucune compagnie, et dont l'un était âgé de trente-six ans, l'autre de trente-neuf, sortent par la porte d'Alais, dans l'intention de fuir la ville, avec leur argent et leurs bijoux. Louis Lévêque, âgé de vingt-six ans, Roussel et Provençal, les suivent. Ils s'apperçoivent qu'on les poursuit, et vont se réfugier à la métairie du sieur Charles. Ils y sont assaillis, tués à coups de fusils et dépouillés.

« *Jean-Baptiste Mercier.* — Il fut tué le lundi à coups de fourches, de sabre ou de fusil. Sa tête fut coupée, portée dans les rues au bout d'une bayonnette, et clouée devant la Maison commune. Il était âgé d'environ trente ans.

« *Jean Tribes.* — Ce malheureux, âgé de trente-un ans, était natif de Genolhac, et habitant de Nismes depuis plus de dix ans; en rentrant le 14 chez lui, il reçut un coup de bayonnette dans le ventre, les boyaux en sortaient. En cet état on le met en prison le même jour; il y demeure jusqu'au 17 : enfin porté à cette époque à l'Hôtel-Dieu pour y être traité, il y mourut dans le courant de la journée. Il n'était d'aucune compagnie.

« *Claude Violet.* — Il fut pris le lundi au soir dans la maison du sieur Froment. On lui enfonça sous le menton le crochet de fer auquel on appendait la viande; on le laissa pendant plus d'une heure dans cet état affreux. Ses bourreaux importunés par ses cris plaintifs, lui tirèrent plusieurs coups de fusils et le tuèrent. Il était âgé d'environ vingt-un ans.

« *Lerouge.* — Il était père de cinq enfans, et pour subvenir à leurs besoins, il cueillait des fleurs de tilleul sur un des arbres du cours neuf, lorsqu'on lui tira plusieurs coups de fusils. Il tombe; à peine est-il à terre, qu'un de ses assassins lui ouvre le crâne d'un coup de bayonnette, sort une houpe rouge de sa poche, et la plante avec effort dans la plaie faite par sa bayonnette; d'autres légionnaires le taillent en pièces à coups de sabres. Un de ces monstres sanguinaires disait le même soir à ses amis (quelle horreur!): « Je « n'ai jamais tant ri qu'en voyant la grimace que faisait « Lerouge quand on lui mettait le pouf. *N'ai pas ja-* « *maï tan ris qué quan aï vis la grimace qué fasié aquel* « *matin quan ian planta l'oupeto rougeo.* »

« *François Hébrard.* — Il fut tué le dimanche au soir à coups de fusil au coin de la rue Dorée ; il résulte des déclarations des témoins, insérées dans le procès-verbal dressé à la requête d'Anne Vallat sa veuve, le 6 août dernier, qu'Hébrard n'était d'aucune compagnie; qu'il ne portait, lorsqu'il fut tué, ni panache, ni cocarde, ni houpe; et que le lendemain les personnes qui allèrent voir son cadavre pour le reconnaître, apperçurent à son chapeau deux houpes rouges. Il laisse des enfans.

« *Castanier.* — Après que sa maison fut totalement pillée et dévastée, on le massacra devant ses enfans et sa femme enceinte de sept mois, que la frayeur fit accoucher. Cinq enfans et sa malheureuse veuve lui survivent.

« *Antoine Guiraud.* — Le mardi 15, à onze heures du matin, entrèrent chez le sieur Guiraud, voyageur d'une maison de commerce, environ cent hommes, parmi lesquels étaient, d'après la requête de Jeanne Bousanquet, veuve de Guiraud, présentée à l'Assemblée nationale le 23 août dernier, parmi lesquels étaient, disons-nous, les sieurs Rebufat, procureur de la commune de Sommières, Saussine, de la même ville; Rouvière, taffetassier; Rouvière, dit le Dragonet; Laguillat père et fils, fabricans de bas ; Daniel Martin, agriculteur; le fils de Lenfer, domestique, et Batifort, serrurier : ils entrèrent chez Guiraud, le firent descendre, et malgré qu'il leur protestât qu'il n'était d'aucun parti, ni d'aucune compagnie, ils l'entraînèrent hors de chez lui, le percèrent de coups de bayonnettes, le mutilèrent à coups de sabres, et le tuèrent presque à la vue de sa femme et de ses deux enfans. On lui vola sa montre.

« La plume se refuse à tracer tant d'atrocités, et l'on éprouve, en les racontant, un mélange d'indignation et d'horreur. Mais il faut tout dire ; mais il faut obtenir justice à tant de veuves et d'orphelins infortunés, et nous ne pouvons y parvenir qu'en mettant sous les yeux de la nation le tableau de la désolation et du carnage qui ont régné pendant plusieurs jours. Pour épargner les cœurs sensibles, nous allons nous borner à donner la liste de ceux qui, sans défense, furent lâchement assassinés; il en est un plus grand nombre que nous ne connaissons pas, et l'on peut compter ceux qui ont péri en se défendant. Les uns estiment qu'il a été tué de quatre à cinq cents personnes; les autres de huit à neuf cents. Il sera impossible de connaître la vérité, à cause de la précaution prise par le parti dominant, de faire ouvrir une fosse immense, dans laquelle on jetait, avec de la chaux, les cadavres, sans qu'on pût les reconnaître. La plupart de ceux dont nous allons donner le nom, n'étaient d'aucune compagnie, et ils ont tous été assassinés chez eux, dans les rues, en se retirant, ou après avoir été traînés sur le Cours ou à l'Esplanade.

« Chrétien Deltret, tailleur Allemand, tué devant le collége; Bonafoux le père, négociant, blessé au bras, et mort quelques jours après des suites de sa blessure. Graffeuille, Augier le père, et le fils du vannier de Valabregues, périssent par le fer ou par le feu; il en est de même de Jean Auger; Antoine Clavel; Castor Jacob; Guillaume Cordier; Antoine Dupui; Pierre Annonai; Jean Turcat; Pierre Arnaud; Louis Mayou; Jean-Louis Gérin; François Gérin son frère; Paul Vernet; Pierre Mabeille; André Boulanger; Jean Adam; Jean Langlois; Pierre Marcellin; Antoine François; Pierre Petri; Paul Sabathier; Courbier; Pierre Borne; François Boulat; Sébastien Jouve; Joseph Danis et Boulanger de Nismes; de Jean Darnaud, natif de Cahors, habitant du diocèse d'Uzès âgé de 33 ans; de Jean-Michel Dauzer, natif de Metz, âgé de 16 ans; de François Bernard Bestion, tailleur, natif de Montpellier, âgé de 32 ans; et enfin de Jean et Pierre Maurin frères, taffetassiers, natifs du grand Brai, diocèse de Viviers, l'un âgé de 21 ans, l'autre de 22.

« Le lundi quinze, il fut porté à l'Hôtel-Dieu onze cadavres; le mardi, dix-huit; le mercredi, un seul; le vendredi, quatre; et le dimanche on trouva à demi-pourris dans les fossés, plusieurs membres séparés, et deux têtes.

« Il fut trouvé dans la maison du sieur Froment, dans la tour contigue, ou dans le fossé qui est au bas de cette tour, vingt-neuf cadavres et quatre dans les tours des Jacobins.

« Deux légionnaires à poufs rouges furent tués à coups de fusils la nuit du dimanche au lundi, sous *l'Arc de Dugras*.

« Deux autres furent trouvés morts dans le canal du moulin près la porte des Carmes.

« Deux ouvriers du sieur Lami, amidonnier, furent tués le 14 et le 15.

« Enfin un particulier dont nous ignorons le nom et qui demeurait dans la maison du sieur Nicolas, rue Neuve, fut pris dans son lit le dimanche dans la nuit, traîné hors de sa maison et massacré.

« Nous ne parlons point des blessés catholiques dont le nombre est petit, parce qu'on allait prendre chez eux presque tous ceux qui l'étaient, et qu'on les portait sur le cours ou à l'esplanade où on les assassinait. On a vu sur cette place d'exécrables cannibales danser au son du fifre et du tambour, autour des membres palpitans et entassés de ceux qu'ils venaient d'immoler. Il n'est que le fanatisme qui puisse inspirer de pareilles horreurs.

« Mais le fer et le feu ne firent pas seuls des victimes dans ces jours déplorables : combien de gens ont succombé sous les coups de la frayeur et sous le poids du chagrin ! Le massacre les fit naître à cette époque calamiteuse, et l'abus d'un pouvoir arbitraire, odieusement usurpé et tyranniquement administré, les entretient encore.

« Plusieurs volontaires catholiques vont demander, en l'absence de leurs capitaines, du service aux officiers supérieurs de la légion; on les repousse avec mépris, on les injurie, et d'autres légionnaires tirent sur plusieurs d'entr'eux (1).

« Pendant tout le tems des troubles, le club des prétendus *Amis de la Constitution* donne des passeports ; des officiers de la légion les visent, ainsi que de simples volontaires postés sur les chemins.

« Sans respect pour les décrets de l'assemblée nationale, on fait venir, quoique la municipalité ne l'ait point requis, des gardes nationaux étrangers ; on les accueille, on les fête, on les trompe, on exerce par leur moyen une tyrannie révoltante (2).

(1) Tôt ou tard la vérité se montre dans tout son jour. Personne ne doute plus aujourd'hui qu'il n'existait à Nismes, ni projet de contre-révolution, ni ennemis de la liberté. Un mémoire des sous-officiers de toutes les compagnies du régiment de Guyenne, lu à l'assemblée nationale le 12 septembre 1750, en fait la preuve. Ils y déclarent « qu'il règne à Nismes deux partis qu'on ne peut se dis-
« simuler être *la différence des cultes des protestans et catholiques ;* » et ils demandent en conséquence de changer de garnison. On eut lieu de remarquer que plusieurs personnes qui étaient dans le secret du complot firent retirer leurs enfans ou ceux de leurs amis de différentes pensions de la ville, la veille du massacre. L'obstination que mit à faire sortir du couvent les filles d'une de ses amies, malgré les représentations des religieuses, une personne qui, par sa place, devait être au courant des événemens, parut d'abord une énigme ; mais elle n'en fut plus une le lendemain, dès que le massacre eut commencé.

(2) Le commandant d'une légion étrangère s'était mis en marche avec sa troupe le lundi matin 14 juin, sur l'avis d'un électeur protestant de son canton, à l'effet de venir donner main-forte et mettre le bon ordre à Nismes. Avant de partir, des femmes et des filles disaient aux gardes nationaux, ne revenez pas sans nous ap-

« Sans respect pour les décrets de l'assemblée nationale, on se joue de la liberté des citoyens, on les poursuit, on les entasse dans les prisons, sans qu'ils soient décrétés, et il ne faut pour cela qu'un ordre du colonel de la légion ex-président du club et étranger à la ville qu'il tyrannise, comme à la justice et à la liberté individuelle qu'il a si souvent outragées (1).

porter la tête et les dépouilles de tous les officiers municipaux. Arrivés à deux lieues de Nismes, il fit reposer sa troupe dans un endroit où il rencontra plusieurs volontaires de différens lieux. Il en entendit un qui disait qu'on égorgeait les catholiques de Nismes, et qu'il fallait se hâter de s'y rendre pour faire sauter le couvent des capucins; un autre qui demandait à son camarade si l'on avait fait marcher tous les catholiques de son village; que sur l'assurance qu'il lui en avait donnée, il avait répondu : « Tant mieux, nous « les mettrons en avant pour nous aider à tuer ceux de Nismes, et « ensuite nous leur ferons subir le même sort; car il ne faut pas « qu'il en reste un seul. » Ces propos allarmans décidèrent le commandant de cette légion à rétrograder. Les catholiques qui en faisaient partie le suivirent, et arrivèrent à travers champ dans le lieu d'où ils étaient partis. Les protestans, s'appercevant de leur fuite, coururent après eux, mais sans pouvoir les atteindre.

(1) Il suffisait d'un ordre du sieur Aubry, colonel de la légion et président du club, pour faire prendre les citoyens chez eux, les priver de la liberté ou de la leur rendre, et il ne fallait pour cela que des billets conçus en ces termes :

« Je prie M. le commandant de la citadelle d'ordonner qu'on « laisse sortir M. Pélatan, procureur. J'ai l'honneur de lui présen- « ter mes devoirs. Nismes, ce 12 juillet 1790. Signé F. AUBRY. »

« Prisonniers détenus à la citadelle, *non-décrétés* et à élargir, « savoir : Jean Valalan, François Salvy, Noël Rouvière, Jean Por- « tefaix, Martin Fraget, Paul Roudet, Pierre Genton, Jean Des- « peisses. »

« Je prie M. le commandant de la citadelle d'ordonner que les

« Sans respect pour les décrets de l'assemblée nationale, on donne l'ordre positif à tous les volontaires étrangers qui arrivent de tirer sans exception sur tous ceux qui porteront des poufs rouges, et c'est dans le dix-huitième siècle, c'est dans la seconde année de la liberté française, c'est sous le prétexte imposant de servir une constitution qu'on déshonore, que de pareilles atrocités sont commises !

« Sans respect pour les décrets de l'assemblée natio-

« dénommés ci-dessus sortent de prison. A Nismes, ce 12 juillet
« 1790. Signé F. Aubry. »

« Je prie M. le commandant de la citadelle d'ordonner de met-
« tre en liberté M. Mingaud fils : il obligera son très-humble servi-
« teur. Nismes, le 13 juillet 1790. Signé F. Aubry. »

« Il n'y a que le nommé Paute et Claude Délon, prisonniers à
« l'Hôtel-de-Ville. On va vuider les latrines, et la place ne sera
« plus tenable pour personne ; ces hommes sont accusés de crimes
« capitaux, et *il est certain qu'ils seront décrétés sous peu de jours* ;
« je ne puis donc les mettre en liberté, ni les garder dans l'Hôtel-
« de-Ville ; en conséquence, je prie M. de l'Espin, commandant
« de la citadelle, de vouloir bien recevoir prisonniers les dénom-
« més ci-dessus. J'ai l'honneur de lui présenter mes devoirs. A
« Nismes, le 16 juillet 1790. Signé F. Aubry. »

Nous pourrions faire connaître un plus grand nombre de ces billets ; en voilà bien assez pour démontrer que le sieur Aubry, président du club, et tout son parti, ont, au mépris des droits de l'homme, mis le comble à leur conduite tyrannique : mais s'ils ont oublié que « nul homme ne peut être accusé, arrêté, ni détenu
« que dans les cas déterminés par la loi et les formes qu'elle a pres-
« crites, » les juges n'oublieront pas que « ceux qui sollicitent,
« expédient, exécutent ou font exécuter des ordres arbitraires,
« doivent être punis. »

(Déclaration des Droits de l'Homme. Art. VII.)

nale, on fait des listes de proscription, sur lesquelles sont les noms de tous ceux qui doivent être assassinés et toutes les maisons qui doivent être pillées.

« Sans respect pour les décrets de l'assemblée nationale, des gardes nationaux désarment d'autres gardes nationaux, leurs citoyens, leurs frères, sous d'odieux prétextes, et sans autre raison que celle de la tyrannie, sans autre droit que celui du plus fort.

« Sans respect pour les décrets de l'assemblée nationale, le parti dominant veut assassiner un honnête négociant, un père de famille, M. Vigne, qu'il a faussement accusé, qu'il a gardé long-tems en prison, sans sujet et sans décret, ainsi que plus de deux cens autres infortunés; et lorsque les juges font sortir M. Vigne, il est obligé de se travestir pour échapper à la fureur de ses ennemis.

« Sans respect pour les décrets de l'assemblée nationale, un sexagénaire, M. Descombiès voit forcer plusieurs fois les portes de la prison où la fureur du parti l'a conduit, et où sa rage vient plusieurs fois l'expolier, et hisser devant lui la corde fatale à laquelle il n'échappe que par miracle.

« Sans respect pour les décrets de l'assemblée nationale, ce malheureux accusé, dont la santé est altérée, toujours détenu dans les fers, ne trouve point de juges pour l'admettre à ses faits justificatifs, tandis qu'il en a trouvé pour le décréter de prise-de-corps, quelque récusables qu'ils fussent.

« Sans respect pour l'assemblée nationale, les membres du parti dominant figurent dans des informations comme juges, notables-adjoints, dénonciateurs ou témoins.

« Sans respect pour l'assemblée nationale, le secret des lettres est violé, on ne respecte pas même celles adressées au corps municipal, et tous les catholiques sont livrés aux recherches d'une inquisition aussi honteuse qu'intolérable.

« Sans respect enfin pour l'assemblée nationale elle-même, le parti dominant croyant être suffisamment soutenu par l'hypocrisie du patriotisme, et assez caché sous son masque, a non-seulement l'audace d'enfreindre la plûpart de ses décrets, mais encore celle de chercher à prouver qu'il le fait pour l'appui de la constitution : telle est la conduite du parti dominant envers ce sage décret, qui veut que les citoyens actifs seuls puissent être armés. Mais s'il est exécuté, il faudra que le parti dominant désarme ses affidés, et qu'il rende aux catholiques des armes qu'il leur a si traîtreusement arrachées ! Que faire dans cette conjoncture ? éluder les dispositions du décret, et pour cela ne point aller s'inscrire sur la liste des citoyens actifs. C'est ce que le parti dominant observé, et en attendant, pour se mettre en état de repousser s'il le faut les décrets par la force, plus de 200 mille cartouches ont été faites en une maison seule, et de là expédiées dans des tonneaux à la *Gardonenque*, à la *Vaunage* et aux *Cévennes* (1). Qu'on

---

(1) Le massacre commença le dimanche 13 juin, et à cette époque le parti protestant était armé et pourvu, autant que possible, de toute sorte de munitions ; et cependant le sieur Coulanges, ar-

se souvienne que les anglais descendirent sur les côtes du Languedoc au commencement de ce siècle, et qu'on ne perde jamais de vue qu'on doit se méfier de ceux que le fanatisme a égarés tant de fois.

« Si, après avoir détaillé quelques-uns des excès et des massacres commis envers les catholiques, nous ne parlions point des pertes faites par les protestans, car enfin il faut malheureusement que nous fassions cette distinction pour nous faire entendre, si nous ne par-

murier de Nismes, qui l'avait fourni de fusils et de sabres, était allé d'avance à Saint-Etienne-en-Forez, pour en acheter une plus grande quantité. On va voir par l'extrait suivant qu'assurément il n'était pas possible qu'un simple particulier fît de semblables approvisionnemens pour son compte.

Saint-Etienne, le 15 juin 1790.

« Je vous prie, monsieur, d'annoncer que, quoique le sieur Cou-
« langes, armurier privilégié de la ville de Nismes, ait fait à Saint-
« Etienne-en-Forez, les 6 et 10 de ce mois, un achat « en armes
« à feu et en sabres, assez considérable pour croire qu'il se pro-
« pose d'en vendre à tout le Languedoc, » il ne pourra pas livrer
« les armes à un prix aussi avantageux pour les acquéreurs que la
« veuve Vitoux et fils, etc. » Vid. le Courrier d'Avignon, du 20 juin 1790, n. 146.

Une expédition aussi considérable d'armes allarma la municipalité de la Voulte, qui en fit arrêter dix-sept caisses le 22 juin, et elle les garda jusqu'à ce que le sieur Coulanges lui exhibât les certificats des ventes qu'il en avait faites à diverses communautés. Elles sont toutes voisines de Nismes, et leurs habitans ont joué un grand rôle dans les fatales journées des 13, 14, 15 et 16 juin dernier. Vid. le procès-verbal de la municipalité de la Voulte.

Il est assez singulier que ce grand approvisionnement soit fait à la veille et au moment du massacre, et pour qui ? pour les communautés de la Vaunage.

lions pas, disons-nous, des pertes que les protestans ont faites, on ne manquerait pas de nous taxer de partialité et d'injustice. Nous allons les faire connaître. Leur nombre s'élève tout au plus à une vingtaine de personnes. Les sieurs Astruc, Vaugelas et Boudon, furent tués le dimanche au soir, les deux premiers en combattant, le troisième les armes à la main, et après avoir imprudemment quitté M. Descombiès, qui l'aurait sauvé, ce qui est prouvé par l'information. Le lundi le sieur Jallabert perdit la vie d'un coup de fusil qu'il avait provoqué en tirant de sa fenêtre depuis le commencement de l'émeute, sur les catholiques qui passaient. Le sieur et la dame Noguier, les sieurs Maigre père et fils, furent assassinés, les uns à Courbessac, les autres à Remoulins. Les habitans de ces lieux portés au désespoir par les nombreux massacres exercés sur leurs frères les catholiques de Nismes, qu'ils ne pouvaient secourir, se rendirent coupables de ces horribles représailles. Quel malheur qu'elles soient tombées sur des personnes aussi estimables que les messieurs Maigre! Et pourquoi faut-il qu'ils ayent expié les crimes de tant de monstres détestables, qui dans ces jours de calamité se faisaient compter leur salaire sur les cadavres même de leurs victimes! Les noms des autres protestans tués à cette époque ne nous sont point parvenus. Nous devons à la vérité de dire que le très-petit nombre de ceux qui perdirent la vie dans la ville, périrent les armes à la main; que les autres furent assassinés par des étrangers; que parmi le grand nombre des catholiques dont nous déplorons la perte, il n'en est pas quarante qui soient morts en combattant, et que tous les autres ont été massacrés, dans leurs maisons, entre les bras de leurs femmes et de leurs enfans, quoiqu'ils n'eussent pris aucune part à l'émeute. Quelle est donc cette abominable guerre, où un seul parti a éprouvé toutes les horreurs du pillage et de la mort? Quelle est donc cette abominable guerre, où les ennemis de ce malheureux parti pouvaient sans crainte et sans danger parcourir et faire parcourir les rues de la ville à leurs femmes, à leurs enfans, et se joindre à eux pour encourager les assassins, les faire rafraîchir, et les prenant par la main, danser avec ces misérables autour des morts qu'ils avaient entassés! Tous ces faits seront prouvés (1).

(1) Il a été également prouvé, que le dimanche 13 juin, les officiers municipaux, en sortant du conseil, une heure avant le commencement de la rixe, s'apperçurent que la compagnie de garde était plus que doublée ; que des patrouilles plus nombreuses qu'à l'ordinaire sortaient deux à deux, se suivaient de près, et que leurs armes étaient chargées. Le procureur de la commune et son substitut trouvèrent des traînées de poudre dans la grand'-salle de l'Hôtel-de-Ville. Ils voulurent, conjointement avec un officier municipal, faire quelques perquisitions à ce sujet, et demandèrent à un des volontaires par quel ordre la compagnie avait chargé ses armes. Il leur répondit : « Qu'est-ce que ça vous f... ? Je n'ai aucun « compte à vous rendre. » Cette circonstance donna lieu à quelques réflexions, et ne permit plus, deux heures après, de douter que le complot était prémédité, et que le prétendu billet, depuis lors allégué par les dragons et qui n'a jamais pu être produit, n'était qu'un prétexte pour masquer la plus noire des trahisons.

« Je soussigné, substitut du procureur de la commune de Nis-
« mes, certifie que les résumés contenus dans cet écrit, ont été faits
« sur les procès-verbaux déposés au comité des recherches de l'as-
« semblée nationale, et qu'on pourra faire la preuve de tous les

« Telles sont les pertes des protestans qui n'eurent pas seulement une maison de pillée ; telle est leur conduite pendant le massacre, tandis que les catholiques désarmés, pâles et tremblans, ne peuvent pas même de cinq jours ouvrir leurs fenêtres, sans s'exposer à recevoir des coups de fusils. Quels pillages, quelles horreurs, quelles atrocités n'exerçait-on pas contre leurs parens, leurs époux, leurs frères et leurs fils !

« Une des familles contre lesquelles ils montrèrent le plus d'acharnement et de fureur, fut celle des Froment. Leur projet était formé de la détruire toute entière ; ils ne l'ont point encore abandonné. Un des chefs de cette famille infortunée avait été greffier de la maison commune, et le parti de l'opposition qui s'était ouvertement déclaré son ennemi l'en avait chassé, et l'avait contraint de s'expatrier en obtenant contre lui un décret de prise de corps. Après cinq ans d'exil en pays étranger, Froment le père était de retour dans sa patrie ; la cour des aides de Montpellier venait, en rendant un arrêt en sa faveur, de le mettre dans le cas de poursuivre ses dénonciateurs, qui en même temps avaient servi de témoin contre lui. Un jour plus pur et plus serein paraissait vouloir l'éclairer, lorsque le 13 juin ses deux fils poursuivis vinrent se réfugier avec quarante-cinq hommes des compagnies dont ils étaient capitaines ou lieutenans dans la tour du rempart, contiguë à leur maison. Ils y furent assiégés le lende-

---

« faits, si elle daigne ordonner le renvoi de l'information à des juges étrangers au département du Gard. A Paris, 20 septembre 1790. Signé Boyer. »

main avec du canon par plus de dix mille hommes étrangers qui ne les connaissaient point, et qui demandaient leur tête. On capitule, et lorsque les Froment sortent de la tour, on y monte, on y massacre vingt-neuf ou trente soldats. Froment l'avocat a le bonheur de se sauver; son frère le cadet est pris, étendu sur une table, mutilé, déchiqueté vivant à coups de sabres, on lui coupe la tête, et on la promène dans la ville.

« Ces scènes d'horreur se passent sous les yeux du père, de la mère, et de leur fils, prêtre et chanoine de Saint-Gilles. On égorge, on pille dans leur maison; tout y est brisé, démoli, et les maisons voisines et amies des Froment, sont par cela seul pillées et dévastées. Ces deux vénérables vieillards et leur respectable fils, sont traînés à la maison commune où on les garde à vue pendant plus d'un mois; où l'on fait goûter les alimens que la charité leur fournit par ceux même qui les leur apportent, et où on leur refuse en un mot les secours que l'humanité accorde aux derniers des scélérats. En attendant, on leur fait subir des interrogatoires; on entend des témoins; l'information prouve qu'on ne peut rien leur reprocher; on leur donne la liberté, mais aucune sorte de consolation; il faut qu'ils aillent à l'hôpital, ils n'ont plus rien. Ils apprennent alors que leur maison est démolie; qu'on a porté le fer et le feu dans leur moisson; que tous leurs champs sont dévastés, et que leur maison de campagne est brûlée (1).

(1) La maison du sieur Camus, protestant, et voisine de Froment, ayant éprouvé quelques dommages, pendant qu'on assiégeait la tour et qu'on dévastait la maison de celui-ci, ils furent réparés en moins de quinze jours.

« Tout ce qui porte leur nom est persécuté, poursuivi, proscrit. Les maisons de leurs proches sont également pillées, et leur fils aîné qui, après avoir demeuré caché jusqu'au 17 du mois d'août dernier, veut revenir à cette époque auprès de sa femme et de ses enfans, court les plus grands dangers. Environ deux cens hommes armés investissent sa maison pendant la nuit; ils le demandent, et en attendant, une corde est passée au réverbère; ils entrent chez lui, le cherchent, il a eu le tems de s'évader par les toits, et ne le trouvant point, ils insultent sa femme et ses enfans. Ils ne pillent pas la maison, parce que dès le 14 juin ils l'ont totalement pillée et dévastée. Mais lorsqu'ils entrent, et que la femme incertaine du sort de son mari, veut les appaiser, et leur dit d'avoir pitié de ses neuf enfans qui sont prosternés à leurs pieds, ils répondent en la menaçant, que *le malheur serait petit quand il n'y aurait plus de cette race.*

« Les malheurs qu'éprouve la famille Gas ne sont pas moins terribles. La tête de son chef est mise à prix. Dès le lundi matin on force les portes de sa maison, on le cherche, sa femme se présente et l'on est sur le point de la tuer; on met une corde au col de sa fille aînée, on poursuit son fils à coups de fusils, on renverse et l'on traîne ses quatre enfans en bas-âge; on fouille dans la maison, et Gas n'est pas découvert. Aucun des enfans ne veut dire où son père est caché. Une jeune fille de sept ans, par le moyen de laquelle un capitaine s'obstine à vouloir le découvrir, demeure inébranlable. Vainement ce barbare la menace de la pointe de son épée; vainement il lui meurtrit le sein en la frappant avec son pistolet; rien ne l'ébranle, et elle ne tourne pas même les yeux vers l'endroit où son père est réfugié. On chasse cette héroïque famille de sa maison, qu'on pille, qu'on démolit; et ces six enfants et cette mère désolée passent des bras d'une honnête aisance dans ceux de la misère.

« Mais par malheur Gas est découvert le lendemain. On le saisit, on l'emmène; on feint de vouloir le traduire dans la prison du palais. A peine arrivé dans la cour, un des scélérats qui le conduisent lui porte un coup de hache qui l'étend par terre. On le perce à coups de bayonnettes; on lui coupe les bras et les jambes à coups de faulx et de hache ; on le tue ensuite à coups de fusil; ses assassins lavent leurs mains dans son sang, et témoignent le plaisir qu'ils en éprouvent. Et ce meurtre et plusieurs autres non moins cruels ont lieu dans la cour du palais, devant la porte de l'assemblée électorale, et ils se commettent presque tous séances tenant.

« Le cadavre de ce malheureux est traîné par les cheveux jusques devant sa porte ; les barbares curieux qui viennent voir les débris de sa maison ne peuvent y entrer sans lui marcher sur le corps. Ces outrages ne peuvent point encore assouvir la rage des assassins de Gas; ils traînent le lendemain ses restes déchirés à l'esplanade, ils les montrent aux volontaires étrangers, les mettent au-dessus d'un tas de cadavres sanglans, et dansent autour au son des instrumens (1).

(1) *Nouvelle adresse de la veuve Gas et de ses enfans, à l'assemblée nationale, en réponse à la lettre que M*. *Voulland, député du dépar-*

« Jettons un voile épais sur toutes ces horreurs ; ne disons pas que deux femmes disputent à des scélérats

tement du Gard, a adressée à MM. les députés à l'assemblée nationale.

Messieurs,

Une malheureuse veuve dont on a pillé la maison, dont on a massacré le mari, et qu'on a réduite, avec six enfants, à la misère la plus affreuse, devait-elle s'attendre, lorsqu'elle vous fit le véridique récit de ses infortunes, qu'on oserait la taxer d'imposture ? Pouvait-elle supposer que des meurtriers, d'infames assassins, qui ont encore les mains teintes du sang de son époux, éleveraient leurs voix coupables, et ne seraient pas accablés sous le poids des remords ? Certes, cette impudente audace a lieu de la surprendre ; mais puisqu'il faut qu'elle combatte de nouveau ces monstres implacables, qu'ils descendent sur l'arène, et bientôt on verra que l'égide de l'effronterie dont ils se couvrent, ne peut pas suffire pour les mettre longtemps à l'abri des étincelles qui jaillissent de toutes parts du flambeau de la vérité.

La veuve Gas a vu avec la plus vive douleur que l'un de vous, messieurs, se livrant à des illusions bienfaisantes qui font l'éloge de son cœur, a pris, dans une lettre qu'il vient de vous adresser, la défense des sieurs Marc-Antoine Ribot et Isaac Vincens. J'aurais gardé un silence respectueux et profond en attendant le décret qui doit fixer mon sort, si M. Voulland, trompé par de perfides correspondances, ne vous eût présenté comme des vérités, les calomnies qu'on a mises en usage pour noircir la mémoire de mon époux. Mais le témoignage d'un représentant de la nation est d'un si grand poids, que la réputation de mon mari serait à jamais flétrie, si je ne le justifiais aux yeux de l'assemblée nationale et de la France entière. Je dois cette satisfaction à l'ombre plaintive de l'infortuné Gas, et je vais la lui donner. Ah ! si sa femme, si ses enfants ont tout perdu, si des scélérats leur ont tout enlevé, doivent-ils souffrir encore qu'on leur arrache le seul bien qui leur reste, l'honneur ? Non, sans doute, ils ne doivent pas, et ils verraient de noules cadavres de leurs maris qu'ils viennent de massacrer, qu'ils veulent aller jetter à la voierie, et que se-

veau rassemblés autour d'eux et armés de leurs fers homicides, les Fayet, les Ribot, les Vaissière, les Blanc-Pascal, les Vincens, les Pascaly, les Vicioux, les Bernaras, les Cassenac, et leurs complices, qu'ils s'écrieraient avec ardeur : Infames! commettez, s'il le faut, un crime de plus, ils vous coûtent si peu! mais n'espérez pas que nous vous laissions flétrir, sans nous plaindre, la mémoire de notre père, de mon époux, comme nous vous avons laissé piller, sans nous plaindre, nos meubles, nos effets, notre argent, et toute notre fortune.

Le bon cœur de M. Voulland se décèle, et, qui le croirait, le rend suspect dès la seconde page de sa lettre. « On impute, dit-il, « le meurtre de Gas à un de mes parents, dont la probité et la dou« ceur de caractère sont généralement connus; c'est M. Ribot. » Ce langage est bien celui d'un parent tendre et compatissant; et si l'amitié de M. Voulland l'aveugle, il est beau toutefois de s'aveugler ainsi. Mais le sieur Ribot n'est pas tel que son parent l'imagine; et nous osons l'assurer qu'il est bien loin d'être digne de son attachement; car c'est bien le sieur Ribot qui marchait à la tête des assassins de Gas. Il peut se rappeler qu'il entra avec le sieur Isaac Vincens chez un de leurs voisins catholiques, dont les deux fils étaient gardes nationales; il doit se souvenir qu'il dit à cet honnête homme : Où sont vos fils? Il faut qu'ils marchent; que ce père désolé ne voulait pas laisser sortir ses fils, parce que, disait-il avec raison, on massacre tous les catholiques. Le sieur Ribot sait bien qu'il lui répondit alors : « Soyez tranquille, mon ami, quand je « suis à la tête de ma compagnie, il n'y a rien à craindre. » Ce tendre père embrasse ses deux fils et leur dit : « Puisqu'il le faut, « mes amis, partez, mais laissez-vous plutôt tuer que de tirer sur « vos concitoyens, je vous le recommande; allez, que le ciel con« serve vos jours, et qu'il prenne pitié de notre malheureux sort. » Ah! certainement le sieur Ribot a perdu tout cela de vue! Un homme comme lui est-il fait pour sentir et pour apprécier les élans de la vertu? Il n'éprouve pas seulement des remords!

condées par leurs enfans, et s'entr'aidant l'une l'autre, elles vont les porter au cimetière. Ne disons pas que

« D'après la connaissance que j'ai du caractère et des mœurs de « mon parent, ajoute M. Voulland, il m'a été impossible d'ajouter « foi à ce récit. » Quel est l'honnête homme qui ne penserait pas comme cet honorable membre de l'assemblée nationale? Peut-il même être permis d'avoir d'autre pensée? Non, très-certainement, non. — Mais quelle différence il y aurait eu dans la façon de voir de M. Voulland, s'il avait su que le sieur Ribot ne cessait de faire preuve, depuis le commencement de la révolution, des sentimens les plus factieux et les plus fanatiques; s'il avait vu le sieur Ribot, lors de l'émeute du mois de mai, posté au coin de la salle des spectacles, encourager du geste et de la voix les soldats du régiment de Guienne à fondre, le sabre à la main, sur les malheureux catholiques; s'il avait appris que, lors de la tenue du camp fédératif de Boucoiran, le sieur Ribot s'y comporta d'une manière telle que le sieur d'Azémard, major général de la fédération de Nimes, et protestant, n'a pas craint de dire que le sieur Ribot était l'auteur des désastres de notre ville! quelle différence il y aurait eu enfin dans la façon de voir de M. Voulland, s'il n'avait point ignoré que le sieur Ribot disait à un soldat catholique de sa compagnie : « Nous « avons l'œil sur toutes vos démarches, et si vous bougez, Dieu « vous préserve que la Gardonnenque descende!...... » Que pense maintenant M. Voulland des *mœurs* et du *caractère* du sieur Ribot? Je suis désespérée de retracer tous ces faits; mais il le faut, pour la justification de mon époux : dois-je permettre que sa réputation soit ternie? Et s'il m'est impossible de supporter la honte, même sur le front d'autrui, comment pourrais-je supporter qu'elle rejaillit sur le mien et sur celui de mes enfans?

« Cette adresse est un recueil de faussetés et une suite de décla« mations calquées sur les écrits des officiers municipaux de Nimes. » C'est un tissu de faussetés! Quoi! mon mari vit donc encore? Le monstre Cassenac n'a donc pas lavé ses mains dans son sang? Le scélérat Fayet n'a donc pas crié mille fois : « Il nous faut la tête de « Gas, M. Ribot la veut? » Je n'ai donc pas entendu moi-même

des mères, des épouses ont vainement fait rempart de leurs corps à leurs fils, à leurs époux, et que leurs ef-

cet horrible cri ? Mille témoins n'ont donc pas vu massacrer mon époux ? Plus de deux mille autres n'ont donc pas vu Ribot et Pascaly, à la tête de ceux qui ont pillé ma maison, faire des lots de mes effets, les leur distribuer, et les aider même à charger pour les emporter ? Quoi ! l'on n'a donc pas mis la corde au cou de ma fille aînée ? On n'a donc pas tiré plus de quarante coups de fusil sur mon fils aîné ? Blanc-Pascal n'a donc pas meurtri le sein de ma fille cadette avec un pistolet, et Moulins, son satellite, ne l'a donc pas menacée avec son épée ? Quoi ! d'autres pillards n'ont donc point arraché les croix d'or du cou de mes enfants ? Quoi ! M. Brunel de la Bruyère et M. Fajon n'ont donc pas refusé d'écouter mes plaintes ? Quoi ! je ne suis donc pas maintenant dans la capitale, n'ayant pu obtenir justice dans mon département, pour solliciter celle des représentans de la nation ? Ah ! plût à Dieu que tout cela ne fût qu'une illusion, ou un *roman !* et plût à Dieu que mon époux respirât encore ! Que m'importeraient Ribot et Fayet, Vincens et Bernaras, Blanc-Pascal et Cassenac ? Que m'importeraient tous leurs complices, de qui je n'aurais point alors à me plaindre ? Je gémirais sans doute sur les crimes horribles qu'ils n'auraient pas moins commis envers un grand nombre d'autres de mes concitoyens ; mais je me consolerais avec mes enfants, avec mon époux !..... Il n'est plus, et je vis ! il n'est plus, et l'on calomnie sa mémoire ! Ah ! M. Voulland, par quel prestige faut-il que vous vous laissiez prévenir jusqu'au point de douter de la vérité, malgré les nombreuses preuves que j'ai offertes, tandis que vous croyez sans preuves des criminels qui vous disent eux-mêmes qu'ils ne sont pas coupables ?

« Le nommé Gas tenait simplement un *bouchon* à Nîmes ; il était du nombre des légionnaires à poufs rouges, et un des plus furieux ligueurs. Que mes ennemis appellent l'endroit où nous vendions notre vin, un *bouchon* ou une *taverne*, qu'importe ? Mais quel est le *bouchon* où l'on trouve à piller pour plus de 50,000 liv. de vin, de meubles, ou d'effets ? Il s'agit ici du pillage de ma

forts, leurs larmes, leurs prières ont été inutiles. Ne disons pas enfin qu'un malheureux catholique eut la maison, des excès commis envers ma famille et envers moi, de l'assassinat de mon mari, et je ne dois pas m'arrêter à réfuter une dénomination ridicule. J'aurais dû au contraire ne pas en parler, et repousser avec toute la force et toute l'indignation dont je suis capable, la perfide imputation qu'on fait à mon mari d'avoir été « du nombre des légionnaires à poufs rouges, et un des plus fac- « tieux ligueurs. » Mon époux ne fut jamais d'aucune compagnie ; il n'était donc pas « du nombre des légionnaires à poufs rouges ; » je défie qui que ce soit de le prouver, et je suis si certaine de ce fait, que, si l'on parvient à l'établir, je consens à porter ma tête sur un échafaud.

Je ne réponds pas à la qualité de *factieux ligueurs*, parce qu'elle tombe d'elle-même, et que tout le monde sait bien qu'il ne peut point exister de ligueur là où il n'existe point de ligue. S'il y en avait une, c'était parmi les protestans, qui, comme on s'en est assuré depuis lors, avaient envoyé des émissaires dans tous les environs, pour faire venir le dimanche tous leurs brigands à Nîmes ; c'était parmi les protestants, qui, cinq heures avant que le massacre commençât, faisaient battre la générale à S. Jean de Gardonnenque et dans d'autres bourgs ou villages éloignés même de 12 et de 15 lieues ; c'était parmi les protestans, qui faisaient vendre à Paris, 48 heures avant qu'on pût en savoir la nouvelle, les *détails* prétendus *exacts* des *massacres* que ces perfides disaient qu'on « exerçait sur les protestans de Nîmes ; » c'était parmi ces mêmes protestans, qui massacraient alors plus de 300 catholiques, et qui, employant avec art l'arme à deux tranchans de la calomnie, s'en sont servis traîtreusement envers ceux mêmes qu'ils ont assassinés : et c'est ce qu'ils ont fait envers mon mari.

« On voulut fouiller dans la journée du 14 juin la maison de Gas. « On opposa de la résistance ; on tira des fenêtres quelques coups « de fusil ; la maison fut forcée, et le cabaretier fut tué. » Ce passage ressemble tellement au tissu mal-adroit des calomnies que le club de Nîmes a ourdies dans son adresse, qu'on croirait qu'il en

faiblesse d'aller se mettre sous la sauve-garde d'un protestant qu'il croyait son ami. Celui-ci lui remet un fusil

est extrait, si M. Voulland n'en avait fait usage. Ne dirait-on pas, en le lisant, que c'est à cause de la résistance qu'opposa mon mari, qu'on força notre maison et qu'on le tua? Eh bien, rien de tout cela. Point de résistance, puisque, dès le lundi matin qu'on vint chercher mon mari pour la première fois, il s'enfuit en traversant une cour, et que je demeurai seule avec mes enfans. Point de coup de fusil, puisque, dans la fouille qu'on fit chez moi, on ne trouva ni armes ni munitions.

Quels regrets n'éprouvera donc pas M. Voulland, lorsqu'il apprendra que mon mari ne fut pas tué, comme il le dit, le 14 juin, et qu'il ne le fut que le lendemain 15? qu'on ne le tua point dans sa maison, mais qu'une compagnie, à la tête de laquelle les sieurs Ribot et Vincens marchaient, alla le prendre dans l'endroit où il s'était réfugié, pour le conduire au palais, où il fut assassiné et percé de mille coups par la troupe même qui le conduisait? Pour quelle raison donc attribuer « les désordres commis à Nimes à la « colère, à la chaleur du combat, à l'opiniâtreté de la défense, » quand il n'y eut ni *combat*, ni *défense*, ni *colère*! Nos bourreaux nous assassinaient de sang froid; nos bourreaux allaient prendre, pour les massacrer, les blessés dans leur lit, ou entre les bras de leurs femmes et de leurs enfans; nos bourreaux dansaient au son des instruments, autour des cadavres qu'ils avaient entassés. Quoi! le massacre de plus de trois cents pères de familles catholiques peut-il être excusé par la mort de dix-neuf protestans postérieurement assassinés? Et quand ils auraient été tués avant, aurait-il fallu pour cela faire un massacre? Le sang protestant serait-il donc si précieux, qu'il en fallût racheter quelques gouttes par des torrens de sang catholique? Ah! malheureusement, on n'en a que trop versé de l'un et de l'autre; et c'est parce qu'on en a trop versé, qu'il faut mettre désormais les scélérats dans l'impossibilité d'en verser davantage, et qu'il faut punir de part et d'autre tous ceux qui en ont versé.

J'ai répondu, je pense, à tout ce que M. Voulland a dit de mon

chargé, l'entraîne à l'Esplanade et lui proteste qu'il ne risque rien. Dès qu'ils y sont arrivés, quarante bouches

mari dans sa lettre ; mais je dois faire observer, avant de passer aux *pièces justificatives* qui y sont jointes, que ces pièces ne sauraient justifier ni Ribot, ni Vincens, ni personne. L'honorable membre le sait bien, et il n'a été certainement porté à en faire usage que par son excessive sensibilité. Quand on possède cette vertu, par quelle fatalité faut-il avoir des parens si peu dignes de l'exciter en nous? Les déclarations que les sieurs Vincens et Ribot ont signées, pour assurer qu'ils n'étaient pas du nombre de ceux qui ont pillé ou assassiné mon mari, ne sont pas des pièces fort probantes ; car quel est le criminel qui, pour échapper au supplice qui l'attend, ne signerait pas de semblables déclarations? Mais dans la défense que le bon cœur de M. Voulland lui a fait publier, il fallait bien dire quelque chose ; et il est si difficile d'excuser le crime ! Quant à nous, prouvons que les pièces justificatives dont il est ici question ne justifient personne, et démontrons que M. Voulland n'en a fait usage qu'en désespoir de cause.

La première est un « précis de la conduite de Marc-Antoine Ri« bot. » Je ne discuterai que ce qui me regarde. « Pendant toute « la journée du lundi, *y est-il dit*, je n'ai pas approché la maison « du sieur Gas, et je suis en état d'en faire la preuve. » A quoi servirait cette preuve d'un fait négatif, quand j'ai offert et que j'offre encore de prouver moi-même, par quarante témoins, s'il le faut, que, le lundi, vous, Marc-Antoine Ribot, vous étiez chez moi avec Pascaly l'horloger ; que vous faisiez avec ce dernier des paquets de mes effets ; que vous les donniez aux pillards ; et que vous érigeant en arbitre parmi ces voleurs, vous disiez à l'un que son lot était trop fort, et que vous faisiez augmenter celui de l'autre. J'ai offert et j'offre encore de prouver, que le mardi vous étiez, avec le sieur Isaac Vincens, à la tête des assassins qui allèrent prendre Gas dans son asile et l'emmenèrent dans la cour du palais, où il fut assassiné sous vos yeux ; je ne dirai pas que vous ayez, comme Cassenac, trempé vos mains criminelles dans son sang, je l'ignore ; mais je dirai, mais j'affirmerai que ma maison n'aurait pas été

à feu se tournent contre son sein, et on le menace de lui ôter la vie, s'il ne tue lui-même un autre catholique

pillée, que mon mari n'aurait pas été assassiné, si vous n'aviez pas l'un et l'autre marché à la tête des pillards et des meurtriers. Oserez-vous dire maintenant, Marc-Antoine Ribot, « *que les faits rapportés dans le mémoire de la veuve Gas sont faux et très-faux pour ce qui vous regarde, et que vous ne redoutez aucunement les preuves, et que vous n'avez vu Gas ni mort ni vivant?* » Vous ne redoutez pas les preuves! Eh bien, que les directoires du département du Gard et district de Nîmes souffrent que je les fasse, et bientôt on vous verra frémir, non de rage comme vous le fîtes lorsque vous conduisiez mon époux à la mort, non de cette horrible satisfaction que vous manifestâtes lorsque le mardi soir vous marchâtes sur le cadavre de mon époux pour entrer dans ma maison qu'on démolissait, mais de cette profonde terreur que l'appareil de la justice imprime dans l'âme de tout coupable. Si elle est tardive quelquefois cette justice, elle n'en est pas moins terrible ! Rappelez-vous qu'en 1567, les prêtres et les catholiques de Nîmes furent massacrés par vos pareils, qui comblèrent un puits de leurs cadavres, comme vous en avez comblé cette année l'immense fosse de l'Hôtel-Dieu, dans laquelle vous jetiez de la chaux vive pour empêcher qu'on les reconnût et qu'on en sût le nombre. Souvenez-vous que les catholiques eurent l'héroïsme, cinq ans après, de ne pas exécuter, sur leurs bourreaux, les ordres de Charles IX. Mais ne perdez jamais de vue que les principaux auteurs du massacre de la Michelade périrent sur la roue, et que le plus grand nombre d'entre eux n'échappa que par la fuite au glaive vengeur des lois.

La seconde et la dernière *pièce* dite *justificative*, est un certificat qui prouve qu'Isaac Vincens a sauvé la maison de feu M. l'abbé Lapierre du pillage. Mais s'il a empêché cette maison d'être pillée, il n'a pas empêché, comme il le pouvait, le malheureux Gas d'être massacré ! « M. Vincens dément aussi cette calomnie par une preuve « péremptoire, *dit M. Voulland* ; c'est qu'étant électeur, il ne sor- « tit point de l'assemblée électorale. » Examinons cette *preuve péremptoire*; voyons si elle mérite quelque confiance. Et d'abord, comment Isaac Vincens a-t-il fait, comme il l'a déclaré à M. Voul-

qu'on lui présente. « Moi, s'écrie-t-il, je tuerais mon frère ! non. Faites de moi tout ce que vous voudrez. »

land, pour ne point sortir le 15 de l'assemblée électorale, et que ce même jour, il *se soit transporté*, ainsi qu'il résulte du certificat remis comme pièce justificative, « à la tête de sa compagnie, dans « la maison de M. Lapierre; qu'il soit allé de là chez le sieur Au-« bri, colonel de la troupe nationale, pour lui rendre compte, » et que quelques heures auparavant le sieur Isaac Vincens *se soit rendu*, ainsi que le prouve le même procès-verbal, « près la maison de « M. Surville, pour dissiper un attroupement qui s'y formait ? »

Que le sieur Isaac Vincens nous explique maintenant comment il a fait pour aller le lundi chez M. Lapierre, chez M. Surville, à la *maison commune*, etc., *sans sortir de l'assemblée électorale ?* Et s'il en est sorti pour faire toutes ces courses, pourquoi n'en serait-il pas également sorti pour se mettre à la tête des assassins de mon mari ?

Voilà donc le frêle échafaudage de la défense des sieurs Ribot et Vincens renversé. Voyons maintenant celui que veut dresser un des assassins de mon mari; celui qui le premier lui plongea la baïonnette dans le sein, celui qui trempa ses mains dans son sang, et s'écria : « Allons, amis, lavons-nous les mains dans le sang d'un « aristocrate (1); » en un mot, le monstre Auguste Cassenac, qui vient de faire insérer, dans le Moniteur, une lettre que très-certainement il n'a pas faite, dans laquelle il « atteste que Gas n'a été « tué que parce que plusieurs coups de fusil partirent de ses fenê-« tres, et parce qu'on trouva dans sa cave un baril de poudre. » Il n'est qu'un homme vil comme Cassenac qui puisse mentir avec cet excès d'impudence. Mais quelles preuves apporte-t-il pour étayer cette calomnieuse assertion ? Aucune. Et depuis quand un assassin doit-il être cru sur sa parole ? Je sais bien que le projet de ses perfides conseils est de vouloir faire croire que des catholiques de Nîmes ont tenté de faire une contre-révolution, et que mon mari était du complot; mais il n'en est pas plus de preuves que des prétendus coups de fusil tirés de ma maison, que du prétendu baril de

(1) Voir pour tous les détails ma première adresse à l'assemblée générale.

L'autre infortuné lui dit : « Ah ! mon ami, sauve ta vie ;
que m'importe de périr de ta main ou de celle d'un autre,

poudre trouvé dans ma cave. D'ailleurs, comment aurait-on tiré
des coups de fusil de ma maison, puisque le mardi, jour auquel
Cassenac sait bien qu'il alla chercher mon mari pour l'assassiner,
et qu'il l'assassina, il n'y avait plus personne dans ma maison, d'où
j'avais été chassée la veille avec mes enfans ? Dès le mardi de très-
grand matin n'acheva-t-on pas de piller ma maison même, qu'on
avait commencé de piller la veille, et que l'on continua de piller
sous les ordres de Ribot et de Pascaly ? Si donc les pillards furent
le lundi et le mardi chez moi, d'où mon mari s'enfuit à leur première approche, est-il possible qu'on ait tiré des coups de fusil de
mes fenêtres ? Qui les a tirés ? Pourquoi Vincens, Ribot et Cassenac ne le disent-ils pas ? Pourquoi ? Parce qu'ils ne le sauraient.
Pourquoi ? Parce qu'ils savent bien que mon mari n'était pas dans
sa maison, et que c'est dans une autre maison, assez éloignée de
la mienne, qu'ils allèrent le prendre pour l'assassiner.

En voilà bien plus qu'il ne faut, je pense, pour la justification de
mon mari. Je conclus donc, et je dis que dans l'état actuel de la
question, ou je suis coupable de calomnie, ou les Ribot, les Vincens, les Pascaly, les Cassenac, les Bernaras, les Vicioux, les
Vaissière, les Paulians, les Jourdan, et plusieurs autres sont coupables du pillage de ma maison et de l'assassinat de mon mari. Eh
bien, qu'ils viennent avec moi se constituer prisonniers ; qu'on nous
juge, et que la loi punisse les coupables. A ces mots, je les vois pâ-
lir, je les vois frissonner ; ils feignent de ne pas m'avoir entendue.
Tels sont les criminels ! Mais toi, Cassenac, toi que mon malheur
excessif me fait encore rencontrer quelquefois dans les rues de la
capitale, quelles affaires ont pu t'y faire demeurer depuis que la
garde, se disant nationale, de Nîmes, t'y députa à la fédération ?
N'y serais-tu resté que pour avoir l'audace de me calomnier, et
pour me faire voir tous les jours l'assassin de mon époux ? Si tu es
innocent, je t'ai bien assez insulté, demandes-en justice ; rends-
toi dans les prisons du châtelet, et je m'y rendrai incontinent après
toi. Mais tu n'auras pas ce courage. Eh bien, je te dénonce à la

puisque je dois périr ? hélas ! puisse mon trépas te conserver à ta famille ! » Le premier, tremblant, désespéré,

garde nationale, dont tu oses dire que tu fais partie, je te dénonce à tout Paris, je te dénonce à toute l'Europe, je te dénonce à l'univers entier, comme un des assassins de mon époux. Songe maintenant que tu ne peux plus frayer avec les honnêtes gens, sans t'être lavé de cette inculpation, et souviens-toi bien qu'il ne suffit pas pour cela de nier les faits et de calomnier, dans un journal, les catholiques de Nîmes, mais qu'il ne faut rien moins qu'un jugement pour te rendre l'honneur que tu as perdu. Ne crois pas non plus que les certificats que mendie dans ce moment Marc-Antoine Ribot puissent vous disculper les uns et les autres. Ne crois pas que vous puissiez l'être par tout ce qu'ont dit ou ce que pourront dire le club et la garde, se disant nationale, de Nîmes ; l'un est l'auteur de tous nos maux ; l'autre est pour le moins coupable de ne les avoir pas empêchés, et conséquemment ils sont suspects l'un et l'autre. Demande donc, comme moi, qu'on nous juge, et ne sollicite pas, ainsi qu'on le fait pour tes pareils et pour toi, une amnistie qui serait éternellement leur honte et la tienne.

Tel est mon dernier vœu, j'ai cru devoir le manifester, et je crois devoir supplier de nouveau l'assemblée nationale, à mon nom et à celui de ma malheureuse famille, de vouloir bien ordonner, conformément aux décrets rendus pour Montauban le 26 juillet, et pour Schelestadt le 14 août, que l'information commencée devant les juges de Nîmes, relativement aux troubles qui ont eu lieu dans cette ville pendant les mois de mai et de juin, demeurera comme non avenue ; et d'après le déni constant et réitéré de recevoir la plainte de la suppliante et celle de la veuve Boufanquet, et de tant d'autres veuves et orphelins qui sont dans le même cas ; d'après le refus fait par le sieur Brunel de la Bruyère, procureur du roi, et par le sieur Fajon, lieutenant criminel, d'entendre et de faire entendre les nombreux témoins, et de constater l'assassinat atroce et prémédité du sieur Jean Gas, le pillage de sa maison, et les excès de tous les genres commis envers sa famille, ordonner que par-devant tels juges étrangers au département du Gard qu'il plaira aux

et toujours les canons des fusils dans l'estomac, hésite encore; la vertu le retient, la crainte le détermine, et son frère tombe sans vie. Mais le remords déchire son cœur, le consume; et par un rafinement de cruauté, ses bourreaux, bien loin de le priver de la lumière, le font porter chez lui, où vingt-quatre heures après il meurt dans les angoisses du désespoir. Eloignons de nos yeux ces images déchirantes, elles affligeraient trop ceux qui n'ont point encore perdu tout sentiment d'humanité; et laissons aux juges, que l'assemblée nationale nommera, le soin de les dévoiler.

« Si le temps nous l'eût permis, ce tableau aurait pû être fait, sinon avec plus de vérité, du moins avec plus d'ordre et de méthode : il nous eût été possible, sans doute, de l'étendre davantage, de le peindre avec des couleurs plus noires, de le montrer sous un jour plus hideux. Mais l'information qui vraisemblablement le

augustes représentans de la nation d'indiquer, et à la diligence de la partie publique, qu'il sera informé de l'assassinat du sieur Jean Gas, du pillage de sa maison, de la proscription de toute sa famille, du partage de son argent, de ses meubles, effets et bijoux, circonstances et dépendances. A l'effet de quoi, la présente requête, signée par la suppliante, et toutes autres pièces relatives qui pourront être fournies par elle, seront incessamment adressées à ladite partie publique, pour être informé contre les sieurs Auguste Cassenac, Marc-Antoine Ribot, Bernaras, taffetassier; Cabrit, praticien; Blanc-Pascal, Paparot, Isaac Vincens, Pascaly, horloger; Gaujoux, greffier; Bertrand père et fils, aubergistes; Boudon, huissier, et tous autres auteurs, fauteurs et complices desdits excès, pillage et assassinat : et a signé, à Paris, le 20 novembre 1790.

BERTRAND, veuve GAS.

suivra, le rendra tel qu'il doit être ; mais elle prouvera que bien loin d'avoir exagéré, nous sommes demeurés fort au-dessous de la vérité, quoique nous ayons paru choquer la vraisemblance. »

Exposé sommaire des faits arrivés à Nismes dans les premiers jours de mai 1790, d'après les pièces justificatives remises à l'assemblée nationale.

« On a publié avec tant d'affectation que la *cocarde blanche, substituée à la cocarde nationale,* avoit été la cause de l'émeute arrivée à Nismes les 2 et 3 mai derniers, qu'il est essentiel de commencer par réfuter invinciblement cette fausse allégation.

« En novembre 1788, la cocarde blanche fut arborée à Nismes comme le signe du patriotisme et de la liberté.

« En août 1789, époque de la formation de la légion nîmoise, les volontaires prirent la même cocarde, et plusieurs compagnies de la légion ne l'ont jamais quittée depuis ce moment.

« C'est un fait notoire et positif, consigné dans une délibération du conseil général de la commune ainsi que dans un verbal, qui sont sous les yeux de l'Assemblée.

« Vingt mille témoins attesteroient ce fait s'il étoit

nécessaire. Ils ajouteroient qu'il étoit assez indifférent dans Nismes de porter une cocarde ou de n'en pas porter, de la porter blanche ou aux couleurs de la nation : on n'y mettoit aucune importance, parce que les unes et les autres étoient également dans Nismes le signal du patriotisme et de la liberté. Ils ajouteroient encore que les membres du conseil permanent (dont plusieurs sont membres du club dénonciateur et ont signé l'adresse) ont vu pendant plusieurs mois, lorsqu'on montoit la garde en leur présence, plusieurs compagnies de la légion porter la cocarde blanche sans faire aucune observation. Ce fait est attesté par soixante officiers ou bas-officiers légionnaires, qui attestent que, jusqu'au 2 ou 3 mai, les légionnaires portoient *indistinctement* la cocarde blanche et la cocarde aux trois couleurs. *Le certificat original avec les soixante signatures est déposé entre les mains du comité.*

« Il est donc bien évident qu'il ne faut pas attribuer aux cocardes blanches l'émeute arrivée à Nismes les 2 et 3 mai, puisqu'on les portoit depuis longtemps sans aucune contradiction.

« Quelle a donc été la cause de cette émeute ? L'aggression de quelques membres du régiment de Guyenne et de quelques légionnaires, qui ont donné des coups de sabre à des citoyens sans armes. Ce fait est prouvé.

« Qui les y a excités ? La réponse à cette question se trouve consignée dans les verbaux et dans les déclarations d'environ cent témoins qui y sont relatées. Mais il ne faut pas anticiper sur les événements, ni sur le rapport du Comité des recherches, quand toutes les pièces lui seront parvenues.

« Le mai planté le premier mai à la porte du maire par des citoyens et des légionnaires, n'a pas donné lieu à l'insurrection, 1° parce que les légionnaires qui l'ont planté ne portoient pas la cocarde blanche ; en effet, ils savoient que le maire n'en souffroit pas chez lui de cette sorte, et que, du moment de son installation, il n'avoit cessé de déclarer hautement « que le roi et la « nation ne faisoient qu'un et étoient inséparables, et « que le roi lui-même ne portoit que des cocardes aux « couleurs de la nation ; » 2° parce que le mai étoit orné de rubans et de festons aux couleurs de la nation ; 3° parce qu'aucun de ceux qui élevèrent le mai ne prit part à l'émeute ; 4° enfin, parce qu'il n'est pas exact que le maire ait donné un déjeûner ni même de l'argent pour se régaler aux citoyens qui ont planté le mai. Fidèle à ses principes, il leur dit : « que l'amour et « l'attachement ne se payoient dignement que par « l'amour ; que, dans un moment de calamité, il ne « falloit ni repas ni réjouissances, et il promit de doter « deux filles d'agriculteur, pauvres et vertueuses, choi- « sies à la pluralité des voix par ceux qui avoient planté « le mai. » Et voilà le prétendu déjeûner annoncé dans l'adresse et répété avec tant de complaisance par tous les journaux.

« Il est encore un autre fait qui manque d'exactitude : il est relatif au congé obtenu par le maire de Nismes. « M. de Marguerittes, dit-on, demanda un congé de six « semaines : c'étoit le six mars ; il auroit dû être de re- « tour le 18 avril ; mais il écrivit à l'assemblée natio- « nale pour demander une prolongation de trois se- « maines. Elle ne l'accorda pas : c'étoit un refus, et M. le

« maire y est encore. » Que d'inexactitudes! Ce n'est que le 13 mars, et non le 6, que le congé a été signé; le maire ne put partir que le 14. Il a demandé le 16 avril une prolongation de trois semaines; il a reçu, le premier mai, réponse de M. le président. Il s'est rendu sur le champ à l'Hôtel-de-Ville; il a remis sur le bureau le dire qui a donné lieu à la délibération suivante du conseil général de la commune du 2 mai, et s'est retiré.

Teneur de la délibération.

« Du dimanche, deuxième mai mil sept cent quatre-
« vingt-dix, heures de trois après-midi, le conseil gé-
« néral de la commune, assemblé dans la salle de l'Hô-
« tel-de-Ville et présidé par M. Murjas, premier offi-
« cier municipal, en l'absence de le maire.

« Présens et opinans MM.

« M. Murjas a dit :

« MESSIEURS,

« En exécution du renvoi fait par votre délibération
« d'hier, vous allez procéder à la lecture du dire remis
« sur le bureau par M. le baron de Marguerittes, maire,
« et à l'arrêté qui doit en être la suite; ce dire est
« conçu en ces termes :

« Vous savez, messieurs, quel triste spectacle s'est
« offert à nos regards à l'entrée de notre carrière mu-
« nicipale.

« Des magasins presque dépourvus de grains; la
« caisse de la ville entièrement épuisée; la stagnation

« des fabriques augmentant chaque jour la détresse de
« dix mille de nos concitoyens; l'impossibilité, faute
« de moyens et de numéraire, de continuer les atte-
« liers de charité et de prolonger les secours pécu-
« niaires accordés chaque jour aux chefs de familles,
« qui ne vivent que du produit de leur industrie. Tel
« étoit l'état déplorable où se trouvoit la commune,
« quand la nouvelle municipalité est entrée en fonc-
« tions. Quel heureux changement n'avez-vous pas
« opéré? Quelles ressources n'avez-vous pas trouvées
« dans l'activité de votre zèle? Vingt mille quintaux de
« bled, achetés par vos soins, ne laissent plus aucune
« crainte sur les subsistances d'une population nom-
« breuse, et sur la certitude de tenir le pain du pauvre
« au plus bas prix possible. Une quête faite par vous a
« procuré les fonds nécessaires pour continuer les dis-
« tributions du comité de bienfaisance jusqu'au 20 mai,
« temps auquel les bras ne suffiront pas même aux
« travaux de la campagne. Malgré la rareté du numé-
« raire, le paiement des ouvriers employés aux atteliers
« de charité assuré jusqu'à la même époque, par des
« fonds appartenans à la ville, et dont vous avez fait
« rentrer une partie. Tels sont les travaux utiles et im-
« portans qui ont exigé une vigilance continuelle depuis
« l'instant où vous avez pris les rênes de l'adminis-
« tration.

« J'ai été assez heureux pour concourir avec vous à
« ces opérations vraiment paternelles; et je n'ai pas dû
« résister aux sollicitations réitérées des représentans
« de la commune, pour demander aux représentans de
« la nation une prolongation de congé de trois semai-

« nes, délai que vous aviez jugé nécessaire pour ache-
« ver plusieurs opérations déjà commencées, telles que
« la coecation, la faction du compoix cabaliste et l'im-
« position des biens ci-devant privilégiés.

« Je me suis adressé, suivant l'usage, à M. le prési-
« dent de l'Assemblée nationale, pour obtenir cette
« prolongation, qui ne m'a été ni refusée ni accordée;
« ce silence m'impose le devoir d'aller reprendre, sans
« délai, le poste honorable que je n'ai quitté que pour
« me rendre à vos désirs.

« Je ne dois pas vous dissimuler, messieurs, que ma
« conduite et mes principes ont été calomniés d'une
« manière atroce auprès du sénat auguste qui préside
« aux destins de l'empire ; divers avis me l'annoncent :
« le croiriez-vous? la profession de foi que j'ai faite
« publiquement et dans toutes les occasions, de mon
« attachement inviolable à la constitution, mon exacti-
« tude scrupuleuse à la faire observer, la conformité
« constante de ma conduite avec mes discours, n'ont
« pu me garantir d'une imputation qui cesse d'être
« dangereuse à force d'être mal-adroite. Le chef de
« cette municipalité se doit à lui comme à vous, de
« vous dénoncer cette noirceur, qui ne l'intimide ni ne
« l'étonne. J'ai maintenu la paix parmi mes concitoyens,
« malgré les entreprises les plus répréhensibles ; c'étoit
« mon devoir, c'étoit le vœu le plus cher de mon
« cœur, c'étoit l'unique but de mon voyage et de mes
« efforts.

« L'honnête homme, le bon citoyen, le sujet fidèle
« peut être à l'abri de la médisance, et non de la calom-
« nie. Qui l'a éprouvé plus que moi, dans une carrière

« uniquement consacrée à l'utilité et à l'avantage de
« ceux-là même qui ont osé m'inculper injustement?

« Je ne me permettrai plus aucune réflexion; je re-
« mets mon dire sur le bureau, et je me retire, pour
« laisser aux représentans de la commune, témoins de
« ma conduite, le libre exercice du droit qu'ils ont de
« la condamner ou de la justifier aux yeux de la France
« entière.

« Sur quoi, le conseil, pénétré de douleur du départ
« annoncé par M. le maire, justement indigné de la
« cause qui, malgré le vœu du peuple et le désir ar-
« dent de la municipalité, le nécessite; se repliant sur
« lui-même, pour découvrir dans la conduite de l'ad-
« ministration et du digne chef avec lequel elle est
« identifiée, la cause des calomnies qui le portent à se
« rendre à l'Assemblée nationale; ne voyant dans sa
« propre conduite que des actes de patriotisme et d'a-
« mour de l'ordre, une soumission entière aux décrets
« de l'Assemblée nationale, une surveillance assidue à
« la sûreté et à la tranquillité publique, une sollicitude
« continuelle à pourvoir aux besoins du peuple, voyant
« encore dans M. le baron de Marguerittes, qui diri-
« geoit tous ses travaux, le sacrifice généreux du soin
« de sa santé, de sa fortune et de son repos, pour ne
« s'occuper que de remédier au délabrement de la
« chose publique; les caisses vuides et les besoins ac-
« crus par l'inertie du commerce; la misère toujours
« renaissante, et la générosité déjà épuisée; les sub-
« sistances augmentant de prix, et la consommation se
« multipliant par l'affluence des étrangers, qu'attiroit
« le taux du pain, soutenu le même dans Nismes, mal-

« gré l'augmentation sur les grains ; la tranquillité, la
« sûreté publiques raffermies, malgré l'effervescence
« si souvent excitée par les passions, transformées en
« opinions, plus ou moins dangereuses ; enfin, une
« police tout à la fois indulgente et sévère, qui a su
« prévenir les crimes, au point qu'aucun meurtre, au-
« cun incendie, aucun vol, aucun désastre public
« n'ont souillé l'époque de l'administration et la durée
« du séjour de ce chef, qui mérite à si juste titre l'a-
« mour et la confiance que le peuple a manifestés.

« La municipalité considérant néanmoins que, puis-
« qu'une pareille conduite, constamment soutenue,
« n'a pas mis son chef, et conséquemment elle-même,
« à l'abri de la calomnie, ce n'étoit point dans cette
« conduite irréprochable qu'il falloit en chercher la
« cause première ; et c'est avec douleur que, saisissant
« le fil que lui a donné une foule d'indices frappans,
« elle a découvert que le mécontentement de quelques
« individus dont l'ambition avoit été déçue, et l'effer-
« vescence de l'opinion religieuse dans un petit nom-
« bre d'autres, en étoient le foyer unique et le mobile
« de tous les mouvemens ; mais elle a vu en même
« temps avec satisfaction que la masse des citoyens,
« toujours dirigée par son devoir, toujours soumise
« aux loix, toujours estimable par sa modération,
« quelle que fût cette même opinion, n'avoit aucune
« part ni à leurs erreurs, ni à leurs excès.

« Considérant, enfin, qu'il suffira sans doute aux in-
« dividus égarés, de leur faire connoître l'énormité et
« le danger de leur faute, pour leur en inspirer une
« juste horreur et pour les ramener à cet esprit de paix

« et de tolérance auquel la municipalité les exhorte;
« esprit qui, quelle que soit leur opinion, est si néces-
« saire pour établir solidement les bases de la constitu-
« tion ; qu'il leur suffira encore, pour éteindre toute
« animosité, d'observer que c'est se déclarer véritable-
« ment ennemi de cette constitution, que d'abuser,
« pour introduire l'insubordination et l'anarchie, des
« mêmes formes qu'elle a établies pour conserver à
« l'homme ses droits, au peuple sa liberté; que la mu-
« nicipalité est non-seulement composée d'hommes li-
« brement choisis par le peuple, mais encore qu'elle
« est revêtue de l'autorité de la loi qu'on doit respecter.

« Le conseil se bornant à l'objet immédiat du dire
« de M. de Marguerittes, a unanimement délibéré de
« manifester et de consacrer les sentimens d'estime et
« de reconnoissance que lui ont inspirés les vertus et
« les talens de M. le maire, dont l'absence, nécessitée
« par les circonstances, lui fait encore plus sentir l'é-
« tendue; de lui témoigner le regret d'autant plus vif
« d'être privé de ses lumières, que les efforts des mé-
« chans pour l'arracher à sa patrie, lui font pressentir
« des temps encore plus difficiles et plus orageux. Mais
« tandis que ces égards pour les vertus de son chef,
« obligent le conseil de retenir les élans du peuple qui
« ne le voit partir qu'avec la plus grande peine, il a
« encore unanimement délibéré de supplier l'Assem-
« blée nationale d'accorder à M. le maire un nouveau
« congé essentiel, pour achever l'ouvrage de la conser-
« vation de la chose publique, et pour consolider la
« paix et la tranquillité dans une ville où sa vigilance
« infatigable les a maintenues jusques à ce jour.

« Délibéré, de plus, que la présente délibération
« sera imprimée, si besoin est ; qu'un extrait en sera
« adressé à M. le président de l'Assemblée nationale,
« et qu'un autre extrait en sera remis à M. le maire.
« (Extrait des registres de l'Hôtel-de-Ville de Nîmes, et
« collationné sur l'original.)

« BERDINCQ, secrétaire-greffier. »

« Au moment où l'on signoit cette délibération, prise en l'absence du maire, et sans doute pour que la paix ne fût pas de plus longue durée, quelques soldats et bas-officiers du régiment de Guyenne, qui avoient été trompés, régalés et provoqués par des liqueurs, insultèrent à la promenade et maltraitèrent des citoyens paisibles, sous prétexte qu'ils portoient des cocardes blanches, que l'on avoit toujours portées sans trouble et sans inconvénient. Ils fondirent, à coups de sabre, conjointement avec quelques légionnaires des compagnies n°s 1 et 17, sur des hommes désarmés, et non-seulement sur ceux qui avoient des cocardes blanches, mais sur ceux qui n'en portoient pas, mais sur ceux-là même qui en portoient aux couleurs de la nation : fait attesté dans un verbal par plusieurs témoins. Ce qui prouve que les cocardes blanches n'ont servi que de prétexte *aux malveillans*. Dans un instant l'allarme devient générale ; on annonce qu'il y a une émeute sur le grand cours. A peine le maire en est-il instruit, il se rend à l'Hôtel-de-Ville, il y trouve le nommé Roger le fils, ensanglanté et blessé d'un coup de sabre à la tête, et déclarant à MM. les officiers municipaux, « que sur le cours, une partie du peuple étoit

« dans une émotion extraordinaire contre des soldats
« de la garnison, l'un desquels lui a asséné le coup dont
« il a été frappé. »

« Sur le champ MM. les officiers municipaux requièrent la compagnie de la légion nismoise, n° 25, qui montoit la garde de jour à l'Hôtel-de-Ville, de les suivre. MM. Razous, Pontier, l'abbé de Belmont, de Cabrières et Fornier, restent pour tenir le bureau; le maire, MM. Murjas, du Roure, Gaillard et autres officiers municipaux, et Vidal et Boyer, procureur de la commune et substitut, revêtus de leurs écharpes, se rendent à pas redoublés sur la promenade; ils trouvent un peuple immense, depuis le bas du petit cours jusqu'à l'extrémité du grand, et plusieurs femmes en pleurs, qui crioient que l'on assassinoit leurs frères, leurs maris, leurs enfans.

« Le premier soin du maire, en entrant dans la foule, fut d'exhorter les citoyens, au nom de la loi et du roi, de se retirer paisiblement; ce que plusieurs exécutèrent. D'autres entouroient MM. les officiers municipaux, et demandoient justice. Le maire, devançant ses collègues, parvint le premier à cent pas de la maison de M. de la Coste, négociant; il apperçoit plusieurs citoyens ensanglantés, et le peuple extrêmement irrité contre des bas-officiers ou soldats du régiment de Guyenne, et contre quelques volontaires de la légion, compagnies n°s 1 et 17. Il apperçoit des soldats poursuivant, le sabre à la main, le peuple qui se défendoit à coups de pierres, et dont le nombre grossissant successivement, les poursuivit bientôt à son tour : l'instant était décisif. Le maire s'élance du haut du cours dans la rue Basse ; il fend la foule ; il se précipite, sans hésiter, au milieu des soldats de Guyenne et des volontaires ; il les couvre de son corps ; il parvient heureusement, par cet acte courageux, à contenir dans le premier moment la fureur populaire, et à suspendre une grêle de pierres, dont les aggresseurs alloient être les victimes. Cependant MM. les officiers municipaux travailloient à calmer les esprits, et répandus dans la foule, engageoient, au nom de la loi, les citoyens à se retirer ; mais le peuple acharné, demandoit à grands cris « vengeance des coups de sabre donnés à des ci-« toyens paisibles et désarmés ; » il vouloit que *ses assassins* (telles furent ses expressions) lui fussent livrés. Le maire, fidèle à son poste, étendant les bras, leur faisoit un bouclier de son corps, et parvint à faire entrer dans la maison de M. de la Coste, successivement, sains et saufs, tant les soldats que les légionnaires aggresseurs ; il fit aussitôt fermer sa porte, et plaça douze volontaires, avec M. Gaillard-Malarte, capitaine, et un officier municipal, pour défendre l'entrée de la maison, qui n'essuya d'autre dégât qu'une vingtaine de carreaux de vîtres cassés. Il annonça au peuple que cette maison, et ceux qu'elle renfermoit, étoient sous la sauve-garde de la loi. Au même instant, le maire et le substitut du procureur de la commune apperçoivent un volontaire de la compagnie la Coste, n° 17, qu'on traînoit par les cheveux dans la boue, et que la multitude vouloit assommer, parce qu'il avoit donné (disoit-on) des coups de sabre à plusieurs citoyens : le maire et le substitut volent à son secours, parviennent à lui, et le sauvent, en promettant au peuple *que justice lui seroit rendue ;* mais en lui observant *que la loi défendoit de se la faire à soi-même.*

« Le procureur de la commune rendit le même service au nommé Barry, volontaire de la compagnie n° 1, un des premiers aggresseurs; il le dépose lui-même. Cependant MM. les officiers municipaux se dispersent au milieu de cette foule immense, et tandis que les uns se rendent vers la fontaine, au-devant de quelques compagnies armées (1) pour arrêter leur marche, ou la diriger suivant le besoin, les autres dirigent leurs pas vers les casernes pour contenir les soldats, et leur annoncer que leurs camarades étoient en lieu de sûreté.

« Cette précaution étoit d'autant plus instante, qu'un honorable membre du club excitoit les soldats de Guyenne, qui des casernes s'avançoient paisiblement vers le cours, en leur disant, « que le peuple égorgeoit « leur camarades, » et ajoutant : « courage, mes amis ; « allez, frappez fort, nous vous soutiendrons. »

« Ce fait est attesté par plusieurs témoins, notamment par les 20-23 capitaine et officier de la légion, et par le 41, dont la déposition mérite d'être rapportée.

« S'est présenté M. de Salignac de Fénelon, lieute- « nant de la compagnie de la Garliere du régiment de « Guyenne, après serment... sur les interpellations.....

« A déclaré, que dimanche dernier il étoit à la co- « médie; que sur le bruit qu'il entendit du côté du cours « à environ six heures du soir, il en sortit avec MM. les

---

(1) Il n'est pas inutile de faire observer que les compagnies numéros 1, 5, 10, 17 se trouvoient rassemblées d'avance et prêtes à tout événement.

« officiers de Guyenne qui s'y trouvoient aussi ; qu'arri-
« vés à l'extrémité de la salle de spectacle du côté du
« nord, il vit quelques bourgeois qu'il ne connut pas,
« exciter le nommé Dubois, sergent de la compagnie de
« Champeron du régiment de Guyenne, à se porter sur
« le grand cours, lui disant que le peuple égorgeoit
« ses camarades ; qu'à l'instant ledit sergent mettant le
« sabre à la main, s'écria : *à moi, Guyenne!* qu'aussitôt
« environ vingt chasseurs du même régiment accou-
« rurent le sabre à la main, et se disposèrent à courir
« dans l'endroit que lesdits bourgeois désignoient ; que
« ledit sieur de Salignac courut sur ledit Dubois, ser-
« gent, et le prenant par le collet, lui dit : « Malheureux,
« qu'allez-vous faire ? vous devriez contenir les soldats,
« et vous êtes le premier à les exciter au carnage ? » que
« ledit bas-officier mit à l'instant son sabre dans le
« fourreau, et aida ledit sieur déclarant à contenir les
« chasseurs et à leur faire remettre leur sabre dans le
« fourreau ; que les susdits bourgeois, au nombre de
« cinq à six, répétèrent au déclarant qu'on égorgeoit
« des soldats de Guyenne sur le grand cours ; que ce
« dernier adressant la parole auxdits sergent et chas-
« seurs : « Voilà les gueux, en désignant ledits bour-
« geois (1), qu'il faudroit punir, parce qu'ils vous
« trompent et qu'ils veulent vous faire donner dans le
« piége ; » qu'ayant vu arriver M. le procureur de la
« commune, avec un officier municipal, exhorter le
« peuple à se retirer, en annonçant que tout étoit calmé,
« ledit sieur déclarant se retira au quartier où l'on bat-

(1) Ils sont nommés par les autres témoins officiers de la légion.

« tait la générale; qu'en se retirant, un bourgeois s'ap-
« prochant de lui, le prit par le bras et lui dit : « Vous
« faites bien de faire retirer votre troupe; » que ce pro-
« pos ayant été entendu de deux autres bourgeois qui
« marchoient après le sieur déclarant, l'un deux répon-
« dit : « N'écoutez pas ce gueux, il est aristocrate, il
« mérite d'être pendu; » que le dit sieur de Salignac
« Fenélon répliqua, que s'il étoit aristocrate, il devoit
« l'être aussi, puisqu'il portoit les soldats à la paix, tan-
« dis qu'il les excitoit au carnage.

« Ajoutant : que le régiment de Guyenne n'a point
« trempé dans ce complot : qu'au contraire, il de-
« mande connoissance du procès-verbal tenu par MM.
« les officiers municipaux, pour punir ceux de leur
« corps qui se trouveront y avoir trempé. »

« Cependant le maire étant monté sur le parapet du
cours, fit signe de la main et parvint à se faire entendre; il représenta avec force, « que sous l'empire de
« la loi, on ne devoit obéir qu'à la loi; que tout acte de
« violence étoit défendu et seroit sévèrement réprimé;
« que les coupables seroient connus; que certainement
« justice seroit rendue, et qu'il leur en donnoit sa pa-
« role d'honneur (ici des applaudissements); mais
« que la maison de M. de la Coste, et ceux qui s'y
« étoient renfermés, étoient sous la sauve-garde de la
« loi, et qu'il exhortoit les bons citoyens, au nom de la
« loi et du roi, à se retirer.

« Alors des cris réitérés, « vive le roi, vive la nation,
« vivent les officiers municipaux, » se font entendre,
et le peuple commence à se calmer et à se diviser.

« Il étoit cependant très-essentiel d'éloigner la foule

de la maison de M. de la Coste : le maire et quelques officiers municipaux se rendent vers le milieu du cours ; un grand nombre de citoyens de tout âge, de tout sexe, s'empresse de les suivre ; les cris de « vive le roi, vive « la nation, » annonçoient assez que le moment de l'effervescence générale étoit passé. Peu de temps après, et vers le petit cours, trente soldats armés se présentèrent pour venir au secours de leurs camarades ; les officiers municipaux vont à eux, les tranquillisent, en leur annonçant que leurs camarades sont en sûreté. Quelque temps avant, le maire avait fait prier, par un officier-major de la place, M. le lieutenant-colonel du régiment de Guyenne, de faire battre sur le champ la générale, pour rassembler les soldats sur la place des casernes, et de suite la retraite, pour faire rentrer sans délai les soldats dans leur quartier.

« Dans moins de dix minutes presque tout le régiment fut rassemblé, avec une subordination incroyable. Les officiers municipaux prévoyant que plusieurs soldats pouvoient être trop éloignés des casernes pour entendre la générale, ou pour s'y rendre aussi promptement, crurent devoir leur en fournir les moyens ; ils continuèrent à calmer le peuple par leur présence ; ils écoutèrent pendant une heure les plaintes diverses, promirent justice, et invitèrent les citoyens à se retirer tranquillement. En effet, sur les huit heures la multitude fut entièrement dissipée ; une proclamation enjoignit à chacun d'éclairer les fenêtres de sa maison, et les officiers municipaux se rendirent de suite à la maison commune, pour rédiger le procès-verbal, ayant laissé M. Gaillard, officier municipal, à la tête du détachement qui gardoit la porte de M. de la Coste, et ayant chargé spécialement M. Murjas, autre officier municipal, et M. Vidal, procureur de la commune, de veiller sur la sûreté des soldats et des légionnaires qui s'étoient renfermés dans cette maison.

« Sur les neuf heures, MM. Murjas et Vidal se rendirent chez M. de la Coste, trouvèrent le détachement de la légion et le capitaine sur la porte, et dans le vestibule, des bas-officiers et un musicien du régiment de Guyenne; ils prirent ceux-ci sous leur sauve-garde, et les ayant couverts de divers manteaux pour plus grande sûreté, ils les conduisirent aux casernes par le cours (dans toute l'étendue duquel ils n'apperçurent qu'environ quarante personnes très-paisibles), ils remirent les bas-officiers et le musicien entre les mains du capitaine de police, et se rendirent ensuite, sur les onze heures, à l'Hôtel-de-Ville, pour détailler les faits ci-dessus, et les joindre au procès-verbal qui fut clôturé à minuit sonné.

« Les patrouilles avoient été redoublées, les compagnies de garde avoient été renforcées; le maire, quelques officiers municipaux et le procureur de la commune, ne cessèrent de parcourir les différens quartiers de la ville et des fauxbourgs, et la nuit fut parfaitement tranquille.

« *Du lundi 3 mai.* — Plusieurs de MM. les officiers municipaux se rendirent de grand matin à l'Hôtel-de-Ville : bientôt les inquiétudes recommencèrent, parce que la pluie retenant les cultivateurs dans la ville, on craignit qu'un reste de ressentiment ne les portât à la vengeance : cependant, malgré une pluie très-abondante, M. le maire, accompagné de deux valets de ville, parcourut, dans la matinée, la ville et les fauxbourgs, *en exhortant les habitans à la paix et à la tranquillité.* Il dissipa, par sa seule présence, quelques attroupemens, peu nombreux, de gens sans armes : pendant cet intervalle, les citoyens auxquels on avoit promis justice, allèrent en foule à l'Hôtel-de-Ville porter plainte des excès commis contre eux : MM. les officiers municipaux les calmoient, les écoutoient, et les invitoient successivement à se retirer par petits pelotons.

« Le maire fut instruit, dans sa tournée, qu'un particulier venoit de commander au sieur Peret, ferblantier, *deux cents cartouches en fer-blanc,* au bout desquelles il faisoit souder une *grosse balle*, et qu'il avoit exigé qu'elles fussent prêtes pour quatre heures du soir. Un pareil avis n'étoit pas à négliger : le maire chargea M. Aigon, officier municipal, de veiller, avec le capitaine de santé, et quatre valets de ville, sur la boutique du sieur Peret. A trois heures environ, l'officier municipal vit entrer dans cette boutique le nommé Joseph Larnac, fils aîné ; il attend encore quelque temps pour se porter chez le sieur Peret ; il trouva ce dernier fabriquant les cartouches commandées par le sieur Larnac, présent à ladite fabrication ; celui-ci était déjà nanti de trois cartouches : à l'instant M. Aigon fit saisir et arrêter lesdits sieurs Peret et Larnac, et les cartouches que ce dernier avoit dans ses mains, et celles qui étoient dans l'atelier, au nombre de cinq, avec les balles soudées à l'un des bouts de chacune desdites cartouches, et onze auxquelles les balles n'étoient pas encore attachées ; il fit également saisir les balles du même calibre qui étoient sur l'attelier, au nombre de sept; de suite il fit traduire lesdits Larnac et Peret dans l'Hôtel-de-Ville. A peine le bruit de cet événement fut répandu, que les allarmes recommencèrent. Les citoyens se portèrent en foule vers l'Hôtel-de-Ville, en criant « qu'il y avoit « quelque trahison et qu'on vouloit sans doute les mas-« sacrer. » Le maire arrive, leur parle avec bonté et fermeté, leur promet justice et vigilance continuelle, et parvient à les tranquilliser et à les dissiper par la proclamation ci-après :

« Il est défendu à tous les citoyens de s'attrouper, « sous quelque prétexte que ce puisse être. Il leur est « enjoint de se retirer avant la nuit chacun dans sa « maison, à peine d'être arrêtés comme perturbateurs « du repos public, si on les trouve dans les rues, et « sans lumière, après la retraite sonnée.

« Il est également défendu à tous citoyens, volon-« taires de la légion ou autres, de sortir armés, avec « quelque arme que ce soit, à peine d'être arrêtés et « poursuivis suivant la rigueur des loix.

« Défenses sont faites à tous les capitaines de la lé-« gion de donner des armes à aucun volontaire, excepté « à ceux qui seront commandés pour le service, et de « laisser ou faire assembler leurs compagnies avec ar-« mes ou sans armes, à peine de demeurer personnel-« lement responsables de tous les événemens.

« Il est ordonné au fermier des réverbères de les « faire allumer jusqu'à nouvel ordre, et les citoyens « aisés sont invités à éclairer pendant la nuit une fenê-« tre de leurs maisons.

« Enfin, tous les citoyens sont exhortés à se regarder
« comme frères, à contribuer de tous leurs moyens au
« maintien de la paix, et à attendre de la vigilance des
« officiers municipaux, sûreté, tranquillité, et surtout
« une justice impartiale.

« Fait à Nismes, le 3 mai 1790. *Signés*, le baron de
« MARGUERITTES, maire; GRELLEAU, GAS, officiers mu-
« nicipaux; VIDAL, procureur de la commune; BOYER,
« substitut. Collationné, BERDINCQ, secrétaire-greffier. »

« C'est dans cet intervalle, et près de l'Hôtel-de-Ville,
que le maire rencontra quelques officiers et dragons
de la légion : ils lui demandèrent de pouvoir se rallier
en corps dans les casernes. Le maire leur observa que
la prudence ne permettoit pas d'accéder à cette demande, dans un moment *où le peuple irrité contre certains soldats et bas-officiers du régiment de Guyenne,
pourroit faire mille suppositions, et concevoir des inquiétudes, en voyant les dragons se réunir dans les casernes à ceux contre lesquels les citoyens croyoient avoir des
griefs fondés.* On a envenimé et dénaturé ce refus sage
et motivé, pour indisposer les soldats du régiment de
Guyenne contre les officiers municipaux. Le maire
ajouta : « Que si MM. les dragons vouloient se rassem-
« bler, ils pouvoient le faire (comme cela s'étoit pra-
« tiqué), dans la cour de l'évêché, sur la place Saint-
« Charles, et dans d'autres endroits plus spacieux en-
« core : que d'ailleurs, ils devoient demander la per-
« mission au colonel de la légion, auquel il alloit de
« ce pas communiquer les motifs de son refus. » Ces
motifs furent approuvés par le colonel de la légion, et

surtout par le chef du régiment de Guyenne : il étoit réservé aux seuls membres du club d'en faire un des articles de leur dénonciation. Que l'on se rappelle tous les malheurs arrivés à la compagnie de dragons de Montauban, pour avoir voulu demeurer rassemblés dans un moment d'effervescence générale, malgré l'invitation amicale et l'ordre positif des officiers municipaux de Montauban de se retirer ; et que l'on apprécie la sage prévoyance du maire de Nismes.

« Cependant on rédigeoit le procès-verbal relatif aux cartouches, en présence des sieurs Larnac et Peret : il résulte de l'aveu du sieur Larnac, qu'il avoit commandé douze cartouches pour son usage, et qu'étant volontaire dans la compagnie n° 10, il étoit bien-aise d'avoir ces cartouches pour les jours de service, et à l'effet de charger et décharger plus facilement son fusil : il résulte du même procès-verbal que le sieur Larnac avoit commandé deux cents cartouches pareilles au modèle qu'il présentoit, et avoit dit, chez le ferblantier, « qu'il attendoit que M. de Marguerittes, maire, « entretiendroit la paix dans la ville ; qu'autrement les « cartouches qu'il commandoit perceroient plus d'un « ventre ; » enfin, il résulte du même verbal, que la mère du sieur Peret s'étant rendue chez ledit Larnac pour lui dire de venir voir si son fils exécutoit lesdites cartouches à son gré, ledit Larnac répondit : « Qu'il « ne pouvoit pas quitter dans ce moment-là, attendu « qu'il étoit occupé à fondre des balles. » Cette partie du verbal contient d'autres aveux très-importans (il est déposé, ainsi que toutes les pièces citées, au comité des recherches). Les cartouches et les balles saisies, reconnues par les sieurs Peret et Larnac pour être les mêmes fabriquées, ont été en leur présence enveloppées et scellées, puis déposées au greffe de l'Hôtel-de-Ville de Nismes ; en attendant que M. le procureur du roi du présidial fasse entendre les témoins, MM. les officiers municipaux font sortir, avec précaution, lesdits Larnac et Peret, et les renvoyent chez eux, en chargeant le capitaine de santé de veiller à ce qu'il ne leur arrivât rien.

« Cependant la nouvelle de cet événement fut promptement répandue ; la vue des balles et cartouches échauffa les esprits ; et sur les six heures du soir, il survint une rixe entre quelques personnes, vers le cours Balainvilliers : bientôt ce cours, la place des Récollets et les rues circonvoisines, furent couverts de monde ; le maire s'y rend seul, il parle à la multitude ; au nom de la loi et du roi, il promet justice ; il recommande la paix et l'union plus que jamais, et parvient à dissiper la multitude, qui le comble de bénédictions. Il rentre à l'Hôtel-de-Ville, et trouve MM. les officiers municipaux occupés à recevoir les plaintes sur les excès commis le dimanche.

« Ce fut à cette époque que le corps municipal fit afficher une proclamation (délibérée antérieurement, et communiquée ensuite au conseil général de la commune, ce qui en avoit retardé l'impression), à l'effet de faire cesser les dommages occasionnés dans le taillable de Nismes par l'indiscrétion d'un grand nombre de chasseurs qui dévastoient la campagne et compromettoient la récolte prochaine, unique espoir du cultivateur.

« Le corps municipal avoit cru devoir insérer dans cette proclamation un avis paternel relatif aux écrits incendiaires, aux qualifications contraires, et aux distinctions qui pourroient tendre à séparer des citoyens-soldats, que tant de puissantes raisons devoient réunir dans les mêmes sentimens.

« La proclamation commence par annoncer : « Que
« le corps municipal est également occupé d'assurer
« les subsistances, de faire respecter les personnes et
« les propriétés, et de maintenir surtout la paix et l'u-
« nion entre concitoyens, etc. »

« Cette proclamation est terminée comme il suit :

« Et en attendant que l'Assemblée nationale ait pesé
« dans sa sagesse les avantages ou les inconvéniens
« d'une liberté illimitée de la presse, le corps munici-
« pal improuve hautement tout ouvrage incendiaire
« capable de troubler l'ordre publique, et de détruire
« l'harmonie qui doit régner entre les membres d'une
« même famille ; défend toutes les distinctions, *et très-*
« *expressément* (1) les cocardes qui ne sont pas aux cou-

---

(1) Le corps municipal s'étant apperçu, quelques jours après l'affiche de la proclamation, qu'un grand nombre de volontaires ne portoit aucune cocarde, commanda *quatre-vingt douzaines de cocardes aux couleurs de la nation,* et les distribua aux légionnaires, qui ne cessèrent de les porter depuis cette époque. Certains légionnaires *sortant du club* imaginèrent depuis d'arborer un panache blanc : ils voulurent tenter ce moyen pour occasionner de nouveaux troubles en attaquant et provoquant d'autres légionnaires qui portoient des panaches rouges. Heureusement, des citoyens accourus en foule, intimidèrent les aggresseurs. MM. les officiers municipaux dressèrent de suite un procès-verbal qui fut joint avec les autres pièces.

« leurs de la nation, et toutes qualifications contraires
« qui tendroient à faire naître des défiances respec-
« tives et des intérêts opposés, qui tendroient encore
« à différencier les citoyens entr'eux, et principale-
« ment cette classe utile et respectable, qui s'est plus
« spécialement dévouée pour la maintien de la consti-
« tution et de la tranquillité publique. »

« Sur les sept heures, le peuple apperçoit certains légionnaires de ceux qui, la veille, avoient été du parti de quelques bas-officiers du régiment de Guyenne, lorsqu'ils maltraitoient des citoyens paisibles. L'attroupement recommence vers les Arênes : le maire en est instruit; il prie deux de MM. les officiers municipaux de s'y rendre, avec les valets de ville : le peuple se calme en le voyant, mais il témoigne quelques inquiétudes sur des troupes étrangères, qui devoient (dit-il) arriver pendant la nuit. MM. les officiers municipaux s'efforçoient à dissiper ses fausses allarmes, et parvenoient à faire retirer le peuple, lorsque deux coups de pistolet, tirés près du groupe où ils étoient, mettent le peuple en fureur; il est sourd à la voix des officiers municipaux; on le fait retirer par une rue, il rentre par une autre; il veut avoir vengeance de l'attentat qui vient d'être commis; menaces, prières, rien ne peut le contenir. Cette nouvelle à peine répandue, les attroupemens, les coups de pierres, les coups de sabre, recommencent en divers endroits. MM. les officiers municipaux reviennent à la Maison commune : d'après leur rapport, il fut résolu de publier aussitôt la loi martiale, malgré les puissantes considérations qui pouvoient en empêcher; déjà les ordres étoient donnés pour rassembler des compagnies de la légion ; déjà l'on rédigeoit la proclamation de la loi martiale, lorsque les valets de ville viennent annoncer MM. de Bonnes-Lesdiguières, lieutenant-colonel du régiment de Guyenne, et de la Millanchère, officier.

« On a osé imprimer, annoncer à l'Assemblée nationale, et faire publier dans tous les journaux, que ce n'étoit qu'après trois jours, et grâce à la vigueur et à la sollicitation instante du chef du régiment de Guyenne, *qui ne pouvoit plus contenir l'indignation de ses soldats, que la loi martiale avoit été enfin publiée*. Et d'après cette fausse allégation, on s'est permis d'accuser les officiers municipaux d'inaction, même d'une indifférence coupable.

« Pour toute réponse, on copie la déclaration de M. de Bonnes et autres officiers du régiment.

« Nous soussignés, lieutenant-colonel et nous lieu-
« tenant en premier au régiment de Guyenne, certi-
« fions, par amour pour la vérité, que nous étant ren-
« dus le lundi 3 mai, sur les sept heures, à l'Hôtel-
« de-Ville, nous fîmes part à MM. les officiers munici-
« paux de l'accident arrivé à un grenadier du régiment
« de Guyenne, qui venoit d'être blessé dangereuse-
« ment d'un coup de fusil au bras, par un *quidam* qu'il
« n'a pu reconnoître ; nous ajoutâmes que d'autres sol-
« dats avoient reçu des blessures moins considérables ;
« que dans ces circonstances et pour éviter de plus
« grands malheurs, il paroissoit convenable de prendre
« les précautions nécessaires pour calmer les esprits,
« et empêcher que les attroupemens ne vinssent à
« recommencer : que M. le maire nous répondit, que

« MM. les officiers municipaux, après avoir fait tout ce
« qui étoit en leur pouvoir pour faire cesser ces rixes
« particulières, sans être assez heureux pour y parve-
« nir, étoient occupés à rédiger une proclamation de la
« loi martiale, pour la faire publier sans délai, quoi-
« que les circonstances leur parussent critiques et
« dangereuses, vu que les membres de la légion et les
« soldats du régiment de Guyenne, qui devoient faire
« exécuter la loi martiale, étoient ceux contre lesquels
« il falloit la proclamer; que cette même considération
« les avoit arrêtés la veille, mais qu'il étoit impossible
« de renvoyer à un plus long terme. Sur quoi, nous,
« officiers, crûmes devoir observer à MM. les officiers
« municipaux que les soldats étoient rentrés dans leur
« quartier, et que vu les circonstances et l'approche de
« la nuit, on pouvoit attendre jusqu'au lendemain;
« que d'ailleurs nous ne venions pas réclamer la pro-
« clamation de la loi martiale, mais seulement nous
« concerter sur les moyens les plus propres à calmer
« l'effervescence générale, et nous étions les premiers
« à demander que si quelqu'un de nos soldats ou bas-
« officiers avoient été la cause de l'émeute de diman-
« che, ils fussent punis : après quoi, nous nous reti-
« râmes; et étant au bas de l'escalier de l'Hôtel-de-Ville,
« M. de Lamillianchère remonta pour réitérer de nou-
« veau à MM. les officiers municipaux, que loin de ré-
« clamer la proclamation de la loi martiale, nous les
« pryons d'attendre les événemens du lendemain : à
« quoi MM. les officiers municipaux consentirent, sur
« la promesse respective, que de grand matin tous les
« officiers du régiment de Guyenne se rendroient aux

« casernes, et que MM. les officiers municipaux redou-
« bleroient pendant la nuit les patrouilles, dont l'ordre
« fut donné devant nous à deux compagnies de la lé-
« gion, par M. le maire.

« A Nismes, ce 6 mai 1790, le chevalier de BONNES-
« LESDIGUIÈRES, chevalier de LAMILLIANCHÈRE.

« Pour rendre hommage à la vérité, les officiers du
« régiment de Guyenne certifient que M. le maire et
« MM. les officiers municipaux se sont portés, avec
« zèle et la plus grande activité, par-tout où leur pré-
« sence étoit nécessaire, pour mettre le bon ordre, le
« calme et la paix, n'ayant pas craint de s'exposer au
« danger qui paroissoit imminent pour eux.

« DUPERRON, GUEROUTH, JANET, DE CARVOISIN,
« THIERRIAT DE MILLERELLE, GOYER DE VILLERS, che-
« valier DE FONTENAY, SALIGNAC-FÉNELON, DEPLAS,
« Bon de SAVIGNA, DE COSTA, le chevalier DE L'ENFERNA,
« PEINEAU, DE LA DESNERAYE, DE PERRAULT, LA GAR-
« LIÈRE fils, chevalier TAFFIN, chevalier DE GOYER fils. »

« Dans l'intervalle de la nuit, le mauvais tems, et
sur-tout l'éloignement de ceux contre lesquels on portoit des plaintes, engagèrent le peuple à se retirer; on
vint l'annoncer à l'Hôtel-de-Ville. Quatre compagnies
de la légion, commandées pour prêter main-forte,
furent chargées de faire des patrouilles fréquentes. Les
compagnies 25, 26 et 27 ayant été employées le dimanche, le colonel de la légion, suivant l'usage, commanda les compagnies 28, 29, 30 et 31, et par consé-
quent la compagnie n° 31 ne fut pas choisie par le
maire de préférence, comme on a osé l'avancer.

« Outre l'officier municipal, qui fut constamment de garde à l'Hôtel-de-Ville, le maire parcourut lui-même pendant la nuit, et à la tête des patrouilles, les différens quartiers.

« Cette nuit fut également calme et tranquille. »

« *Du mardi 4 mai.* — A six heures du matin le maire traverse la ville ; il parcourt les marchés ; il inspecte tout par lui-même ; il se rend à la maison commune, et de là aux casernes. Tout étoit paisible : il trouve MM. les officiers de Guyenne rassemblés, et les prie de vouloir bien faire venir deux bas-officiers de chaque compagnie.

« L'ordre donné fut promptement exécuté : le maire, après avoir rappellé la concorde, qui n'avoit jamais cessé de régner depuis plusieurs années, entre le brave régiment de Guyenne et les citoyens de Nismes, témoigne ses justes regrets sur ce qui s'étoit passé les deux derniers jours, et notamment sur le coup de feu reçu la veille par un grenadier ; il se félicite « de ce qu'aucun « autre membre du régiment de Guyenne n'étoit blessé « dangereusement ; et il ajoute, qu'aucun citoyen n'a- « voit reçu de blessures mortelles ; qu'il étoit vrai que « quelques soldats avoient été égarés et trompés pour « commencer la querelle » (ici plusieurs voix s'élevèrent et dirent) : « M. le maire, nous voulons les con- « noître pour en faire justice nous-mêmes, et nous « vous prions de nous communiquer cette partie de la « procédure quand elle sera en règle (1). »

(1) Postérieurement, les grenadiers et chasseurs dénoncèrent eux-mêmes à leurs supérieurs trois bas-officiers et trois soldats

« Le maire leur dit : « que dans ces circonstances il
« falloit oublier réciproquement tout sujet de plainte,
« vivre en frères comme des bons militaires-citoyens,
« et de bons citoyens militaires; enfin, ajouta-t-il, le
« raccommodement doit être l'ouvrage de MM. les bas-
« officiers du régiment du Guyenne et de la légion, et
« leur exemple, toujours si puissant sur leurs cama-
« rades, sera le signal le plus certain de la concorde et
« de la paix. Je vous le demande, braves militaires, en
« reconnaissance de toutes les preuves d'estime, d'atta-
« chement, de prévenance et de zèle que j'ai été assez
« heureux de donner au régiment de Guyenne depuis
« plusieurs années, et sur-tout dans cette dernière cir-
« constance. »

« Le maire se sépare alors de ces braves militaires,
qui lui donnèrent des marques de leur attachement et
de leur reconnoissance, et dit à MM. les officiers présens : « Il n'y a plus de risque à proclamer la loi mar-
« tiale; le régiment me paraît parfaitement disposé : je
« vais à l'Hôtel-de-Ville; au premier attroupement je
« proclame la loi martiale; et si j'ai besoin de renfort
« pour la faire exécuter, je compte sur vous et je récla-
« merai votre secours. »

« Le maire apperçoit en revenant de l'Hôtel-de-Ville
quelques groupes de citoyens sans armes; il les prie de
se séparer : on obéit sur le champ : bientôt il apprend
que les inquiétudes recommencent, qu'il se forme
quelques nouveaux attroupemens dans les fauxbourgs;

qu'ils avoient vu se porter à des excès répréhensibles contre des
citoyens, et demandèrent qu'on s'assurât de leurs personnes.

il convoque aussitôt le conseil général de la commune, Il fait avertir le colonel de la légion de lui envoyer la compagnie n° 25, dont le capitaine est logé près de l'Hôtel-de-Ville. Ce digne citoyen et tous les membres de sa compagnie, avoient bien secondé le dimanche par leur zèle, leur prudence et leur activité, les mesures circonspectes de MM. les officiers municipaux.

« Le corps municipal, d'après le réquisitoire du procureur de la commune, décide unanimement qu'il y a lieu de proclamer la loi martiale.

« En conséquence, le drapeau rouge est déployé sur le balcon de l'Hôtel-de-Ville, et l'on publie à haute voix, dans toutes les rues, carrefours, et sur toutes les places de la ville et de ses fauxbourgs, la proclamation suivante :

« Sur le réquisitoire de M. Vidal, procureur de la
« commune, qui a exposé que la tranquillité publique
« étoit en péril ;

« Le corps municipal déclare que la loi martiale est
« en vigueur, que la force militaire va être déployée,
« qu'à l'instant le drapeau rouge sera exposé à la prin-
« cipale fenêtre de l'Hôtel-de-Ville, et porté dans
« toutes les rues et carrefours de la ville, pour donner
« avis que la loi martiale est proclamée, que tous
« attroupemens sont criminels, et que tous les bons
« citoyens aient à se retirer tranquillement chez eux. »

« Délibéré à Nismes, le 4 mai 1790, à dix heures
« avant midi. Le B^{on} DE MARGUERITTES, maire ; MUR-
« JAS, GAS, FORNIER, AIGON, CABRIÈRES, LIEUTIER,
« LAPORTE, RAZOUX, GAILLARD, officiers municipaux ;

« Vidal, procureur de la commune; Boyer, substitut;
« Berdincq, secrétaire-greffier, *signés*. Collationné,
« Berdincq, secrétaire-greffier, *signé*. »

« Le maire, avant chaque proclamation, adressoit aux citoyens une exhortation touchante et paternelle; la voix de la raison et de l'humanité, toujours si puissantes, quand les premiers instants de l'effervescence générale sont passés, l'affliction peinte sur les visages des officiers municipaux, leur vive sensibilité, et surtout le souvenir de l'ancienne union, produisirent le plus grand effet; les attroupemens cessèrent; les citoyens rendus à eux-mêmes, éprouvèrent les regrets les plus vifs, et chacun versa des larmes sur ce qui s'étoit passé.

« MM. les officiers municipaux n'avoient négligé aucun moyen pour réconcilier ensemble les citoyens et les soldats du régiment de Guyenne: dès le matin, ils avoient invité quelques capitaines et d'anciens militaires, retirés du service, et bas-officiers dans la légion, à porter des paroles de paix, et à concerter avec les bas-officiers du régiment de Guyenne les moyens de faire renaître l'union et la fraternité.

« Leurs soins ne furent pas infructueux; après quelques démarches amicales de part et d'autre, les officiers et soldats de Guyenne, les officiers et volontaires de la légion, les citoyens de toutes les classes, mêlés les uns avec les autres devant les casernes, s'embrassèrent fraternellement, et se tenant par la main, au nombre de quatre mille au moins, et successivement au nombre de dix à douze mille, ils dirigèrent, en dansant et au son des instrumens, leur marche vers l'hôtel du maire, « qu'ils allèrent tous remercier de ses « soins infatigables pour ramener la paix et la con- « corde; » celui-ci descendit « en faisant la chaîne avec « eux; » il embrassa M. le lieutenant-colonel, plusieurs soldats, bas-officiers et citoyens, au bruit des applau- dissemens d'une multitude immense, et des cris multi- pliés de « vive le roi, vive la nation, vive la loi, vive le « maire, vive le régiment de Guyenne, vive l'union. »

« Le maire, après avoir suivi en dansant cette troupe joyeuse, jusques vers la fontaine, reçut, en s'en sépa- rant des preuves non équivoques de l'amour et de la reconnoissance publique ; il se rendit sur le champ à l'Hôtel-de-Ville, et trouva MM. les officiers municipaux occupés à dresser le verbal suivant. »

« *Du mardi 4 mai 1790.* — Nous officiers municipaux
« soussignés étant encore assemblés à trois heures
« après midi, dans l'Hôtel-de-Ville, pour recevoir les
« plaintes des différens citoyens, et écrire à M. le pré-
« sident de l'Assemblée nationale et aux ministres,
« sur ce qui s'étoit passé la veille et dans le courant de
« la journée, on est venu nous annoncer qu'une foule
« immense de citoyens réunis sur la place des Casernes,
« venoit de se réconcilier avec les soldats et bas-offi-
« ciers du régiment de Guyenne; enchantés de la paix
« qu'ils venoient de se jurer entre eux, ils s'embras-
« soient, dansoient, crioient, vive le roi, vive la na-
« tion, et alloient bras à bras, à l'hôtel de M. le maire,
« pour le remercier de ses soins infatigables. Bientôt
« M. le maire précédé par M. Aigon, officier municipal,
« est entré dans la salle et a confirmé cette heureuse

« nouvelle. Dans cet instant le bruit des tambours et
« des instrumens a annoncé le cortége ; il étoit nom-
« breux, immense, et les cris de vive le roi, vive la
« nation, vive la loi, vive le maire, vive le régiment
« de Guyenne, vive l'union, extrêmement multipliés,
« s'élevoient dans les airs. Alors, nous, maire, accompa-
« gné de MM. les officiers municipaux, du substitut du
« procureur de la commune, de M. le lieutenant-colo-
« nel du régiment de Guyenne et de plusieurs officiers
« de ce régiment, avons fait enlever le drapeau rouge,
« auquel nous avons fait substituer aussi-tôt le drapeau
« blanc : le peuple en le voyant a poussé des cris de joie,
« et a renouvellé les acclamations de *vive le roi, vive la*
« *nation*, et il a demandé une illumination générale,
« qui a été proclamée sur le champ.

« Ensuite nous avons clos les lettres ci-dessus men-
« tionnées, et avons de tout ci-dessus dressé le présent
« procès-verbal, que nous avons signé. Le B^{on} DE MAR-
« GUERITTES, maire ; MURJAS, PONTIER, BELMONT,
« vic. gr. offic. munic. CABRIÈRES, offi. munic. FOR-
« NIER, offi. munic. GAS, offic. munic. LIEUTIN, offic.
« munic. BOYER, subst. BERDINCQ, secr.-greff.

« Extrait des registres de l'Hôtel-Commun de la ville
« de Nismes, et collationné sur l'original. BERDINCQ,
« secrétaire-greffier. »

« Il résulte de ce verbal, que le 4 mai les officiers
municipaux étoient occupés à rendre compte à M. le
président de l'assemblée et aux ministres (comme ils
l'avoient fait la veille) des événemens arrivés à Nismes
les 2, 3, et 4 mai.

« Il résulte des *cottes* mises dans les bureaux de

l'assemblée, que ces détails sont parvenus exactement à leur adresse, les 9 et 10 mai, puisqu'on voit en tête : *R. le 9. R. le 10, à lire.*

« Et cependant, par quelle fatalité ces pièces intéressantes, *ainsi cottées*, adressées à M. le président de l'assemblée, n'ont-elles pas été mises sous les yeux des représentans de la nation avant le décret *du 22 au soir, qui mande le maire de Nismes à la barre, pour rendre compte de sa conduite, et de celle de la municipalité!*

« Par quelle fatalité n'a-t-on lu *le onze* que l'adresse du club dénonciateur du 4 mai, qui ne parle pas de la réconciliation, et laisse-t-on de côté les détails envoyés le même jour 4 mai par les officiers municipaux, qui annonçoient à l'assemblée *que le calme étoit rétabli par les soins infatigables du maire !*

« Ce n'étoit pas, sans doute, pour donner occasion à un honorable membre de dire : « Comment qualifier
« l'insouciance de la municipalité, au moment où il se
« passe de pareils événemens? Nous les apprenons,
« *non par le maire,* mais *par un club patriotique.* Je de-
« mande si le courier de la municipalité n'aurait pas dû
« précéder tous les autres? je demande (dis-je) com-
« ment les amis de la paix peuvent excuser une pareille
« conduite?

« Je conclus, en disant que l'assemblée a le droit
« de mander à la barre le maire de Nismes, et qu'il y a
« *preuve suffisante* pour lui ordonner de rendre compte
« de sa conduite. »

« L'avis fut adopté.... Une dénonciation, *sans pièces justificatives, sans légalisation, sans aucune marque d'authenticité,* a donc paru une *preuve suffisante* pour mander à la barre un représentant de la nation, le maire d'une cité importante, la huitième ville du royaume, sans ordonner préalablement la lecture des faits justificatifs, adressés par ce même maire, courier par courier, et parvenus, *deux jours avant le décret*, à M. le président de l'Assemblée nationale.

« Il est essentiel d'observer que le club de Nismes, qui dénonce à l'assemblée des faits qui n'ont jamais existé, tels que la substitution de la cocarde blanche à la cocarde nationale (1), un déjeûner donné par le maire (2), les domestiques du maire poursuivant à coups de pierres les braves soldats du régiment de Guyenne (3),

---

(1) La fausseté de cette allégation est établie par le certificat de soixante officiers ou bas-officiers de la légion,

Qui attestent : « Que les légionnaires, jusqu'à l'époque du 2 et « du 3 mai, ont porté *indistinctement* la cocarde blanche ou la co- « carde aux trois couleurs. »

Ce certificat est joint aux Pièces.

(2) Il est notoire que le maire, *au lieu du déjeûner* inventé par la méchanceté et publié par la calomnie, *a promis de doter deux pauvres filles d'agriculteurs*.

Les membres du club ont été sommés de prouver cette assertion calomnieuse; et leur impuissance à cet égard est manifestée.

(3) Loin de poursuivre à coups de pierres les soldats du régiment de Guyenne, comme on l'annonce dans l'adresse du club, un domestique du maire a sauvé les jours du nommé Dijon, soldat de la compagnie de Farincour; la déposition de plusieurs témoins, et la déclaration faite par Dijon, en présence de ses supérieurs, ne laisse aucun doute à cet égard.

« Je soussigné, soldat du régiment de Guyenne, compagnie de « Farincour, certifie reconnoître pour mon défenseur, *et même celui* « *qui m'a sauvé la vie*, le sieur Saint-Louis Beausse, cocher de

ne parle pas de la réconciliation faite à *trois heures* après midi, quoique le courrier ne parte qu'à *six heures* du soir.

« Le club s'est contenté d'envoyer, le lendemain 5 mai, deux pièces *que l'on avoit* (dit-il) *oublié d'insérer la veille*; et dont l'une est une lettre *non-datée*, signée par le président et par les secrétaires, dans laquelle se trouvent ces aveux remarquables : « que l'on avoit vu
« *avec beaucoup de surprise* des soldats de Guyenne,
« des légionnaires de plusieurs compagnies, et un
« grand nombre de citoyens dansant ensemble : *Nous*
« *avons entendu des cris* DE VIVE LE ROI, DE VIVE LA
« NATION. M. de Bonnes et M. le maire les précédoient :
« nous ne pouvons vous donner aucune notion *sur les*
« *causes de cette réunion subite.* »

« On croit sans peine, que certaines personnes, qui avoient provoqué et excité les soldats de Guyenne à maltraiter leurs concitoyens, *ont vu avec beaucoup de surprise la réunion amicale des soldats de Guyenne, des légionnaires et des citoyens.*

« Mais pourquoi ne pas convenir que la visite faite le matin par le maire, et son discours aux bas-officiers, ont été la principale cause du raccommodement? *Le fait étoit notoire et public.*

« M. le baron de Margueriltes, maire de la ville de Nismes, lors de
« l'insulte qui m'a été faite le dimanche 2 de mai dernier, environ
« six à sept heures du soir; ce que je certifie véritable, en présence
« de M. le major du régiment, qui a signé; du nommé Antoine
« Forcy; et de Denis Bezin, qui a servi de secrétaire. Fait à Nismes,
« le premier juin 1790. Signés, DIJON. THIERRIAT DE MILLERELLE.
« BEZIN, secrétaire. »

« La soirée fut employée toute entière à danser, à se réjouir : la ville fut illuminée : l'on fit des feux de joie dans la plupart des rues ; on chanta des couplets à la louange du maire, des officiers municipaux et du régiment de Guyenne. Chacun se félicitoit, ou s'embrassoit ; et cette journée fut l'époque heureuse de la réconciliation.

« Cependant les patrouilles furent doublées pendant la nuit, et les officiers municipaux parcoururent à leur tête les divers quartiers de la ville pour empêcher que les transports même de la joie ne devinssent dangereux : tout se passa dans l'ordre et l'allégresse.

« *Du mercredi 5 mai.* — Le premier soin des officiers municipaux fut d'aller visiter et recommander à l'Hôtel-Dieu le grenadier du régiment de Guyenne, blessé au bras d'un coup de feu. Le maire lui offrit de sa maison tout ce qui pourroit hâter sa convalescence, et l'assura que si, par malheur, il lui restoit quelque difficulté pour se servir de son bras, *la commune se l'attacheroit à perpétuité*. Le grenadier et ses camarades présens, furent sensibles à cette démarche : malheureusement la plaie prit ensuite une mauvaise tournure, une humeur âcre augmenta le danger, et l'infortuné périt le septième jour, malgré les soins les plus actifs et les plus éclairés. Il a été la seule victime que l'humanité ait eu à regretter à cette époque ; et malgré l'appareil effrayant des plaies occasionnées par les coups de sabre, ou par les coups de pierres, *aucun autre individu n'a été blessé ni mortellement ni dangereusement.*

« Le même jour, MM. les bas-officiers du régiment de Guyenne et de la légion vinrent au son des instrumens faire visite à MM. les officiers municipaux: le cortége étant trop nombreux pour contenir dans les salles de l'Hôtel-de-Ville, le maire parut sur le balcon, et le sieur Ramond, sergent-major du régiment de Guyenne, portant la parole au nom de tous, dans la place publique, remercia spécialement le maire de ses soins actifs et vigilans, pour le retour de la paix et de la concorde.

« Le même jour, le conseil général de la commune, pour cimenter de plus en plus l'union, décerna une médaille civique au nommé Gavanon, soldat du régiment de Guyenne, qui avoit sauvé un enfant prêt à se noyer : les officiers municipaux le menèrent dans leur loge à la comédie, avec le jeune citoyen dont il avoit conservé les jours; on représentoit une comédie nouvelle, en vaudevilles, intitulée *les Fêtes Nîmoises, ou l'heureuse Réconciliation*, dans laquelle on ne cesse de faire l'éloge des magistrats, du régiment de Guyenne, de son respectable chef, et du maire : le couplet qui termine la pièce fait allusion à l'action courageuse du sieur Gavanon, et l'actrice ayant présenté une couronne au maire, celui-ci la plaça sur la tête du sieur Gavanon.

« Cette pièce a été redemandée généralement, et représentée une seconde fois, à la même époque où le décret de l'Assemblée nationale mandoit le maire de Nismes à la barre.

« *Du jeudi 6 mai*. — La tranquillité étant rétablie, et la paix consolidée, le maire annonce à ses collègues son départ très-prochain pour la capitale, où il va reprendre son poste dans l'assemblée des représentans de la nation.

« Le conseil-général de la commune prend la délibération suivante :

« Du jeudi sixième mai, mil sept cent quatre-vingt-
« dix, heure de trois après midi, le conseil-général de
« la commune, assemblé dans la salle de l'Hôtel-de-
« Ville, et présidé par M. Murjas, premier officier
« municipal, en l'absence de M. le maire :

« M. Murjas, président, a dit : La situation très-
« fâcheuse où la ville s'est trouvée dimanche, lundi, et
« mardi dernier ; le courage et la sagesse avec lesquels
« unissant la modération à la fermeté, M. le baron de
« Marguerittes, maire, est parvenu à ramener la tran-
« quillité, les craintes que plusieurs indices pourroient
« inspirer sur sa durée, sont autant de motifs pressans
« pour engager le conseil-général de la commune à
« faire différer le départ de M. le maire, puisque le
« salut des citoyens peut en dépendre, le peuple pa-
« roissant d'ailleurs déterminé à s'y opposer ; requérant
« qu'il en soit délibéré.

« M. le procureur de la commune entendu, le con-
« seil-général considérant que ce n'est qu'à la conduite
« sage et mesurée de M. le maire que les citoyens de
« cette ville doivent le retour de la paix, et la sécurité
« dont ils jouissent ; que rien ne peut les affermir da-
« vantage que la présence de ce digne chef, dont les
« vertus les ont produites ; persuadé que l'Assemblée
« nationale verra avec ce vif intérêt qu'elle prend à la
« conservation du peuple un retard qui l'a uniquement
« pour motif, le vœu de ce même peuple étant tou-
« jours à considérer ; il a de nouveau, et de plus fort,
« unanimement délibéré de supplier l'Assemblée natio-

« nale d'accorder un second congé à M. le maire; et,
« néanmoins, de l'engager par tous les motifs du pa-
« triotisme qu'il a manifestés avec tant d'énergie et de
« succès, de vouloir bien se rendre aux vœux du peu-
« ple et du conseil-général, en différant son départ
« jusques à la réponse de l'Assemblée nationale.

« Délibéré, de plus, qu'extrait de la présente déli-
« bération sera adressé à M. le président de l'Assemblée
« nationale, et qu'un autre extrait en sera présenté à
« M. le maire. (Extrait des registres de l'Hôtel-Commun
« de la ville de Nismes, et collationné sur l'original,
« par nous secrétaire-greffier de la municipalité, sous-
« signé, BERDINCQ.).

« Le lendemain, sept, étoit le jour indiqué pour les assemblées primaires des treize sections de la ville et de sa banlieue.

« MM. les commissaires du roi, au département du Gard, engagèrent le maire à ne pas s'absenter de la ville pendant la nomination des électeurs, et lui écrivirent (1), en lui faisant part de quelques difficultés survenues dans la section n° 2, « pour le prier de rap-
« porter sa vigilance auprès de cette assemblée. »

« Enfin la nomination des quarante-trois électeurs fut achevée sans trouble le dimanche neuf; « quinze
« membres du conseil » réunirent la très-grande pluralité des voix; ce qui prouve « invinciblement » le vœu du plus grand nombre des citoyens actifs de Nismes, et qu'ils rendent aux officiers municipaux la justice qui leur est due; ce qui prouve que les allégations hazar-

(1) La lettre originale est remise.

dées par les membres du club, « à l'époque des assem-
« blées primaires, » n'ont pas produit (du moins à Nismes où les faits sont connus) l'effet qu'ils en attendoient;
ce qui prouve enfin, d'une manière irrésistible, que la
cause véritable des divisions qui ont agité la ville de
Nismes, est la prétention du plus petit nombre de parvenir, par toutes sortes de moyens, à faire la loi au plus
grand; ce qui seroit un peu contraire à la constitution
et aux décrets de l'assemblée.

« Le maire instruit des veux du peuple et du conseil-
général de la commune pour que son départ fût différé
jusqu'à la réponse de l'Assemblée nationale, mais empressé de reprendre son poste dans la capitale, fit partir
secrettement, et dans la nuit du 10, une voiture qu'il avoit
louée pour mieux cacher son départ; elle fut arrêtée
par deux patrouilles qui la laissèrent passer, ne la re-
connoissant pas pour appartenir au maire : d'un autre
côté le peuple observoit les pas « de celui qu'il croyoit
« utile à sa conservation. » (Ce sont ses propres expressions.) (1) Pour se dérober à cet amour et à cet empressement, le maire sort de son hôtel de grand matin, le
onze, jour de marché; il visite successivement, et suivant son usage, les étaux de boucheries, les poids des
revendeurs, les différentes qualités de pain, plusieurs
marchés; il traverse, en remplissant les fonctions municipales, la ville et le fauxbourg de Richelieu, qui
aboutit au chemin de Lyon; il joint à pied une de ses
voitures qui le conduit à quatre lieues; il prend la poste,
et se rend en diligence dans la capitale.

(1) Voyez la délibération du 6, du conseil-général de la commune.

« Le maire avoit laissé en partant une lettre pour le conseil-général de la commune, dans laquelle il prévenoit MM. ses collègues de son départ, et des motifs qui l'avoient contraint d'en faire un mystère à tout le monde.

« La lecture de cette lettre donna lieu à une nouvelle délibération dans laquelle le conseil-général de la commune réitéra ses regrets sur l'absence du maire, et la demande d'un nouveau congé pour lui.

« Enfin, le 14 mai, les citoyens actifs composant le club de Nismes, ont dénoncé à la municipalité, par une pétition signée d'un grand nombre de membres, qu'il se fabriquoit depuis plusieurs semaines, chez le sieur Coeffé, serrurier, et ailleurs, des fourches, armes perfides et prohibées, « qui se transportent en « plein jour par centaines. » Ils ont dénoncé également que malgré l'ordonnance des officiers municipaux, « qui interdit toute autre cocarde que la nationale, » il s'en prépare un grand nombre « de noires, sur-
« montées de croix blanches. »

« Ils ajoutent, « nous vous dénonçons cet événement « qui ne peut que faire présumer de coupables des-
« seins, et qui est une infraction manifeste à la loi. »

« Lecture faite de cette pétition, en présence de MM. d'Arlhac et Salles, députés du club, et sur le réquisitoire du procureur de la commune, le corps municipal a interpellé MM. les députés de lui déclarer, « qui a fait les cocardes noires énoncées dans la péti-
« tion, ou qui les a portées, ou à qui on les a vues, « ou de qui ils tiennent qu'il existe de pareilles co-
« cardes. »

« Ces MM. déclarèrent qu'ayant rempli leur mission, ils demandoient une demi-heure pour s'informer des membres composant l'assemblée, des renseignemens sur les interpellations qui leur étoient faites.

« Ces MM. sortis, et rentrés un quart-d'heure après, ont déclaré que les citoyens qui avoient signé la pétition *se référoient à son contenu*, et qu'ils n'étoient pas chargés de dire autre chose : ils ont signé, de ce requis, après avoir demandé un extrait.

« Il est essentiel de faire observer que M. Aubary, fabricant d'étoffes *et membre du club*, est un des signataires dans la pétition sur la cocarde noire.

« Le corps municipal a délibéré sur-le-champ que la pétition et le procès-verbal seroient imprimés; que MM. les officiers municipaux se transporteroient de suite chez le sieur Coeffé pour constater les faits dénoncés dans la pétition : il a sommé tous les citoyens qui avoient connoissance qu'il eût été fait « des co- « cardes noires surmontées d'une croix blanche, » de venir le déclarer au corps municipal; qui les a faites, par qui elles ont été portées, et de qui ils tiennent qu'il en ait été fait ou porté.

« Enfin les défenses portées dans la proclamation du 27 avril, concernant les cocardes qui ne sont pas aux couleurs de la nation, sont renouvellées.

« Il résulte de ce verbal, fait le 15, qu'en exécution de la délibération de la veille, pour découvrir « s'il « existe des cocardes noires surmontées d'une croix « blanche, qui les faites, commandées ou portées. »

« Un officier municipal et le procureur de la commune se transportèrent dans la boutique du sieur

Vessière, fabricant de bas, qui, interpellé de déclarer s'il a connoissance des cocardes énoncées dans la pétition,

« Déclare : « Qu'hier (14, date de la pétition), à
« neuf heures du matin, le commis du sieur Aubary,
« fabriquant de Bourettes, vis-à-vis le Grand-Couvent,
« membre du club, établi dans l'ancienne salle de
« spectacle de Nismes, lui commanda, de l'ordre de
« ce dernier, de lui faire une cocarde noire, surmontée
« d'une croix de bazin blanc; que ledit commis attendit
« que la cocarde fût faite, laquelle lui fut remise
« moyennant dix sols six deniers. »

« Le même jour, à cinq heures du soir, le sieur Avy, commis chez le sieur Aubary, mandé venir à la maison commune, interpellé de déclarer si, hier matin, il ne commanda pas au sieur Vessière « une cocarde noire,
« surmontée d'une croix de bazin blanc; a déclaré
« qu'hier à environ neuf heures du matin, il fut de-
« mander une cocarde audit Vessière, qui lui en pré-
« senta de plusieurs couleurs, entre autres une noire ;
« que ledit sieur Avy lui dit : qu'il ne vouloit pas de
« celle-là, et lui montrant par signe sur le plat de la
« main une croix; que ledit Vessière lui répondit, qu'il
« attacheroit la croix blanche sur la cocarde noire; ce
« qu'il fit à l'instant et lui délivra ladite cocarde, pour
« laquelle ledit Avy lui paya dix sols et demi. »

« Le verbal, la pétition et la délibération du corps municipal ont été adressés à M. le président de l'Assemblée nationale, avec une délibération et une adresse du conseil général de la commune, du 17 mai dernier, et toutes ces pièces sont remises depuis long-temps au comité des recherches. Mais on n'a lu jusqu'à présent que les dénonciations *du club*, et non les délibérations et adresses du conseil général de la commune.

« Il résulte des pièces susdites, qu'en même tems que les membres du club dénonçoient à la municipalité l'existence des cocardes noires, surmontées d'une croix blanche, un membre du club avoit fait commander, retirer et payer la seule de ces cocardes, dont on ait pu avoir connoissance.

« L'existence avérée de ce fait prouve quelle croyance on doit ajouter aux placards et autres plaintes et accusations qui ne sont appuyées d'aucune preuve légale.

« Tels sont les faits, tel a été l'ordre de choses sur ce qui touche personnellement (1) le maire et la municipalité de Nismes jusqu'au 18 mai.

« Les pièces probantes sont déposées au comité des recherches, et ne pourront laisser aucun doute sur la justification des officiers municipaux. »

(1) Persuadé qu'un membre de l'Assemblée nationale devoit donner l'exemple du patriotisme, il avoit envoyé, dès le mois d'octobre, 114 marcs de vaisselle à la Monnoie de Montpellier : il avoit porté à cinq mille livres la déclaration pour la contribution patriotique, et payé, le premier des habitans de Nismes, non-seulement le premier tiers échu en 1790, mais une partie du second tiers, qui n'est payable qu'en 1791; la quittance du collecteur, en date du 28 avril dernier, en fait foi.

Extrait des registres de l'Hôtel-de-Ville de Nismes.

« Du jeudi treizième mai mil sept cent quatre-vingt-dix, heure de deux après midi, le conseil général de la commune assemblé dans la salle de l'Hôtel-de-Ville, et présidé par M. le baron de LABAULME, officier municipal ayant le dévolu.

« Présens et opinans, MM. etc.

« M. VIDAL, procureur de la commune, portant la parole, a dit :

« MESSIEURS,

« La cité que vous avez l'honneur de représenter, fixe
« dans ce moment les regards du royaume. Elle lui a
« donné de grands exemples; c'est de son sein que
« partit le premier cri de la liberté. Un même intérêt
« et les mêmes vœux unissoient alors tous les citoyens;
« les nombreux habitans de cette ville ne formoient
« qu'une famille de frères : douce et touchante union,
« qui jusqu'à ces derniers temps a été un objet d'admi-
« ration et d'envie pour le reste de la France !

« Cet heureux accord régneroit encore, si l'ambition
« déçue n'avoit tenté de rompre les liens de cette
« fraternité. A peine avez-vous pris les rênes de l'ad-
« ministration, qu'une ligue s'est formée dans l'unique
« vue de croiser vos opérations, de lasser votre vigi-
« lance, de calomnier vos principes, et jusqu'au bien
« même que vous deviez faire.

« C'est en vain que vous avez commencé votre péni-

« ble carrière par des sacrifices pécuniaires et par des
« actes de bienfaisance ; c'est en vain qu'au péril même
« de votre santé, vous vous êtes livrés, avec un zèle in-
« fatigable, aux travaux les plus assidus.

« C'est en vain que vous avez manifesté votre dé-
« vouement absolu à la constitution, votre inviolable
« attachement pour le roi, et votre respect pour l'As-
« semblée nationale, non seulement par les discours
« que vous avez prononcés et par les délibérations que
« vous avez prises, mais encore par toutes vos actions
« tant privées que publiques.

« C'est en vain que les districts vous ont donné un
« nouveau témoignage de leur confiance, et en élevant
« la plupart de vous au rang des électeurs.

« L'envie n'a respecté ni vos intentions, ni vos dis-
« cours, ni vos démarches ; rien n'a pu vous mettre à
« l'abri de la calomnie.

« Vous aviez résolu de n'opposer aux propos insi-
« dieux des méchans qu'une persévérance inébran-
« lable dans votre conduite patriotique, franche, ferme
« et loyale.

« Sage, mais inutile résolution ! un évènement dé-
« plorable vous force de rompre le silence.

« Il est inutile que je vous rappelle les trop mémo-
« rables journées du 2 et du 3 de ce mois. Des citoyens
« sans défense attaqués par des hommes armés, la sû-
« reté publique violée, le sang répandu, la crainte et
« la consternation peintes sur tous les fronts, le flam-
« beau de la guerre civile allumé dans la cité : de quelle
« cruelle scène ne fûtes-vous pas témoins, lorsque votre
« courage et votre humanité vous portèrent au milien

« du tumulte, que votre fermeté et votre éloquence
« surent appaiser, malgré la juste indignation de ceux
« qu'on massacroit.

« Le tems qui dévoile tout, manifestera peut-être
« un jour l'étonnant rapport de tous ces troubles exci-
« tés, presque en même temps, dans les principales
« villes du royaume; et la nation connoîtra et livrera à
« la rigueur des loix ceux qui ne savent parvenir à leurs
« fins, que par les insurrections d'un peuple égaré, que
« par des attentats et par des meurtres.

« Le tems révélera peut-être encore les motifs qui
« ont suscité l'émeute de Nismes au moment où votre
« délibération du 22 avril venoit de repousser les incul-
« pations odieuses faites à notre commune dans un li-
« belle que nous vous dénonçâmes.

« En attendant que ces affreux mystères éclatent aux
« yeux de l'Europe, vous n'avez rien négligé pour ras-
« sembler les preuves des excès commis sous vos yeux
« le 2 et le 3 de mai. Vous avez employé tous vos soins
« à connoître les projets et les machinations des au-
« teurs de ces désordres qui devoient avoir des suites si
« terribles.

« Rendre suspects des citoyens respectables, en les
« désignant par des noms odieux, les dénoncer aux
« soldats du régiment de Guyenne, comme coupables
« d'avoir travaillé à faire enlever aux troupes du roi
« l'augmentation de paye que l'équité leur a accordée.

« Engager un petit nombre de bas-officiers et sol-
« dats du même régiment à arracher des cocardes
« blanches que certains légionnaires n'avoient jamais
« quittées; les séduire par l'appât de l'or; les disposer

« par des liqueurs à se livrer, le sabre à la main, à cette
« violence.

« Apposter sur le local destiné à devenir le théâtre
« sanglant de l'action, des gens pour semer l'argent
« aux soldats, et les exciter au massacre, en leur pro-
« mettant des renforts.

« Préparer des forces pour les joindre aux soldats qui
« auroient commencé le carnage.

« Solliciter et obtenir des secours étrangers, pour
« consommer cet abominable complot.

« Tel est en substance l'effrayant tableau que pré-
« sentent les preuves que vous avez acquises et l'aveu
« de quelques coupables.

« Il est douloureux pour nous de vous retracer ces af-
« fligeants souvenirs; mais la rigueur de notre ministère
« nous y force; il est des circonstances où le silence
« seroit un crime.

« Il ne vous reste, MESSIEURS, qu'à déterminer l'u-
« sage que nous devons faire des preuves acquises, re-
« quérant qu'il soit délibéré. »

« LE CONSEIL, considérant qu'il doit livrer au
« mépris les ennemis de l'ordre et du bien public,
« qui n'ont pas craint de le calomnier dans toute la
« France, tandis qu'il n'a jamais cessé d'employer tous
« ses moyens et toute sa sollicitude pour soutenir et
« faire exécuter les décrets de l'Assemblée nationale,
« acceptés ou sanctionnés par le roi.

« Déclare qu'il ne s'abaissera jamais, jusqu'à répon-
« dre aux calomnies qui lui seront personnelles; mais
« qu'il regardera toujours comme coupables ceux qui
« oseroient se permettre de manquer, soit par paroles,

« soit par écrit, à la cité qu'il représente, et au plus
« juste, comme au plus chéri des rois, ainsi qu'aux
« loix émanées des représentans de la nation; et qu'il
« ne négligera rien pour faire punir tous ceux qui, dans
« l'émeute du deux et du trois de ce mois, ont trompé
« le peuple et quelques bas-officiers et soldats du régi-
« ment de Guyenne.

« Le conseil-général charge M. le procureur de la
« commune, de dénoncer à M. le procureur du roi en
« la sénéchaussée et siège présidial de Nismes :

« Que des factieux projettèrent, vers la fin du mois
« dernier, d'exciter une querelle entre des citoyens,
« des bas-officiers et soldats du régiment de Guyenne,
« sous prétexte d'arracher à des volontaires des co-
« cardes blanches qu'ils avoient toujours portées de-
« puis la formation de la légion.

« Que quelques bas-officiers et soldats de ce régi-
« ment, malheureusement séduits, furent disposés, par
« des liqueurs fortes, à se livrer, le sabre à la main,
« à cette violence : ce qui eut lieu, le dimanche
« deuxième mai, sur le grand cours, vers les six
« heures du soir.

« Qu'au moment où l'action fut engagée, on tâcha
« d'attirer le régiment dans la querelle, en invitant les
« soldats à sortir des casernes et de la citadelle pour
« voler au secours de leurs camarades, et de les
« rendre ainsi complices, *à leur insu*, du massacre pro-
« jeté.

« Que des conspirateurs postés dans les environs et
« armés, attendoient l'instant favorable pour se mêler

« parmi eux, et envelopper dans le massacre tous ceux
« dont ils vouloient se défaire.

« Que comptant sur des secours étrangers, sollicités
« et promis, ils auroient, sans doute, porté leurs excès
« plus loin, si la vigilance des officiers municipaux, la
« fermeté et la prudence de MM. les officiers du régi-
« ment de Guyenne, n'avoient pas arrêté les progrès
« de l'insurrection, et si le corps du régiment, loin de
« se laisser entraîner, n'avoit témoigné son indignation,
« et n'avoit promis, avec serment, de livrer les cou-
« pables.

« Que le trois mai une nouvelle émeute éclata sur
« la place des Récollets, alarma de nouveau les ci-
« toyens, et que les officiers municipaux s'y étant
« transportés pour faire cesser le désordre, un particu-
« lier tira deux coups de pistolet sur le groupe où ils
« étoient.

« Que pendant ces deux jours des particuliers crioient,
« dans les rues, que c'étoit le moment de couper la
« tête au maire et de la promener par la ville au bout
« d'une bayonnette.

« A cet effet, M. le procureur de la commune est
« chargé de se retirer devers M. le procureur du roi
« en la sénéchaussée et siège présidial de Nismes, pour
« lui remettre un extrait de la présente dénonciation,
« de le requérir d'administrer en témoins toutes les
« personnes qui pourront avoir connoissance des faits
« ci-dessus, circonstances et dépendances, lesquelles
« personnes lui seront indiquées par ledit procureur
« de la commune. Ce dernier est chargé encore de lui

« fournir toutes les pièces et mémoires nécessaires
« pour la conviction des coupables.

« Délibéré, en outre, que la présente sera imprimée;
« que des extraits en seront envoyés à l'Assemblée na-
« tionale et au roi; et autorise M. le procureur de la
« commune à en adresser aussi des exemplaires par-
« tout où besoin sera, et par exprès à MM. les officiers
« et aux soldats du régiment du Guyenne, comme un
« hommage que le conseil rend à ce corps, à cause de
« la prudence de ses démarches et de ses soins patrio-
« tiques qu'il a prodigués dans cette circonstance.

« Et ont les délibérans signé au registre.

« Collationné BERDINCQ, secrétaire greffier,
« *Signé.*

Adresse du conseil-général de la commune de Nismes à l'Assemblée nationale, du 17 mai 1790.

« NOSSEIGNEURS,

« C'est avec les sentimens de la plus vive douleur
« que le conseil-général de la commune vient d'ap-
« prendre, par une lettre de M. l'évêque de Nismes et
« par les papiers publics, que M. *de Marguerittes*, son
« maire, a été mandé à la barre par un décret de l'As-
« semblée nationale.

« Ainsi donc, le zèle infatigable de cet administra-
« teur, les dangers qu'il a courus en arrêtant les fu-

« nestes suites d'une émeute qui pouvoit occassioner
« un incendie général, et en un mot son entier dé-
« vouement à la chose publique, l'ont exposé à un
« acte d'improbation de la part des augustes représen-
« tans de la nation française?

« Mais leur religion a été surprise, nous osons le
« dire, et le conseil-général de la commune appelle
« d'un décret de l'Assemblée nationale trompée par
« d'insidieux calomniateurs, à l'Assemblée nationale
« elle-même éclairée par la vérité.

« Nous aimons à croire que notre digne chef a déjà
« dissipé les nuages que des ennemis acharnés avoient
« élevés sur ses intentions et ses vertus. Il n'aura pas
« manqué, sans doute, de puiser les motifs de sa justi-
« fication dans les pièces nombreuses que nous lui
« avons adressées. Vous les verrez, NOSSEIGNEURS, et
« elles mettront l'Assemblée nationale à portée de
« montrer à l'univers entier que ce n'est pas impuné-
« ment que la calomnie ose attaquer un homme ver-
« tueux.

« Si, dans ces momens difficiles, une dénonciation
« étoit permise à des citoyens appelés à la tête d'une
« commune importante par le choix libre de leurs
« concitoyens, seul dédomagemment des peines dont
« leur carrière est parsemée, ils vous dénonceroient,
« NOSSEIGNEURS, un club qui entretient dans nos
« murs un foyer de division et de discorde; un club
« qui, sous l'honorable nom d'*amis de la constitution*, en
« sappe les fondemens, puisqu'il réunit tous ses efforts
« pour troubler la paix et armer les citoyens les uns
« contre les autres; un club dont la plupart des mem-

« bres, ayant vainement concouru pour les places d'of-
« ficiers municipaux, exhalent leur injuste haine par
« des écrits dans lesquels la réputation des hommes les
« plus honnêtes se trouve compromise; un club qui,
« cherchant moins à surveiller la municipalité qu'à
« l'inquiéter, vient de lui dénoncer des cocardes noires
« qu'un membre de ce club, qui a signé la pétition,
« avoit seul commandées; un club enfin, dont plu-
« sieurs d'entre ceux qui le composent, sont grièvement
« ment inculpés dans les émeutes du deux et du trois
« de ce mois. Voilà des faits, Nosseigneurs, qui doi-
« vent déjà avoir été mis sous vos yeux, et qu'il est fa-
« cile de justifier par les preuves que nous possédons.

« Mais la vérité, Nosseigneurs, triomphera bientôt :
« vous êtes trop justes pour que nous n'en soyons pas
« entièrement convaincus. Elle triomphe dans cet
« instant de l'erreur de quelques bas-officiers du régi-
« ment de Guyenne. Aussi, n'attribuerons-nous jamais
« à ce corps irréprochable d'avoir manqué aux prin-
« cipes de l'honneur; et si un très-petit nombre de ses
« bas-officiers et soldats s'est laissé corrompre, leurs
« camarades eux-mêmes les ont dénoncés, et l'on s'est
« assuré de leur personne. Ce trait seul auroit suffi
« pour mériter notre estime au régiment de Guyenne,
« si depuis long-temps elle ne lui étoit acquise.

« Le conseil-général de la commune, au milieu des
« travaux pénibles auxquels il est obligé de se livrer,
« pour faire observer les décrets de l'Assemblée natio-
« nale, et pour maintenir la paix et la concorde, est pé-
« nétré du sentiment le plus pénible, en voyant son
« estimable chef disgracié auprès des illustres repré-

« sentans, avec lesquels il concourt à la régénération de
« la France ; et certes ! personne ne le méritoit moins
« que lui, puisque, personne n'est plus véritablement
« attaché que lui à la constitution.

« Il doit donc attendre, NOSSEIGNEURS, ainsi que la
« cité considérable avec laquelle il est identifié, une
« justice prompte et sévère. Nous vous supplions de
« la lui rendre. Elle augmentera, si toutefois il est
« possible de le faire, le respect et la reconnoissance
« que nous devons, à tant de titres, aux augustes repré-
« sentans de la nation.

« Nous sommes avec le plus profond respect, etc.

―――

*Adresse à l'Assemblée nationale, faite au nom de MM. Du-
roure, Razoux, Ferrand-Demissol, Pontier, Fornier,
Grelleau, officiers municipaux, et Boyer, substitut du
procureur de la commune de Nîmes.*

« Messieurs,

« Les soussignés officiers municipaux de Nismes, dou-
loureusement affectés des malheurs qui ont affligé leur
patrie, et des bruits calomnieux qu'on a répandus sur
leur compte, supplient l'Assemblée nationale de vouloir bien écouter leurs justes réclamations.

« Toujours religieux observateurs de leurs sermens,
toujours inviolablement attachés à la constitution, avec

quelle inquiétude n'ont-ils pas dû voir qu'on cherchait à les rendre odieux à la France entière! Cependant leur conduite patriotique semblait les mettre à l'abri de toute imputation injurieuse; mais que ne peuvent pas l'intrigue, la vengeance et l'ambition déçue!

« Vainement ils ont fait observer avec une scrupuleuse exactitude, et dès l'instant qu'ils ont paru, tous les décrets de l'Assemblée nationale; vainement ils ont offert une forte contribution patriotique; ils ont fait une soumission de trois millions (1) pour l'acquisition de biens nationaux; vainement ils ont voulu favoriser par un nouvel établissement (2) la circulation des assignats; vainement ils sont parvenus à exécuter sans aucun trouble, malgré les efforts de quelques malveillans, l'inventaire des maisons religieuses en grand nombre à Nismes (3). Rien n'a pu fermer la bouche à leurs détracteurs, qui, bravant jusqu'à la honte que doit faire naître un démenti fondé sur des faits et des pièces authentiques, n'ont pas craint de publier que des sentimens anti-patriotiques animaient la municipalité de Nismes, tandis qu'elle donnait les plus fortes preuves du patriotisme le plus pur.

« A peine cette municipalité fut-elle installée, qu'on vit s'établir une société dont les chefs irrités de n'avoir pu parvenir, malgré leurs intrigues, aux charges municipales, publiaient de tout côté que le but de leur institution était non-seulement de surveiller, mais en-

---

(1) *Vide* l'extrait de la délibération prise le 22 mai 1790.
(2) *Vide* l'extrait de la délibération prise le 24 mai suivant.
(3) *Vide* les inventaires déposés au comité ecclésiastique.

core de contrarier les opérations des représentans de la commune : en effet, ils n'oubliaient rien pour les inquiéter. Ils faisaient pétitions sur pétitions; ils tenaient en sentinelle, depuis le matin jusqu'au soir, deux commissaires, dans le greffe de la Maison commune, lesquels s'emparant des registres ou pour les compulser, ou pour en faire des extraits, mettaient souvent les officiers municipaux dans le cas de les attendre.

« Ce n'est pas tout encore; on les décriait, mais inutilement, auprès du peuple dont on ne faisait par-là qu'accroître la confiance; on les calomniait auprès des soldats; on suscitait contre eux des cabales et des émeutes; et lorsque dans celle du mois de mai, certains malveillans excitaient les soldats à verser le sang de leurs concitoyens, un autre criait près de l'Hôtel-de-Ville : « C'est le moment de couper la tête de M. le « baron de Marguerittes, maire (1); » ils répandaient en province, et surtout à Paris, des libelles incendiaires contre la municipalité (2); ils disaient, ils pu-

(1) *Vide* pour la preuve de ce fait les déclarations des témoins 17, 18, 19 et 20 de la suite du procès-verbal, concernant les événemens du 2 mai et jours suivans.

(2) Telles sont différentes adresses du club des prétendus Amis de la Constitution; le nouveau complot découvert; le précis historique sur les désordres arrivés à Nismes; la victoire remportée par les patriotes de la ville de Nismes sur les soi-disant catholiques; le détail exact des assassinats et des cruautés commis par les soi-disant catholiques de la ville de Nismes envers les Amis de la Constitution; le récit des événemens arrivés à Nismes les 13, 14, 15, 16 et 17 juin 1790; les vérités historiques sur les événemens arrivés à Nismes le 13 de juin et les jours suivans, publiées par le club des prétendus Amis de la Constitution.

bliaient qu'ils ne seraient contents que quand elle serait destituée, et ils employaient contre elle des intrigues, des machinations affreuses. Ainsi on la calomniait sourdement dans une correspondance avec les clubs du royaume ; ainsi on faisait arracher la cocarde blanche à des gens qui n'en avaient jamais porté d'autre, parce que cette cocarde avait été dès le principe, en novembre 1788, le signal du patriotisme et de la liberté (fait attesté par soixante officiers de la légion); ainsi un membre du club inventait et faisait fabriquer des cocardes noires surmontées d'une croix blanche (1), pour avoir lieu d'accuser les catholiques de vouloir renouveller les croisades ; ainsi on déclamait avec fureur contre un capitaine de la légion qui avait donné quelques fourches aux soldats de sa compagnie dépourvus d'armes, tandis que, d'un autre côté, on en commandait par centaines, de même que de longues cartouches de fer-blanc au bout desquelles étaient soudées des balles meurtrières (2); ainsi, lors de l'assemblée électorale, on circonvint les électeurs, on calomnia auprès d'eux les représentans de la commune, parce qu'ils avaient prévu et prévenu de funestes complots, et on poussa l'animosité jusqu'au point de les insulter en pleine assemblée; ainsi on engagea le district de Sommières à former un camp lors de la tenue de cette

(1) *Vide* l'extrait du procès-verbal du 14 mai 1790, et la pétition du club des prétendus Amis de la Constitution.

(2) *Vide* les déclarations des témoins 7, 8 et 9 du procès-verbal du 2 mai, et l'aveu de Larnac, volontaire de la compagnie, n° 10.

assemblée (1); ainsi les dragons de la garde nationale, presque tous membres du club, répondirent à quelques propos inconsidérés en faisant une décharge, et c'est par-là que commencèrent les scènes de sang, de carnage et d'horreur du mois de juin dernier.

« Cet acharnement, ces excès réitérés avaient fait naître depuis long-temps les plaintes des amis de la paix; ils voyaient avec douleur qu'on cherchait à la troubler. Un grand nombre de citoyens *actifs* (2) s'étaient assemblés le 20 d'avril, suivant la forme prescrite par les décrets, et ils avaient mis sous les yeux de la municipalité une pétition dans laquelle les membres du club étaient dénoncés comme des hommes « qui n'ayant que l'hypocrisie du patriotisme, ne ten-« daient à rien moins qu'à allumer le flambeau de la « discorde et peut-être même celui de la *guerre ci-*« *vile*. »

« Des cris d'indignation se firent alors entendre de toute part contre une association si fatale pour la tranquillité publique. On demandait instamment la suppression au moins provisoire de ce club perturbateur, et le peuple indigné se serait porté en foule pour empêcher ses assemblées, sans la vigilance continuelle des officiers municipaux qui préservèrent cette société des

---

(1) *Vide* la proclamation du corps municipal du 31 mai 1790.

(2) On a affecté de reprocher aux officiers municipaux d'avoir souffert une assemblée de catholiques, tandis que dans l'avis donné à la municipalité, ces citoyens n'ont pris que le titre de *citoyens actifs*, conformément à l'article 62 du décret concernant l'organisation des municipalités.

désagrémens auxquels fut exposée dans la capitale et presque à la même époque une assemblée de citoyens, quoiqu'elle eût eu la précaution de se munir de l'approbation de la municipalité de Paris.

« Si le club n'avait fait que calomnier le corps municipal, les magistrats intègres qui le composent, auraient fermé les yeux sur des excès aussi impuissans que répréhensibles; mais la conduite de plusieurs (1) membres du club, lors des émeutes des premiers jours de mai, des contre-patrouilles faites de nuit avec des armes chargées, des coups de pistolet (2) tirés sur des groupes au milieu desquels les officiers municipaux s'efforçaient de mettre la paix, et tant d'autres démarches (3) insubordonnées, dont on trouve les preuves dans les verbaux dressés à cette époque, et depuis long-temps déposés au comité des recherches, forcèrent enfin le 17 mai le corps municipal à dénoncer ces perturbateurs du repos public à l'Assemblée nationale.

« Depuis long-temps ils avaient intéressé à leur cause le procureur du roi au présidial de Nismes. Celui-ci s'était empressé de porter plainte, d'après la simple dénonciation de certaines personnes avec lesquelles il a

---

(1) *Vide* dans le procès-verbal du 2 mai les déclarations des témoins 20 et 25, officiers de la légion, et 44 du sieur de Salignac, lieutenant du régiment de Guyenne.

(2) *Vide* les déclarations des 7e et 15e témoins. *Id.*

(3) Quelque temps après ils mirent le comble à cette insubordination, en faisant charger les fusils de certaines compagnies, en présence de la légion assemblée sur l'esplanade le jour de la Fête-Dieu; ce qui fut sur le point d'exciter un incendie général.

des liaisons intimes, sur de prétendus délits commis dans le mois d'avril. Il en fit autant sur une autre dénonciation récriminatoire, relative aux troubles du mois de mai; et lorsque la municipalité lui indiqua, par l'entremise du procureur de la commune, une foule de faits plus graves les uns que les autres; lorsque celui-ci lui communiqua un extrait de la délibération (1) prise à ce sujet par le conseil-général de la commune, il n'y eut aucun égard.

« Ce conseil craignant que si l'on négligeait de poursuivre cette procédure, les auteurs des émeutes du mois de mai ne demeurassent impunis, et qu'il n'en résultât de grands malheurs, chargea le procureur de la commune de faire un acte (2) au procureur du roi, pour le sommer de recevoir la dénonciation, et lui indiquer les premiers témoins à entendre.

« Le croirait-on! cet acte signifié le QUINZE MAI (3), ne

---

(1) Cette délibération contient les faits les plus graves, et cependant le procureur du roi n'y a point fait attention, quoique le décret qui renvoie au présidial de Nismes, ordonne d'informer sur les circonstances et dépendances.

(2) Il est essentiel que cet acte soit lu en entier à l'assemblée, parce qu'il a été signifié dès le 15 mai, et qu'il contient l'indication de certains témoins à faire entendre; le refus constant du procureur du roi ne sera pas excusé sans doute par son allégation, qu'aux termes de la déclaration du roi du 2 octobre 1703, les officiers municipaux ne peuvent intenter aucune action, ni commencer aucun procès sans une autorisation du commissaire départi dans la province, et que la dénonce du procureur de la commune n'étant pas revêtue de la sanction de M. l'intendant, elle est illégale, et ne peut produire aucun effet.

(3) Il est résulté de ce refus, que plusieurs témoins très-essen-

produisit aucun effet. Quel parti prendre en des circonstances si critiques ? Réclamer la justice et l'autorité du roi, et c'est ce que firent les représentans de la commune. M. le garde des sceaux, après avoir mis cette affaire sous les yeux du conseil (1), enjoignit au procureur du roi de recevoir la dénonciation, et manda au corps municipal : « Vous m'avez envoyé la délibération
« du 17 de ce mois, qui a pour objet de vous plaindre
« du refus que fait le procureur du roi d'instruire une
« procédure sur la dénonciation du corps municipal.
« Je crois en effet que ses motifs de résistance ne sont
« pas très-solides. Il ne me semble pas qu'il puisse de-
« mander l'autorisation formelle du commissaire dé-
« parti dans la province, ni insister dans les circon-
« stances présentes, sur l'application d'un règlement
« purement fiscal. »

« Nouvelle réclamation de la municipalité au commencement du mois de juin. Le procureur du roi feint d'obéir : mais sur cent témoins, il n'en fait entendre que deux, et retire sa plainte.

« Le motif secret de cette conduite se trouve peut-être expliqué par le procès-verbal, où plusieurs témoins déclarent que ce fut dans un jardin (2), que le procureur du roi garde pour son amusement, que s'as-

---

tiels ont péri dans les fatales journées du mois de juin, et que plusieurs autres proscrits ont été contraints de s'expatrier. Est-il maintenant en la puissance du procureur du roi de réparer le tort qu'il a fait aux accusés ?

(1) Appert la copie de la lettre de M. le garde des sceaux.

(2) Ce fait est prouvé par les déclarations des témoins 8e et 45e. Procès-verbal du 3 mai.

semblèrent en partie ceux qui causèrent les émeutes du mois de mai.

« On sait qu'à cette époque la vigilance active du maire et des officiers municipaux, rendit inutiles les efforts des malveillans, et parvint à rapprocher par une heureuse réconciliation les partis opposés (1).

« Les seuls membres du club ne purent (2) dissimuler le mécontentement que leur causa cette *réunion subite*. Instruits du verbal dressé par les officiers municipaux, et des déclarations multipliées qui mettaient leur complot à découvert, ils s'assemblèrent et résolurent de dénoncer à l'Assemblée nationale la conduite des magistrats, dont la prévoyante fermeté avait fait avorter leur dessein favori, de dominer par la terreur dans les assemblées primaires qui devaient avoir lieu peu de jours après (3).

« Les témoignages éclatans de l'allégresse publique et de la reconnaissance des citoyens envers les officiers municipaux, ne firent qu'accroître les ressentimens des prétendus amis de la constitution. Ils préparèrent dans le silence des moyens de maîtriser l'assemblée électorale, et leur unique espoir fut de se dédommager dans la formation du département et du district, de la prépondérance qu'ils n'avaient pu obtenir lors de l'élection des officiers municipaux.

---

(1) *Vide* l'exposé sommaire des événemens arrivés les 2, 3 et 4 mai, joint à la présente adresse.

(2) On remarqua que leurs maisons ne furent pas illuminées, malgré la proclamation faite à la demande de tous les citoyens.

(3) *Voyez* la fin de l'adresse du club du 4 mai.

« Pour parvenir à ces fins, ils conçurent le projet de les fatiguer chaque jour par de nouvelles pétitions; de les distraire de leurs importans travaux par des entreprises répréhensibles; de les désunir, s'il était possible, et de les éloigner de la Maison commune. Les cruels événemens du mois de juin, combinés d'avance, servirent parfaitement leur haine contre une municipalité dont l'aspect les importunait et qu'ils avaient fait vœu d'anéantir par toute sorte de moyens.

« En effet, dès le 13 au soir, c'est-à-dire, dès le commencement de la rixe survenue entre quelques légionnaires, les officiers municipaux furent proscrits et poursuivis : ils n'échappèrent à la mort que par des hasards miraculeux. On les empêcha de se réunir pour concerter leurs opérations; on fit éprouver les plus affreux traitemens à ceux qui, après la sortie de leurs collègues, étaient demeurés dans la Maison commune pour la vérification des comptes.

« L'un (1) d'entr'eux, ministre des autels, fut contraint par une foule de volontaires de publier seul la loi martiale. Le drapeau fatal est mis entre ses mains; on le force de le porter lui-même; on l'insulte, on le frappe, on l'excède de coups au point de lui faire vomir le sang (2). L'autre traîné dans les rues comme un criminel, est menacé, maltraité; un des gardes nationaux, touché de son sort, pare, heureusement pour lui, plusieurs coups de sabres et de bayonnettes qui lui

---

(1) L'abbé de Belmont, vicaire général et chanoine de Nismes.
(2) M. Ferrand-Demissol, ancien magistrat.

sont portés (1). Celui-ci doit la vie à la maréchaussée qui vient à son secours (2). Celui-là reçoit sur la main un coup de sabre dont il sera peut-être estropié toute sa vie (3). Un autre est sur le point de subir le dernier supplice dans l'Hôtel-de-Ville (4). Le procureur de la commune échappe à mille dangers, et voit plusieurs fois le poignard levé sur son sein. Son substitut (5), jaloux de le remplacer, est poursuivi pendant plusieurs jours, il essuie huit coups de fusil à diverses reprises; il tombe au milieu des cadavres, et il ne doit son salut qu'à cette heureuse chute. M. de Labaulme portant des paroles de paix aux étrangers arrivés en foule à l'esplanade, est chargé d'imprécations, les sabres et les bayonnettes sont tournés contre lui, et il ne peut se sauver qu'en rejoignant un collègue (6) qu'on s'efforçait de séparer de lui. M. Duroure voulant s'opposer au pillage du collége et protéger les jours du recteur, est sur le point d'être assassiné; il ne cesse d'essuyer les menaces d'un légionnaire qui lui vante *la beauté et la bonté de son sabre bien propre à faire sauter des têtes.* On massacre sous ses yeux six infortunés, et ses instantes sollicitations ne peuvent leur épargner la mort. En un mot, toute la municipalité court les plus grands ris-

(1) M. Pontier.
(2) M. Laurens, avocat.
(3) M. Aigon, négociant.
(4) M. Vidal.
(5) M. Boyer.
(6) M. Vincens-Valz.

ques pendant cinq jours (1). Plusieurs de ses membres ne trouvent point d'asyle. On va les chercher jusques dans leurs propres foyers, et l'on menace du pillage ceux qui pourraient vouloir les soustraire à la fureur de leurs ennemis. Ainsi s'exécuta le projet depuis long-temps arrêté, de disperser le corps municipal, pour s'emparer de son autorité et des rênes de l'administration.

« On force les officiers municipaux à faire des réquisitions à chaque instant ; on les consigne dans la Maison commune ; on leur promet que s'il survient de nouveaux troubles, ils seront *mis en avant*, et seront les premières victimes : on assassine leurs concitoyens sur les plus légers prétextes ; on en immole jusques dans les salles où ils sont assemblés ; on en désarme à leurs noms ; on en précipite un grand nombre dans des cachots. La raison a beau crier qu'il n'y a point de criminels, la vengeance veut des victimes. Que de massacres ! que de pillages, que d'atrocités (2) ils virent commettre sans pouvoir les empêcher !

« Des églises, des couvents, des maisons sont livrés au pillage, saccagés, détruits, et les maisons pillées n'appartiennent qu'à des catholiques ! Cette remarque ne fait point ouvrir les yeux : on avait eu la perfide précaution de publier que les citoyens proscrits étaient

---

(1) Tous ces faits sont consignés dans les verbaux adressés à l'Assemblée nationale... Voilà pourtant les officiers municipaux qu'on a taxés de faiblesse et de pusillanimité !

(2) Ces atrocités sont détaillées dans le tableau imprimé à la suite du mémoire justificatif pour la municipalité de Nismes.

des anti-patriotes contre lesquels les amis de la liberté ne pouvaient trop rigoureusement sévir.

« Les brigands qui avaient suivi les troupes nationales commirent vraisemblablement tous ces désordres, et furent dirigés par des hommes qui n'échapperont pas sans doute à la rigueur des loix. La plupart des gardes nationaux étrangers, maintenant détrompés, voyent avec une profonde douleur que leur présence a pu autoriser des crimes prémédités, et ils s'apperçoivent, mais trop tard, que la proscription n'a enveloppé que ceux dont le sacrifice était réservé pour ces jours de vengeance; que ceux qui avaient déposé sur les émeutes du mois de mai; que ceux qu'on avait intérêt de détruire pour faire perdre la trace d'un procès trop fameux; que ceux qu'il fallait éloigner pour s'arroger tous les pouvoirs; que ceux, enfin, qu'on devait disperser pour maîtriser les élections du département et du district. Telles sont les causes uniques du massacre du mois de juin. L'anti-patriotisme en fut le prétexte (1); le désir de dominer, le motif; et la calomnie

---

(1) Les capitaines des compagnies catholiques qu'on a représentés dans toute la France comme des anti-patriotes, s'étaient empressés, dès le 14 avril, de venir consigner dans les registres de l'Hôtel-de-Ville, « qu'ils adhéraient de cœur et d'âme à toutes les
« fédérations qui auraient pour objet de maintenir la constitution
« sanctionnée par S. M.; de faire exécuter les décrets des représen-
« tans de la nation; d'assurer la perception des impôts; de réprimer
« les perturbateurs du repos public; et pour tout dire en un mot,
« de donner dans toutes les circonstances des preuves non équivo-
« ques du patriotisme le plus pur et de leur amour inaltérable pour
« le meilleur des rois. »

et le crime, les moyens dont on se servit pour parvenir à ces fins détestables.

« Ainsi donc, d'après le refus du procureur du roi de faire entendre les témoins indiqués par les représentans de la commune; d'après la partialité qu'il a montrée dans cette procédure ; d'après les assassinats et les proscriptions qui ont eu lieu contre ceux qui avaient fait connaître les auteurs des troubles du mois de mai ; d'après les excès récemment commis contre MM. Descombiès et Vigne, détenus prisonniers; d'après l'inquisition exercée à Nismes contre tout ce qui n'est pas dévoué au club, il est bien évident qu'il est impossible de rien statuer sur l'information faite dans cette ville.

« D'ailleurs, l'esprit de parti qui a désigné les témoins, l'esprit de prévention ou de crainte qui a dirigé les magistrats, et surtout la nécessité que tout témoin puisse déposer avec sûreté pour sa personne, exigent que l'information soit recommencée dans une ville, si l'on veut peu éloignée de Nismes, mais hors de son département, et dont les habitans et les gardes nationales aient donné l'exemple de la plus parfaite impartialité.

« Amis de l'innocence opprimée et de la vérité, les représentans de la nation française rendront à nos infortunés concitoyens une justice éclatante. Ils daigneront accorder une puissante protection à ceux à qui la terreur ferme encore la bouche. Livrés depuis plusieurs mois à la merci d'un parti puissant, ils sont trop effrayés pour oser faire entendre leurs voix tremblantes et leurs réclamations. En vain ils se représentent que tôt ou tard la vérité triomphera, que tôt ou tard ils obtiendront justice : rien ne les rassure. L'opprimé, contraint de courber son front humilié sous le sceptre de fer de l'oppresseur, attend avec autant de droit que d'impatience qu'on lui présente enfin une main secourable. L'Assemblée nationale sera leur appui, nous osons le leur prédire ; ils touchent au terme de leurs malheurs, et bientôt elle daignera déclarer que les informations commencées devant les juges de Nismes, concernant les troubles des mois de mai et de juin, demeureront comme non avenues.

« Eh! comment peut-on avoir fait et pourrait-on continuer ces informations dans une ville où un parti s'est rendu coupable en usurpant toute l'autorité, en s'emparant de toutes les armes, de toutes les munitions ; dans une ville où le procureur du roi refuse de faire entendre des témoins, malgré les démarches réitérées et les ordres de M. le garde des sceaux; dans une ville où le procureur du roi rejette les plaintes de la plupart des veuves (1) dont on a massacré les maris, des enfans dont on a massacré les pères ; dans une ville où l'on force les portes des

---

(1) *Vide* la requête présentée à l'Assemblée nationale le 23 août par Jeanne Bousanquet, veuve d'Antoine Guiraud, voyageur d'une maison de commerce, dans laquelle requête elle demande justice de l'assassinat de son mari, que les nommés l'Enfer, l'Aguillat père et fils, Batifort, Rebufat, Saussines de Sommières firent lever de son lit le mardi 15 juin à onze heures du matin, et massacrèrent à coups de fusils et de bayonnettes. La veuve ayant porté plainte au ministère public, celui-ci n'a point voulu accueillir sa plainte, et on a menacé de la lanterne quiconque voudrait présenter requête à son nom. Il est essentiel que cette adresse soit lue en entier.

prisons, ces asyles sacrés du malheur, pour maltraiter un infortuné prévenu qu'on est sur le point de sacrifier; dans une ville où l'avocat de ce prévenu est menacé de la fatale lanterne, s'il continue à le défendre; dans une ville où un malheureux est durement frappé par un fanatique, pour avoir dit que ce prévenu est un honnête homme, et où ce prétendu crime le fait mettre en prison sans autre forme de procès, ainsi qu'y ont été mis avant lui cent cinquante autres citoyens; dans une ville où l'on dicte des loix aux juges et où leurs jours sont menacés pour avoir accordé l'élargissement d'un prisonnier légèrement accusé; dans une ville où cet accusé est obligé de se travestir pour échapper à la rage de ceux qui l'avaient fait priver de sa liberté; dans une ville, enfin, où le pouvoir arbitraire et la tyrannie, devancés par la terreur et cachés sous le masque du patriotisme, vont, le crime à la main, frapper tous ceux qu'ils croyent contraires à leurs desseins pernicieux !

« Dans ces circonstances, et d'après ces considérations, les soussignés supplient l'Assemblée nationale de mettre un terme à ces excès; ils la supplient d'ordonner, conformément aux décrets rendus pour Montauban le 26 juillet, et Schelestadt le 14 août, « que l'informa-
« tion commencée devant les juges de Nismes, relati-
« vement aux troubles qui ont eu lieu dans cette ville
« pendant les mois de mai et de juin, demeure comme
« non avenue, et qu'il sera informé devant les juges
« de Montpellier ou autres, étrangers au département
« du Gard, et à la diligence de la partie publique, de
« tous les événemens arrivés à Nismes les 2, 3, 4 mai,

« 13, 14, 15, 16, 17 juin, ainsi que de tous ceux qui y
« sont relatifs, tant antérieurs que postérieurs auxdites
« époques, circonstances et dépendances; à l'effet de
« quoi les pièces déposées au comité des recherches
« seront incessamment adressées à ladite partie pu-
« blique.

« *Signé*, Boyer, substitut du procureur de la commune, tant pour moi que pour mes collègues qui ont signé le pouvoir ci-après dont l'original est entre mes mains.

« Nous soussignés officiers municipaux de Nismes, instruits que la calomnie ne cesse de nous déchirer auprès de l'Assemblée nationale; qu'on n'a pas craint de noircir nos démarches les plus innocentes et même les plus louables ; qu'on a été jusqu'à supposer que nous adhérons aux délibérations prises par des catholiques assemblés dans les églises des pénitens et des jacobins, tandis que nous n'y avons eu aucune part, que nous les avons blâmés, et que le silence que nous avons gardé à ce sujet n'a eu pour cause que la crainte bien fondée d'exciter des troubles dans une ville où régnait déjà une grande désunion entre différentes compagnies de la garde nationale. Intéressés à connaître toutes les inculpations clandestinement dirigées contre nous ; à nous justifier aux yeux de la nation et de ses augustes représentans ; à dénoncer la pureté de nos principes, la loyauté de notre conduite, et à prouver que fidèles à nos sermens, nous nous sommes empressés d'exécuter et de faire éxécuter les décrets de l'Assemblée constituante, sanctionnés ou acceptés par le roi ; nous, officiers municipaux, nommons et députons M. Boyer, notre collègue, substitut du procureur de la commune, à l'effet de se rendre de suite à Paris, de nous y soutenir et défendre en corps ou en particulier auprès des députés de Nismes à l'Assemblée nationale, de rendre compte de notre franche adhésion à tous les décrets de cette auguste diète; des dangers que nous avons courus dans leur exécution, de ceux auxquels nous sommes exposés dans l'exercice continuel de nos pénibles fonctions pour lesquelles nous avons sacrifié jusqu'à nos plus chers intérêts, et en conséquence de faire tous manifestes, mémoires, adresses et tous autres écrits que M. Boyer jugera convenables et nécessaires pour mettre en évidence nos vrais principes, notre attachement inviolable à la constitution, nos vœux et notre patriotisme : enfin, de présenter un tableau exact des troubles qui ont agité notre ville, en remontant à leurs véritables causes.

« Fait à Nismes, le 31 juillet 1790. Signés *Duroure*, *Razoux*, *D. M. Fornier*, *Ferrand-Demissol*, *Pontier*, *Grelleau*, officiers municipaux. »

Extrait de l'acte signé le 15 mai 1790, à la requête du procureur de la commune de Nismes, à M. Brunel de la Bruyère, procureur du roi, en la sénéchaussée et présidial de Nismes.

« A été exposé à M. le procureur du roi, qu'il ne peut ignorer que le sieur Vidal se présenta chez lui, hier 14 mai, à environ 9 heures du soir, pour lui remettre un extrait en forme de la délibération prise par le conseil général de la commune de Nismes, le 13 du même mois, et que sur son refus et l'insistance du procureur de la commune, ce dernier lui dit qu'il voyoit avec douleur que dans une affaire aussi majeure, des actes d'huissier fussent provoqués; qu'il prioit de nouveau M. le procureur du roi de dresser procès-verbal de ce qui venoit de se passer, sous son offre de le signer et de rapporter le tout au conseil général de la commune : que M. le procureur du roi a insisté, en ajoutant que ledit sieur procureur de la commune pouvait faire ce rapport verbalement; que ce dernier est sorti dans cet état à environ midi et demi; et comme il désire de constater tous les faits ci-dessus rappellés, et de remplir ses fonctions, avec autant d'exactitude que de zèle, à la requête dudit sieur procureur de la commune, j'ai offert à M. le procureur du roi un extrait en forme de la susdite dénonciation, avec déclaration qui lui dénonce les faits contenus en icelle, qui sont : « que des factieux projettèrent vers la fin du mois dernier d'exciter une querelle entre des citoyens, des bas-officiers et soldats du régiment de Guyenne, sous prétexte d'arracher à des volontaires des cocardes blanches qu'ils avaient toujours portées depuis la formation de la légion.

« Que quelques bas-officiers et soldats de ce régiment, malheureusement séduits, furent disposés par des liqueurs fortes, à se livrer, le sabre à la main, à cette violence ; ce qui eut lieu le dimanche deuxième mai, sur le grand cours vers les six heures du soir.

« Qu'au moment où l'action fut engagée, on tâcha d'attirer le régiment dans la querelle, en invitant les soldats à sortir des cazernes et de la citadelle, pour voler au secours de leurs camarades, et de les rendre ainsi complices, à leur insçu, du massacre projetté.

« Que des conspirateurs postés dans les environs, et armés, attendoient l'instant favorable pour se mêler parmi eux, et envelopper dans le massacre tous ceux dont ils voulaient se défaire.

« Que comptant sur des secours étrangers, sollicités et promis, ils auraient sans doute porté leurs excès plus loin, si la vigilance des officiers municipaux, la fermeté et la prudence de MM. les officiers du régiment de Guyenne n'avaient pas arrêté les progrès de l'insurrection, et si le corps du régiment, loin de se laisser entraîner, n'avait témoigné son indignation et n'avait promis avec serment de livrer les coupables.

« Que le 3 mai courant, une nouvelle émeute éclata sur la place des Récollets, allarma de nouveau les citoyens, et que les officiers municipaux s'y étant transportés pour faire cesser le désordre, un particulier tira deux coups de pistolet sur le groupe où ils étaient.

« Qu'enfin pendant ces deux jours, des particuliers criaient dans les rues, que c'était le moment de couper la tête au maire, et de la promener par la ville au bout d'une bayonnette.

« Sommant M. le procureur du roi de remplir les devoirs de sa charge, et à cet effet de faire administrer en témoins MM. Lacoste père, négociant; Henri Lacoste; de Gueydon, capitaine de vaisseau; Vampère, greffier au bureau des hypothèques; Turion, commis au greffe de la sénéchaussée; Chabaud, commis au contrôle; le sieur Castan, officier de la légion nîmoise; les sieurs Melquion l'aîné, négociant; Celfe, négociant; Charles le fils, négociant; offrant de faire administrer d'autres témoins, lorsque ceux-là auront été entendus; offrant encore de se transporter chez M. le procureur du roi pour signer la susdite dénonciation, à telle heure qui lui sera indiquée; et en refus ou défaut par M. le procureur du roi de faire le devoir de sa charge, il lui est protesté de tout ce que de droit; et lui ai baillé copie de cet exploit tout au long, en lui offrant extrait en forme de la susdite délibération; ledit Me Vidal ayant signé avec nous l'original et à la copie, en parlant à la personne de M. de Brunel, trouvé dans son hôtel audit Nismes. En foi de ce, etc. »

Pétition à l'Assemblée nationale, faite par Jacques-Marie Boyer, substitut du procureur de la commune de Nismes, au nom des veuves de Jean Auger, Louis Lévesque, Joseph Brun, Jean-Louis Gerin, André Boulanger, Jean Tribes, François Gerin, Denis Lefèvre, Pierre Marcellin, Antoine Guiraud, François-Bernard Bestiou, Jean Gas, Louis Deymond, et d'Élisabeth Domergue, mère de Pierre Froment, tous massacrés à Nismes le 13 du mois de juin 1790 et les jours suivans. Des sieurs Descombiès, ancien page du roi ; Folacher, ci-devant avocat et électeur ; J. Delon, Granier, F. Sigory, C. Delon, Julien, Souchon, Andrès, Vernet, Coeffé, Teiffié, J. Sigory, Mouret, et les deux frères Ribié, tous détenus prisonniers. Et au nom d'Adrien-François Vimont, ci-devant avocat, conseil et défenseur de plusieurs de ces veuves, de ces orphelins et de ces prisonniers, et pour cette seule raison, contraint à s'expatrier, sous peine de la vie.

« Messieurs,

« Un des représentans de la nation, M. Barnave, vous démontra, il y a fort peu de jours encore, « qu'il est
« nécessaire de laisser aux citoyens la liberté de penser
« et d'écrire sur le compte de tous les hommes pu-
« blics. »

« Je puis donc élever ma voix contre des juges qui refusent depuis long-temps d'entendre les plaintes des veuves et des orphelins dont on a massacré les maris et les pères ; contre des juges qui ne se laissent point fléchir par les cris touchans de l'innocence opprimée qu'ils laissent gémir dans les cachots ; contre des juges qui ont sçu déployer toute la rigueur des loix lorsqu'il a fallu décréter des malheureux qui ne furent jamais coupables, et qui méprisent les réclamations de la justice outragée alors qu'il faut admettre ces infortunés à leurs faits justificatifs ; contre des juges qui depuis plus de cinq mois tiennent le sieur Folacher dans les fers, sans avoir pris encore son premier interrogatoire ; contre des juges qui ont déclaré s'abstenir, lorsque plusieurs mois après son arrestation le sieur Descombiès leur fit signifier des actes de déni de justice ; contre des juges, enfin, qui, sans s'émouvoir, sans faire aucune information, ont vu contraindre, par des factieux, le conseil, le défenseur de plusieurs de ces veuves, de ces orphelins, de ces prisonniers, à quitter sa patrie, parce qu'il étoit leur unique consolation !

« Ces veuves, ces orphelins, ces prisonniers, leur défenseur, sont mes concitoyens, mes amis, mes frères ; j'ai donc le droit d'intéresser l'Assemblée nationale en leur faveur. Il est même de mon devoir de l'entreprendre et de chercher à m'attirer, par mon courage, et ma véracité, l'estime des représentans du peuple français ; ils ne sauroient la refuser à celui qui vient plaider devant eux la cause de l'humanité.

« Je ne chercherai point, Messieurs, à employer près de vous ces tournures oratoires et sublimes qui vous sont si familières et dont vous fournissez si souvent des modèles à l'Europe qui les admire : je le tenterois en vain.

« Il faut donc que je me borne au simple et naïf langage de la vérité ; à la seule éloquence de la douleur ;

il faut que je me borne à vous exposer que les maisons des veuves et des orphelins, au sort déplorable desquels vous donnerez des larmes, ont été pillées, incendiées, démolies ; il faut que je me borne à vous faire entendre la voix expirante de leurs maris, de leurs enfans, de leurs pères, succombant sous le fer homicide des assassins ; il faut que je me borne à vous faire voir leurs têtes coupées, leurs entrailles palpitantes et déchirées, leurs intestins arrachés, leurs cadavres défigurés, traînés dans les rues, entassés dans les places publiques, et leurs corps mutilés de toutes les manières, avec un rafinement de cruauté qu'on ne sauroit croire, qu'on ne pourroit pas même supposer, si la main impartiale de l'histoire, qui nous conserva le souvenir de crimes semblables, n'en avoit pas flétri la mémoire de fanatiques semblables à ceux qui se sont souillés du dernier massacre de Nismes.

« Mais le tableau hideux que je viens de tracer est si peu vraisemblable, quoique d'une vérité frappante, que je tremble, Messieurs, d'être taxé d'imposture, ou au moins d'exagération. Que dois-je faire pour éloigner ce soupçon ? Vous montrer la vérité toute nue, en vous mettant sous les yeux la lettre qu'une veuve infortunée m'adressa. Elle n'est que l'horrible répétition des malheurs de toutes celles qui empruntent aujourd'hui mon organe pour vous demander justice. Le nombre de celles que l'oppression contraint à garder le silence, est bien plus grand encore, puisque plus de soixante furent repoussées par l'ancien procureur du roi à qui elles alloient porter plaintes ; puisque plus de deux cens pères de famille ont été cruellement immolés par le fanatisme.

« A peine la connoissance de votre zèle infatigable
« pour les malheureux, me dit cette veuve, est-elle
« parvenue jusqu'à moi, que bravant la crainte que
« nous inspirent sans cesse les auteurs de nos maux,
« je n'ai pas hésité de m'adresser à vous. Soyez donc
« le défenseur d'une veuve infortunée et de ses enfans
« bien dignes de pitié, et daignez prêter l'oreille au
« récit de mes malheurs.

« Je suis catholique, voilà le seul crime que nos
« ennemis puissent m'imputer. Mon nom est Catherine
« Julian, et je suis veuve de l'infortuné Joseph Brun,
« taffetassier. J'étois le lundi 14 de juin avec mon
« mari, mes enfans, mon beau-frère et deux de nos
« amis frères, et dont le plus jeune devait épouser
« dans peu de jours ma fille aînée.

« Vers le midi, Ponge, surnommé le Crébat, à la
« tête d'une horde de brigands de Marsillargues (1),
« s'arrête devant ma porte et leur dit : « Mes amis, je
« crois qu'il y en a ici une nichée, je vais seul à la dé-
« couverte, attendez-moi. » A ces mots, il entre dans
« la pièce où nous étions et nous demande si nous
« sommes protestans. Je réponds que nous sommes ca-

---

(1) Ce fait est prouvé par le procès-verbal même que la légion de Marsillargues adressa à l'Assemblée nationale, relativement à ce qui se passa le 13 et 14 juin à Nismes. Les atrocités qui se commirent le mardi 15 dans cette ville, inspirèrent une si forte horreur à la légion de Marsillargues, qu'elle dit dans ce procès-verbal : « Nous
« n'eûmes aucune part à tout ce qui se passa dans cette journée
« désastreuse. »

« tholiques pour la vie. Alors il se met sur le seuil de
« la porte et fait signe à ses compagnons en mettant
« deux de ses doigts en croix.

« Incontinent ils fondent sur nous comme des loups
« enragés; mon mari, âgé de cinquante ans, fut le
« premier impitoyablement massacré entre mes bras,
« malgré mes cris déchirans et ceux de mes enfans;
« mon beau-frère, François Périllier, âgé de soixante-
« six ans, fut le second martyrisé; Pierre Morin, âgé
« de vingt ans, fut arraché des bras de ma fille sa fian-
« cée et mis en pièces; Jean Morin son frère, âgé de
« vingt-quatre ans, croit éviter un pareil sort en se
« cachant sous mon lit; mais les barbares le découvrent,
« le saisissent, l'attachent, lui ouvrent le ventre, en
« sortent les intestins dont ils lui battent la figure, le
« tailladent à coups de sabre et le laissent dans cet
« état sur mon lit.

« Alors ils vont s'asseoir autour de ma table, et
« disent à ma fille de leur porter à boire sous peine de
« la vie. En buvant ils disoient au mourant : « Ami,
« bon voyage... crie vive le roi.

« Ils burent ainsi pendant une demi-heure, et en se
« levant de table ils furent voir si Jean Morin avoit
« expiré; il venoit de rendre l'âme à son Créateur.

« En s'en allant, Fayet, le scélérat, disoit : « Com-
« ment faisons-nous? tuons les femmes et les enfans;
« ils parleront ensuite et découvriront que nous avons
« tué ces gens-là, parce qu'ils étoient catholiques et
« non aristocrates. » Alors un soldat lui dit : « Nous y
« serons à temps dans quelques jours; continuons les

« hommes, » et ils se félicitoient de ce que leurs affaires
« alloient si bien.

« Ils traînèrent ces quatre cadavres hors la porte de
« Saint-Gilles et les jettèrent dans le fossé de la ville,
« où pendant quatre jours ils sont restés privés des
« funérailles.

« Ils revinrent ensuite dans ma maison qu'ils pillèrent
« et dévastèrent entièrement. Un soldat excéda ma fille
« de coups, parce qu'elle n'avoit pas pu s'empêcher
« de s'exhaler en justes plaintes; un autre soldat eut
« l'inhumanité de me tirer un coup fusil; mais ayant
« fait faux-feu, j'échappai à une mort qui eût été pour
« moi bien préférable à la vie.

« Telle est, Monsieur, l'horrible histoire de mes
« malheurs; ils sont trop déchirans pour ne pas atten-
« drir votre cœur et vous porter à prendre ma défense.
« Les quatre personnes assassinées dans ma maison
« n'étoient d'aucune compagnie. »

« Comment s'excuseront maintenant les assassins ?
Ici tout leur manque, même les prétextes ; car ils ne
peuvent pas dire, ainsi qu'ils l'ont fait pour tant d'autres, avec aussi peu de fondement, qu'ils ont massacré
ces malheureux, parce qu'il étaient du nombre des
aristocrates, des conjurés, des poufs rouges. Ils n'é-
taient d'aucune compagnie !... Mais ils étoient catholiques...

« Après de pareilles horreurs, quel est celui qui
oserait blâmer ma sensibilité, si par hasard elle alloit
ou étoit allée trop loin en considérant l'apathie des
juges et de ceux qui avoient la force en main? Quoi !

des brigands, des scélérats, se font un jeu du pillage et du meurtre, et ceux que les loix protectrices ont commis pour les arrêter les laissent tranquillement parcourir leur exécrable carrière ! Ah ! Messieurs, si tous ces crimes n'excitoient en moi une soif ardente de la justice ; s'ils ne faisoient naître en mon cœur une sainte indignation; s'ils ne me portoient pas avec véhémence à faire retentir de mes plaintes les voûtes de votre sanctuaire; je ne serois pas digne d'être citoyen, d'être Français ; je ne serois pas digne de vivre !

« Je ne vous rappellerai pas, Messieurs, que la veuve de Jean Gas et ses six enfans ont mis sous vos yeux, dans les mois derniers de septembre et de novembre, le récit de leurs malheurs; je ne vous dirai pas que dès le mois d'août, et même dès le mois de juillet, les veuves d'Antoine Guiraud et Louis Deymond implorèrent votre pitié ; mais je vous supplierai de souffrir que je vous rapporte l'extrait d'un Mémoire adressé par la dame Élisabeth Domergue, mère de Pierre Froment, à votre comité des recherches.

« Je ne vous rendrai pas, Messieurs, y est-il dit,
« la manière barbare avec laquelle un de mes fils fut
« massacré et toute ma famille traitée; on nous fait ici
« un crime d'élever la voix à ce sujet. Mes autres fils
« sont dispersés ; mon mari a également été obligé de
« fuir, et ce n'est que par-là qu'ils ont garanti leurs
« jours. Si les forcenés qui vouloient les leur ravir, n'y
« sont pas encore parvenus, que n'ont-ils pas fait pour
« assouvir leur rage?

« J'avois à la ville plusieurs maisons et un moulin à
« huile ; toutes les cloisons y furent abattues, tout ce

« qui y étoit renfermé fut enlevé, même les fermetures.
« J'avois encore deux maisons de campagne, assez
« éloignées de la ville; ces monstres ont été les dé-
« truire; et ce ne sont maintenant que des masures,
« et les champs qui en dépendent des déserts. En un
« mot, Messieurs, me voilà réduite aux seuls habille-
« mens qui me couvrent? Qu'avois-je donc fait pour
« exciter cette rage?... Je suis catholique!...

« Je m'arrête, Messieurs; mon cœur livré à la dou-
« leur la plus amère, ne me permet pas de continuer.
« Daignez, je vous en supplie, jetter un regard sur la
« plus affligée des femmes et des mères, et me tendre
« une main secourable pour que je puisse parvenir à
« réparer les pertes qu'on a accumulées sur ma tête (1). »

« Mais si nous avons à déplorer la perte d'un grand
nombre de victimes, si nous avons à déplorer la ruine
d'un grand nombre de familles, nous avons à déplorer
encore la triste infortune d'un grand nombre de prisonniers, qui, ensevelis vivans dans des cachots infects
et ténébreux où on leur a présenté la mort sous toutes
les formes, ont perdu jusqu'à l'espérance d'en sortir
un jour. Daignez écouter, Messieurs, le récit de leurs
malheurs et leurs protestations : ils vont successivement
vous adresser la parole.

« A minuit, dit le sieur Descombiès dans une de
« ses lettres, un bruit sourd me fait tressaillir; il aug-

---

(1) Après de semblables traits et des détails si affreux, on pense
peut-être qu'il seroit impossible de rien dire de plus : eh bien!
qu'on lise à la fin de cette pétition le procès-verbal concernant la
veuve de Jean Tribes, et qu'on frémisse!

« mente en s'approchant; il m'effraye... Les portes de
« ma prison s'ouvrent; le geôlier entre; il tient d'une
« main tremblante une lampe lugubre; il est suivi de
« bourgeois qui me sont *inconnus*, et de soldats, tous
« le sabre à la main. Les *inconnus*, d'un air farouche,
« égaré, se précipitent vers mon lit et l'entourent. L'un
« d'eux porte un coup de sabre qui en enlève la cou-
« verture ; et s'adressant au concierge : « Pourquoi,
« lui dit-il, ce B... là n'a-t-il pas les fers aux pieds et
« aux mains? Celui-ci répond, que depuis l'Assemblée
« nationale il n'y a plus de fers pour les prisonniers.
« On lui ordonne alors d'ouvrir les trapes infernales
« qui conduisent de mon cachot dans les souterrains
« où l'on veut me faire descendre. Le geôlier fait
« observer qu'elles sont écrouées en dessous; qu'il
« faut sortir et faire un grand tour pour les ouvrir.
« Hé bien! répliqua-t-on, nous ferons l'affaire dans
« l'Espadace (1). » On ordonne alors au concierge de se
« retirer; il obéit : on me jette un coup-d'œil qui pé-
« nètre mon âme.

« Cependant mes effets, mes papiers, mon argente-
« rie, mes boucles me sont enlevés; et un inconnu, en
« prenant mon habit et me frappant sur l'épaule, me
« dit : « Tu ne le porteras plus; nous allons faire ton
« décompte : allons, passe dans la salle. »

« Pendant cette scène, j'observe le plus profond
« silence. C'eût été m'avilir inutilement que d'implorer

(1) Grande salle attenant au cachot, et dans laquelle on met les
prisonniers pendant le jour.

« la clémence de gens déterminés à consommer une
« horrible entreprise.

« J'avance vers la porte de mon cachot pour entrer
« dans la chambre *fatale;* mais avant de sortir, je
« prends ma pipe, et m'adressant aux soldats qui n'ont
« été jusqu'alors que simples spectateurs, je les prie de
« souffrir que j'en fasse usage. Ils sont interdits à cette
« demande; je m'en apperçois; mais je ne puis juger
« s'ils éprouvent un sentiment avantageux pour moi.
« Enfin, après un moment de silence, un grenadier
« me regardant fixement, me dit d'un ton modéré :
« Monsieur, vous êtes bien tranquille! — Eh! qu'est-
« ce qui troubleroit ma tranquillité lorsque je suis
« avec vous, Messieurs? l'uniforme que vous portez
« me rassure. — Hé bien! fumez. »

« Quand ma pipe est allumée, me décidant tout-à-
« coup, je dis : Sortons...

« Le soldat qui m'avoit répondu fait un signe des
« yeux à ses camarades, que j'ai très-bien compris
« depuis. Ils m'entourent; ils observent de se mettre
« entre moi et les *inconnus;* j'entre dans cette Espadace,
« où je crois fermement terminer ma vie; j'en offre
« le sacrifice à l'Être de qui je la tiens et qui connoit
« mon innocence. Mais mes forces m'abandonnent lors-
« que j'entends les malheureux compagnons de mon
« infortune, renfermés dans un cachot voisin, qui
« prient Dieu pour moi.

« M'attendant à chaque pas à la catastrophe qui doit
« mettre le terme à mes malheurs, je fais un tour au
« milieu de mon escorte... j'en fais deux... Cette scène
« muette et terrible dure un quart-d'heure...

« Toujours étroitement serré par les soldats, je com-
« prends qu'ils veillent sur moi ; cette pensée m'enhar-
« dit ; je leur parle, ils me répondent ; ma pipe éteinte, je
« leur demande de rentrer.—Vous êtes libre, me disent-
« ils. Je me vois sauvé... Je rentre dans mon cachot : ah !
« que dans ce moment il eut pour moi de charmes !

« Cependant je me sens défaillir. Je me jette sur mon
« lit : les soldats m'entourent, ils m'invitent à prendre
« du repos. — Eh ! le puis-je, Messieurs ? non, le som-
« meil est trop éloigné de moi. — Tranquillisez-vous du
« moins, capitaine, vous êtes en sûreté. Nous ne souffri-
« rons pas qu'il vous tombe un cheveu de la tête !

« Je dois faire observer, toutefois, que l'asyle sacré
« des prisons a été violé ; que mon brave et généreux
« défenseur a été menacé ; que nulle autorité civile n'a
« été déployée ; que tout a été sourd à la voix d'un pri-
« sonnier indignement outragé ; que les proclamations
« les plus justes ont été refusées !

« Où est donc le procureur du roi ? Quoi ! un attentat
« qui n'a point d'exemple demeure sans information !
« est-il donc ignoré de celui-là seul qui m'accuse et qui
« devroit en être le vengeur ? Ces attentats ne sont-ils
« pas en exécration, même chez les peuples les plus
« sauvages ?

« Mais vous, méchans qui me persécutez, il est
« temps que vous m'appreniez à me connoître, il est
« temps que j'ébranle les colonnes de l'édifice d'ini-
« quité que vous avez élevé dans le délire de votre
« ambition ; il est temps que je vous écrase sous ses
« propres ruines. Écoutez, puisque vous m'y forcez,
« les vérités que je prétends établir. Tous les crimes

« que vous m'imputez, sont les vôtres. C'est vous qui
« avez conspiré contre le bonheur de mes concitoyens;
« c'est vous qui avez allumé la guerre parmi eux; c'est
« contre vous que crie vengeance le sang qu'on a versé ;
« et puisqu'en cette cité les ministres de la justice,
« effrayés de vos factieuses clameurs, n'osent faire
« usage de leur pouvoir quand il s'agit de le déployer
« contre vous, sachez que le roi, que les représentans
« de la nation, doivent, j'ose le dire, me donner ailleurs
« d'autres juges. Sachez que je ne craindrai, que je ne
« cesserai plus de les leur demander. »

« Tels sont les dangers auxquels fut exposé à diverses reprises ce malheureux vieillard; et cependant il ne put jamais, malgré des actes de déni de justice remis depuis plusieurs mois au comité des rapports, porter les juges à l'admettre à ses faits justificatifs. Ils se bornèrent à lui répondre froidement, qu'ils avoient couru des risques quand ils avoient ordonné l'élargissement de M. Vigne, un de ses co-accusés; et qu'ils s'abstenoient, parce qu'ils avoient formé un vœu à l'Assemblée nationale pour que la procédure fût renvoyée à un autre tribunal que celui de Nismes. Cependant il résultoit de l'interrogatoire du sieur Descombiès et des pièces prétendues de conviction qu'on lui opposoit, que jamais décret n'avoit été plus injuste que celui qui le retenoit en prison! Mais qu'importe une victime de plus, quand il en est tant de sacrifiées? Qu'importent les réclamations d'un prisonnier, lorsqu'on ne se laisse point toucher par les accens plaintifs de quinze autres qui gémissent depuis sept mois dans une captivité d'autant plus sensible pour eux, qu'elle réduit leurs femmes et leurs enfans à la plus affreuse misère?

« Vous n'ignorez pas, me mandent-ils le 9 de ce
« mois, notre emprisonnement dans les cachots de
« Nismes, où nous sommes depuis près de sept mois
« sans espérance d'en sortir, malgré toutes sortes de
« représentations, à la fin réduits au centre de toutes
« les misères les plus accablantes de cette vie, avec nos
« familles qui se sont épuisées pour nous secourir : nous
« sommes réduits, Monsieur, pour toute nourriture à
« une livre et demie de pain par jour. L'on menace à
« tout moment d'abattre les prisons et le palais, d'égor-
« ger tous les prisonniers qui s'y trouvent. Voyez quelle
« est notre affreuse situation ! Les juges qui ont sévi
« contre nous, ne veulent pas juger notre cause ni nous
« élargir. On veut absolument nous faire périr. Toutes
« les réponses que l'on donne à nos justes plaintes sont,
« que c'est à l'Assemblée nationale à décider notre juge-
« ment ; ce qui nous oblige à vous supplier, Monsieur,
« de demander à cette illustre assemblée la décision
« de notre sort, puiqu'on nous y renvoye toujours.
« Nos ennemis poussent leur malice jusqu'au point de
« nous priver de toutes sortes de moyens pour nous dé-
« fendre. Ils ont trouvé celui de faire sortir de la ville,
« en le menaçant de la lanterne, un avocat qui avoit
« pris notre défense. Les personnes charitables qui nous
« assistoient de leurs aumônes, sont menacées du même
« supplice. De manière que personne n'ose nous appro-
« cher pour nous accorder le moindre soulagement.
« Dans des événemens si malheureux, nous vous sup-
« plions, à mains jointes, de ne pas nous abandonner;
« vous êtes notre unique appui; et d'employer tout

« votre crédit pour obtenir notre élargissement ou au
« moins notre changement aux prisons de Montpellier. »

« Voilà, Messieurs, voilà quel est le sort d'un grand nombre de malheureux, qui depuis le mois de juillet sont traités comme des criminels et ne peuvent parvenir à se faire considérer ni comme innocens ni comme coupables. Et cependant leurs familles désolées succombent sous le poids accablant de l'infortune; et cependant leurs pères, leurs fils, leurs parens, leurs amis, que le chagrin fait tous les jours descendre au tombeau, meurent sans avoir éprouvé la satisfaction, après s'être ruinés pour eux, de leur avoir fait rendre la justice qu'on n'a refusé jusqu'à ce moment de leur rendre que par une violation formelle de vos décrets. Leurs vœux sont ceux d'âmes honnêtes. Qu'on nous punisse, disent-ils, si nous sommes coupables; mais qu'on nous juge et qu'on fasse finir ce combat de l'humanité avec la tyrannie, si l'on ne veut entièrement déshonorer le siècle où nous vivons. Quoi! la déclaration des droits de l'homme et du citoyen, ne dit-elle pas en toutes lettres : « Tout homme étant présumé
« innocent, jusqu'à ce qu'il ait été déclaré coupable,
« s'il est jugé indispensable de l'arrêter, toute rigueur
« qui ne seroit pas nécessaire pour s'assurer de sa per-
« sonne, doit être sévèrement réprimée par la loi? »
Eh bien! si nous sommes présumés innocens, puisqu'on ne peut pas nous déclarer coupables, pourquoi nous fait-on éprouver le tourment de la captivité? Pourquoi nous prive-t-on du droit de nous défendre? Pourquoi menacer d'un supplice qui fait la honte des Français, ceux que la bienfaisance attire auprès de nous? Pour-

quoi des magistrats qui se sont fait un jeu de nous garotter dans les liens d'un décret, se font-ils un barbare plaisir de nous empêcher de les rompre? Pourquoi ne veulent-ils point souffrir qu'on nous transporte aux prisons de Montpellier? Ah! qu'ils se hâtent de nous le permettre; ils rendront service à cette classe de nos concitoyens qu'ils veulent obliger, à cette classe de nos concitoyens qui ne cesse de menacer, et nous et nos amis! Oui! ils lui rendront service; car ils lui épargneront peut-être un nouveau crime!

« Voilà, Messieurs, quels sont les vœux de tous ces infortunés. Pourriez-vous ne pas les exaucer? Ah! si cela étoit, si je croyois qu'il fallût un motif de plus pour exciter votre justice, je vous exposerois que les prisons de Nismes n'ont pas seules suffi pour servir la vengeance du parti dominant. Je vous montrerois le sieur Folacher enseveli depuis cinq mois dans les cachots de Villeneuve-de-Berg. Eh! quelle est donc cette tyrannie qui va de tous les côtés cherchant des prisons, des bourreaux et des victimes? Quelle est cette tyrannie, dont un espace de sept mois ne peut assouvir la haine implacable?

« Cet acharnement vous étonne, Messieurs, et vous ne sauriez concevoir comment il est possible qu'il existe! Ah! je savois bien que vous éprouveriez ce sentiment. Aussi me proposé-je de vous exposer que le sieur Folacher fut arrêté dans sa patrie sur des réquisitions, lui dit-on, du directoire du département du Gard, et du sieur Aubri (1), colonel de la légion ni-

(1) On lit à la suite des détails circonstanciés un billet du colonel

moise; de là traduit dans des prisons qui n'étoient pas celles de ses juges, où, confondu avec des criminels de toute espèce, privé du nécessaire, il se plaint en vain de ceux qui attentèrent illégalement à sa liberté; où, sans être écouté, il réclame depuis le moment de son arrestation qu'on prenne son premier interrogatoire.

« Ce Folacher est celui, Messieurs, qui vous a fait le 15 et le 31 octobre dernier, deux adresses qu'il prioit votre président de mettre sous vos yeux, ce qui, je crois, n'a jamais eu lieu, dans lesquelles il vous disoit :

« C'est du fond d'un cachot que j'ai l'honneur de
« vous écrire, non pour demander grâce, l'innocent
« n'en a pas besoin, mais pour m'opposer de toutes
« mes forces à une amnistie vivement sollicitée par les
« directoires du département du Gard et du district
« de Nismes, sans la participation ni l'aveu des accu-
« sés; amnistie qui n'a d'autre but que de soustraire
« les vrais coupables à la vengeance et à la sévérité
« de la loi.

« Tranquille sur le témoignage de ma conscience, je
« proteste à la face de la France et de l'Europe en-
« tière, que jamais je n'accepterai d'amnistie, et que
« tant qu'il me restera un souffle de vie, je l'emploie-

Aubri, en date du 16 juillet, dans lequel il disoit que le sieur Claude Delon devoit être détenu prisonnier, parce qu'il étoit certain qu'il seroit décrété sous peu de jours. Hé bien ! malgré cette certitude, ce malheureux resta en prison, sans être décrété, depuis le 14 juin 1790, jusqu'au 21 janvier 1791 ; et, trois jours après cette dernière époque, des émissaires du parti oppresseur allèrent lui déclarer, à onze heures du soir, qu'il seroit pendu s'il ne partoit pas le lendemain.

« rai avec tout le courage que donne le sentiment de
« l'innocence, à réclamer un jugement qui prononce
« sur l'accusation intentée contre moi, et sur les répa-
« rations que j'ai droit de prétendre... »

« Ah! s'il eût existé, dit-il dans sa seconde adresse,
« quelque projet de porter atteinte à la constitution,
« comme les assassins ont voulu le faire croire, avec
« quelle affectation, avec quels transports de joie,
« n'eussent-ils pas fait retentir la France et l'Europe
« entière du bruit des preuves qu'ils auroient rassem-
« blées! Quel enchantement c'eût été pour eux de
« pouvoir confondre leur cause avec celle du patrio-
« tisme! Eh! qui les connoît assez mal, pour croire
« que dans ce cas ils eussent fait solliciter une amnis-
« tie?

« Heureusement, ce Dieu qu'on a tant outragé dans
« la ville de Nismes, préparoit un triomphe à l'inno-
« cence, au moment même où il sembloit l'abandon-
« ner aux effets de la calomnie. Il n'a pas permis que
« les lâches qui *dans leur pensée criminelle avoient pré-*
« *paré dès long-tems les malheurs de leur patrie*, pus-
« sent réussir à donner même les apparences de la
« réalité à un complot qui n'exista jamais. Leurs soins
« à composer une preuve qui justifiât leurs brigan-
« dages, ont été inutiles. Les meurtriers ne sont plus
« aujourd'hui *des patriotes;* et leurs malheureuses vic-
« times, *des ennemis de la constitution.* En un mot, la
« vérité a repris son empire, et chaque jour elle le
« fait sentir à mes persécuteurs d'une manière humi-
« liante.....

« Pour moi, à qui l'honneur est plus cher que la vie,

« je proteste de nouveau que je n'accepterai jamais
« d'amnistie, et que je poursuivrai jusqu'à mon der-
« nier soupir les réparations que j'ai droit de préten-
« dre. Malheur à ceux qui ont intérêt à cacher la vé-
« rité, si en me justifiant je puis contribuer à la faire
« paroître dans tout son éclat! »

« On m'opposera peut-être que tous ces abus avoient lieu dans l'intervalle de tems qui sépara l'ancien régime d'avec le nouveau ; dans cet interrègne des loix, qui, malgré toutes les précautions de l'Assemblée nationale, permit aux vices et à l'impunité de pulluler et d'affliger les hommes ; et on ne manquera pss de me dire que depuis l'organisation du pouvoir judiciaire, depuis l'établissement du tribunal de district à Nismes, tout y est changé, et que des magistrats qui doivent leur existence à l'assemblée, sont assurément les apôtres de ses décrets, comme vraisemblablement, s'il le falloit, ils en seroient les martyrs.

« Eh bien! rien de tout cela. Les juges qui composent le tribunal de district, au nombre de cinq, le lieutenant-criminel, le procureur du roi, l'avocat du roi et un conseiller de l'ancien présidial, et le sieur Guisot, ci-devant avocat. Trois de ces messieurs ont déclaré s'abstenir lorsqu'il a fallu rendre justice aux accusés; et le procureur du roi est ce sieur Brunel, ci-devant de la Bruyère, qui repoussa loin de lui les plaintes des veuves et des orphelins, et prêta une oreille complaisante à celles des brigands qui assassinèrent leurs époux et leurs pères. Le cinquième est un protestant, et c'est tout dire, et c'est celui-là seul que la délicatesse auroit dû porter à s'abstenir, parce qu'un protestant ne doit ni ne peut, sous aucun prétexte, être juge, lorsque le parti dont il est se trouve grièvement inculpé; lorsque le parti dont il est se porte accusateur pour éloigner par son audace les preuves et les témoins qui pourroient le déclarer coupable.

« Quelle a donc été la conduite du nouveau tribunal? Esclave, comme l'ancien, des volontés du parti oppresseur; dirigé, de plus, par un *substitut* du commissaire du roi, qui, d'intelligence avec l'accusateur public, et croyant tenir dans les prisons un des assassins des sieurs Maigre, le nommé Vidalenche, a commis à l'instruction de la procédure d'un catholique accusé d'avoir donné la mort à des protestants, qui? le sieur Guisot, protestant lui-même!

L'accusé choisit pour son conseil M. Vimont, et de là un nouveau motif de haine contre cet avocat; car le parti oppresseur ne veut pas qu'on défende ceux dont il exige la condamnation pour appaiser les mânes plaintives de sept protestans, assassinés hors de Nismes par représailles et par des étrangers cruellement égarés. Cependant les juges esclaves de ce parti ne veulent pas écouter depuis sept mois les plaintes des veuves et des orphelins qui n'ont cessé de demander justice de la mort de plus de 400 catholiques (1);

---

(1) Il manque plus de mille catholiques à Nismes dont on n'a pu découvrir aucune trace depuis le massacre; et c'est pour empêcher d'acquérir cette connoissance exacte et nécessaire que les directoires du district et du département demandèrent une amnistie. Il n'est pas inutile de faire observer que dans le directoire du département il y eût six calvinistes et trois catholiques.

cependant le sacrilége Vilaret, qui vola avec les circonstances de la plus horrible profanation les vases sacrés de l'église des capucins, et dont le crime est notoire, et qui, nanti du vol, fut livré à la justice par la garde nationale de Sommières, est tranquille dans les prisons ; cependant on n'a pas entendu depuis le 13 juin un seul de la multitude des témoins des crimes de ce misérable ; cependant les juges ne veulent pas même admettre à leurs faits justificatifs les innocens catholiques qui échappés, peut-être par malheur, aux coups de fusils dont ils furent criblés, languissent encore dans les prisons ; cependant ces juges fondent leur déni de justice sur les mêmes motifs qui font demander aux accusés un tribunal libre et impartial, et aux accusateurs une amnistie pour les pillages et les meurtres qui ont été commis au mois de juin ; cependant ces juges se hâtent de compléter la procédure de Vidalenche, parce qu'il étoit, dit-on, de cette troupe qui parut au pont de Cart, et venoit dans l'intention de porter secours aux catholiques qu'on pilloit et qu'on égorgeoit depuis plusieurs jours.

« Mais je puis rapporter encore des traits plus caractéristiques de cette partialité. Le sieur Guisot, seul juge protestant du tribunal, s'établit juge d'instruction à la confrontation. Dans ce moment où commence la défense de l'accusé, il prend tous les moyens possibles pour procéder à l'insçu de son conseil ; il traite avec hauteur le sieur Vimont ; il traite Vidalenche avec dureté : il caresse les témoins, et il refuse de laisser faire les interpellations que la loi permet au conseil de requérir pour éprouver la sincérité des témoignages. Le défenseur de l'accusé lui demande alors acte de son refus, et il ne veut pas l'accorder; le défenseur prend l'auditoire à témoin, et le juge interpelle, mais tout autrement qu'on ne le demande; le défenseur lui représente avec fermeté qu'il change l'interpellation, il offre de la dicter, le juge répond que c'est à lui d'en prendre le sens. Le défenseur se plaint de ce que le juge cherche avec autant de passion que de scandale à perdre l'accusé; et le juge prétend que le défenseur l'insulte. Alors la cohorte protestante murmure; elle fait entendre des cris de rage contre ce courageux défenseur d'un opprimé; et pour rendre sa position critique et dangereuse, le juge prolonge les séances fort avant dans la nuit. Heureusement pour lui, des soldats de ce loyal régiment qui sait si bien apprécier le mérite et la vertu, des soldats du régiment de la marine prennent le défenseur sous leur bienfaisante sauve-garde, et le reconduisent jusque dans sa maison; mais on lui crie que *ces soldats n'y seront pas toujours.*

« Si les procédures de l'inquisition n'offrirent jamais rien de plus révoltant que les faits qu'on vient de lire, l'histoire des proscriptions n'offre rien de plus perfide que les traits que je vais mettre sous les yeux de l'Assemblée nationale; elle en sera indignée, et elle y verra tout ce que peut l'esprit fanatique de parti.

« Lorsqu'on eut fait partir le régiment de la marine
« (me dit mon ami, au sort duquel je supplie les repré-
« sentans de la nation de s'intéresser), pour le rempla-
« cer par 200 hommes des chasseurs de Roussillon, on
« publia hautement le projet de s'emparer de moi : on

« se proposa de violer l'asyle des prisons, de m'étran-
« gler, ainsi que tous les prisonniers, et de faire tout
« cela dans la nuit, en se portant en nombre pour
« écarter les secours et empêcher qu'il y eût des té-
« moins. Plus de quinze cents citoyens allarmés quit-
« tent une ville où l'on menace d'un nouveau massacre.
« Je suis réduit à fuir moi-même pendant la nuit par
« le tems le plus rigoureux, et à faire à pied plus de
« quatre lieues pour me rendre à Sommières.

« Le lendemain je retourne à Nismes, parce que je
« suis instruit que la garde nationale sait que tous les
« environs ont les yeux ouverts sur sa conduite. J'y
« apprends que tous les projets meurtriers se bornent à
« ma perte; que Blanc-Pascal a prononcé ma proscrip-
« tion au club, qu'elle y a été applaudie; mais que le
« colonel Aubri a empêché la délibération comme
« étant une mal-adresse, ou tout au moins une indis-
« crétion. Je quitte la ville encore cette nuit.

« Le jour amène auprès de moi des amis qui me
« certifient qu'il n'est point de sûreté pour ma per-
« sonne à Nismes, et qu'on s'y propose de s'emparer
« de moi sans éclat, et ensuite d'entrer dans la prison
« de M. Descombiès, de le tuer, de l'enterrer avec
« moi, et après avoir fait effraction à la fenêtre, d'y ré-
« pandre le bruit qu'il s'étoit évadé par mon aide, et
« qu'on ne savoit pas ce que nous étions devenus.

« Je pris alors le parti d'écrire au colonel Aubri,
« pour me plaindre de la motion de Blanc-Pascal, lui
« demander quels étoient les griefs qu'on avoit contre
« moi; et lui offrir de me justifier en présence de mes

« accusateurs et de mes concitoyens assemblés. Je vou-
« lois gagner du tems; mais point de réponse, point
« de démarches pour me tranquilliser.

« Après avoir réfléchi au parti qu'il me restoit à
« prendre, et ne voulant pas, même au péril de ma
« vie, séparer mon sort de celui de mes cliens, je me
« rendis aux prisons. A peine y suis-je entré, que le
« guichetier paroît dans la chambre de M. Descombiès
« où j'étois, et me dit qu'on me demande.

« En sortant de la chambre, je rencontre huit ou dix
« hommes qui se disent députés de la garde nationale,
« et me déclarent qu'*il faut que je sorte de la ville*. Je
« leur représente que cette démarche est un attentat
« aux droits de l'homme, et une violation de la loi qui
« accorde des conseils aux accusés. On ne veut rien
« entendre. Je fais observer qu'il m'est impossible d'o-
« béir sur-le-champ à cet ordre despotique. On me
« donne vingt-quatre heures, et l'on ajoute : « Vous
« n'avez jusque-là rien à craindre pour votre personne,
« et vous pouvez aller et venir en toute confiance dans
« la ville... Mais...

« Je sors de la prison avec eux, et les reconduis
« jusques dans la cour du palais où il y en avoit une
« quarantaine d'autres : là, je réitérai mes représenta-
« tions; mais on garda le plus profond silence. Je finis
« par dire, que si je pouvois croire que les accusés
« que je défendois fussent exposés à quelques dangers,
« je ne partirois pas, et que je mourrois en les défen-
« dant. Un d'entre eux me dit alors : «Nous ne sommes
« pas des assassins. » Un autre ajouta : « Quand on

« auroit pendu Descombiès, puisque la justice ne l'a
« pas fait encore, tout n'iroit que mieux, et *l'on ne se-*
« *roit pas pour cela des assassins.*

« Un troisième prit alors la parole pour me dire que
« j'étois *l'avocat de tous les scélérats.* J'ai déjà prouvé,
« lui répondis-je, que plusieurs de ceux qu'on appeloit
« des *scélérats* étoient innocens; et comme les autres
« ne sont pas encore condamnés, je crois qu'ils ne sont
« pas coupables, et les décrets vous font un devoir de
« le croire comme moi. « Tout ce que vous voudrez,
« répartirent-ils ; mais il faut que vous partiez. » —
« Je partirai demain, leur dis-je, j'en donne ma pa-
« role d'honneur.

« Ils sortirent, et je remontai aux prisons. Quelqu'un
« dit en présence du guichetier, que parmi ces braves
« émissaires, il y avoit *Pierre Fréboul, Charles Pradel,*
« *Charles Gervais, Maurel, Chapel-Paulian, Roche* et
« *Bertrand,* un des frères de la veuve Gas. M. Des-
« combiès me pria de partir, pour ne pas exposer la vie
« des prisonniers.

« Arrivé à Sommières, j'écrivis à ces émissaires,
« *point de réponse.* J'écrivis au tribunal de district, *point*
« *de réponse.* J'écrivis à l'administration du départe-
« ment, *point de réponse.* »

« Et c'est ainsi que le tribunal de district de Nismes
et le directoire du département du Gard cherchent à
maintenir le bon ordre et la paix! Comment ce tribunal ose-t-il profiter de l'absence forcée du défenseur
des infortunés que je viens de faire connoître à l'Assemblée nationale, pour instruire sans contradicteur le

procès de ces accusés ? Comment peut-il entendre leurs vœux, leurs réclamations, et ne pas les remplir, en leur rendant celui en qui seul ils se confient pour leur défense? Comment n'éprouvent-ils pas du remords en leur donnant pour conseil un homme de loi du parti accusateur et membre du club? Je l'ignore; mais je sais bien que cette partiale indifférence est répréhensible, puisqu'elle peut faire craindre à des malheureux les plus funestes suites.

« Voilà quels sont, Messieurs, les infortunés au nom desquels je réclame votre justice. Il étoit de mon devoir de mettre sous vos yeux leurs plaintes attendrissantes. Les uns pleurent encore leurs pères, leurs époux, leurs enfans, cruellement massacrés; les autres gémissent encore dans les cachots sous l'oppression la plus tyrannique. Ceux-ci font vainement retentir depuis plusieurs mois les voûtes de votre sanctuaire, des cris de leur infortune et de leur misère ; ceux-là vous ont vainement fait parvenir des adresses où ils vous représentoient qu'une captivité aussi dure, qu'elle est méchamment prolongée, les empêche de vaquer à leurs affaires ou de subvenir aux besoins de leurs familles.

« Ah! s'il est vrai que depuis le mois d'août il ait été impossible aux accusés de parvenir à se faire admettre à leurs faits justificatifs; s'il est vrai que le sieur Folacher soit depuis cinq mois détenu dans une prison empruntée à 3o lieues de ses juges, sans que le procureur du roi ait voulu faire prendre son premier interrogatoire; s'il est vrai que des actes de déni de justice ayent été donnés par les détenus aux magistrats de Nismes ; s'il est vrai qu'ils n'ayent eu aucun égard à ces actes ni aux plaintes des veuves et des orphelins catholiques; s'il est vrai que ces infortunés n'ayent encore obtenu d'eux que le silence effrayant de la mort, à quoi donc doivent-ils s'attendre? quel peut être leur espoir? Hélas! un rocher n'auroit pas eu pour eux cette affreuse dureté; il leur auroit du moins accordé la faveur de répéter leurs accens plaintifs.

« Il est donc digne de votre humanité, Messieurs, de chasser hors des murs de Nismes et d'exiler loin de la France la cruauté qui aiguisa les poignards du fanatisme, et de faire retomber sur les assassins le sang dont sont couverts les femmes et les enfans de leurs victimes. Il est digne de votre humanité d'assurer à ces infortunés le nécessaire qu'on leur enleva en assassinant ceux qui subvenoient à leurs besoins. Il est digne de votre humanité d'accorder de justes dommages et de briser les fers de ces nombreux prisonniers qui, pour la plupart arrêtés sans être décrétés, ou décrétés sans être coupables (1), ont malheureusement démon-

---

(1) On n'opposera point sans doute l'information qu'on a faite contre les malheureux au nom desquels on réclama la justice de l'Assemblée nationale. La partialité de cette information dans laquelle les dénonciateurs, les accusateurs et les assassins furent témoins, la frappa de nullité. On doit se rappeler, d'ailleurs, que l'Assemblée nationale ne voulut point entendre la lecture de l'information de Montauban; et il existait une raison bien plus forte pour rejeter celles de Nismes; c'était le refus constant d'admettre les accusés à leurs faits justificatifs. Cette conduite des juges fut manifestement contraire à la constitution, et en particulier à cette loi qui, réformant ce que notre ancien code avoit de révoltant, voulut, et exigea même que la justification de l'accusé marchât de pair avec son accusation.

tré par leur infortune, que la déclaration des droits de l'homme n'est pas faite pour tout le monde. Il est digne enfin de votre humanité de réprimer l'apathique inaction et la révoltante partialité des juges et du tribunal de justice de Nismes, sur lesquels les voix gémissantes des veuves, des orphelins et des opprimés ont fait aussi peu d'impression dans ce siècle de philantropie, qu'en faisoient, dans les siècles fabuleux, les voix gémissantes des ombres sur le nautonnier des enfers.

« D'après ces considérations, et puisque l'Assemblée nationale a pensé qu'il étoit prudent de renvoyer le rapport de l'affaire de Nismes, *pour ne pas réveiller les idées de catholicisme et de protestantisme,* j'ose vous supplier, Messieurs, au nom de la justice et de l'humanité, vu le refus formel que le tribunal de Nismes fait depuis cinq mois d'admettre les prisonniers à leurs faits justificatifs, et même de prendre depuis quatre mois l'interrogatoire du sieur Folacher, ordonner que les prisonniers détenus à Nismes et à Villeneuve-de-Berg seront transférés dans les prisons du district de Montpellier, ou de tel autre, étranger néanmoins au département du Gard, pour le procès déjà commencé y être suivi sans délai, d'après les derniers erremens, jusqu'au jugement définitif; si l'Assemblée nationale n'aime mieux toutefois ordonner que les susdits prisonniers seront de suite élargis et mis en liberté, à la charge par eux de se représenter à la première réquisition, lorsque l'Assemblée nationale jugera à propos d'ordonner la poursuite de cette affaire, trop accélérée dans le principe, trop négligée depuis, et presque oubliée par les juges du tribunal de Nismes, quand on a craint que les accusés admis à leurs faits justificatifs, ne fissent connoître les vrais auteurs, fauteurs ou instigateurs des pillages, dévastations et assassinats commis sur plus de quatre cens citoyens.

« Sans préjudice d'autoriser en tems et lieux les pères, les mères, les veuves ou les enfans de tous ceux qui, lors du massacre du mois de juin, ont éprouvé des pertes ou des dommages par le pillage ou l'assassinat, à poursuivre en réparations et payemens desdits dommages, ceux qui se sont rendus coupables de ces délits, et même solidairement les barbares qui leur servoient de guide.

« Mettre tant lesdits prisonniers que lesdites veuves et orphelins sous la sauve-garde spéciale de la loi; enjoindre au tribunal du district de Nismes et au directoire du département, de veiller efficacement (1) à leur sureté, et ordonner que le procès soit fait et parfait aux proscripteurs et perturbateurs du repos public, qui ne craignent pas de menacer chaque jour des citoyens, et qui ont osé troubler dans ses fonctions le sieur Vimont, conseil et défenseur bienfaisant de tant d'infortunés, dans un moment où sa présence leur devenoit aussi utile qu'indispensable.

« Tel est, Messieurs, l'objet de cette adresse ; elle est digne de votre attention; et elle doit vous convaincre que l'espoir d'obtenir justice engage l'innocent à la

---

(1) Afin qu'ils ne fussent pas traités comme Claude Delon qui, après une détention illégale de sept mois, fut forcé, le 24 janvier dernier, de quitter la ville, sous peine d'être mis à la fatale lanterne.

demander, tandis que la seule crainte du châtiment porte le coupable à solliciter une amnistie.

« Signé BOYER.

« Paris, le 8 février 1791. »

Procès-verbal.

« Cejourd'hui quinzième décembre mil sept cent quatre-vingt-dix, heure de quatre, pardevant nous officiers municipaux de la commune de Nismes, écrivant sous nous Jacques-Joseph Duchesne, greffier-commis à la municipalité, à qui nous avons fait prêter serment :

« Est comparue Claire Heyraud, veuve de Jean Tribes, valet des juifs, habitante de cette ville, âgée de trente-deux ans, laquelle nous a dit, que depuis la mort de son mari massacré le mardi 14 juin dernier, elle est bravée par Chalas fils, sa mère, et Lombard Grosse-Tête ; qu'elle en est provoquée par des menaces, et en péril de sa vie ; que quoiqu'elle ait eu l'attention d'éviter leur rencontre et de ne pas répondre aux propos bien odieux qu'on ne cesse de lui tenir sur la mort de son mari, pour se conformer à nos exhortations, la douleur qu'elle en ressent, l'affreuse misère dans laquelle elle est réduite depuis lors, tandis qu'elle vivoit auparavant dans l'aisance ; la couche anticipée qu'elle a faite pour avoir été frappée d'un coup de

31

culasse de fusil sur le ventre en un moment qu'elle allait réclamer justice de M. Aubry, et la proximité de son habitation, l'ont véritablement portée à répondre par des reproches bien mérités, et surtout audit Chalas fils, qu'on l'avoit vu le dimanche soir 13 juin tenant M. Ferrand-Demissol, officier-municipal, par le bras droit, au devant de la maison commune, et qu'il étoit mené par la compagnie de garde du côté de la rue des Marchands; nous priant de vouloir bien avoir égard à son état, et de la préserver de l'effet des menaces qu'on lui fait journellement.

« Nousdits officiers avons ordonné que ledit Chalas, sa mère et Lombard seront cités devant nous, et néanmoins que ladite veuve Tribes sera tenue de nous rendre tout ce qu'elle sait des circonstances de la mort de son mari et de la bagarre du mois de juin dont il a été la victime.

« En conséquence, ladite veuve a déclaré, qu'ayant ouï dire le susdit jour dimanche soir 13 juin qu'il y avoit une émeute sur la place au devant de l'Evêché, elle eut la curiosité de s'y porter avec la nommée Plagnette, femme d'un porte-faix, Louis Banne, femme d'un cardeur de filoselle; qu'étant arrivée par la rue des Marchands, elle y vit un homme ensanglanté; qu'il étoit tiré des coups de fusils de part et d'autre, et que M. Ferrand-Demissol faisoit son possible pour appaiser l'émeute; qu'ayant été couchées en joue, elles se retirèrent par la même rue; passant au devant de la maison de la dame de Dions, elles virent venir M. Ferrand-Demissol avec beaucoup de légionnaires armés; que l'ayant suivi sur la place de l'Hôtel-de-Ville, elles virent qu'on l'obligea peu de tems après à marcher à la tête d'un détachement, qu'on l'outragea; que Sachin, tondeur, le tenoit par le bras gauche, et le fils de Chalasse, marchand de vin, par le bras droit; que beaucoup de légionnaires en rioient derrière lui; que leur entendant dire, *zou, zou, tuons-le,* elles ne purent s'empêcher de crier, lui! M. Ferrand! ce brave homme! qu'alors Louis Boudon, fils du boucher, les couchant en joue avec ordre de se retirer, elles s'y décidèrent et furent se renfermer dans leurs maisons. La déclarante trouva Claude Heyraud son frère, qui avec son mari n'en étoient pas sortis; ils y restèrent tous. Vers minuit, ils entendirent frapper à la porte extérieure de la maison de la demoiselle Brun Montagnon où ils étoient logés; que cette porte fut bientôt ouverte; qu'il entra beaucoup de monde dans l'appartement au rez-de-chaussée, tenu à loyer par Gervais, revendeur protestant, situé immédiatement au-dessous de leur chambre; qu'ils distinguèrent à la voix qu'à plusieurs questions faites par ledit Gervais, l'un des arrivans dit s'appeler Gravier, de Saint-Jean de la Gardonenque, et que leurs camarades arriveroient vers les six heures du matin. Ils entendirent encore que Gervais fit partir de suite Louiset son fils, imprimeur, pour aller à leur métairie, y prendre ce qu'ils y avoient mis derriere la porte; que la femme de Gervais ayant demandé à son mari s'il y en avoit assez, celui-ci répondit que oui, puisqu'il y en avoit plus d'un quintal; à quoi la femme Gervais ayant dit, mais Louiset ne pourra pas le charger sur le cheval, Gervais répliqua que leur fils iroit au Mas de Cournon chercher quelqu'un qui lui aidât; ce qui dut être ainsi, puisque

Louiset revint dans moins d'une heure, ayant cru qu'il avoit été prendre de la munition; ayant tous entendu dans l'intervalle qu'on disoit dans l'appartement de Gervais, il faut tuer tous ces aristocrates et n'en pas laisser un, nous avons huit jours pour cela; que ledit Gervais reprochant aux étrangers que sur cinq lettres à eux écrites, ils n'avoient répondu qu'à deux, ils s'en défendirent sur ce que le maire de Saint-Jean ne l'avoit pas cru nécessaire ou à propos : ils demandèrent ensuite si personne n'étoit logé au-dessus d'eux; Gervais répondit qu'un particulier dit le Damna, ce qui étoit le surnom du mari de la déclarante, y logeoit, mais qu'il n'étoit d'aucune compagnie, quoiqu'on voulût le faire entrer dans celle du sieur Melquiond : ces particuliers ayant répliqué, n'importe, c'est un aristocrate, voulant dire un catholique, il faut qu'il y passe : son mari et ledit Heyraud son frère en furent si effrayés, qu'ils quittèrent la maison sur les trois heures et demie du matin, son mari ayant pris à ces fins deux louis et ses boucles d'argent; ajoutant qu'environ vers les six heures du matin les légionnaires de la Gardonenque qui avoient été annoncés arrivèrent; ils furent accueillis avec joie et bien régalés par Gervais; sa maison et porche en étoient pleins; ils disoient qu'il falloit que tous les aristocrates périssent. La déclarante grandement en peine de son mari, quitta sa maison sur les six heures et demie pour savoir ce qu'il étoit devenu ; elle ne cessa de courir les rues et les places : passant devant la maison commune, elle crut y voir trois hommes endormis par terre, parce qu'elle ne leur voyoit pas du sang, et disant, mon Dieu! que font là ces hommes? Un légionnaire la coucha en joue, lui disant, retirez-vous ; voulez-vous dormir comme eux ? Passant dans la rue des Greffes, une dame grande et mince de taille, qui l'avoit entendue, lui apprit que ces trois hommes avoient été pendus dans l'Hôtel-de-Ville; que son mari revenant de la comédie avoit failli périr; elle l'exhorta à se retirer chez elle ; à quoi elle répondit, que ne sachant où étoit son mari, elle vouloit continuer ses recherches. Elle fut en conséquence à l'esplanade où elle eut la douleur de voir pendre deux fois à un réverbère Bataille, porteur de chaises, la corde ayant cassé chaque fois. La déclarante s'empressa d'aller du côté de la porte de la Couronne, où elle apperçut qu'on alloit massacrer trois hommes, dans la crainte que son mari ne fût du nombre ; ils étoient déjà morts à coups de sabres et de bayonnettes quand elle fut à portée. On les fouilloit, on les dépouilloit de leurs habits. Les légionnaires meurtriers, parmi lesquels étoit Bastian, balayeur des rues, s'étant éloignés de quelques pas, elle reconnut que son mari n'étoit pas parmi les morts. Elle entendit dire auxdits meurtriers occupés à regarder la maison à fenêtres rouges du sieur Froment, c'est là où sont ces coquins, c'est à ces fenêtres rouges qu'il faut tirer ; revenant ensuite près des cadavres, plusieurs d'entr'eux les frappoient de différens coups de fusils et de sabres, disant, ah ! je n'y avois rien fait ; elle les leur vit ensuite traîner nuds et jetter dans les fossés de la ville où étoient beaucoup d'autres cadavres. Continuant sa route par les dehors jusqu'à la porte des Carmes, de là à la place aux Herbes et à la rue de la Madeleine, la déclarante trouva partout des cadavres. Elle vit auprès de la capellette de la Madeleine, qu'on y coupa le poing à un homme, qu'on l'enferma peu après dans une maison, et que les légionnaires étrangers qui en étoient coupables avoient avec eux le nommé Soulier des Arènes. Parvenue sur le cours neuf où se trouvoient étendus quinze cadavres, elle n'en reconnut aucun. De retour chez elle, une catholique, femme de Roure, monteur de métiers, protestant, lui dit de ne plus chercher son mari, qu'il étoit désigné pour périr, et que cinq personnes étoient chargées de l'expédier. Elle poussa des cris de douleur, disant que son mari n'avoit fait de mal à personne; à quoi la dite Roure répondit, il faut qu'il périsse, il y en aura bien d'autres. Toujours plus désolée, elle retourne sur l'esplanade y chercher son mari; elle y vit le cadavre de Bataille tout criblé de coups et le vendre ouvert : elle y rencontra sur les dix heures la nommée Roberte qui étoit aussi à la recherche de son mari; elles roulèrent la ville et y virent par-tout des cadavres; elles se séparèrent sur la place, où ladite Roberte fut arrêtée par une femme de sa connoissance. Rendue près le midi à peu de distance du Cyprès, elle entendit que Paul le bourrelier disoit, il faut que toutes les houpes rouges y passent d'ici à demain; lui répondant, il faudroit au contraire tuer tous ceux qui les ont faites, parce que ledit Paul en avoit fait beaucoup. La Isnard, habitante de Saint-Césaire, répondit en présence de la fille et de la femme de Verdier, marchand de farine, qu'il falloit que tous les catholiques et leurs enfans au-dessus de cinq ans y passent; ce que la déclarante raconta peu après à la fille de Michel, taffetassier, et à Rousse, lessiveuse : étant ensuite hors la porte Saint-Antoche, en face des Arènes, elle vit qu'il y avoit dans les Arènes beaucoup de soldats de Guyenne et de légionnaires qui massacroient des particuliers; qu'ils en jettèrent successivement trois au bas; qu'un quatrième étant tombé sur un avancement de pierre des Arènes, un desdits soldats voulut avec son pied, ensuite avec son fusil, le faire tomber par terre; ne le pouvant, il s'attacha un mouchoir au bras, il se fit tenir par un de ses camarades de Guyenne; il s'exposa à descendre à une distance par dehors; mais le mouchoir s'étant rompu, ce soldat se précipita au bas des Arènes; il en fut tout moulu, et conduit par huit de ses camarades à l'hôpital des malades : la déclarante ayant entendu qu'il disoit, bon, bon, cela n'est rien, je travaillerai encore davantage. Ayant appris peu après de Blondin le porte-faix que son mari pouvoit être chez un marchand forésien, elle imagina qu'il falloit le déguiser en femme; pour cela elle fut prendre chez elle un déshabillé, des coëffes et tout ce qu'il falloit; elle les porta dans son tablier chez le forésien; n'y ayant pas trouvé son mari, elle apporta le tout chez elle sur la table. Donadille, bourrelier, qui la vit passer ayant son tablier plein, eut, dit-on, la malice d'inventer qu'elle avoit été du pillage des capucins, et qu'elle portoit un calice. Il envoya le nommé Rousselet, buraliste du tabac de la porte Saint-Antoine, avertir M. d'Aubry. Peu après parut chez elle un détachement considérable de légionnaires conduits par un monsieur qu'on dit s'appeler M. Dazémar; le sieur Montagnon-Brun, instruit de la calomnie, assura bien cet officier que la comparoissante n'étoit pas capable d'avoir pris

le calice des capucins; mais il ne put empêcher que les légionnaires n'enfonçassent la porte d'entrée, et qu'après avoir brisé son armoire, ils ne lui prissent tout ce qu'ils voulurent. Ledit sieur Montagnon s'étant retenu un bois, un drap de lit, un coussin et une paillasse en représentation du loyer qui lui étoit dû; il se retint aussi un déshabillé neuf, sous la promesse de le représenter. La déclarante étant alors absente, une femme qu'elle rencontra dans la rue du Cyprès, lui ayant dit : « Vous êtes une malheureuse d'avoir emporté un ca-
« lice des capucins! Il y a dans votre maison deux
« cens hommes, n'y allez pas, on vous tueroit. » Elle répondit que c'étoit une fausseté insigne : je ne crains pas d'y aller, dit-elle ; si l'on me trouve en faute de quelque chose, je consens qu'on me tue. Elle s'y rendit en effet; elle vit que le détachement n'étoit plus dans sa chambre, mais à fouiller la maison du sieur Montagnon, qu'elle a sçu depuis avoir été mise dans la liste des proscrites; qu'il y avoit auprès de ladite maison un canon braqué contre; qu'on avoit brisé son armoire, qu'on lui avoit pris deux cens cinquante livres en argent, un billet de cent livres, tous ses vêtemens, ses chemises, les langes de son enfant et beaucoup d'autres effets. Ledit sieur Montagnon lui ayant alors dit que n'ayant plus rien dans sa maison, elle pouvoit se retirer, elle se rendit à l'Hôtel-de-Ville, où s'adressant à un monsieur assez gras, elle se plaignit de la dureté dudit sieur Montagnon, son cousin : ce monsieur en ayant eu pitié, lui donna quatre légionnaires, qui s'étant rendus avec elle auprès dudit Montagnon, ils l'obligèrent à la laisser dans sa chambre, où elle a habité trois

jours sans y avoir de fermeture ; qu'après avoir été assurée de son logement, elle continua à courir pour trouver son mari ; qu'elle étoit par-tout repoussée ; qu'elle faillit périr dans la rue de M. de Meude, d'où revenant par la grande rue, elle vit étendu par terre un grand homme bien mis qui avoit le crâne ouvert, ses poches retournées et ses souliers sans boucles : elle fut se renfermer chez elle, et le lendemain de grand matin elle se rendit au Palais et à l'Hôtel-de-Ville ; n'ayant pas des nouvelles de son mari, elle courut encore par-tout ; elle rencontra la susdite Roberte près la porte de la Madelaine, en un moment qu'Olivier, droguiste, portoit huit gros fromages d'Auvergne et plein une serviette de petits fromages ; elle les suivit dans la rue du curé Bragouse ; environ sur le midi, un boucher de cette ville dit en parlant de ce curé : « Celui-ci la risque bien. » Elles passèrent dans la rue de l'abbé Cabanel, où elles virent une foule de légionnaires auxquels les fromages étoient destinés, placés en cercle, qui mangeoient par terre ; qu'ils sortoient le vin de la maison de cet abbé à pleins seaux, qu'ils se félicitoient d'en manger le dîner, ainsi qu'un poulet trouvé à la broche, et qualifiant cet abbé de coquin ; que tout auprès d'eux étoit un grand feu auquel on apportoit de ladite maison et du jardin les arbres fruitiers, les meubles, les effets, paillasses et papiers de cet abbé : qu'un certain nombre desdits légionnaires dansoient en faisant autour du feu la farandoule ; que d'autres étaloient et comptoient l'argenterie qu'ils avoient prise, dont ils portoient le nombre à vingt-huit fourchettes, autant de cuillères, et à huit cuillères à caffé ; que dans le même tems elles virent deux femmes volaillères appelées Gueydanes, qui emportoient des faix de fourrage, lesquelles voyant approcher un catholique qui sans doute vouloit profiter du pillage, lui dirent : « Retirez-vous, » le pillage n'est que pour les protestans ; il faut que tous les catholiques périssent : que la déclarante et ladite Roberte continuant leur course par le cours neuf, elles y virent les mêmes personnes que la veille ; qu'étant passées auprès de la maison du sieur Roustant qui tient le manége au vieux cimetière, elles entendirent qu'un jeune homme, allemand, valet de Roustant, parlant à Chambonne Vacquiere, sa voisine, lui dit, mon maître en a tant tué qu'il en crache le sang et qu'il est au lit. S'étant séparée de ladite Roberte, la déclarante fut chez elle, où ayant appris que la demoiselle Moïse, juive, l'avoit fait demander, elle s'y transporta ; elle lui dit que malgré ses recherches elle n'avoit rien pu apprendre du sort de son mari : celle-ci ne pouvant obtenir d'elle qu'elle cessât ses courses, elle voulut lui donner commission d'acheter pour elle une livre de caffé, dans la vue de la faire revenir ; elle parut y consentir, mais n'en fit rien : passant encore à la place, elle y fit de nouveau la rencontre de ladite Roberte, laquelle sachant qu'elle n'avoit pas pris de nourriture, elle l'engagea d'aller chez M. Coulomb-Blausac, dont la cuisinière étoit sa tante ; que ledit sieur Coulomb, protestant, les voyant fort en peine sur leurs maris, leur dit, il est inutile que que vous les cherchiez ; s'ils sont dehors, ils sont perdus : on les retint jusqu'environ les quatre heures, qu'éprouvant un saisissement, elle crut et se mit à crier : « On tue mon mari ! » Elle voulut absolument sortir : passant au devant de la petite porte de la cathédrale avec ladite Roberte, un jeune homme protestant qui les voyoit en allarmes, lui dit, ne cherchez pas votre mari, il est au Palais ; lui ayant demandé si on ne lui avoit pas fait de mal, ce jeune homme répondit, allez au Palais, vous le verrez. Arrivée au Palais ledit jour mardi sur les quatre heures du soir, elle y trouva le feu sieur Lévesque, chirurgien, qui se lavoit les mains ; elle lui demanda où étoit son mari ; le sieur Lévesque lui répondit, retirez-vous, votre mari a reçu une blessure mortelle, il sera mort dans moins de deux heures. Persistant à vouloir entrer pour voir son mari, elle le trouva dans une des pièces de la prison où il avoit été mis sur une paillasse tout nud ; son corps étoit découpé à coups de sabres et couvert de sang ; elle ne l'eût jamais reconnu ; parce qu'il avoit le nez coupé et le visage criblé de coups, si son mari ne lui avoit dit, ma chère femme, tu n'as plus de mari : lui ayant demandé qui l'avoit mis dans cet état, son mari répondit, ce sont mes plus proches voisins et amis, c'est Lombard, Grosse-Tête et Chasset dit Paparot ; tu avois bien raison de me dire de ne pas quitter notre maison et de ne pas prendre deux louis, on m'a tout enlevé. Le nommé Mamour, qui sert les prisonniers, ayant exigé qu'elle sortît, elle n'y consentit que pour aller chez elle pour prendre une chemise, un coussin, une serviette et un drap de lit pour en couvrir son mari. Revenant chargée du tout, les soldats de Guyenne qui étoient de garde au Palais la repoussèrent, lui disant, *sacrée garce*, donne-nous cela ; tu veux l'aller porter à un coquin qui vouloit perdre la ville. Ne voulant pas le leur donner, quoiqu'ils la tiraillassent, elle resta en face du Palais plus d'une heure, à épier le moment d'entrer, et perdant tout espoir, elle retourna porter le tout chez elle. Elle se rendit de suite chez la nommée Lison, femme de Labelle qui est au service des juifs, dans l'espérance qu'elle voudroit passer la nuit avec elle auprès de son mari; elles s'y rendirent en conséquence, mais on ne voulut jamais les laisser entrer, il fallut qu'elles se retirassent. Dès le lendemain 16 juin, sitôt qu'il fut jour, elle se présenta aux prisons pour voir son mari; Rabanis, concierge, ne crut pouvoir le lui permettre que sur les huit heures; elle trouva son mari couvert de sang, bien désireux de faire son devoir de chrétien; mais le curé de l'hôpital, et d'autres prêtres, craignant pour eux, refusèrent de se transporter au Palais : elle ne put jamais lui faire rien avaler. Forcée malgré elle de se retirer, son mari resta au Palais jusqu'au soir sur le tard que les infirmiers vinrent le prendre et le portèrent à l'hôpital des malades où elle les suivit: que son mari se hâtant de faire sa confession au curé à haute voix, en disant qu'il n'avoit point commis de crimes et qu'il ne craignoit pas de la faire, on fit néanmoins retirer tout le monde : la déclarante eût bien voulu rester auprès de lui, et même se cacher pour cela dans un coin de la salle; on l'obligea de se retirer, et encore parce qu'elle étoit enceinte de trois mois. Son mari étant décédé la nuit suivante, il fut enseveli peu après. Ayant sçu de Garcie, courtière, que son mari avoit passé chez elle la nuit du lundi au mardi avec quatre autres particuliers; qu'elle leur avoit donné à manger, et qu'ils étoient sortis au point du jour : ayant sçu depuis que son mari avoit été pris sur la place de la Salamandre ; qu'un des légionnaires qui le connoissoit étant survenu dans le tems qu'on le frappoit, avoit empêché qu'on l'achevât ; que son mari dont les boyaux étoient hors du ventre, fut attaché aux bras, obligé de porter ses boyaux dans ses mains, et bien injurié : quand de la Salamandre on le conduisit au Palais, et que lorsqu'il fut porté par les infirmiers à l'hôpital, Fayet, protestant, irrité des propos de compassion qu'il excitoit sur la route, répondit avec fureur, si ce n'eût pas été un coquin, on ne l'auroit pas ainsi traité ; ce qui émut si fort un avocat de cette ville, qu'il en fut malade, sachant que le sieur Voisin, huissier, avoit vu et entendu dans la prison le récit qu'y fit son mari de tout ce qu'il avoit souffert, dit depuis, qu'environ trois mois après, le fils dudit Lombard, âgé de douze ans, l'ayant narguée en lui disant, *hé ben moun pero te la cabussa,* c'est-à-dire, *te l'a tué;* elle voulut, à l'inspiration de la nommée Michelle, jardinière, en porter ses plaintes à M. Aubry, commandant de la légion : parmi les légionnaires qui étoient à sa porte, un d'eux fut savoir s'il étoit visible ; il lui rendit au retour qu'il prenoit son caffé et qu'il falloit attendre : s'étant permis de la questionner sur ce qu'elle exigeoit de lui, et si l'on ne lui avoit pas tué son mari, elle dit, vous voulez, monsieur, me confesser, ce n'est pas à vous à m'interroger, je parlerai à M. Aubry : ce légionnaire se reculant, lui porta un coup de culasse de son fusil à côté du ventre ; elle prit trois femmes à témoin, et se retira : comme son enfant périt du coup, et qu'elle le porta mort un mois, ce qui parut lors de sa naissance, il avoit la tête partagée; la déclarante faillit mourir, et de sa mauvaise couche, et du refus que fit Planchone, sage-femme protestante, qui dit ne pas vouloir accoucher la femme d'un aristocrate, n'ayant eu de secours que de la demoiselle Aigon, parce que la nommée Audemard n'arriva pas assez à tems pour la délivrer. Ajoutant, qu'environ trois semaines après, Chalas fils, revendeur de vin, sa mère et Lombard l'accusèrent d'avoir pris au pillage la mante qu'elle portoit, pour se venger de ce qu'elle avoit déclaré contre eux; qu'ils la menacèrent de la faire décréter et enfermer; qu'ils furent à ces fins chez M. Charles, procureur; ce qui lui fut aisé de détruire par l'assertion de la nommée Lamouroux qui lui avoit fait la mante; que depuis lors ils ne cessent tous de la provoquer par des menaces de la tuer, pour avoir déclaré ce qu'elle a éprouvé de leur part; convenant que dans certaines maisons elle n'a pû se contenir, et qu'elle a reproché audit Chalas fils, d'avoir maltraité et tenu M. Ferrand-Demissol par le bras au devant de l'Hôtel-de-Ville, avec menace de le tuer, lors de la bagarre du 13 juin dernier; ajoutant que dans la rue de la Carreterie, il y a environ trois semaines, ledit Chalas lui ayant dit: ah! garce, tu es là? qu'il me tarde...... Elle en prit à témoin les demoiselles Françon Roberte, Viala, droguiste, et Tublé, perruquier, en présence desquels ayant dit, que me veut cet assassineur? ledit Chalas lui répondit par des sottises; et qu'environ deux jours après, la mère dudit Chalas lui dit en présence du sieur Voisin, huissier, de sa femme, de la sœur de celle-ci et de la nommée Dargente: ah! qu'il me tarde qu'on l'aye tuée! Lecture faite de la présente déclaration, a dit qu'elle contient vérité, qu'elle y persiste, et n'a sçû signer, de ce enquise, nous officiers municipaux ayant signé avec notre greffier. Collationné sur l'original. DUCHESNE. »

Nouvelle adresse de la municipalité de Nismes, présentée à l'Assemblée nationale par M. de Marguerittes, député du département du Gard et maire de Nismes, et par M. Boyer, substitut du procureur de la commune de la même ville ; en réponse à l'adresse du directoire du département du Gard, du 25 septembre dernier, et d'un avertissement signé par MM. Chambon, Voulland, Soustelle, Rabaut et Meynier.

« Messieurs,

« Les officiers municipaux de Nismes calomnieusement inculpés aux yeux de la France entière, ont cru devoir user avec courage du droit de publier leur justification. On leur oppose des procédures consommées à la hâte, une information dirigée par les membres du club, et dans laquelle le procureur du roi n'a voulu faire entendre aucun des nombreux témoins qui devoient constater les assassinats commis, avec autant de sang-froid que d'atrocité, sur plus de deux cens pères de famille, dont cent cinquante-trois sont connus. Mais une adresse publiée à Paris au nom des officiers municipaux, dont M. Boyer, substitut du procureur de la commune, avoit les pouvoirs, et réimprimée à Nismes au nom de tous, a démontré la partialité de ces procédures, et la nécessité d'ordonner, conformément aux décrets, rendus pour Montauban le 26 juillet, et pour Schelestadt le 14 août, que l'information commencée devant les juges de Nismes, relativement aux troubles qui ont eu lieu dans cette ville pendant les mois de mai et de juin, demeurera comme non-avenue, et qu'il sera informé devant les juges de Montpellier, ou autres étrangers au département du Gard, et à la diligence de la partie publique, de tous les événemens arrivés à Nismes les 2, 3, 4 mai, 13, 14, 15, 16, 17 juin, ainsi que de tous ceux qui y sont relatifs, tant antérieurs que postérieurs auxdites époques, circonstances et dépendances.

« La justice de cette pétition du corps municipal, tient à des développemens et à des détails affligeans, dont l'indispensable révélation ne doit épouvanter que ceux qui ont commis les crimes ou qui les ont conseillés.

« Dans une adresse que le directoire du département du Gard vient de publier, il a cru que cette révélation n'étoit propre *qu'à réveiller les haines et qu'à exciter la fermentation des esprits;* qu'à *contrarier* ses bonnes intentions, et qu'à traverser ses mesures.

« Ces intentions et ces mesures, manifestées dans une précédente adresse des directoires réunis du département et du district, sont de jetter un voile sur les atrocités commises, d'en solliciter le pardon, et d'empêcher par-là qu'on en fasse la preuve et qu'on en dévoile les véritables auteurs.

« Le directoire du département auroit pu considérer d'abord que l'adresse de la municipalité, publiée à Paris le 15 août, ne pouvoit pas avoir pour objet de contrarier une adresse publiée à Nismes le 25 septembre suivant.

« Il auroit pu considérer ensuite qu'il est grand sans doute d'user de clémence, que ce vœu doit réjouir les coupables; que c'est à eux de bénir les bouches qui proposent l'oubli du passé; mais que si la grâce est offerte à des citoyens opprimés et sans reproches, ce n'est alors qu'une atrocité de plus. Il n'en est aucun qui ne rejette avec fierté un pardon qui seroit une flétrissure (1); ce ne sera qu'après la conviction, que ce pardon pourra être un acte de bienfaisance.

(1) L'adresse que le sieur Folacher, avocat et électeur de Nismes, envoya à l'Assemblée nationale, ne laisse aucun doute sur cette vérité.

« Monsieur le président,

« C'est du fond d'un cachot que j'ai l'honneur de vous écrire,
« non pour demander grâce, l'innocent n'en a pas besoin, mais
« pour m'opposer de toutes mes forces à une amnistie vivement
« sollicitée par les directoires du département du Gard et du dis-
« trict de Nismes, sans la participation ni l'aveu des accusés; am-
« nistie qui n'a d'autre but que de soustraire les vrais coupables à
« la vengeance et à la sévérité des loix.

« Tranquille sur le témoignage de ma conscience, je proteste à
« la face de la France et de l'Europe entière, que jamais je n'accep-
« terai d'amnistie, et que tant qu'il me restera un souffle de vie,
« je l'employerai, avec tout le courage que donne le sentiment de
« l'innocence, à réclamer un jugement qui prononce sur l'accusa-
« tion intentée contre moi, et sur les réparations que j'ai droit de
« prétendre.

« Daignez, monsieur le président, recevoir ces protestations, et

« Le directoire pense que les désordres de Nismes sont *le crime des ennemis de la constitution; que la preuve de ces attentats est suffisamment acquise; que la cause du patriotisme est justifiée.*

« Il est trop instruit pour croire qu'une preuve soit suffisamment acquise par de simples informations, surtout lorsque dans ces informations l'esprit de parti, pour ne rien dire de plus, a dirigé la plupart des témoins, membres ou affidés du club; surtout lorsque le procureur du roi, sommé à diverses reprises, a refusé constamment, pendant cinq mois, de faire entendre

« les mettre sous les yeux de l'auguste sénat qui préside au destin
« des Français. Puissent-elles accélérer la décision que nos con-
« trées attendent de sa sagesse avec la plus vive impatience! Puis-
« sent surtout les peuples voisins de Nismes, plus indignés qu'a-
« larmés de la tyrannie qui opprime cette ville; voir bientôt émaner
« de l'Assemblée nationale un décret qui, en accueillant la demande
« en renvoi, formée par la municipalité, ordonne que l'instruction
« de cette horrible affaire sera recommencée devant des juges libres
« et exempts de prévention! Ainsi la confiance que l'empire fran-
« çais doit aux nouvelles loix, se maintiendra dans des contrées
« dont l'opinion peut influer beaucoup sur leur durée : ainsi les en-
« nemis du bien public prendront un prétexte dont ils pourroient
« peut-être profiter, si le décret qui va être rendu pouvoit tromper
« les espérances d'un peuple juste et désabusé.

« Daignez donc, monsieur le président, recevoir encore et met-
« tre sous les yeux de nos augustes représentants l'adhésion que je
« fais à la demande en renvoi, formée par la municipalité de
« Nismes.

« Je suis avec un profond respect, etc. *Signé*, Folacher. Des
« prisons de Villeneuve de Berg, ce 15 octobre 1790. »

Voilà pourtant le langage de celui que MM. Voulland, Souflelle, Rabaut, Chambon et Meynier appellent un scélérat, page 50 de la *Réponse aux prétendus faux-fuyans de la municipalité.*

les *témoins* indiqués par l'assemblée des représentans de la commune ; surtout lorsqu'il a inhumainement rejetté les plaintes de plus de 60 veuves ou orphelins qui vouloient constater les assassinats commis en la personne de leurs maris et de leurs pères ; surtout lorsque les dégâts et les dévastations faits à main armée, et qui montent à plus de sept cent mille livres, ont été faits sous les yeux de 15,000 gardes nationales étrangers ou de la ville qui ne s'y sont point opposés et dont plusieurs y ont participé.

« Les officiers municipaux ont rétabli les faits dans leur adresse; ils ont publié un tableau qui dévoile des crimes affreux et des complots depuis long-temps ourdis, dont ils offrent et feront la preuve quand des juges impartiaux ne refuseront pas d'entendre les témoins des uns en admettant ceux des autres.

« Il est certain que ces faits contrarient ceux qui ont été rapportés dans plusieurs relations, où tout est dénaturé et où les plus grandes atrocités sont palliées et passées sous silence. Le directoire adopte l'une d'elles, et soutient que « tous les faits qui y sont consignés « furent scrupuleusement examinés, et que chaque « phrase et chaque mot furent sévèrement discutés. »

« Cette relation n'étant pas signée, il a été permis de la contredire et de la ranger parmi les libelles répandus contre la municipalité; et puisqu'il y est dit qu'elle ne jouit pas de la *confiance publique*, le directoire n'a pas pu exiger que ce récit fût regardé comme une pièce probante, d'autant qu'il renferme plusieurs faits controuvés, tels que celui des coups de fusils tirés du couvent des Capucins, dans lequel on n'a pu découvrir ni armes, ni munitions, ni légionnaires.

« Cette légère contradiction a néanmoins excité son animadversion, et a été traitée *d'audace*; ses membres ont déclaré qu'ils « n'avoient pas voulu user des moyens « que les loix leur confient pour rappeller à leur de- « voir des magistrats qui s'en sont si étrangement « écartés. »

« Heureusement, nous vivons sous des loix qui ne permettent rien d'arbitraire ; et bientôt l'intérêt commun élèvera des digues contre la licence, contre l'anarchie, et posera des bornes que l'oppression ne pourra point franchir.

« Les officiers municipaux n'ont éprouvé que des vexations depuis qu'ils sont en place ; s'ils devoient être encore exposés à de nouvelles violences de la part du club, ou des administrateurs du département et du district, membres de ce même club, ne devroient-ils pas se flatter d'obtenir une juste réparation en vertu des loix protectrices des *droits de l'homme ?*

« Ils doutent qu'aucune loi donne aux directoires des départemens le droit d'outrager impunément des magistrats, et d'anticiper sur le jugement qui sera rendu par des tribunaux compétens et impartiaux.

« Cependant le directoire du département dépeint, dans son adresse, les officiers municipaux *se débattant sous la main de la loi;* il leur reproche d'avoir emprunté *le masque trompeur du patriotisme ;* il employe le terme de *mépris;* il y témoigne l'aversion qu'éprouvent *des corps administratifs d'avoir des rapports nécessaires et journaliers avec des magistrats qu'ils ne peuvent traiter comme coupables* (certes ils savent bien qu'ils ne le sont pas) *ni regarder comme innocens.* Avant le succès de leur adresse calomnieuse, n'étoient-ils pas forcés de leur rendre à cet égard la justice éclatante que quarante mille de leurs concitoyens ne cessent de leur rendre? Mais ce sont là des outrages gratuitement prodigués, dont il sera permis de tirer une vengeance éclatante; non cette vengeance que peuvent exercer, dans ces temps malheureux, et qu'exercent, dans toute l'étendue du royaume, ceux qui ont à leur solde et à leur disposition des hordes de brigands, et qui savent diriger les poignards de la multitude, mais cette vengeance tardive quelquefois, et toujours juste, que les loix promettent et assurent à tout honnête homme, à tout citoyen, à tout magistrat, odieusement inculpés et outragés.

« Les officiers municipaux sont moins prompts à accuser; ils n'anticipent pas sur l'avenir; mais ils ont droit d'attendre que des procédures faites avec impartialité et dans une ville étrangère à tout esprit de parti, manifesteront de quel côté sont la justice et la vérité.

« Alors ceux qui redoutent cette accablante vérité, qui fuyent à son approche, et qui voudroient l'étouffer par une amnistie, se *débattront* à leur tour, *sous la main de la loi*; alors les *masques* tomberont et découvriront des âmes atroces; alors le terme de *mépris* sera trop doux, et celui d'exécration ne sera pas même assez fort; alors les *coupables* seront connus, et on saura dans quelles vues, sous quels prétextes, sur quelles réquisitions, des brigands fanatiques, attirés dans la cité, ont rempli leur sacrilége mission de massacrer des prétres et des *catholiques*, de dévaster les couvens et les maisons, et d'exercer toutes sortes d'atrocités ; alors on jugera sur qui doit retomber le poids des réparations de tant de désordres, et des indemnités dues à tant de citoyens et à tant de veuves et d'orphelins. La manifestation de ces vérités sera terrible ; mais elle est nécessaire. Les officiers municipaux la doivent à l'honneur de la cité, et à la dignité des fonctions dont la *confiance publique* les a investis.

« Il leur tarde sans doute de déposer ces fonctions qui n'ont été pour eux qu'une source d'amertumes : inquiétés et poursuivis avec acharnement, accusés et calomniés avec audace, enfin échappés comme par miracle au glaive des assassins, ils ont offert depuis longtemps la démission de ces fatales fonctions ; mais tant qu'ils en seront revêtus ils les rempliront avec fermeté ; ils n'ont que trop cédé à la violence ; mais résolus de ne se laisser rebuter ni par les menaces, ni par la terreur, et prêts à faire, s'il le faut, le sacrifice de leur fortune et de leur vie, ils ne feront jamais celui de leur honneur.

« Le directoire prétend que la vérité est consignée dans le récit fait au nom des électeurs ; mais il n'est pas un seul fait de ce récit sur lequel les électeurs n'ayent été trompés et qui puisse soutenir une discussion sérieuse.

« Ils ont été trompés, comme on l'a déjà dit, sur les coups de fusils qu'on prétend être partis du cloître des Capucins ; toute la contrée attestera le contraire.

« Ils ont été trompés sur le massacre de ces religieux, sur les honteuses attrocités exercées sur leurs cadavres, sur les sacriléges et les profanations, et sur les dévastations, dont ils n'ont pas trouvé à propos de parler.

« Ils ont été trompés sur les coups de fusils qu'on dit être partis des arênes et de la maison de l'infortuné Gas, et sur le prétendu dépôt de poudre qu'elle recéloit.

« Ils ont été trompés sur la *capitulation* qu'ils disent avoir été *vainement offerte* à quarante-cinq malheureux réfugiés dans les tours, et sur *les conférences sans succès avec eux*.

« Ils ont été trompés sur la violation du droit des gens envers ces malheureux, dont on ne cessa de foudroyer l'asyle avec du canon, tandis qu'on les amusoit par des paroles de paix.

« Ils ont été trompés enfin sur les coups de fusils qu'on dit avoir été tirés le mardi des fenêtres des maisons ; fausseté insigne, qui n'a été imaginée que pour justifier les atrocités de cette journée, où la rage unie au sang-froid outragèrent horriblement l'humanité.

« Faut-il rappeller qu'après le désarmement général des *catholiques* qui ne s'étoient pas même mis en état de défense, une infinité de citoyens furent arrachés de leurs retraites et conduits comme des agneaux qu'on mène à la boucherie, à l'esplanade, au cours neuf, et dans d'autres places où ils furent fusillés, massacrés, pendus, où on les hachoit vivans avec le sabre et la faulx; où on leur coupoit les poignets, les pieds, le nez, les oreilles, le menton ; où on leur ouvroit le ventre et on leur arrachoit les entrailles pour leur en battre le visage (1); où l'on exerçoit sur eux en un mot les horreurs les plus exécrables? Et sur les plaintes réitérées faites par les veuves et les orphelins, aucune démarche de la part du procureur du roi; aucune information, aucun témoin entendu! tandis qu'on a la perfide complaisance d'en administrer un grand nombre pour empoisonner les discours les plus simples et les plus indifférens. Et après une pareille conduite, après une partialité aussi révoltante, ose-t-on se flatter que l'Assemblée nationale aura deux poids et deux mesures (2), et qu'elle adoptera et souffrira même qu'on lui mette sous les yeux l'inique information faite à Nismes, tandis qu'elle a repoussé, sans vouloir en entendre la lecture, celle qui fut faite à Montauban, en vertu d'ordres supérieurs? Et qu'on ne dise pas que les atrocités commises n'étoient pas connues; car ceux même qui sont les plus intéressés à les nier sont forcés d'en convenir (3).

(1) « Que MM. Rabaut, Voulland et les autres signataires de l'avertissement ne prennent pas ces faits pour un roman; le substitut du procureur de la commune est chargé d'en offrir la preuve au nom des veuves de Joseph Brun, Jean Louis Getin, Jean Vernet, André Boulanger, Pierre Marcellin et autres; ainsi que de celle de François Gerin, l'un des témoins de l'information, faite dans le mois de mai. »

(2) « Ce ne sera pas sans doute parce que cinq dragons protestans ont été tués en combattant à Montauban, tandis qu'à Nismes, plus de 200 catholiques ont été massacrés sans se défendre, et sans qu'on ait encore daigné faire aucune information à ce sujet, quoiqu'on ait déjà fait entendre plus de cinq cens témoins. »

(3) On lit page 42, ligne 7 et suivantes, de l'adresse envoyée à l'Assemblée nationale par le club de Nismes, le 18 septembre der-

« Le récit des électeurs se tait sur tous ces faits, de même que sur les excès auxquels les officiers municipaux furent en butte; de même que sur les pillages et dévastations du *collége*, du *séminaire*, du couvent des *Récollets*, de celui des *Jacobins*, de l'*hôpital général*, des maisons de M. Bragouse, curé; de M. Cabanel, prêtre; de la métairie de MM. les abbés Paulian et de tant d'autres; la maison de campagne de M. Desponchès, archidiacre, et de plus de cent maisons de citoyens catholiques. Mais les électeurs ont encore été trompés sur cela, de même que sur un très-grand nombre de faits qu'il seroit trop long de rapporter.

« Le directoire conviendra que s'il n'est pas permis de contrarier un récit *où chaque phrase et chaque mot furent sévèrement discutés*, il doit l'être de relever avec moins d'art et d'apprêt, si l'on veut, ce qu'il a sans doute omis à dessein.

« Il s'est contenté de dire que « des maisons suspec-
« tes furent fouillées, et que les perquisitions que l'on
« fit devinrent pour quelques bandits une occasion de
« pillage. »

« Mais ces bandits avoient des listes, des guides, des chefs, et il est du devoir et de l'honneur du départe-

nier : « Qui ne sait que dans une émeute horrible qui a duré quatre
« jours, on s'est livré aux plus criminels excès? Quel homme ose-
« roit répondre de *contenir* et de maîtriser une *foule ignorante*, qu'on
« a livrée au désespoir? La raison, dans un pareil moment, peut-
« elle se faire entendre de la multitude? La municipalité nous an-
« nonce, par une note, le détail imprimé de ces atrocités; nous
« n'y apprendrons rien, que l'histoire trop connue des passions des
« hommes. »

ment, du district, de la municipalité et des magistrats de réunir leurs soins et leurs efforts pour parvenir à les connoître. Nous ne poussons pas plus loin cette discussion; ce seroit engager une querelle de plume qui deviendroit inépuisable.

« La vérité ne peut être que d'un côté : pour terminer tous ces débats, il faut donc qu'une procédure faite devant des juges libres et impartiaux, composée de témoins catholiques et protestans, pris indistinctement dans tous les quartiers de la ville, et dans tous les lieux de la contrée, fasse connoître de quel côté l'agression est partie, et surtout l'époque du rassemblement et du départ des troupes arrivées avec armes et bagages, dans un court intervalle, et presque à la même heure, d'une très-grande distance ; sur quelles réquisitions elles sont venues; quels sont les électeurs qui crurent pouvoir rester sans danger, et ceux qu'on réussit à disperser (1). Cette procédure doit porter non seulement

---

(1) « Il résulte du procès-verbal de l'assemblée électorale, que le nombre des électeurs, qui étoit de 526 dans le principe, fut réduit à 205 le lundi 14, et ce n'est qu'après cet éloignement forcé que le tiers des administrateurs du département et tous les administrateurs du district ont été nommés. Cependant le récit, *où chaque mot et chaque phrase furent sévèrement discutés*, suivant l'adresse du directoire du département du Gard qui l'adopte, ainsi que les cinq députés du département du Gard qui l'ont fait imprimer à l'imprimerie de l'Assemblée nationale et distribuer à domicile, dit, p. 37, lignes 10 et 11 : « L'assemblée électorale poursuit les scrutins avec « courage, conservant plus des deux tiers de ses membres. » Et le procès-verbal des opérations de cette même assemblée électorale, page 37, lignes 32 et 33, dit : Que le lundi 14, l'assemblée n'étoit composée que de 205 votans; tandis que, suivant le même procès-

sur les troubles des mois de mai et de juin, mais encore sur les causes qui les ont produits, sur la conduite respective des protestans et des catholiques avant ces émeutes, depuis l'époque des délibérations, manifestant les mêmes vœux pour la réformation des abus de l'ancien régime, et prises de concert dans les mois de novembre et de décembre 1788, jusques à ces derniers temps ; et elle doit embrasser le détail de ce qui s'est passé dans le conseil permanent, des manœuvres et des provocations de toute espèce qui ont aigri et divisé les citoyens, et amené les malheurs de Nismes.

« C'est l'unique moyen de parvenir à la découverte de la vérité et à la conviction des vrais coupables, qui, s'ils échappent au glaive des loix, ne doivent pas échapper à l'opprobre.

Après cette conviction, il sera permis de parler d'amnistie, d'abolition et d'oubli du passé ; mais ce n'est qu'alors qu'on pourra, comme les directoires du département et du district, solliciter la grâce des coupables.

« Une amnistie, quelque générale qu'elle puisse être, ne pouvant pas abolir les réclamations de ceux

verbal, page 4, ligne dernière, le nombre des électeurs étoit de 526. Est-ce que le directoire du département croiroit par hazard que le nombre 205 forme plus des deux tiers de celui de 526 ? Non sans doute ; mais il falloit en imposer sur ce fait comme sur tant d'autres, pour légitimer l'élection illégale du quart des membres du département et de l'entier district de Nismes. La municipalité se réserve le droit de relever, sans avoir besoin de *discuter sévèrement chaque mot et chaque phrase,* quelques unes des nombreuses faussetés qu'on rencontre à chaque page de la *Réponse générale aux prétendus faux-fuyans de la municipalité de Nismes.* »

qui ont des indemnités à prétendre, et les directoires du département et du district ayant cru pouvoir les rejetter sur la ville, et même personnellement sur les officiers municipaux de l'un desquels on a fait saisir et déplacer les meubles, dont même on a annoncé la vente, il est de l'intérêt de la ville et de ses magistrats de constater par des preuves quels sont les véritables auteurs des maux de la patrie, afin que si les coupables ne payent pas de leur tête, ils soient forcés de payer de leur fortune les dévastations et les pillages dont ils seront prouvés les auteurs.

« On a beau présumer que la manifestation de la vérité n'est propre qu'à réveiller les haines, et qu'à exciter la fermentation des esprits sur des événemens dont on voudroit anéantir jusques à la mémoire.

« Mais quoi de plus propre à aigrir les esprits que de masquer continuellement la vérité, que de rejetter sur une ville opprimée et sur ses officiers municipaux, des pertes causées par des étrangers et par leurs conducteurs qu'il est essentiel de connoître et de rechercher ?

« Quoi de plus propre à exciter l'indignation, que d'offrir un pardon à des opprimés qui ont droit aux vengeances de la loi ?

« Quoi de plus propre à réveiller les ressentimens que d'imposer silence à la justice, après avoir dévoué à l'exécration publique des citoyens assassinés et des magistrats intègres qu'on a maltraités et excédés de coups et qu'on n'a cessé de diffamer dans mille journaux vendus à l'iniquité, et de soustraire à cette même exécration ceux qui sous le voile du *patriotisme* se sont souillés de mille abominations préméditées et réfléchies, dont le tableau si redouté et qu'on voudroit anéantir, effrayera l'Europe ?

« Quoi de plus propre à entretenir les dissensions et les haines que de retenir dans les cachots des prisonniers qu'on a décrétés avec aussi peu de justice que de raison, et de refuser constamment de les admettre à leurs faits justificatifs, malgré les actes de déni de justice qu'ils font donner (1)?

« Quoi de plus propre à armer le citoyen, que de s'obstiner à vouloir traiter en criminels ceux qui ont toujours été opprimés et n'ont jamais été coupables?

« Vainement on s'est flatté d'anéantir des faits graves et d'en arrêter plus long-tems la preuve (2). Croit-on en imposer, en avançant que « la municipalité oppose « à la procédure juridique l'information qu'elle assure « avoir faite elle-même, » tandis que toutes les demandes de cette même municipalité ne tendent depuis six mois qu'à faire informer pardevant tels juges qu'il plaira à l'Assemblée nationale d'indiquer? tandis que depuis le 15 mai le procureur du roi au présidial n'a voulu faire entendre que des membres du club et les

---

(1) Voyez dans les pièces justificatives ces actes et la réponse du juge, qui, d'après les faits avancés par le sieur Descombiès, détenu en prison, déclara lui-même qu'il devoit s'abstenir.

(2) C'est dans cette vue que les directoires du département et du district s'opposèrent à une nouvelle information, et s'en tinrent à celle faite sous leurs yeux, dont chaque déposition leur fut connue. Voir les notes insérées dans la réponse aux prétendus faux-fuyans de la municipalité, laquelle déclara n'avoir jamais pu obtenir la moindre connoissance de cette information.'

témoins indiqués par des clubistes ; qu'il a constamment refusé d'administrer ceux qui lui ont été désignés par les représentans de la commune, et qu'il a eu la barbarie de repousser le grand nombre de veuves et d'orphelins qui portoient plainte de l'assassinat de leurs maris et de leurs pères; fait décisif pour que l'Assemblée nationale ordonne une nouvelle information.

« Croit-on en imposer par ce rassemblement affecté (1) de mots, « citoyens, procureur du roi, juges, « témoins, administrateurs, électeurs, commissaires du « roi, municipalités voisines, gardes-nationales, » tous sont les ennemis des officiers municipaux de Nismes? Une simple observation sur chacun de ces mots en fera connoître la juste valeur.

« Et d'abord, *citoyens!* N'y a-t-il donc à Nismes que les membres du club et leurs adhérens? Ne sait-on pas que 40,000 habitans de Nismes sont justement indignés contre les calomniateurs de la municipalité? Ne sait-on pas qu'après avoir désarmé les catholiques (2),

---

(1) *Vid.* la dernière page de l'Avertissement mis à la tête de l'ouvrage cité dans la note ci-dessus.

(2) « Non-seulement on a désarmé les quinze compagnies qui n'ont pris aucune part aux troubles des 13, 14, 15, 16 et 17 de juin, fait avéré et constaté; mais on a donné leurs armes à des volontaires protestans étrangers qui les ont emportées chez eux, appert le procès-verbal des officiers municipaux d'Aubaïs; mais on a supprimé toutes ces compagnies, et l'on a refusé même d'en recevoir les volontaires dans les vingt-quatre compagnies conservées; mais on compte à peine six cents catholiques dans la légion composée de deux mille quatre cents hommes, quoique les catholiques forment les quatre cinquièmes de la population. Tout décèle donc dans les protestans

on a étouffé par la terreur leurs nombreuses réclamations, et qu'on a cherché même à détruire leur crédit et leur fortune (1).

la fureur de dominer. Qu'on en juge par l'empressement qu'ils mirent à désarmer les catholiques dès l'instant qu'ils furent les plus forts, au moyen de quinze mille étrangers qu'ils avoient fait venir. Qu'on en juge par la manière dont ils composèrent, en contravention des décrets de l'Assemblée nationale, la légion nimoise. Elle avoit été formée, jusqu'au massacre du mois de juin, de quarante-trois compagnies. Dès l'instant que cet exécrable projet eut été mis à exécution, et que les catholiques furent subjugués, et en grand nombre assassinés, la légion fut réduite à quatorze compagnies. Et ce qui prouve que l'unique but des protestans n'étoit que de s'emparer de tous les pouvoirs, c'est que sur vingt-quatre capitaines qu'ils élurent, ils en nommèrent vingt-deux protestans ; et cela dans une ville où les protestans ne forment que le cinquième de la population. Ce fait est tiré d'un Mémoire que la garde, se disant nationale, de Nismes, vient de publier. Le style de ce nouveau libelle, et les odieux mensonges qu'il renferme, ne nous permettent pas de nous abaisser jusqu'à le réfuter. »

(1) « Entre autres faits, voyez le procès-verbal dressé le 22 octobre dernier, à la requête des sieurs Maigron, Vignal et compagnie, négocians catholiques de Nismes, qui se plaignent qu'on leur a suscité une avanie qui leur coupa la vente un jour de marché, qui fit naître la répugnance des pratiques qu'ils ont dans la contrée à continuer de s'approvisionner chez eux ; qui donna atteinte à leur crédit, par l'apparence de la saisie de leurs effets et de l'arrestation de leurs personnes ; en faisant arrêter par la garde nationale le reste des marchandises que lesdits sieurs Maignon, Vignal et compagnie rapportoient de la foire d'Uzès ; et en faisant circuler dans le peuple ces assertions incendiaires : « La nation est trahie..... On introduit « des armes, de la poudre, M. d'Artois, le sieur François Froment.... « Ils sont dans les malles, on en est sûr, on a été averti. » Les boutiques et magasins de ces négocians sont investis, etc. Le procès-verbal est joint aux pièces. »

« *Procureur du roi !* La conduite qu'il a tenue depuis le commencement de cette affaire, sans égard pour les ordres du chef de la justice, dispense de toute réflexion.

« *Juges !* N'ont-ils pas été menacés? La vie du lieutenant-criminel n'a-t-elle pas été en danger pour avoir rendu la liberté au sieur Vigne, négociant, et capitaine d'une compagnie catholique, contre lequel il n'y avoit aucune preuve? Ce magistrat ne vient-il pas de déclarer qu'il s'abstient et cesse d'être juge dans l'affaire du sieur Descombiès au moment de l'admettre à ses faits justificatifs?

« *Témoins !* Un grand nombre est membre du club, et a signé l'adresse du 4 mai; en sorte que ces MM. sont à la fois dénonciateurs et témoins.

« *Administrateurs, électeurs, commissaires du roi !* Ignore-t-on que les directoires du département et du district de Nismes sont en grande partie formés de membres du club? Ignore-t-on que le club, qu'on dit composé de catholiques et protestans, sur quatre cens dix-sept membres, compte seulement soixante-trois catholiques? Ignore-t-on que les électeurs avoient été circonvenus à l'avance, et que les commissaires du roi se sont toujours concertés avec le club?

« *Municipalités voisines !* Ne devoient-elles pas s'opposer au départ de leurs gardes nationales, puisqu'il n'existoit aucune réquisition de la municipalité de Nismes? Cet oubli de leur devoir ne les rend-elles pas parties dans cette affaire, et dès-lors comment peut-on s'appuyer de leur témoignage?

« *Gardes nationales !* A l'exception de celle de Montpellier, qui s'est couverte de gloire en arrêtant dès son arrivée le massacre et les atrocités, que de regrets doivent avoir la plûpart des autres, témoins et tranquilles spectatrices des excès que leur devoir étoit d'empêcher ; et combien de reproches ont à se faire celles qui, non-contentes d'avoir coopéré au pillage, se sont encore enrichies des dépouilles des infortunés qu'elles devoient protéger et secourir ?

« Les officiers municipaux persistant dans leur adresse, supplient donc l'Assemblée nationale et tous les gens de bien de ne se décider ni sur des récits pleins d'erreurs, ni sur des *informations* dont la suspicion est sensible et a été démontrée ; mais de suspendre leur jugement jusqu'au moment où le tems, la vérité, l'impartialité auront rassemblé et mis au jour toutes les preuves dans des informations dignes de foi.

« Ils supplient en outre l'Assemblée nationale de prononcer sur la démission qu'ils ne cessent d'offrir de leurs fonctions, et de ne pas perdre de vue que M. Viellard, rapporteur de l'affaire de Montauban, lui disoit :
« En remettant trop légèrement certains délits, il peut
« résulter de leur impunité l'ébranlement de la consti-
« tution. Il est facile, sans doute, à des vainqueurs de
« dire : Nous sommes en paix, quand leurs ennemis
« chassés ne peuvent revenir chez eux que pour y subir
« la loi qui leur est imposée..... Ce n'est pas dans une
« ville où l'esprit de parti s'est si violemment mani-
« festé qu'on peut se flatter que les informations ont
« été faites avec impartialité......... Dans ces circon-

« stances, votre comité des rapports a l'honneur de
« vous proposer le décret suivant. (Ce décret fut
« adopté.)

« L'Assemblée nationale, après avoir entendu son
« comité des rapports, déclare que l'information com-
« mencée devant les juges de Montauban relativement
« aux événemens arrivés dans cette ville le 10 mai,
« demeure comme non-avenue..... L'Assemblée natio-
« nale décrète qu'il sera informé devant les officiers
« municipaux, juges ordinaires en matière criminelle,
« à Toulouse, à la diligence de la partie publique, de
« tous les événemens arrivés à Montauban, tant anté-
« rieurs que postérieurs à ladite époque, circonstances
« et dépendances; à l'effet de quoi les pièces déposées
« au comité des rapports seront incessamment adres-
« sées à la partie publique, etc. »

« Dans des circonstances semblables, et d'après ces
considérations, les soussignés ont l'honneur de représenter à l'Assemblée nationale que les officiers municipaux de Nismes ont demandé, pour le plus grand
nombre, leur démission à plusieurs reprises; qu'ils
sont chaque jour inquiétés dans des fonctions qu'il est
au-dessus de leurs forces de continuer; que plusieurs
d'entr'eux se trouvent absens par une suite de vexations qu'ils ont éprouvées, et que d'ailleurs le renouvellement d'une partie de la municipalité doit avoir
lieu à l'époque présente; c'est pourquoi l'Assemblée
nationale est suppliée de vouloir bien ordonner que,
vû la démission d'une partie des officiers municipaux
et l'absence des autres, la commune de Nismes sera

incessamment convoquée, et qu'il sera procédé à la nomination et renouvellement de la municipalité de Nismes; et comme il importe à ces magistrats de constater par des preuves et une information juridique et impartiale, quels sont les véritables auteurs des assassinats, pillages et dévastations commis à Nismes, ils supplient de nouveau l'Assemblée nationale d'ordonner, conformément aux décrets rendus pour Montauban le 26 juillet, et Schelestadt le 14 août dernier, « que l'in-
« formation commencée devant les juges de Nismes
« relativement aux troubles qui ont eu lieu dans cette
« ville pendant les mois de mai et de juin, demeure
« comme non-avenue, et qu'il sera informé devant les
« juges de Montpellier ou autres, étrangers au dépar-
« tement du Gard, et à la diligence de la partie pu-
« blique, de tous les événemens arrivés à Nismes les
« 2, 3, 4 mai, 13, 14, 15, 16, 17 juin, ainsi que de tous
« ceux qui y sont relatifs, tant antérieurs que posté-
« rieurs » auxdites époques, et notamment de ceux contenus dans les « détails circonstanciés ; à l'effet de
« quoi les pièces déposées au comité des recherches
« seront incessamment adressées à ladite partie publi-
« que. » Ils la supplient enfin de décréter que toutes les armes de la légion nîmoise, même celles des compagnies qui ont été désarmées, seront habituellement déposées dans la maison commune, et dans une salle disposée à cet effet; et sans s'arrêter aux changemens survenus dans ladite légion pendant et depuis les troubles, ordonner que les légionnaires, conformément aux décrets de l'Assemblée nationale, seront exclusivement pris parmi les citoyens actifs qui se sont fait

inscrire, défendant à tous autres de se réunir en troupes armées et de porter l'uniforme national.

Signés, Teissier-Marguerittes, maire. Boyer, substitut du procureur de la commune.

PIÈCES JUSTIFICATIVES.

Acte de déni de justice, signifié au nom de M. Descombiés.

« L'an mil sept cent quatre-vingt-dix, et le vingtième jour du mois d'octobre, par moi Adrien-François Vimont, avocat du sieur Descombiés détenu prisonnier, dans l'impossibilité d'exploiter lui-même, *et nul huissier n'ayant osé lui prêter son ministère*, assisté de Pierre Fournier et Jean Boissier, journaliers agriculteurs, tous trois habitans de la ville de Nismes, soussignés, à la requête du sieur Jacques-François Descombiés, citoyen de Nismes, capitaine de la légion nîmoise, notable, et électeur du département du Gard, prisonnier ès prisons de la sénéchaussée de ladite ville, est exposé à M. le lieutenant-criminel en ladite sénéchaussée et à tous Messieurs les officiers de la cour présidiale, que le sieur requérant fut décrété de prise de corps le 9 du mois de juillet dernier à suite de plusieurs plaintes successivement portées par M. le procureur du roi en la sénéchaussée; que le 21 dudit mois et les trois jours suivans il subit interrogatoire ; que le 12 du mois d'août il rendit public, par la voie de l'impression, tant ledit interrogatoire que les prétendues pièces de conviction qui lui furent alors représentées avec des extraits des dépositions ; qu'il résulte de l'ensemble que jamais décret ne fut plus injuste que celui dont il s'agit; que l'imprimé est terminé par l'exposition des faits justificatifs dudit sieur accusé, pages 54, 55, 56, 57 et 58 ; qu'à suite de cette exposition, il fit requête *ledit jour* à M. le sénéchal de Nismes, ou son lieutenant général criminel, pour *demander à être admis à la preuve desdits faits*, tant par actes que par témoins produits par lui accusé ou par M. le procureur du roi, à son choix, sans préjudice de la proposition des reproches contre les témoins déjà entendus, et des moyens de nullité et cassation de la procédure ; que cette requête signée et par lui accusé et par M° Vimont son conseil, ayant été présentée à M. Fajon, lieutenant-criminel, ledit jour 12 août, et le sieur requérant ayant envoyé le 13 pour la réitérer avec l'ordonnance, ce magistrat répondit qu'il n'avoit pas eu le tems de s'en occuper ; que le 16, M. Vimont, avocat, y fut lui-même, et qu'il lui répondit qu'il avoit écrit à Paris pour se faire décharger de cette procédure ; que vainement son conseil représenta que la justification marchoit d'un pas égal avec l'accusation ; que la raison, l'humanité et l'équité exigeoient le succès de cette requête ; qu'il ne put rien obtenir ; que le 17 dudit mois, M. Vimont fut à la chambre du conseil, et en présence des magistrats y assemblés, réitéra ses représentations, ses instances, ses prières, et ne pouvant rien obtenir, déclara qu'il en viendroit aux actes de déni de justice, et que s'il le falloit, il se feroit un honneur et un devoir de les exploiter lui-même pour et au nom de son malheureux client. Quelque tems après il fut encore à la salle du palais où M. le lieutenant-criminel prenoit l'interrogatoire d'un co-accusé dudit sieur Descombiés, pour le prier et supplier de répondre ladite requête de telle ordonnance qu'il lui plairoit; qu'il ne put rien obtenir de ce magistrat, qui déclara que *personne n'ignoroit que les juges dans cette affaire n'étoient pas libres; qu'il savoit ce qui avoit suivi l'élargissement* prononcé de M. Vigne, autre co-accusé, et l'assura de nouveau avoir écrit pour qu'un autre tribunal en eût la connoissance, et qu'il l'engagea à attendre la réponse ; que jusqu'à ce jour, cette réponse n'est point arrivée, et que néanmoins la justice est suspendue précisément pour ce qui tend à justifier ledit sieur Descombiés, tandis qu'elle a été si active pour le jetter dans les liens et l'exposer à des événemens incroyables qu'il est inutile de narrer ici. *C'est pourquoi* en dénonçant tout ce que dessus audit M. Fajon, lieutenant-criminel, et à tous les autres magistrats exerçant successivement son dévolu, ils demeurent priés, et en tant que de besoin, par le présent acte de déni de justice, sommés et requis de par le jour, répondre ladite requête de telle ordonnance qu'il leur plaira, et en refus leur est déclaré que ledit sieur Descombiés entend les rendre responsables de tous les événemens fâcheux que leur refus ou autre délai peut lui faire éprouver, et de tous ses dommages et intérêts ; et j'ai remis copie du présent et un exemplaire timbré dudit imprimé, à la suite duquel est ladite requête auxdits magistrats, en parlant pour tous à l'épouse du sieur Auvelier, greffier-commis, trouvé en domicile en cette ville : en foi de ce, etc. le sieur requérant signé avec nous, de ce requis.

Signés, Descombiés, Vimont, Fournier, Boissier.

Contrôlé à Nismes, le 20 octobre 1790. Reçu 12 f. 9 d. *Signé* Chabaud.

Procès-verbal de comparution au greffe, concernant la récusation de M. Fajon, lieutenant-criminel.

« Cejourd'hui 21 octobre 1790, heure de neuf heures du matin, s'est présenté au greffe de la sénéchaussée et siége présidial de Nismes, monsieur Fajon, lieutenant-général-criminel auxdites cours supprimées, qui, en continuant ses fonctions, en conformité des décrets de l'Assemblée nationale, jusques à ce que les juges élus seront en activité, qui a exposé, pour servir de réponse pour ce qui le concerne à l'acte que le sieur Descombiés fit signifier le jour d'hier par le ministère de M. Vimont avocat, tant à lui qu'aux autres magistrats exerçant successivement son dévolu, copie duquel acte lui a été communiquée par le Sr. Auvelier, commis au greffe, à la femme duquel elle fut laissée par ledit sieur Vimont ; qu'il ne désavoue point que la requête mentionnée audit acte ne lui ait été présentée, ne se rappellant quel jour, qu'alors il en avoit une sur son bureau de M. le procureur du roi, portant qu'il avoit beaucoup de témoins à faire entendre que ceux ouïs aux informations sur lesquelles étoient intervenus les décrets, et tendant à ce que la continuation d'enquis fût ordonnée ; qu'il ne dissimula pas au sieur Vimont que par les mêmes raisons qui l'avoient fait différer de répondre la requête de M. le procureur du roi, il ne répondroit pas la sienne ; une de ces raisons étoit qu'il avoit formé un vœu auprès de l'Assemblée nationale, pour que la procédure fût renvoyée à un autre tribunal qu'à celui de Nismes ; M. Vimont n'approuva ni ne désapprouva le refus. Il est pourtant vrai que par occasion il a dit quelquefois à M. Fajon, que la requête de son client devoit être répondue ; mais enfin il la fit retirer sans qu'elle le fût, soit qu'il cédât aux raisons données, soit par tout autre motif, celui qui vint la retirer l'ayant demandée sans explication aucune ; qu'il y a à peu près un mois de ce retirement ; que depuis elle n'a pas été reproduite ; hier seulement, environ deux heures après midi, mondit sieur Fajon étant sur la porte d'entrée de sa maison, fut acosté par le sieur Seguin, qui lui dit que s'il ne vouloit pas signer la requête du sieur Descombiés, celui-ci étoit conseillé de faire signifier les actes de déni de justice, et qu'il voudroit bien lui donner un ordre à un huissier pour les lui signifier ; qu'il répondit que jamais il n'avoit mis et ne mettra obstacle à ce que les parties, et sur-tout les accusés, croiroient convenir à leurs défenses ; il ne crut pas devoir donner plus d'étendue à sa réponse vis-à-vis d'un particulier auquel il ne connoissoit aucun rapport avec les affaires du Palais : ce fut sans doute peu après que, sans que ladite requête fût rapportée à M. Fajon, sans qu'on lui eût demandé aucun ordre pour l'huissier, pour le cas où ils ayent refusé, M. Vimont remit la copie dudit acte à la femme dudit sieur Auvelier, qui l'apporta chez M. Fajon à sept heures du soir avec ladite requête ; qu'au surplus, aux raisons qu'il avoit eues de ne pas répondre dans le tems, et la requête de M. le procureur du roi en continuation d'enquis, et celle dont s'agit du sieur Descombiés, se joignent les demandes pendantes à l'Assemblée nationale, soit de la part du directoire du département, soit au nom des accusés eux-mêmes ou d'autres, à ce que la procédure soit jugée ailleurs que dans Nismes, et la certitude que donnent les papiers publics que l'assemblée est au moment de prononcer, si elle ne l'a déjà fait; que les raisons de suspension sont devenues par ces raisons nouvelles et plusieurs autres, des motifs d'abstention ; qu'en conséquence, il déclare, pour ce qui le concerne et sans entendre influer sur l'opinion des magistrats dévolutaires, qu'il s'abstient et cesse d'être juge dans l'affaire dont s'agit, remettant la requête dudit sieur Descombiés, ensemble la copie dudit acte signifié par M. Vimont, protestant de nullité de toutes autres significations ; et a requis que nous, greffier en chef, en fassions donner connoissance audit sieur Descombiés, et qu'il lui soit donné acte de ce que dessus, ce que lui avons octroyé; et a signé avec nous. FAJON, GAUJOUX, greffier en chef, *signés.*

« Nous, greffier en chef de la sénéchaussée et siége présidial de cette ville, nous sommes transporté dans les prisons où est détenu le sieur Descombiés pour lui donner connoissance du verbal ci-derrière, dont nous lui avons fait lecture, et lui avons offert de lui en donner une copie s'il la requéroit; et ledit sieur Descombiés l'ayant requise, nous avons déclaré qu'il y seroit travaillé de suite; et nous sommes signés, ledit sieur Descombiés n'ayant voulu le faire, de ce requis, à cause de l'absence du son conseil.

Gaujoux, greffier en chef, *signé*.
Collationné, Turion.

Note (XII), page 131 [1].

Des écrivains protestans et leurs copistes, devenus de droit les apologistes de cet hérésiarque, prétendent que l'empereur et le concile ont violé le sauf-conduit accordé librement par Sigismond à Jean Hus, comme si le sauf-conduit donné par un souverain à un hérétique pouvait ôter à la juridiction ecclésiastique le pouvoir de lui faire son procès, de condamner sa doctrine et de le déférer au bras séculier, s'il y avait eu lieu. Et d'ailleurs, ce sauf-conduit, rapporté par le ministre Lenfant, apologiste décidé du novateur bohémien [2],

---

(1) C'est par erreur que cette note porte le chiffre (XIII) à la p. 131.
(2) *Histoire du concile de Constance.*

porte seulement que Jean Hus pourra se rendre à Constance en toute sûreté, sans être arrêté ni maltraité sur sa route. Il n'aurait pu l'être, en effet, par vengeance, parce qu'il avait fait révoquer les priviléges accordés aux docteurs allemands dans l'université de Prague. D'un autre côté, Jean Hus, excommunié par le pape, en avait appelé au concile, et il avait solennellement protesté que si on pouvait le convaincre de quelque erreur, il ne refusait pas d'encourir les peines prononcées par les lois civiles contre les hérétiques. Et ce fut sur cette déclaration que l'empereur lui accorda un sauf-conduit pour traverser l'Allemagne en sûreté, comme nous l'avons dit, et se présenter devant les Pères de Constance (1). C'est donc une absurdité de supposer que ce sauf-conduit mettait Jean Hus à couvert de la condamnation du concile, auquel il avait appelé lui-même, et par lequel le roi de Bohême voulait qu'il fût jugé, et c'est encore une absurdité de prétendre que l'empereur n'avait pas droit de le punir des séditions dont il était l'auteur. Enfin, Jean Hus n'allégua point ce sauf-conduit pour se mettre à couvert de la sentence des magistrats, et il ne soutint pas non plus leur incompétence ni celle du concile.

(1) Lorsqu'un homme, accusé d'un crime quelconque ou d'une infraction aux lois qui n'emporte pas l'arrestation immédiate et préventive, demande un passeport pour se rendre dans la ville où sa cause doit être jugée, l'autorité qui lui délivre ce passeport entend-elle par là le mettre à couvert de toute condamnation? non, sans doute, et l'on traiterait d'insensé le coupable qui, devant la justice, se prévaudrait de ce passeport pour éviter l'exécution du jugement rendu contre lui.

Les apologistes soutiennent encore que les Pères de Constance ont décidé par un décret solennel et par leur conduite que l'on n'est pas obligé de garder la foi aux hérétiques. Allégation fausse du ministre Jurieu que Bayle a judicieusement réfutée. Ce prétendu décret ne se trouve point dans les actes du concile de Constance. Mais quelle raison aurait pu engager les Pères de cette assemblée à faire ce décret, dès qu'il est prouvé qu'ils n'ont point violé la foi publique à l'égard de Jean Hus ? Les évêques ont condamné sa doctrine, dégradé et livré sa personne à la justice séculière, selon la loi de ces temps-là : ils n'ont donc point passé les bornes de leur autorité.

Ils disent aussi que Jean Hus a été condamné au feu par la sentence du concile, troisième imposture, non moins facile à réfuter que les deux premières. Le concile censura la doctrine de cet hérésiarque, condamna ses livres au feu, le dégrada du caractère ecclésiastique et le remit à l'empereur, seul maître de sa personne, et c'est l'empereur qui le livra au magistrat de Constance. Jean Hus fut puni de mort, non pas parce que sa doctrine était hérétique, mais parce qu'elle était séditieuse, qu'elle avait déjà causé des troubles et des violences, et que cet hérésiarque y persistait et voulait continuer à la prêcher. Enseigner qu'un souverain perd son autorité quand il est vicieux et gouverne mal, que l'on n'est plus obligé de lui obéir, qu'il est permis de lui résister, c'est là une doctrine séditieuse et contraire à la tranquillité publique; aucun souverain ne doit la tolérer : l'empereur et le roi de Bohême étaient également intéressés à en punir l'auteur.

En dernier lieu, l'on affecte de répéter que les massacres commis par les hussites furent des représailles de la cruauté des Pères de Constance. Nouvelle calomnie. Quand Jean Hus n'aurait pas été supplicié, ses disciples n'en auraient pas été moins barbares; ils avaient commencé leurs déprédations et leurs violences avant la condamnation de leur maître. C'était un fanatique audacieux, turbulent, fier du nombre de ses disciples et incorrigible. S'il avait pu retourner en Bohême, il aurait recommencé de prêcher avec plus de véhémence que jamais; il aurait continué à soulever les peuples; il aurait encouragé leur brigandage : voilà ce que craignait l'empereur. La fureur des hussites ne prouve que la violence du fanatisme qu'ils avaient puisé dans les principes de leur docteur. Les chefs des anabaptistes n'avaient pas été suppliciés, lorsqu'au nombre de quarante mille, ils renouvellèrent en Allemagne, dans le siècle suivant, les mêmes désordres, les mêmes carnages que les hussites avaient commis en Bohême.

Mais les ennemis de l'Église n'ont égard ni à la vérité des faits, ni aux circonstances, ni à la certitude des monuments; malgré les preuves les plus évidentes, ils repèteront toujours que les Pères de Constance ont violé le sauf-conduit de l'empereur, qu'ils ont condamné au feu Jean Hus et Jérôme de Prague pour leurs erreurs, et qu'ils ont été la cause des fureurs et du fanatisme des hussites.

Note (XIII), page 147 [1].

Ce dogme des luthériens est une erreur insoutenable : nous le prouvons. L'homme créé à l'image et à la ressemblance de Dieu, devait être orné de perfections divines; il devait posséder dans son cœur la charité de son Dieu, sa justice et sa bonté, sa douceur et sa patience, sa miséricorde et sa pureté; toutes ces vertus devaient le rapprocher de son Créateur et témoigner qu'il était l'œuvre de Dieu : ce qui sortait du Tout-Puissant ne pouvait pas ne pas porter les traces de son enfantement. Aussi l'Écriture-Sainte nous apprend que l'homme avait été créé *immortel*, *droit* et *dans la justice*, plein de lumière et d'amour, capable d'un bonheur infini; elle nous dit qu'il était non-seulement exempt de vice, mais encore doué de la grâce sanctifiante qui le rendait agréable à Dieu; qu'il a connu le bien et le mal moral, sans quoi il n'aurait pas pu pécher, et que l'intention du Créateur n'était point de le rendre malheureux.

Dans cet état de nature parfaite et d'innocence, l'homme, élevé au comble de l'honneur et de la gloire, ne comprit point la noblesse et la dignité de son origine; « il se compara, dit l'Écriture-Sainte, aux animaux « dépourvus de raison, » et, faisant un mauvais usage de sa volonté, il enfreignit les ordres du Tout-Puissant

---

(1) C'est par erreur que cette note porte le chiffre (XII) à la p. 147.

et rompit lui-même l'alliance chrétienne qui l'unissait intimement à Dieu. Dès ce moment, son immortalité cessa, son âme se remplit de convoitise, et le désir immodéré de satisfaire ses plaisirs sensuels, effet du péché originel, le mit en esclavage sous l'empire des passions brutales qui l'entraînèrent vers le mal : voilà la concupiscence. Ce n'est point ce vice actuel de l'homme qui lui a donné la mort; c'est, au contraire, l'infraction à la loi de Dieu qui a rompu les liens de son immortalité et jeté dans son âme tout le poison de la concupiscence. Il n'a convoité ardemment qu'après sa chute; car, avant sa dégradation, que pouvait-il désirer? Il avait toutes choses.

Mais, dans sa gloire, un ange misérable et déchu, Satan, le père du mensonge, ose lui promettre la déification, s'il mange du fruit défendu; et, dans la vanité de sa pensée, fier de s'élever jusqu'à la divinité, l'homme jette sur lui-même un regard de complaisance et d'orgueil; il se mire dans le reflet humain de sa propre pensée. L'âme, se voyant si belle, se délecte en elle-même; et, dans cette effrayante déviation de l'esprit humain vers lui-même, l'homme se laisse séduire par les brillantes paroles du serpent, prend le fruit et le mange; et soudain la mort s'introduit sur toute la surface de la terre (*Sapient.*, ch. II, v. 24).

Dans l'espace de temps qui s'écoula entre le désir orgueilleux de la femme et l'infraction à la loi, la race humaine n'était point encore frappée d'anathème; car il n'y avait point encore infraction; il n'y avait pas même mouvement de la volonté pour commettre cette désastreuse épreuve, puisque, avant le péché, l'âme se portait tout entière vers le Créateur ; son amour était son consentement, et son consentement était son amour. Mais lorsque la volonté eut formulé son action, et que le consentement eut été donné, c'est-à-dire, lorsqu'il ne manquait à l'accomplissement de la révolte que le signe extérieur qu'elle avait été intérieurement faite, la punition divine fut alors réellement infligée ; car avant cette manifestation extérieure de l'acte déjà intérieurement opéré, le règlement de la volonté avait eu lieu ; Adam ne pouvait pas ne pas pécher. Que dis-je ? Adam avait péché.

Dès ce moment aussi, l'homme se sépare à jamais de Dieu ; il commence une nouvelle vie, un autre ordre de choses ; son esprit se plonge dans l'aveuglement, sa volonté dans la corruption ; il oublie la fin de sa nature, qui consiste à n'aimer que Dieu, à le préférer à toutes choses temporelles ; il aime cependant, mais il arrête tout son amour sur l'objet terrestre qu'il aime ; il s'attache aux choses de ce monde et à cause d'elles-mêmes ; il jouit de ce dont il devait seulement user ; poussé par cette terrible concupiscence de la vaine gloire, du plaisir, de l'avarice, il se met dans un état d'indépendance, rapporte tout à lui-même, se concentre dans le moi, dans l'égoïsme, et ne contracte que par orgueil ou par vanité de nouvelles relations avec tous les êtres : aussi devient-il déréglé, malheureux, assujetti à une infinité de misères et enfin à la mort. Le Créateur est alors entièrement oublié dans toutes les actions de la créature, et l'ingratitude engendre le fatal amour-propre, qui n'est qu'un regard de complaisance de l'homme sur lui-même.

L'orgueil, source de tous les péchés, paraît aussi sur la terre, avec son brillant cortége d'indépendance et de grandeur, de préférence et d'estime, de louanges et de désirs, de vaines complaisances pour les qualités que l'on croit avoir, et de dépit, lorsqu'on sent en être privé; l'injustice, la haine, l'envie, la méchanceté, la colère, compagnons inséparables de l'orgueil, se précipitent avec une impétuosité terrible dans le cœur de l'homme déchu et le remplissent des plus cruelles infirmités.

Car, on ne l'ignore point, c'est l'orgueil qui est le plus à craindre, parce qu'il est la plus grande plaie que le démon ait faite à la nature humaine, et qu'il engendre les actions les plus désagréables à Dieu. C'est par orgueil, en effet, que l'on tâche d'obtenir de la considération et de l'élévation dans le monde; c'est par orgueil que l'on forme des entreprises ambitieuses et que l'on se croit capable de tout; c'est par orgueil que l'on s'engage sans vocation et par une ambition secrète dans l'état ecclésiastique ou dans les charges séculières, quoiqu'on en soit incapable; c'est enfin par orgueil que l'on profère des paroles insolentes et fières, et que l'on fait des outrages au prochain, en lui ravissant son bien et son bonheur. C'est encore l'orgueil qui a produit la concupiscence ou l'amour des choses temporelles; et cet amour immodéré a donné naissance à une infinité de passions qui précipitent l'entendement humain dans les ténèbres de l'erreur et nous prive de la connaissance de l'amour de Dieu, du désir de le posséder, lorsque par nos péchés nous l'avons perdu, de l'espérance de l'acquérir par les mérites du divin médiateur, et de la joie de le posséder tout entier, lorsque nous pourrions en être dignes. Nous avons eu ces trois mouvements de l'âme; mais, dans notre folle vanité, nous les avons adressés à des choses temporelles et périssables; aussi, la haine, la tristesse et le désespoir ont été le complément nécessaire à la déviation de notre esprit sur nous-mêmes.

Mais tous ces vices, l'homme ne les avait point avant sa dégradation. Ce n'est donc point la concupiscence qui a déchu la créature de sa perfection primitive; c'est, au contraire, cette perte de la perfection primitive, dont l'origine est dans la désobéissance, qui a enfanté la concupiscence, c'est-à-dire l'amour de quelque bien périssable et tous ses satellites.

Note (XIV), page 233.

(1567) Le dernier édit d'Amboise avait produit une paix générale de quatre années; mais elle était déjà à charge aux calvinistes. Ces factieux sectaires aspiraient hautement à obtenir pour leur hérésie toutes les prérogatives dont jouissait en France le Catholicisme; et comme leurs ministres répétaient sans cesse, dans leurs synodes, dans leurs discours et dans leurs écrits, que *la paix était la ruine des Églises*, ils se tenaient prêts à recommencer la guerre, au premier signal de leurs chefs. Ceux-ci, affectant un air d'insouciance sur les affaires de l'État, dirigeaient leurs plans en secret, préparaient les esprits, organisaient leur complot et combinaient les moyens de s'emparer du roi et de la reine-mère, pour gouverner ensuite le royaume à leur gré.

Quelque habile politique que fût Catherine de Médicis, elle se laissa néanmoins tromper par la gaîté étudiée du prince de Condé et par l'apparente tranquillité de Coligny (1). Les catholiques, toujours confiants, partageaient la sécurité de la cour. Plongés dans une profonde léthargie, ils fraternisaient avec les huguenots, ne se doutant pas qu'une horrible catastrophe se préparait mystérieusement dans l'ombre.

Mais le brave Montluc, dont la vigilance fut toujours extrême, fut informé de leurs trames. Il apprit que le prince et l'amiral avaient mandé aux calvinistes de faire des provisions de blé et de munitions et de se tenir prêts et armés pour un soulèvement général. Il informa la reine de cette conjuration; mais Catherine rit des avis de ce serviteur fidèle. Il insista et lui dit qu'il y allait pour elle et pour le roi de la vie ou de la liberté; mais la reine répondit avec humeur : sa sécurité en imposa à Montluc, qui, la croyant mieux avertie que lui, commençait à bannir tout soupçon.

Cependant quelques jours avant la Saint-Michel, les avis devinrent plus fréquents et les mouvements de la Secte plus alarmants. Il reçut une lettre où ces mots

---

(1) Lacretelle, *Histoire des guerres de religion*, t. II, p. 178.

étaient tracés : « Du 28 au 30 de ce mois de septembre,
« le roi pris; la reine morte; La Rochelle prise; Ber-
« gerac pris; Montauban pris; Lescour pris, et Mont-
« luc mort (1). »

La conspiration devait, en effet, éclater le 29 septembre 1567 par un soulèvement général des calvinistes du royaume, par la prise des principales villes et par le massacre des catholiques les plus suspects à la Secte (2). Condé, l'amiral, ses frères et un corps de conjurés devaient investir le château de Monceaux, en Brie, où se trouvait la cour, occupée sans défiance des brillantes fêtes dont la reine-mère amusait les loisirs du jeune souverain.

Maîtres de la personne du roi, les calvinistes se flattaient que toute son autorité tomberait dans leurs mains; que tout ce qu'ils entreprendraient serait autorisé par ses ordres, et que le nom de rebelles cesserait de leur appartenir et passerait à leurs ennemis.

Un corps de cavalerie que l'amiral s'était chargé de rassembler devait conduire Charles IX dans des provinces éloignées avant que l'on fût en état de le secourir; et le soulèvement, devenu général, devait empêcher les catholiques de se réunir en divisant leurs forces.

Ce plan fut sur le point de réussir, tant l'aveuglement de la reine, guidée par le chancelier de l'Hospital, était extrême. Peu de jours avant son exécution,

---

(1) *Commentaires.*

(2) Le même jour et à la même heure, dit Tavannes, plus de cinquante places furent prises, et toute la France fut en armes. (*Mémoires de Tavannes. — Esprit de la Ligue.*)

Castelnau (1) arrive de Flandres et rend compte au roi de sa mission. Il a vu de ses propres yeux les mouvements des huguenots en Picardie ; mais son avis est encore méprisé. Enfin, la reine-mère sort de son assoupissement ; elle ne peut plus ignorer que Monceaux est presque investi ; elle n'a que le temps de se retirer à Meaux. Un corps de six mille Suisses, dispersé dans les environs, est réuni à la hâte et ramène le roi à Paris, au milieu de ses phalanges hérissées de piques, malgré les efforts des conjurés qui les harcellent vainement dans leur marche.

Mais durant cet intervalle, que se passait-il à Nîmes, malheureuse cité, où l'esprit de la secte s'est toujours montré si ardent dans la révolte, si implacable dans l'exécution de ses terribles vengeances ?

Les calvinistes de Nîmes étaient prêts pour le soulèvement général, lorsqu'un des plus fanatiques et des plus sanguinaires chefs de la secte, Jacques de Crussol, seigneur d'Acier et frère du duc d'Uzès, arrive dans cette ville le 27 septembre, portant à ses coreligionnaires, au nom de Condé, l'ordre de reprendre les armes.

Les sectaires de Calvin saisirent avec empressement cette occasion de s'emparer du pouvoir, et, pour l'usurper sans contestation, ils formèrent de sang-froid l'horrible complot d'égorger tous les catholiques dont ils avaient à redouter l'influence ; et cet affreux massacre, si fameux dans l'histoire sous le nom de MICHE-

---

(1) *Mémoires.*

LADE, fut projeté sans aucune provocation de la part des catholiques.

Les calvinistes s'assemblèrent dans la maison de Robert Leblanc, juge de la cour royale. Il y fut unanimement convenu de prendre les armes; mais la résolution d'égorger tous les catholiques qui, dans ces temps malheureux, avaient manifesté leur zèle pour la religion ou leur attachement pour le roi, ne fut confiée qu'à trois des chefs qui se chargèrent de l'exécution du massacre, et ne le communiquèrent aux principaux calvinistes que la veille du jour où le complot devait éclater. Les trois premiers dépositaires de cet horrible secret furent François Pavée, seigneur de Servas, Pierre Suau, dit le capitaine de Bouillargues, et Vidal Poldo d'Albenas.

Le 30 septembre, à midi, on fit prendre les armes à tous les huguenots de la ville. L'ordre fut ensuite donné d'arrêter les principaux catholiques dans leurs maisons et partout où on les rencontrerait. Mais la plupart prévoyant l'orage étaient sortis à la hâte de Nîmes, d'autres s'étaient réfugiés dans le château et quelques-uns restèrent dans la ville cachés ou travestis.

Au signal convenu, des bandes d'hommes armés se répandent dans toutes les rues, s'emparent de toutes les portes, interceptent toutes les communications et se saisissent des catholiques qui, enveloppés de toutes parts, ne peuvent plus ni se réunir, ni prendre la fuite. « Tue, tue les papistes, s'écriaient les assassins ; monde
« nouveau. Le roi est prisonnier, la reine, les ducs

« d'Anjou et d'Alençon sont morts, ainsi que tous les
« Guisards (1). »

Le premier consul Guy Rochette revêtu de son chaperon et suivi de quelques valets de ville, parcourt les rues pour engager le peuple à rentrer dans l'ordre ; mais son autorité est méconnue. Il se transporte alors dans la maison des officiers de justice, et n'y trouve que des fauteurs ou des complices du désordre ; le président du présidial, Guillaume de Calvière, était à la tête des assassins. Le premier consul se rend à l'évêché, et, fondant en larmes, fait connaître à l'évêque Bernard d'Elbène la révolte des huguenots.

Au même instant, le capitaine Bouillargues, à la tête de deux cents hommes armés, enfonce les portes et se précipite dans les salles du palais épiscopal, où le digne prélat était en prières. Tout tremble, tout fuit à l'aspect de cette cohorte meurtrière ; l'évêque, son aumônier, son maître-d'hôtel, ses domestiques et Pierre Fournet, jeune clerc, se sauvent par une brèche dans la maison d'André de Bruéys, seigneur de Sauvignargues ; et le capitaine ne trouvant plus sa proie, livre l'évêché au pillage, arrête Guy Rochette avec son frère utérin Robert Grégoire, et les conduit dans la maison de Pierre Lhermite, rue des Postes (2).

Le reste de la journée du 30 septembre fut employé

(1) Nous puisons tous les détails de cet horrible massacre dans Ménard, *Histoire de Nîmes*, t. v, qui a écrit sur les journaux et les Mémoires du temps.

(2) Cette maison fut démolie en vertu d'un arrêt rendu par le parlement de Toulouse, le 18 mars 1569 (voir à la fin de cette note), et n'a jamais été rebâtie. L'emplacement est encore en jardin.

à arrêter tous les prêtres et les principaux catholiques que l'on put rencontrer et que l'on conduisit aussitôt dans la maison de Lhermite et dans celle de Pierre Cellerier, orfèvre. Les satellites auteurs des arrestations avaient été choisis parmi les artisans calvinistes ; mais à leur tête marchaient les chefs huguenots, parmi lesquels on remarquait des gentilshommes, des magistrats et des avocats, qui stimulaient par des discours fanatiques le zèle de leurs malheureux séïdes. Jean Baudan, second consul, se vit arraché par eux des bras de sa femme, et François Gras, avocat, enlevé au milieu des cris de désolation de sa femme et de ses sept enfants, qui demandaient pitié aux bourreaux.

Jean Péberan, archidiacre de la cathédrale et vicaire-général de l'évêque, fut le premier qui tomba sous le fer des huguenots ; il fut égorgé dans sa chambre à coups de dague, et son corps, jeté par les fenêtres, resta exposé dans la rue aux outrages de la populace calviniste.

Sur le soir du même jour, une proclamation vint ordonner à tous les catholiques de fermer les portes de leurs maisons et de s'y tenir enfermés sous peine de la vie.

Et lorsque les ténèbres d'une nuit sombre purent couvrir de leur voile les crimes qui devaient s'accomplir ou ajouter à l'horreur du drame sanglant que la Secte avait médité, tous les huguenots parurent en armes dans les rues et sur les places publiques. Les victimes furent alors tirées, à la lueur des torches, des maisons où elles étaient renfermées et conduites processionnellement dans les salles de l'Hôtel-de-Ville, où elles furent de nouveau emprisonnées. Les apprêts du supplice étant terminés, on les conduisit dans la cour de l'évêché, où, mêlant l'insulte à la raillerie, on les égorgea, leur donnant à peine le temps de recommander leur âme à Dieu. A voir le lieu de la scène, éclairé par des torches placées sur le beffroi, aux fenêtres du clocher, ou portées par les satellites des assassins, on eût cru assister aux sacrifices humains des anciens druides. Rien ne manquait à la ressemblance du tableau; rien, pas même le barbare sang-froid des sacrificateurs. Mais aussi jamais le courage et la piété du véritable chrétien n'avaient brillé d'un plus noble éclat. Destinés à la mort, les prêtres et les moines ne cessaient d'encourager leurs compagnons d'infortune, de les exhorter à la persévérance, de leur montrer le ciel pour récompense du sacrifice. Guy Rochette, percé de coups, implora pour son frère et non pour lui la pitié des bourreaux. Mais ses prières furent vaines. Ce frère fut immolé sous ses yeux, et le sang qui coulait de leurs blessures put se mêler et se confondre.

Les corps de toutes les victimes furent ensuite jetés dans le puits (1) de l'évêché, qui en fut presque comblé. La plupart de ceux qu'on y précipitait étaient encore à demi vivants, et leurs gémissements frappaient en vain l'oreille des bourreaux; on eût dit qu'en devenant les exécuteurs des sanguinaires vengeances de la Secte, ils avaient cessé d'être hommes.

Le massacre, qui avait commencé le 30 septembre à onze heures du soir, continua le lendemain 1er octobre,

---

(1) Il avait sept toises de profondeur et quatre de diamètre.

et ne cessa qu'à midi. Dans la matinée de ce jour, on fit une recherche exacte dans les maisons des catholiques, et tous ceux qu'on y arrêta furent de suite entraînés à l'évêché, égorgés et jetés dans le puits, d'où partaient sans cesse les cris déchirants des victimes que la cruelle mort n'avait point encore surpris.

La retraite de l'évêque ayant été découverte, une première bande de calvinistes acceptent de lui une rançon et le laissent dans sa retraite après l'avoir dépouillé d'une partie de ses vêtements. Une seconde arrive et demande sa part du butin; elle pénètre dans la maison par les toits qu'elle enfonce, en criant : « Tue, tue les papistes. » Une troisième, conduite par Robert Aymès, seigneur de Blauzac, survient au même instant. Les domestiques de l'évêque se cachent dans les réduits les plus obscurs de la maison; mais ils sont découverts et massacrés. On pénètre dans une cave où les premiers huguenots avaient permis à l'évêque de se réfugier, et on l'enlève de sa retraite. On lui ôte sa bague, on lui arrache sa croix pectorale, on achève de le dépouiller, on le revêt des haillons d'un paysan, on lui met sur la tête un vieux bonnet à replis, et dans ce grotesque accoutrement on le conduit à l'évêché sur les bords du puits déjà plein de cadavres. Emu de pitié, à la vue de tant de victimes infortunées, le vénérable prélat tombe à genoux et implore l'assistance de Dieu. Son maître d'hôtel est égorgé à ses yeux. Tout à coup un calviniste, nommé Jacques Coussinal, se déclare son défenseur et témoigne tant de courage qu'il parvient à le sauver.

Après le massacre, les calvinistes pillèrent l'évêché,

les églises et les maisons des plus riches catholiques, s'emparèrent de la cathédrale, abattirent les croix, brisèrent les autels et les siéges des chanoines, et en brûlèrent les débris dans l'église même, avec tous les titres et reconnaissances féodales appartenant au chapitre.

Ainsi finit cet horrible massacre, qui ne peut être comparé qu'à celui de la Saint-Barthélemy, et qui doit inspirer plus d'horreur. Trois cents catholiques environ y trouvèrent la mort. Les calvinistes l'avaient médité de sang-froid, et dans un moment où les catholiques fraternisaient avec eux; ils l'exécutèrent avec tous les raffinements de la barbarie la plus sauvage, sans pitié comme sans remords.

Arrêt du parlement de Toulouse contre les auteurs du massacre et des troubles de la Michelade à Nismes. (An. 1569.) (1).

(Extraict des registres du parlement.)

Entre le procureur général du roy, demandeur en cas d'excès et crime de leze-majesté, levée d'armes, invasion de la ville de Nismes, meurtres, massacres, pilleries, sacriléges, démolitions d'églises et aultres maisons, et saccagemens commis en ladicte ville de

(1) Une copie authentique de cet arrêt est entrée nos mains.

Nismes par ceulx de la nouvelle secte et pretendue religion, et requerant l'utilité de certains deffaults à trois briefs jours lui estre adjugés d'une part; et maistre Guillaume Calvière, président d'Orange, Denis de Brueys, lieutenant-criminel en la senechaussée de Beaucaire et Nismes, Robert le Blanc, juge ordinaire dudict Nismes, Guillaume Roques, Jehan de Sauzet, Jehan Melet, et Jehan de Fons, conseillers et magistrats en l'auditoire dudict seneschal de Beaucaire, Bernard Barriere, procureur du roy audict siege, Pierre Robert, lieutenant de viguier audict Nismes, Pierre Gratian et Pierre Cellerier, cappitaines en ladicte ville, Michel beau-Mascle, veloutier et cappitaine aussi de ladicte ville, François de Pavée, sieur de Servas, Vital d'Albenas, dit Poldou, cappitaine, Pierre Suau, dict le cappitaine Boulhargues, Jehan Granier, cappitaine, le cadet d'Arenes, André Cahut, Estienne Galoffre, marchant, Pierre de Savoye, sieur de Cypiere, Jacques Guillot, revendeur dudict Nismes, Jehan Noire, Loys la Grange, greffier, Pierre de Malmont, Jehan Guy d'Aireboudouze, dict Clayran, Anthoine de Brueys, sieur de Savinhargues, Pierre Rozel, Guillaume Martin, Pierre Fornery, Pierre Chabot, advocats audict siége, Loys Bertrandy, aussi advocat, Robert Aymés, sieur de Blauzac, capitaine, Jean Bonauldi, Honnorat de Montcam, sieur de S. Veran, Pierre d'Arreboudouze, Simon Campaignan, Guillaume Maugier, etc...... Chambrun, ministres, Nicolas Calviere, sieur de S. Cosme, maistres Jacques Rozel, Bernard Favier, Pierre Maltraict, Pierre d'Albenas, dict Poldou, Bosqueri, le jeune Mathieu Fazendier, Jacques et Anthoine Davin, advocats, Claude et Nicolas Calviere, fils aisné et second dudict Calviere, président d'Orange, Jacques de Lageret, sieur de Caissargues, Maurice Favier, François Passebois, et Bernard Majulien, greffiers, Julien Gallardi, George Bois, enseigne dudict Poldou, Meraud de Castanet, Guillaume l'Hermite, Loys de la Grange, Jacques Boulhargues, aultrement maistre Jacques Andron, fils du controlleur Andron, Faulquet de David, Guido Gros, dict le Palejaire, Jacques de Possaco, Firmin Raspail, Bernard Arnaud, Pierre Bargeton, Gabriel du Puy, Henry Rey, Anthoine Guiraud, Bernard d'Albenas, controlleur du grenier à sel, Jehan..... dict le Gros-nas, bolangier, Pierre Fabry, borelier, ung nommé Boulhargues, Laurens Tutelle, consul de la ville de Nismes en l'année M. V. C. LXVII. Estienne Guiraudon, dict Nadalet, Jean Credo, Jehan Jauffaudy, le sieur de Mandagout, de Gallargues, Jacques Ursy, notaire, Jehan Carriere, le Gros, maistre Pierre Galdine, Anthoine de Leuga, François Barriere, Jehan Bertrandy, dict petit Bordeur, Pierre le Cordier, Jehan Seyssac, Jacques Coussinal, Jehan Soulet, Jehan Page, dict le Gasconnet, ung nommé de la Baume, Loys Amblard, Jehan Allié, Thomas de Rochemaure, baron d'Aigremont, Sauveur Capon, Pierre de Saliens, Arnaud Alizot, dict de la Ramiere, les deux fils de donne Chapelle, nommés Mathieu et Pierre Dumas, le fils aisné de maistre Molery, Claude Messe, hoste de la Vache, maistre Bruny de Bouqueiran, Pierre Camin, dict Campinhon, Geraud Cabrit, et Firmin Bousquet, dict Chaudeyrac, adjournés à trois briefs jours et deffaillans d'aultre : et entre le sindic des consuls, manans et habitans de ladicte ville de Nismes, et maistre Jehan de Montcam, juge-maige, et Jehan d'Albenas, lieutenant principal en la seneschaucée de Beaucaire, damoiselle Anthoinette de Richier, vesve à feu maistre Jacques Barriere, conseillier du roy au siége présidial de Nismes, meurtri, Florette de Boria, vesve à feu maistre Robert Gregoire, docteur és droicts, advocat audict siége, aussi meurtri, damoiselle Catherine Valladier, vesve et heritiere à feu maistre Jehan Gregoire, quand vivoit notaire royal dudict Nismes, Anthoinette de Cyran, vesve à feu maistre Guy Rochete, quand vivoit docteur és droictz, et premier consul de ladicte ville de Nismes en l'année M. V. C. LXVIII. damoiselle Anthoinette de Massilhan, vesve à feu maistre François Gras, en son vivant docteur et advocat en l'auditoire dudict seneschal, tant en son nom propre que comme mere et legitime administreresse de ses enfants et dudict feu Gras, maistres François et George de Peberan, secrétaires en la maison archiépiscopale d'Avignon, frères et héritiers de feu maistre Jehan de Peberan, quand vivoit vicaire et archidiacre en ladicte église cathedrale de Nismes, Pierre Chimieu, cordonnier, tant en son nom propre que comme ayeul maternel, et administrateur de Catherine Chimieu, fille et heritiere de feu maistre Claude Chimieu, en son vivant secrétaire dudict évêque de Nismes, damoiselle Blanchette de Galifes, vesve audict feu maistre Claude Chimieu, Gaufreze du Prix, sœur germaine et heritiere de feu maistre Anthoine du Prix, quand vivoit chanoine en ladicte église cathedralle, meurtri, Jehanne Blanque, mere à feu André Faure, aussi meurtri, Jehanne Galafreze, mère des neveux à feu maistre Mathieu du Prix, prebtre, Marie Chaponne, vesve à feu maistre Jehan Seissac, solliciteur, Jehanne Garimonde, vesve à feu Jehan des Olieres, Drivette Fresquete, vesve à feu George Garins, Alix Giberne, vesve à feu Anthoine Farelle, et Anthonie de Charge, vesve à feu Bernard du Faux, cordonnier, quand vivoit, habitant dudict Nismes, tant en leurs noms que comme meres et legitimes administreresses de leurs enfants et de leurs feus maris, les tous meurtris, suppliants en jonction d'instance, et requerants l'intherinement de certaines lettres patentes du roy, ledict procureur general joinct à eulz; et les susdicts, défaillans d'aultre : veu les playdés du XIX. febvrier dernier, appointement de deffaults desdicts trois briefs jours, demande en utilité d'iceulx deffaults, charges et informations, resomptions d'icelles, et aultres productions et procédures sur ce faictes, requeste présentée au roy par les vesves des habitans dudict Nismes et lieux circonvoisins tués et misérablement massacrés, avec les lettres patentes dudict seigneur de XIX. decembre, M. V. C. LXVIII. par lesquelles est mandé proceder au jugement des procès desdits délinquans, et pourvoir à icelles vesves et aultres interessés, avec les productions faictes, tant par icelles que scindics de ladicte ville, évesque et chappitre dudict Nismes, juge-maige, et lieutenant en ladicte seneschaucée, et aultres susdictes parties, requestes de maistre Pierre Vallette, Gabriel et George Gevaudau, communiquées audict procureur général du roy, mises au sac, avec le dire par esprit sur icelles baillé par ledict procureur general par ordonnance de la cour ; dict a esté que lesdicts deffaults ont esté bien et deuement obtenus, continués, et entretenus, et d'iceulx a adjugé et adjuge la cour tel proffict et utilité audict procureur general du roy, demandeur, qu'elle a declaré et declare lesdits maistres Guillaume Calviere, Denis de Brueys, Robert le Blanc, Guillaume Roques, Jehan de Sauzet, Jehan Melet, Jehan de Fons, conseilliers, Bernard Barriere, procureur du roy, Pierre Robert, lieutenant de viguier audict Nismes, Pierre Gratian, Pierre Cellerier, Michel beau-Mascle, Pierre Suau, dict Boulhargues, Jehan Granier, Vital d'Albenas, dict Poldou, cappitaines, Jacques Boulhargues, fils du controlleur Andron, François de Pavée, sieur de Servas, le cadet d'Arenis, André Cahut, Estienne Galoffre, Jacques Guillot, Jehan Noyre, Loys la Grange, Pierre de Malmont, Jehan Guy d'Aireboudouze, dict Clayran, Anthoine de Brueys, Pierre Rozel, Guillaume Martin, Pierre Fornery, Pierre Chabot, Loys Bertrandy, Robert Aymés, Jehan Bonauldy, Honnorat de Montcam, Pierre d'Ayreboudouze, Simon Campaignan, Guillaume Maugié et Chambrun, ministres, Nicolas Calviere, sieur de S. Cosme, maistre Jacques Rozel, Bernard Favier, Pierre Maltraict, Pierre d'Albenas, dict Poldou, Bosqueri le jeune, Mathieu Fazandier, Jacques et Anthoine Davini, Guillaume et Nicolas Calviere, fils aisné et second dudict maistre Guillaume Calviere, Jacques de Lageret, Maurice Favier, François Passebois, Bernard Majulien, Laurens Tuteile, Galien Gaillard, George Boys, Meraud de Castanet, Guillaume l'Hermite, Loys la Grange, Guyde Gras, Jacques de

Possaco, Fermin Raspail, Bernard Arnaud, Pierre
Bargeten, Gabriel du Puy, Henry Rey, Anthoine Guiraud, Bernard d'Albenas, Jehan...... dict le Gros-nas,
Pierre Fabre, ung nommé Parinhargues, Estienne Guirauldon, dict Nadalet, Jehan Credo, Jehan Joffaudi,
le sieur de Mandagout, de Gallargues, Jacques Ursy,
notaire, Jehon Carriere, le Gros, maistre Pierre Galdine, Anthoine de Leuga, François Barriere, Jehan
Bertrandi, le petit Bordeur, Pierre le Cordier, Jehan
Seyssac, Jacques Coussinal, Jehan Soulet, Jehan Page,
dict le Gasconnet, ung nommé de la Baume, Loys Amblard, Thomas de Rochemaure, Sauveur Capon,
Pierre de Saliens, Arnaud Alizot, dict de la Ramiere,
les deux fils de donne Chapelle, nommés Mathieu et
Pierre Dumas, le fils aisné de maistre Molery, Claude
Messe, Bruny de Boucayran, Pierre Camin, dict Campinhon, Geraud Cabrit, et Fermin Bosquet, dit Chaudeyrac; pour contumax et deffaillans, decheus et deboutés de toutes exceptions déclinatoires, dilatoires,
et peremptoires, attaincts et convaincus desdicts crimes; et pour punition et reparation d'iceulx, les a condamnés et condamne à estre delivrés és mains de l'executeur de la haulte justice, qui leur fera faire les tours
par les ruës et carrefours accoustumés de ladicte ville
de Nismes, montés sur un tumbereau ou charette,
ayant la hart au col, les amenera és places publicques
d'icelle ville, où en des potences qui à ces fins seront
dressées, seront réellement exécutés, pendus, et
estranglés; et ordonne ladicte cour que de la personne
desdicts de Brueys, juge criminel, maistre Guillaume
Calviere, jadis président présidial audict Nismes, Ro-

bert le Blanc, juge ordinaire, Jehan Melet et Jehan de Fons, conseillers, et Bernard Barriere, procureur du roy, Guillaume Maugié et Chambrun, soy disants ministres de la nouvelle secte, Pierre Suau, dict le capitaine Boulbargues, Nicolas Calviere, sieur de S. Cosme, François de Pavéé, sieur de Servas, Honnorat de Montcam, sieur de S. Veran, le capitaine Aymés, sieur de Blauzac, Poldou, cappitaine, et de Brueys, sieur de Savinhargues, feront en divers tableaux peintes les effigies d'ung chascun d'iceulx; lesquels seront deslivrés audict exécuteur de la haulte justice, qui les trainera sur une claye attachés à la queuë d'ung cheval par les ruës de ladicte ville de Nismes, et après auxdictes places principalles d'icelle ville seront pendus en des potences que à ces fins seront dressées; et à chacun tableau où sera peinte l'effigie des susdicts, sera escript les nom et surnom d'iceulx, et les mots qui s'ensuivent, *crimineulx de leze majesté*; et en oultre condamne les dessus nommés condamnés à mort par cet arrest, le solvable d'eulx pour le non solvable, en deux cents mil livres d'amende, pour estre employées et converties, à sçavoir vingt-cinq mil livres à la réparation de ladicte ville de Nismes, et fraix qu'il convient faire pour la deffense, garde, et tuition d'icelle ville; soixante mil livres pour réparer, remettre, et restaurer tant l'église cathedrale dudict Nismes, que maison épiscopale d'icelle, que aultres églises dudict Nismes, saccagées et mises en ruyne; six mil livres que ladicte cour a adjugé et adjuge à la vefve et enfants dudict feu maistre Guy Rochete, premier consul de ladicte ville, traîné par la ville portant la livrée consulaire, empri sonné avec icelle en la maison dudict Guillaume l'Hermite, et d'illec mis et jetté dans le puits de la maison épiscopale d'icelle ville, avec plusieurs aultres qui y auroient fini leurs jours ; et la somme de trente-six mil livres pour satisfaire tant aux susdictes vesves et enfants des aultres meurtris, que aux interessés, tant pour les meurtres commis à l'endroict de leurs freres et parents, par le moyen desquels recepvoient nourriture et entretenement, que de leurs maisons ruinées et pillées, ou aultrement, sçavoir est auxdictes Catherine Valladier, vefve à feu maistre Jehan Gregoire, Blanche de Galifet, vefve à feu maistre Claude Chimieu, damoiselle Anthoinette de Richier, vefve à feu maistre Jacques Barriere, conseillier audict siége, damoiselle Florette de Boria, vefve à feu maistre Robert Gregoire, docteur et advocat audict siége, et à chascune d'icelles la somme de deux mil livres, et à ladicte damoiselle Anne de Massillan, vefve à feu maistre François Gras, en son vivant docteur et advocat audict Nismes, aussi meurtri ; à Mathieu, Jehan, François, aultre François, Robert, Jullien, Jehan, et Pierre Gras, sesdits huict enfants et dudict feu maistre Gras, meurtri, huict mil livres ; et à Marie Chapone, vefve à feu maistre Jehan Saissac, solliciteur, Jehanne Garimonde, vefve à feu maistre Jehan des Ollieres, cordonnier, Drivette Fresquette, vefve à feu George Garins, aussi cordonnier, Alix Giberne, vefve à feu Anthoine Farelle, Anthoinie Becharde, vefve à feu Bernard du Faux, cordonnier, et pour chascune d'icelles la somme de mil livres ; à la susdicte Jehanne Blanque, comme mere d'André Faure, son fils, Jehanne Galafreze, comme mere des nepveux de feu maistre Mathieu du Prix, prebtre, massacré, et à chascune d'icelles la somme de cinq cents livres; à Gaufreze du Prix, sœur dudict maistre Anthoine du Prix, quand vivoit chanoine dudict Nismes, aussi meurtri, cinq cents livres; à maistres François et George de Peberan, frères de feu maistre Jehan de Peberan, en son vivant archidiacre en ladite église cathedrale de Nismes, et viccaire general dudict sieur évesque, Angele de Peberan, vefve de feu maistre Jehan Barri, et Jehanne de Peberan, sœurs audict feu de Peberan, meurtri, la somme de mil livres; à Pierre Chimieu, cordonnier, tant en son nom que comme ayeul et légitime administrateur de la personne de Catherine Chimieu, fille à feu maistre Claude Chimieu, en son vivant secrétaire dudict évesque, aussi meurtri, mil livres; et à maistre Jehan de Montcam, juge-maige, et maistre Jehan d'Albenas, lieutenant-principal audict siége, desquels leurs maisons auroient esté vollées, pillées et saccagées, et à ung chascun d'eulx la somme de quatre mil livres; à maistre Pierre Vallette, procureur du roy audict Nismes, duquel aussi sadicte maison auroit esté vollée et saccagée, la somme de mil livres; et pour lesdicts Gabriel et George Gevaudans, desquels aussi leurs maisons auroient esté pillées et saccagées, la somme de cinq cents livres; lesquelles susdites sommes la cour leur a adjugé et adjuge, et a déclaré lesdicts officiers deschargés des sacs, procès, et papiers, à l'occasion de leursdicts estats, estants pour-lors en leursdictes maisons pillées et saccagées, envers ceulx qu'il appartiendra. Et en oultre, a ordonné et ordonne que la maison dudict l'Hermite, où le susdict Rochete, premier consul, avec les aultres bourgeois et conseilliers de ladicte maison consulaire, et aultres habitants dudict Nismes, auroient esté conduits, retenus prisonniers, et d'illec amenés, jettés, et précipités dans icellui puits, et inhumainement meurtris, sera rasée à fleur de terre; et au millieu de l'assiette d'icelle, sera dressé ung pillier de pierre, auquel sera gravée la cause dudict rasement. Neanmoings, que à ladicte maison consulaire sera depeint ledict feu Rochete, premier consul, avec sa livrée consulaire, soubs la description du massacre commis en sa personne : et sera le corps d'icellui et des aultres tués, massacrés, et jettés dans icellui puits, tirés et ostés d'icellui puits, et leursdicts corps et ossemens ensevelis honnorablement ez tumbeaux de leurs ancestres. Et sera ledict puits rempli de terre et rasé ; et illec ordonne ladicte cour qu'il sera bastie une chapelle, où tous les jours sera dicte et celebrée une messe de *requiem*, et faicte priere et oraison pour l'ame desdicts meurtris trepassés ; et toutes les années, à semblable jour du massacre commis en leurs personnes, dicte une messe haulte, avec procession par le circuit de ladicte chapelle, avec l'assistance des magistrats, consuls, et bourgeois de ladicte ville, priants et faisants oraison pour les ames desdicts trepassés ; et à ces fins, que de ladicte somme sera prinse la somme de deux mil livres pour la construction et dotation d'icelle chapelle ; et les septante-trois mil livres restantes et distraictes des biens desdicts condamnés seront employées pour satisfaire aux aultres vefves et enfants des aultres meurtris et massacrés, et intéressés tant pour la démolition de leurs maisons, larrecins, pillages, que aultrement; et ordonne la cour que des biens desdicts Pierre de Savoye, sieur de Cipierre, Vidal d'Albenas, dict Poldou, Faulquet de David, Jehan Allier, decedés, sera faicte ensemblement ladicte detraction; le reste de tous les biens tant desdicts condamnés que decedés, lesquels ladicte cour a declaré et declare crimineulx desdicts crimes, detraits au preallable les fraix de justice, confisqués. Faisant deffense, à peine de la hart, à toutes personnes retirer ni loger en leurs maisons les dessus nommés; leur donner ou faire donner et administrer aulcungs vivres et aliments; ains iceulx prendre et saisir au corps, et mettre ez mains de justice, pour l'execution de cest arrest, lequel sera leu ung jour d'audience et de plaids, tant au siége dudict seneschal de Nismes, que de la maison consulaire d'icelle ville; sera neanmoings publié, à son de trompe et cri public, ez jours, places, et endroits, que en exécutant ce present arrest, lesdictes effigies seront penduës. Et neanmoings, sera ledict arrest enregistré tant ez registres du siége de ladite senechaucée que de la maison consulaire et commune de ladicte ville de Nismes; et aussi insculpé et gravé en bronze à une colomne de pierre, que à ces fins sera dressée à l'endroict et place où ladicte chapelle sera édifiée, pour illec demeurer en perpetuelle mémoire et exemple du susdict faict. Et pour le regard de maistre Jacques Audron, Claude Rozel, Claude Garnier, et Lazare Fazandier, prisonniers; ordonne la cour qu'ils seront amenés et conduits ez prisons de la conciergerie de Tholose, avec bonne et seure garde; et que à ces fins, tant ledict seneschal, juge-maige, que lieutenant, et tous aultres justiciers et officiers de ce ressort, et ung chascung et droict foi, seront tenus y tellement pourvoir de leur endroict, que lesdicts prisonniers y soient conduits et amenés ; et les sieurs gentilshommes et aultres qu'il appartiendra bailler et prester la main forte, telle qu'il conviendra par la conduicte desdicts prisonniers, sur peine de quatre mil livres à ung chascun d'eulx, que à faulte de ce leur sera declairée. Prononcé à Tholose en parlement, le XVIII. jour de mars, M. V. C. LXIX. Du Bourc.

(Extraict des registres du parlement.)

Entre le procureur-general du roy, demandeur en cas d'excès et crime de leze majesté, d'une part, et maistres Jacques Andron, docteur ez droicts, conseillier et magistrat présidial en la seneschaucée de Beaucaire et Nismes, Charles Rozel, aussi docteur ez droicts, advocat audict Nismes, Lazare Fazandier et Claude Garnier, jadis consuls de ladicte ville en l'année M. V. C. LXVII. prisonniers en la conciergerie, deffendeurs, d'aultre : veu le procès, charges et informations, auditions, et responses desdicts deffendeurs, actes et délibérations tenues en la maison consulaire d'icelle ville de Nismes, y présidant ledict Andron et assistans lesdicts consuls, des XXVIII. novembre, IV. et XIV. decembre audict an M. V. C. LXVII. XVII. et XXIV. febvrier, X. mars, XII. et XXVII. apvril M. V. C. LXVIII. contenant imposition et levées de deniers sur les habitants de ladicte ville et diocese de Nismes ; tant pour envoyer au prince de Condé, que payement des reistres et aultres officiers de la guerre, suivant les mandements dressés par le sieur d'Acier, se disant lieutenant dudict prince de Condé au pays de Languedoc, acte du xv. apvril M. V. C. LXVIII. faicte par devant ledict Andron, contenant requisition faicte par maistre Robert le Blanc, juge ordinaire dudict Nismes, et exhibition de Jacques le Prieur ayant porté lettres de creance pour élever les armes en ladicte ville de Nismes à la feste S. Michel audict an, M. V. C. LXVII. copie du mandement signé par ledict Andron d'imposition sur les catholiques des sommes y mentionnées du XXI febvrier, M. V. C. LXVIII. procès-verbal produict par ledict Andron du dernier septembre, M. V. C. LXVII. acte de déliberation des consuls dudict Nismes du XVIII. juin audict an, M. V. C. LXVIII. pour remettre ladicte ville en l'obéissance du roy, et aultres pieces consignées en l'inventaire tant dudict procureur general que desdicts prisonniers, ensemble les requestes par eux baillées, mises au sac par ordonnance de la cour, dire et conclusions dudict procureur-général, et lesdicts prisonniers ouis dans la chambre de la tournelle; dict a esté que la cour a declaré et declare lesdicts Andron, Rozel, Fazandier, et Garnier, atteincts et convaincus dudict crime de leze-majesté; et pour punition et reparation de ce, les a condampnés et condampne à estre deslivrés és mains de l'executeur de la haulte justice, lequel les traînera sur une claye, à la queuë d'ung cheval, par les ruës et carrefours accoustumés de la présente cité de Toulouse, ayant la hart au col, les emmenera à la place publique S. George, où sur le pilori leur tranchera la teste de chascuns, et leur corps mettra à quatre quartiers; et les testes d'iceulx seront après portées en la ville de Nismes, et mises ez quatre portes principales d'icelle ville : et en oultre, condamne lesdicts Andron, Rozel, Fazandier, et Garnier, le solvable d'eulx pour le non-solvable, en quinze mil livres tournois d'amende, que ladicte cour a adjugé et adjuge, à sçavoir, cinq mil livres tournois au sindic du chapitre de l'église cathedrale dudict Nismes, pour partie des dommages et interêts par eulx soufferts ; trois mil livres tournois semblablement au sindic de ladicte ville de Nismes, pour estre employés à la reparation d'icelle ville, et fraix qu'il convient faire pour la garde et seureté d'icelle ; deux mil livres à la vefve et enfants de maistre Guy Rochete, jadis premier consul de ladicte ville, inhumainement massacré et jetté dans le puits de la maison épiscopale; aultres deux mil livres tournois à la vefve de feu maistre François de Gras, docteur en droicts, advocat, quand vivoit, audict Nismes, aussi massacré et jetté dans ledict puits; mil livres tournois à Jehanne de Peberan, sœur de feu maistre Jehan de Peberan, en son vivant vicaire-général de l'évesque dudict Nismes, aussi massacré et jetté dans ledict puits ; et ce oultre et à part les sommes adjugées tant auxdicts sindics, que auxdictes vefves et sœurs dudict feu Peberan, par arrest du XVIII. mars dernier, sur les defaillans; comprins en icelui arrest mil livres tournois à Rogier de Pandran, pour les dommages et interest par lui soufferts à la conduicte desdicts prisonniers, oultre et à part la taxe à lui faicte par les commissaires, à ce par ladicte cour deputés pour ses journées et vacations ; six cents livres tournois applicables à la nourriture des religieuses de S. Claire dudict Nismes; et les quatre cents livres tournois restantes à la nourriture des religieuses de S. Claire de Beziers, à la charge de prier Dieu pour les ames des massacrés et meurtris en ladicte ville de Nismes le dernier jour de septembre, M. V. C. LXVII. le reste de tous les biens desdicts Andron, Rozel, Fazandier, et Garnier, confisqués au roy, destraicts au préalable les fraix de justice, au profit de ceulx qui les ont exposés. Et au surplus, ordonne ladicte cour que le present arrest sera leu et publié en ladicte ville de Nismes, lorsque les testes seront portées en icelle, par les carrefours accoustumés d'icelle ville, et registré ez registres tant dudict seneschal de Beaucaire et Nismes, viguier et juge ordinaire, que consuls d'icelle ville; et insculpé et gravé en bronze à une colomne de pierre, que à ceste fin sera dressée à l'endroict et place du puits de l'évesché, où lesdicts massacrés et meurtris furent jettés, pour illec demeurer en perpetuelle mémoire et exemple du faict. Et veu les requestes baillées par Edouard d'Albert, sieur de S. André, gouverneur de ladicte ville, Jacques de Rossille, capitaine de trois cents hommes de pied, damoiselle Isabeau de Alexi, Benoit Roibet, Catherine Valladier, maistres François et George de Peberan, Jacques de Cheilat, Pierre Chimieu, Blaise de Gaiffe, maistre Simon Vernet, Estienne André, dict Radel, George Gevaudan, Anthoinette de Richier, maistre Noel Arrapat, maistre Honorat Richier, et Pierre Saurin, ladicte cour a ordonné et ordonne que en procedant à la distribution de la somme de septante-trois mil livres tournois restante des sommes adjugées par ledict arrest dudict jour XVII. mars dernier, passée pour estre employée à satisfaire aux intéressés, leur sera fait droict, ainsi qu'il appartiendra. Enjoignant tant audict de S. André, et officiers de ladicte seneschaucée de Beaucaire, que audict de Pandran, lieutenant du prévost ; et à tous aultres qu'il appartiendra, d'executer promptement et à toute diligence les decrets et provisions par ladicte cour ordonnés contre les complices y compris et nommés, et certifier ladicte cour du debvoir qu'ils y auront faict, dans le mois, à peine de dix mil livres tournois, et aultre arbitraire ; et à tous gouverneurs, capitaines, gentilshommes, et aultres officiers et sujects du roy, prester en ce faveur, ayde, mainforte, et prisons, si besoing est requis en sont. Prononcé à Toulouse en parlement, le XXVI. jour du mois d'apvril, M. V. C. LXIX. De Nolet. (*Archiv. de l'église de Nismes.*)

Note (XV), page 233.

Le complot des calvinistes de France n'ayant pas réussi à leur gré, ils se hâtèrent de souscrire aux conditions avantageuses que la reine-mère offrait à leurs négociateurs, dans la crainte de ne pouvoir poursuivre plus longtemps la guerre contre leur roi. La paix fut donc conclue à Longjumeau, le 2 mars 1568 ; on l'appela la petite paix (1) parce que, publiée au mois de mars, elle fut rompue au mois d'août. Mais les huguenots n'exécutèrent point le traité, et La Rochelle, fière de sa position, méconnut les ordres du roi et continua de se gouverner en république.

Témoin de leur insoumission, Charles IX révoqua toutes les faveurs qu'il avait accordées aux calvinistes; et par un édit du 25 septembre 1568, il poursuivit en France la secte de Calvin. Les huguenots, qui avaient réparé leurs forces, recommencèrent alors la troisième guerre civile, qui s'annonça plus terrible que jamais. Tout ce qui paraissait tenir au culte de la religion catholique, dit Anquetil (2), éprouva la fureur des armées calvinistes devenue rage et férocité. Les églises et les monastères furent pillés et démolis, les religieux passés au fil de l'épée, et les outrages, les attentats à la pudeur ne sauvaient pas même les religieux de la mort.

Cependant l'autorité royale paraissait affermie dans Nîmes; les catholiques qui s'en étaient rendus maîtres y jouissaient de la plus grande tranquillité; mais les calvinistes réfugiés à Saint-Geniès, aidés de leurs coreligionnaires qui étaient restés dans la ville, formèrent le projet de la surprendre et de massacrer de nouveau les catholiques. Nicolas Calvière, plus connu sous le nom de *capitaine Saint-Cosme*, fut chargé de l'exécution du complot.

---

(1) Elle fut encore appelée *boiteuse* et *malassise*, parce que les deux plénipotentiaires de la cour furent le seigneur de Malassise et Arnaud de Gontaut, comte de Biron, qui était boîteux.

(2) *Histoire de France*, t. v.

Le succès de cette entreprise fut dû à un charpentier de Calvisson, nommé Maduron, qui imagina de limer, pendant les nuits longues et obscures du mois d'octobre, une grille de fer, par où les eaux de la fontaine entraient dans le canal de la Gau. La grille abattue, les soldats calvinistes devaient s'introduire par cette ouverture, se cacher dans un moulin, nommé *Pésouillous*, situé près de la grille de ce canal, et de là se répandre dans la ville et s'en rendre maîtres.

Tout réussit comme Maduron l'avait imaginé. Le capitaine Saint-Cosme s'approcha de Nîmes, à la tête d'une troupe nombreuse de calvinistes, qui, fanatisés par les discours du prédicant Deiron, se tint prêt au massacre. Saint-Cosme pénétra dans le canal avec une centaine de ses meilleurs soldats, abattit la grille déjà limée par Maduron, se rendit au moulin *Pésouillous*, attaqua, à l'heure convenue, le corps-de-garde de la rue des Prêcheurs, et en ouvrit la porte au reste de sa troupe qui se répandit dans la ville et commença le massacre.

A la nouvelle d'une attaque si imprévue, l'alarme fut générale. Maîtres de Nîmes, les huguenots pillèrent et saccagèrent les maisons des principaux catholiques, et égorgèrent tous ceux qu'ils purent rencontrer. L'histoire fait monter le nombre des victimes à cent ou cent vingt, parmi lesquelles on remarque Antoine Rouvérié, seigneur de Cabrières, Robert de Georgis, seigneur de Tharaux, le gouverneur Saint-André; plusieurs prêtres et sept observantins étaient parvenus à se réfugier dans un asile assuré; mais, se rappelant que leur devoir était d'exhorter à la mort les fidèles que l'on massacrait, ils se répandirent dans la rue pour y remplir leur saint ministère, et furent presque aussitôt enveloppés par une bande d'assassins et massacrés.

La prise de la ville de Nîmes fut accompagnée de toutes sortes d'excès ; les riches catholiques que la fureur des huguenots épargna, furent faits prisonniers, et n'obtinrent leur liberté qu'en payant une rançon considérable : le butin fut immense (1).

Ce fut ce massacre qui fit, depuis, donner aux huguenots de Nîmes le nom de *grilleurs*, parce qu'ils avaient pénétré dans la ville en abattant la grille du canal de la Gau.

(1) Ménard, *Histoire de Nîmes*, t. v.

FIN DES NOTES.

TABLE DES MATIÈRES.

Coup d'œil sur l'histoire du Calvinisme en France. 1

Coup d'œil sur l'esprit politique du Calvinisme. 21

Esprit d'intolérance du Calvinisme, prouvé par le caractère de son fondateur. 25

Esprit d'intolérance et de révolte du Calvinisme, prouvé par la conduite de ses ministres, par les écrits de ses sectateurs et par les délibérations de ses synodes. 33

Esprit d'intolérance et de révolte du Calvinisme, prouvé par les accusations des écrivains protestants. 52

Esprit d'intolérance et de révolte du Calvinisme, prouvé par les témoignages de plusieurs souverains d'Europe, des philosophes et des principaux écrivains catholiques. 75

Esprit d'intolérance et de révolte du Calvinisme, prouvé par la participation de ses partisans à la révolution de 1789. 91

NOTES.

Notice historique sur le Wicléfisme en Angleterre. 105

Notice historique sur le Hussisme en Bohême. 120

Le Luthéranisme prend naissance en Saxe. 144

Le désir de la vengeance jette Calvin dans la Réforme. 152

Le Protestantisme est-il une œuvre de la divine Providence? 155

Première question. — Dieu a-t-il révélé aux hommes des vérités qu'ils ne savaient pas, sans donner un pouvoir spécial, une mission extraordinaire à ceux qu'il chargeait de l'exécution de ses desseins? A quels signes Dieu veut-il que l'on reconnaisse ses envoyés? 157

Deuxième question. — Les Réformateurs du xvie siècle avaient-ils besoin d'un pouvoir spécial, d'une mission extraordinaire pour enseigner aux peuples une religion nouvelle? Ce pouvoir, cette mission l'ont-ils eus? 161

Troisième question. — Quels sont les caractères auxquels on peut distinguer la véritable Église de Jésus-Christ de celles qui s'attribuent faussement ce titre? — Caractères de l'Église protestante. — Caractères de l'Église catholique. — La Réforme est-elle une œuvre de Dieu? 165

Notice historique sur la conjuration d'Amboise. 208

Notice historique sur le tumulte de Vassy. 225

Dissertation sur la journée de la Saint-Barthélemy. 228

    La religion n'a eu aucune part à ce massacre. 229

    Il ne fut résolu que la veille de son exécution. 235

    Le nombre des victimes n'est pas aussi considérable qu'on le prétend. 247

    Quelques mots sur la fameuse carabine de Charles IX. 249

Edit de Nantes en faveur des calvinistes. 250

Règlement dressé par l'assemblée calviniste de La Rochelle, le 10 mai 1621, pour convertir la France en république. 297

Massacre des catholiques à Nîmes en mai et juin 1790, avec toutes les pièces relatives à cette horrible BAGARRE. 308

Dissertation sur le sauf-conduit accordé à Jean Hus. 522

Réfutation de la doctrine des luthériens sur le péché originel. 526

Massacre des catholiques à Nîmes, appelé la *Michélade*. 530

Arrêt du parlement de Toulouse contre les auteurs de la *Michélade*. 539

Massacre des catholiques à Nîmes, en 1569. 555

FIN DE LA TABLE.

www.ingramcontent.com/pod-product-compliance
Lightning Source LLC
Chambersburg PA
CBHW072021240426
43667CB00044B/1625